DINGE
DES
WISSENS

HERAUSGEGEBEN VON DER
GEORG-AUGUST-UNIVERSITÄT GÖTTINGEN

DINGE DES WISSENS

Die Sammlungen,
Museen und Gärten der
Universität Göttingen

WALLSTEIN VERLAG

INHALT

Johanna Wanka
Niedersächsische Ministerin für Wissenschaft und Kultur

GRUSSWORT

Sammlungen erzählen in ihren Objekten ihre eigene Geschichte: Im Fall der Georg-August-Universität ist es eine Geschichte der Wissenschaften und der sie tragenden Disziplinen, eine Geschichte von Förderern und Mäzenen und nicht zuletzt von wissenschaftlicher Neugier und offenen Fragen. Materielle Überlieferungen aus allen Regionen der Welt und aus unterschiedlichen historischen Zusammenhängen stehen durch die Forschungsmuseen und Universitäten der aktuellen Generation von Wissenschaftlerinnen und Wissenschaftlern zur Verfügung und werden durch sie täglich ergänzt und erweitert. »Mehr noch als ein einzelnes Objekt vermag eine strukturierte Sammlung einen Wissensbestand darzustellen und neue Erkenntnisse zu gewähren«, darauf hat erst jüngst der Wissenschaftsrat hingewiesen.

Die Universität Göttingen öffnet im 275. Jahr ihres Bestehens diese Bestände und Sammlungen allen Besucherinnen und Besuchern. Sie zeigt dabei nicht nur die Vielfalt der Sammlungen der Universität, sondern stellt die Objekte auch in neue Zusammenhänge und konfrontiert sie mit neuen Fragen. Aus Göttingen heraus öffnet die Ausstellung ein Fenster zur Welt und zur Wissenschaft. Das steht in bester Tradition der Göttinger Sammlungen, die mit den eindrucksvollen Objekten von Reinhold und Georg Forster und Baron Georg von Asch die hervorragenden internationalen Beziehungen schon der jungen Universität zeigen. Heute setzt sich dieser Geist der Georg-August-Universität in Biobanken und digitalen Objekten fort.

Viele Besucherinnen und Besucher werden durch die digitale Welt erst auf das reale Objekt aufmerksam geworden sein. Wissenschaft bewährt sich heute gerade in diesen Bezügen zwischen digitaler und analoger Welt. Ich wünsche allen Besucherinnen und Besuchern Momente der Neugier und der Entdeckung, die anregen zu weiteren Kontakten mit der Universität Göttingen und ihren Arbeiten.

Wolfgang Meyer
Oberbürgermeister der Stadt Göttingen

GRUSSWORT

In der Stadt, die Wissen schafft, sind die ›Dinge des Wissens‹ unverzichtbar. Sie sind manchmal kleine, oft sehr große, vielfach greifbare und bisweilen auch nur abstrakte Spiegelbilder wissenschaftlicher Arbeit und forschenden Tuns seit nunmehr 275 Jahren. Was sich davon pflegen und zusammenführen, erklären und präsentieren lässt – davon vermittelt die Georg-August-Universität im Jahr ihres großen Jubiläums mit einer Gemeinschaftsschau ihrer 30 Sammlungen, Museen und Gärten einen nachhaltigen Eindruck.

Ich freue mich mit vielen Bürgerinnen und Bürgern Göttingens, aber auch mit den zahlreichen Gästen unserer Stadt über die einzigartige Möglichkeit, diese beeindruckenden Zeugnisse aus Natur- und Geisteswissenschaften sowie aus der Medizin- und Technikgeschichte zu bestaunen. Was universitäres Sammeln nach mehr als zwei Jahrhunderten an vielen unterschiedlichen und auch nicht immer zugänglichen Standorten in der ganzen Stadt zu bieten hat, wird sich dem interessierten Publikum vermutlich erst jetzt durch diese Ausstellung richtig erschließen. Wir werden bislang verborgene Pretiosen erleben und mit einem völlig neuen Blick auf diese Schätze verstehen, wie bedeutend das kultur- und wissenschaftsgeschichtliche Potential der Göttinger Sammlungen ist.

So mag die Ausstellung *Dinge des Wissens* nicht nur einer der zahlreichen öffentlichen Höhepunkte im Jahr des 275-jährigen Bestehens unserer Georgia Augusta werden, sondern auch ein Ansporn vermittelnder Vorgeschmack auf unser gemeinsames Vorhaben, das *Haus des Wissens*. Mit einem großen Dankeschön an wirklich alle, die auf unterschiedliche Weise zum Gelingen dieser großen und für Göttingen einmaligen Wissenschaftspräsentation beigetragen haben, wünsche ich der Ausstellung *Dinge des Wissens* einen in jeder Hinsicht guten Verlauf und vor allem viele neugierige und beeindruckte Besucherinnen und Besucher.

Wilhelm Krull
Vorstandsvorsitzender des Bundesverbands deutscher Stiftungen und
Vorsitzender des Stiftungsrats der Georg-August-Universität Göttingen

GRUSSWORT

In Zeiten des Internets und der geradezu ubiquitären Verfügbarkeit immer größerer Wissensbestände mag es manchem Betrachter überaus anachronistisch erscheinen, realen Objekten den Vorzug vor hochauflösenden virtuellen Abbildungen zu geben. Wozu soll man sich mühsam auf den Weg zum bisweilen nur schwer zugänglichen, eher sperrigen Original machen, wenn doch in der virtuellen Welt vorfindliche multiperspektivische Bilder, Beschreibungen und Hintergrundinformationen jederzeit am heimischen PC abrufbar sind?

Eine Antwort auf diese Frage versucht die Georg-August-Universität mit ihrer Jubiläumsausstellung *Dinge des Wissens* zu geben. Indem sie die reichhaltigen, im Laufe der 275 Jahre ihres Bestehens stetig gewachsenen Sammlungen nutzt, um kultur- und wissenschaftshistorisch besonders herausragende Objekte in einem neuen, fachübergreifenden Kontext zu präsentieren, kommt sie zugleich ihrem genuin dem Aufklärungsgedanken verpflichteten Auftrag nach, die Dinge nicht nur zu sammeln, zu erschließen und zu erforschen, sondern sie auch der Öffentlichkeit zu präsentieren und fundiertes Wissen im Angesicht des jeweiligen Originals zu vermitteln.

Der Ausstellung wünsche ich zahlreiche, neugierige und aufnahmebereite Besucherinnen und Besucher, die sich von der Reichhaltigkeit der Sammlungsbestände und ihren je speziellen Objekten ebenso faszinieren lassen wie von den vielfältigen historischen Bezügen und dem zukunftsweisenden Potential für die vertiefte Auseinandersetzung mit den breitgefächerten Sammlungen in Forschung und Lehre. Auf diese Weise können immer wieder neue Sichtachsen geschaffen werden – ganz im Sinne Georg Christoph Lichtenbergs, der einmal gesagt hat: »Man muss etwas Neues machen, um etwas Neues zu sehen.«

Ulrike Beisiegel
Präsidentin der Georg-August-Universität Göttingen

VORWORT
Dinge des Wissens

Akademische Sammlungen sind wichtige Dokumente der Forschungsaktivitäten traditionsreicher Universitäten. Und so ist es der Georgia Augusta nicht erst im Jubiläumsjahr ein wichtiges Anliegen, sie für Forschung und Lehre zu nutzen, die Öffentlichkeit über die zentrale Rolle der akademischen Sammlungen in der Wissenschaft zu informieren und die beeindruckenden Schätze auch interessierten Bürgerinnen und Bürgern sowie Schülerinnen und Schülern zugänglich zu machen. Die Universität wird im Rahmen ihres Zukunftskonzeptes in der zweiten Runde der *Exzellenzinitiative des Bundes und der Länder zur Förderung von Wissenschaft und Forschung an deutschen Hochschulen* eine Statusbestimmung der vorhandenen Sammlungen vornehmen und die Erschließung, die Pflege und das Management der Sammlungen organisieren. Dadurch kann ihr volles Potential für Forschung, Lehre und Öffentlichkeitsarbeit in Zukunft wieder verstärkt genutzt werden. Die Koordination der dezentralen Sammlungen wird durch eine zentrale Kustodie unterstützt, die die Erhaltung und Pflege der qualitativ relevanten Sammlungen sowie den nationalen und internationalen Austausch sicherstellen soll.

Mit der Ausstellung *Dinge des Wissens* anlässlich des 275. Jubiläums der Universität Göttingen gehen wir einen ersten großen Schritt. Die von den Vertreterinnen und Vertretern der Sammlungen gemeinsam initiierte und realisierte Ausstellung in der Paulinerkirche präsentiert nicht nur interessante Exponate unserer 30 Sammlungen, sondern stellt auch die Hintergründe für das ›wissenschaftliche Sammeln‹ dar und zeigt die konkrete Arbeit mit und an den Objekten in Lehre und Forschung. Mit der Paulinerkirche wurde ein Ausstellungsort gefunden, der aufgrund seiner Geschichte wie kaum ein zweiter geeignet ist, die kultur- und wissenschaftshistorische Bedeutung der Sammlungen zu veranschaulichen.

Wir freuen uns, mit diesem Ausstellungsband nicht nur die ›Dinge des Wissens‹ unserer Universität zu präsentieren, sondern durch die vielfältigen Beiträge auch die ›Philosophie‹ des Sammelns vermitteln und spannende, oft überraschende Geschichten der verschiedensten Göttinger Objekte erzählen zu können.

Stadt und Universität planen die Einrichtung eines *Hauses des Wissens* – bei Erfolg des Zukunftskonzeptes in der Exzellenzinitiative –, in dem auch zentrale Themen der Ausstellung *Dinge des Wissens* weitergeführt werden. Zusammen mit Ausstellungen zur Göttinger Universitätsgeschichte und Wechselausstellungen zu verschiedenen Themen der Wissenschafts- und Sammlungsgeschichte geben wir den akademischen Sammlungen damit, auch im Sinne der *Empfehlungen des Wissenschaftsrates zu Sammlungen als Forschungsinfrastrukturen* aus dem letzten Jahr, langfristig einen attraktiven, allen Besucherinnen und Besuchern offenstehenden Ort.

Der besondere Dank der Universität gilt den Förderern, Sponsoren sowie allen beteiligten Personen und Institutionen, die zur Realisierung der Ausstellung und des Begleitbandes beigetragen haben.

An erster Stelle zu nennen ist dabei Frau Dr. Susanne Ude-Koeller, die die Leitung des Projektes unter zeitlich sehr ambitionierten Bedingungen übernommen und zusammen mit den Kustodinnen und Kustoden unserer Sammlungen – auch ihnen gilt mein ganz besonderer Dank – eine hervorragende Arbeit geleistet hat. Mit ihr haben Frau Dr. Gabriele G. Weis und Frau Dr. Karin Gille-Linne tatkräftig an der Redaktion des Begleitbandes und der Ausstellungsvorbereitung mitgewirkt. Natürlich richtet sich mein Dank desgleichen an alle Wissenschaftlerinnen und Wissenschaftler, die sich aus den Fakultäten heraus an dem Projekt aktiv beteiligt haben, und an die Beiratsmitglieder, insbesondere an Herrn Udo Andraschke, Zentralkustodie Erlangen, die uns mit wichtigen Ratschlägen unterstützt haben. Den Dekaninnen und Dekanen, die das Projekt zu Beginn auch skeptisch, dann aber sehr unterstützend begleitet haben, sei Dank, und ebenso dem Gebäudemanagement und den vielen technischen Mitarbeiterinnen und Mitarbeitern, die bei den Vorbereitungen der Ausstellung, den Transporten und der Begleitung der Ausstellung mitgeholfen haben und noch mithelfen werden.

Der Staats- und Universitätsbibliothek Göttingen, insbesondere Herrn Prof. Dr. Norbert Lossau, Herrn Dr. Rupert Schaab, Frau Dr. Silke Glitsch und Herrn Dr. Helmut Rohlfing gilt unser besonderer Dank für die Bereitstellung der Paulinerkirche sowie für die außerordentliche Flexibilität gegenüber unseren immer neuen Ideen bei der Umsetzung der Ausstellung. Für die gute Zusammenarbeit bedanken wir uns auch bei dem Architektur- und Gestaltungsbüro SPACE4, Stuttgart, insbesondere bei Herrn Alexander Minx.

Dem Wallstein Verlag danken wir für die Erstellung des Begleitbandes. Die Fotoredaktion wäre ohne den engagierten Einsatz von Herrn Stephan Eckardt (Archäologisches Institut und Sammlung der Gipsabgüsse) sowie Herrn Martin Liebetruth (Niedersächsische Staats- und Universitätsbibliothek, Digitalisierungszentrum) nicht möglich gewesen. Ihnen sei ebenso gedankt wie Herrn Dr. Heiko Weber, Herrn Wolfgang Böker (Projekt »Johann Friedrich Blumenbach – online« an der Akademie der Wissenschaften zu Göttingen) und Herrn Dr. Juan Garcés (Göttingen Centre for Digital Humanities) für die fundierte Unterstützung in der Korrekturphase. Der Dr.-Walther-Liebehenz-Stiftung danken wir für die finanzielle Unterstützung der Ausstellungsgestaltung. Dem Universitätsbund Göttingen e. V. danken wir für die Unterstützung der Begleitveranstaltungen. Das Land Niedersachsen hat die Planung der Ausstellung mit einer Anschubfinanzierung unterstützt, ohne die das Projekt nicht möglich gewesen wäre. Die Sparkasse Göttingen unterstützt die Sammlungen und das Jubiläumsjahr.

Viele weitere Personen haben mitgewirkt, um im Jubiläumsjahr an einem außergewöhnlichen Ort eine außergewöhnliche Ausstellung auf die Beine zu stellen. Ich wünsche Ihnen als Besucherin oder Besucher der Ausstellung, als Leserin oder Leser dieses Ausstellungsbandes viel Freude am Entdecken der Schätze der Georgia Augusta, einer außergewöhnlichen Universität.

Marie Luisa Allemeyer, Daniel Graepler, Susanne Ude-Koeller

EINLEITUNG
Die Universität Göttingen und ihre Sammlungen

Die Universität Göttingen war schon im 18. Jahrhundert für ihre hervorragende wissenschaftliche Infrastruktur – ihre vorbildlich organisierte und bestens ausgestattete Bibliothek und ihre vielfältigen, damals im *Academischen Museum* zusammengefassten wissenschaftlichen Sammlungen – europaweit berühmt.[1] Seither ist diese Infrastruktur beständig ausgebaut worden. Doch während die heutige Niedersächsische Staats- und Universitätsbibliothek immer noch als wissenschaftliche Institution ersten Ranges internationale Anerkennung genießt, sind die Göttinger Sammlungen als profilbildender Faktor in der Innen- und Außenwahrnehmung der Georg-August-Universität nicht mehr ausreichend präsent. Wohl spielen einige von ihnen in ihren jeweiligen Fachdisziplinen nach wie vor eine führende Rolle, als prägendes Charakteristikum der Göttinger Universität werden die Sammlungen jedoch kaum mehr wahrgenommen. Das hat zum einen damit zu tun, dass ihre ursprüngliche Einheit im Laufe der disziplinären Diversifizierung des Wissenschaftssystems während des 19. und 20. Jahrhunderts aufgelöst wurde und sich die Bestände heute über viele einzelne Einrichtungen in den verschiedenen Fakultäten verteilt finden lassen. Zum anderen hängt es aber auch damit zusammen, dass in vielen Fächern der Wert wissenschaftlicher Sammlungen grundlegend in Frage gestellt worden ist. Besonders in den Naturwissenschaften haben die Entwicklung ganz neuer Forschungsmethoden und rasante Paradigmenwechsel dazu geführt, dass sorgsam angelegte und gepflegte Sammlungen nicht mehr hinreichend wertgeschätzt und ihre oft aufwändige Pflege aus Kostengründen eingespart wurden. Zoologische und anthropologische Sammlungen, Herbarien und botanische Gärten galten als wissenschaftlich obsolet gewordene Einrichtungen und entgingen oft nur knapp der Zerstörung, Auflösung oder dem Verfall. Hier hat erst neuerdings ein Umdenken eingesetzt – in einigen Fällen gerade noch rechtzeitig, um unwiederbringlichen Verlust zu verhindern.

Auch an den Göttinger Sammlungen zeigen sich vielfach Spuren der jahrzehntelangen Geringschätzung – zumindest in einigen Fachdisziplinen. Manche Bestände wurden an auswärtige Museen abgegeben, andere in unzureichende Keller- und Dachbodenmagazine ausgelagert und es wurden Funktionsstellen abgebaut, die für die wissenschaftliche und technische Betreuung der Sammlungen unabdingbar sind. Andererseits gab es auch immer Stimmen, die auf das außerordentliche Potential des in Göttingen akkumulierten Sammlungsguts für Forschung und Lehre hingewiesen und eine bessere wissenschaftliche Erschließung und öffentliche Präsentation angemahnt haben. Als ein Dokument dieser Bemühungen kann der Ausstellungskatalog gelten, der 1987 anlässlich des 250-jährigen Jubiläums der Georgia Augusta erschien.[2] Er hat zwar die Geschichte der Universität insgesamt zum Gegenstand, illustriert diese aber ganz wesentlich anhand von Exponaten aus ihren zahlreichen Sammlungen. Die Fachgebiete werden – nach Natur- und Geisteswissenschaften getrennt – einzeln vorgestellt, übergeordnete wissenschaftshistorische und sammlungstheoretische Aspekte werden indes nicht angesprochen. Dennoch gab die Ausstellung von 1987 einen wichtigen Anstoß für die Wiederentdeckung der akademischen Sammlungen und ihrer Bedeutung für die Geschichte der Georg-August-Universität. Erste Überlegungen für ein zentrales Wissenschafts- und Universitätsmuseum wurden angestellt. Anschließend zog ein öffentlich zu besichtigender Teil der Gemäldesammlung der Universität in die Räume ein, in denen die Sonderausstellung gezeigt worden war. Das oberste Geschoss des Alten Auditoriums erhielt damit erstmals eine museale Aufgabe. Diese Nutzung eines der prominentesten Gebäude der Göttinger Universitätsgeschichte steht jetzt wieder im Brennpunkt aktueller Überlegungen zur Einrichtung eines zentralen Wissenschafts- und Universitätsmuseums, das als Schaufenster der akademischen Sammlungen der Georg-August-Universität Einblicke in die Welt der Wissenschaft und die universitäre Forschung und Lehre gewähren soll.[3]

RENAISSANCE DER UNIVERSITÄTSSAMMLUNGEN

Ausdrücklich Bezug auf die Ausstellung von 1987 nimmt eine mehr als 10 Jahre später gestartete Initiative des Göttinger Universitätsbundes. Unter seiner Ägide erschien ein Sammelband, in dessen Fokus wiederum die akademischen Sammlungen standen.[4] Ohne dass dies zum damaligen Zeitpunkt schon ganz bewusst gewesen wäre, bildet der Sammelband ein frühes Beispiel für die erstaunliche Renaissance, die das Thema Universitätssammlungen etwa seit der Jahrtausendwende erfahren hat. Eine ganze Reihe deutscher Universitäten hat seither in Form großangelegter Ausstellungen auf ihre wissenschaftlichen Sammlungen hingewiesen, angefangen bei der Berliner Humboldt-Universität[5] über die Universitäten Halle[6], Tübingen[7] und Erlangen[8] bis hin zur Universität Leipzig[9]. Mit der monumentalen Gemeinschaftsausstellung *WeltWissen* haben fünf traditionsreiche Berliner Wissenschaftsinstitutionen im Winter 2010/2011 »300 Jahre Wissenschaften in Berlin« gefeiert.[10]

Die genannten Ausstellungen sind Ausdruck und z. T. sogar Impulsgeber einer markanten Tendenzwende in der neueren Wissen(schaft)sforschung, die das lange missachtete physische Objekt und die Sammlungen solcher Objekte gegenüber den zuvor privilegierten Ideen, Diskursen und Texten programmatisch aufwertet.[11] Diese Hinwendung zu den ›Dingen des Wissens‹ und zur Welt der wissenschaftlichen Sammlungen findet ihren Ausdruck nicht nur in einer Fülle neuer Monographien und Tagungen zu diesem Themenkomplex, sondern auch in einer weltweiten Bewegung hin zu einer institutionellen Stärkung universitärer Sammlungen.

Innerhalb des internationalen Museumsrates ICOM wurde 2001 eine Unterorganisation gegründet, die sich speziell mit Belangen der Universitätsmuseen und -sammlungen beschäftigt (UMAC) und bereits zahlreiche große Konferenzen zu diesem Thema in aller Welt veranstaltet hat. Auf europäischer Ebene hat sich unter der Bezeichnung UNIVERSEUM ein Netzwerk konstituiert, das sich die Pflege und Erforschung des *academic heritage* im Allgemeinen und der universitären Sammlungen im Besonderen zur Aufgabe gemacht hat. Auch dieses Netzwerk hat bereits mehrere vielbeachtete Tagungen abgehalten.

Eine erste umfassende Bestandserhebung und gleichzeitig ein wesentlicher Schritt in der bundesdeutschen Vernetzung akademischer Sammlungen erfolgte durch die Einrichtung einer umfassenden, frei zugängliche Datenbank zu allen deutschen Universitätssammlungen, die seit 2004 aus Mitteln der Deutschen Forschungsgemeinschaft (DFG) am Hermann von Helmholtz-Zentrum für Kulturtechnik der Berliner Humboldt-Universität angelegt und seither beständig ausgebaut wurde.

Eine im Februar 2010 unter dem Titel *Universitätsmuseen und -sammlungen im Hochschulalltag. Aufgaben – Konzepte – Perspektiven* in Berlin veranstaltete Tagung eröffnete den Austausch auf nationaler Ebene, der auf Folgetagungen in Jena und Erlangen und einer im Herbst 2012 in Göttingen stattfindenden Tagung fortgesetzt wurde und werden soll.

All diese Initiativen haben mittlerweile auch wissenschaftspolitisch Früchte getragen: Anfang 2011 veröffentlichte der Wissenschaftsrat ein Grundsatzpapier mit Empfehlungen zu »Wissenschaftlichen Sammlungen als Forschungsinfrastrukturen«. Die Deutsche Forschungsgemeinschaft hatte bereits kurz zuvor ein neues Förderprogramm zur Erschließung und Digitalisierung wissenschaftlicher Sammlungsbestände in Museen aufgelegt, das gerade auch universitären Sammlungen zugutekommen wird. Und inzwischen haben sich auch das Bundesministerium für Bildung und Forschung und die Wissenschaftliche Kommission Niedersachsen der Thematik angenommen.

In diesem Sinne haben in Göttingen die Vertreter der Sammlungen, Museen und Gärten ein *Sammlungsforum* gegründet, das Plattform und Ausgangspunkt für verschiedene sammlungsbezogene Aktivitäten,[12] insbesondere die Jubiläumsausstellung *Dinge des Wissens* und diesen Begleitband, bildete.

DINGE DES WISSENS

Der spezielle Wert der universitären Sammlungen liegt in ihrer Vielfalt und ihren verschiedenen Aufgaben. Dadurch ergeben sich besondere Herausforderungen an die Art ihrer Erhaltung. Die universitären Sammlungen eröffnen einzigartige Möglichkeiten für die Beobachtung und Reflexion von Wissensdynamiken, die Lehre am Forschungsobjekt sowie die Vermittlung universitärer Logiken und Handlungsweisen an die Öffentlichkeit. Ausstellung und Begleitband verfolgen das Ziel, verstärkt Aufmerksamkeit auf diese Bedeutung akademischer Sammlungen zu lenken. So werden ihre Nutzung und ihr Potential für aktuelle Forschungsprojekte und ihr Einsatz in der Lehre veranschaulicht[13] und besondere Herausforderungen thematisiert.[14] Schließlich vermitteln schlaglichtartig ausgeleuchtete Einzelobjekte singuläre Dingbiographien, Ereignisse, Konstellationen und Zusammenhänge, die nie repräsentative, immer aber faszinierende Einblicke in die Welt der Wissenschaft gewähren.[15]

GLIEDERUNG DER AUSSTELLUNG

Das Konzept der Ausstellung orientiert sich an den räumlichen Gegebenheiten des Ausstellungsortes – der historischen Paulinerkirche.[16] Da der Raum aufgrund seiner sakralen Architektur und seines Charakters als Bibliothekssaal allerdings eher eine historische Lesart von Sammlungsobjekten als wertvollen Pretiosen vorgibt, muss die Ausstellungsgestaltung darauf hinwirken, ihre aktive, in vielfältiger Nutzung und dynamischem Wandel begriffene Rolle innerhalb der Wissensgesellschaft im Allgemeinen und der Universität Göttingen im Speziellen auszuleuchten. Die Gestaltung folgt zwar den räumlichen Strukturen der Kirche, verändert bzw. erweitert den Raumeindruck aber durch bewusste Konventionsbrüche. So werden die Objekte auf langen Arbeitstischen und in ungewöhnlichen Arrangements angeordnet. Hier wird deutlich, dass Sammlungen keineswegs still gestellte Wissensspeicher sind, sondern ihre Objekte der ständigen Produktion, Vermittlung und auch kritischen Überprüfung von Wissen dienen.

Schatzhaus – Das Academische Museum

Die Ausstellung zeigt, wie aus einem gesammelten Objekt ein ›Ding des Wissens‹ wird und welche komplexen Transformationsprozesse hierzu nötig sind. Das im Chorbereich gelegene sogenannte ›Schatzhaus‹ wird als das 1773 gegründete *Academische Museum* inszeniert, das Nukleus und räumlicher wie ideengeschichtlicher Ausgangspunkt vieler Göttinger Sammlungen war.

Sammlungspanorama

In einem Vitrinenband bieten 30 Vitrinen als Fenster in die Sammlungen einen Überblick über die 30 Sammlungen der Universität Göttingen. Das ganze Mittelschiff umlaufend, präsentiert das Sammlungspanorama die beeindruckende Objektvielfalt und thematische Bandbreite der Sammlungen ebenso wie das breite Spektrum ihrer wissenschaftshistorischen Entstehungsbedingungen.

Sammeln – Ordnen – Forschen – Lehren

Während das Sammlungspanorama die Gesamtheit aller Sammlungen widerspiegelt, werden auf den Arbeitstischen im Hauptschiff einzelne ›Dinge des Wissens‹ in den Mittelpunkt gestellt. Im Modul *Sammeln* wird der Vorgang des Sammelns als immanente Voraussetzung und Ausgangspunkt der akademischen Sammlungen gezeigt. Der Besucher erfährt, durch wen und auf welchen ganz unterschiedlichen Wegen Objekte in die Sammlungen kamen und immer noch kommen. Da die Objekte die ihnen zugeschriebene oder abverlangte Aussagekraft oft nicht von sich aus besitzen, sondern nur als serielle Reihung oder in der Zusammenschau mit anderen Objekten, bedürfen sie neben ihrer Inventarisierung und Kategorisierung eines den systematischen Vergleich ermöglichenden, ordnenden Umgangs. Dieser Zugriff der Wissenschaft auf die Dinge ist Thema des Moduls *Ordnen*. Schriftliche Ordnungssysteme (Zettelkästen, Kataloge, Verzeichnisse, Inventare, Systematiken), Möbel zur Herstellung der räumlichen Ordnung (Schränke, Regale, Schubladen, Kisten) und diskursive und wissenschaftliche Ordnungssysteme (Taxonomien, Klassifikationsschemata) veranschaulichen den Besuchern den Ordnung stiftenden Umgang der Wissenschaft mit den Objekten.

In den sich anschließenden Modulen *Forschen* und *Lehren* demonstrieren ›Dinge des Wissens‹ ihre zentrale Funktion für die frühere und aktuelle universitäre Wissensgenerierung und -vermittlung. Gleichzeitig bilden sie einen reichen Fundus, der einzigartige Materialien auch für zukünftige Forschungen birgt.

Hinter den Kulissen – »Depoträume«

Die universitären Sammlungen mussten (und müssen) ständig sachgerecht untergebracht, betreut und gepflegt werden. In den Seitenschiffen bietet sich dem Besucher die Möglichkeit, ›hinter die Kulissen‹ – in die Werkstätten und Sammlungsdepots – zu schauen und einen Einblick in die für alle Sammlungen bedeutsamen Fragen der Konservierung und Restaurierung von Objekten zu erhalten. Der besonderen Wechselwirkung von den Dingen und ihren Orten spürt Isi Kunath in ihrem Fotografieprojekt »Depoträume« nach.

Haus des Wissens

Den Abschluss der Ausstellung und damit gleichzeitig den Übergang in die Zukunft der akademischen Sammlungen, Museen und Botanischen Gärten an der Universität Göttingen bildet das Modul *Haus des Wissens*. Ebenso wie das reale Vorhaben stellt auch seine Versinnbildlichung in der Jubiläumsausstellung den Punkt dar, von dem aus rückschauend die Entstehung, Diversifizierung und Spezialisierung der Sammlungen und ihre Bedeutung innerhalb der Göttinger, aber auch einer allgemeinen Wissen(schaft)sgeschichte beobachtet werden kann und von dem aus Blicke hinter die Kulissen geworfen werden können. Gleichzeitig ist es Ausgangspunkt für die Entwicklung perspektivischer Konzepte zur Nutzung der Sammlungen für die Forschung und Lehre, aber auch die Innen- und Außendarstellung der Universität und der Welt des Wissens.

ZUM VORLIEGENDEN BAND

Der vorliegende Begleitband ist nicht als Katalog der gezeigten Exponate konzipiert, sondern als eigenständige Publikation, die teilweise der Gliederung der Ausstellung folgt, teilweise jedoch andere Akzente setzt.

Die einleitenden Essays stellen das Thema zunächst in einen allgemeineren wissenschaftlichen und wissenschaftspolitischen Kontext und beleuchten dann, in annähernd chronologischer Folge, wichtige Etappen der Entstehung und Diversifizierung der Göttinger Sammlungen und ihrer wechselnden Verortung innerhalb der Universität. Einzelne Sammlungsbestände werden exemplarisch näher vorgestellt und es wird ein vergleichender Blick auf die Situation an anderen Universitäten geworfen. Ein weiterer Beitrag widmet sich der Geschichte des Ausstellungsortes, der Paulinerkirche.

Die ›Dinge des Wissens‹, die im Zentrum der Ausstellung stehen, bilden auch das Zentrum des Begleitbandes: Anhand von 21 *Dingbiographien* werden in bunter Folge einzelne Objekte aus den verschiedenen Sammlungen und Fachgebieten der Göttinger Universität vorgestellt. Mit besonders anschaulichen Geschichten, die sich zu diesen Objekten erzählen lassen, wird so nicht nur auf die Vielfalt, sondern auch auf die Vielschichtigkeit der in den Dingen enthaltenen Informationen hingewiesen. Denn durch die Geschichte ihrer Erwerbung, aber auch ihrer späteren Verwendung und Wahrnehmung, die nicht selten starkem Wechsel unterlag, spiegelt sich in diesen Dingen auch die 275-jährige Geschichte der Universität, ja die Geschichte von Wissenschaft überhaupt.

Liegt der Fokus hier auf dem einzelnen Objekt, nehmen die folgenden Abschnitte die Sammlungen als Ganze in den Blick, und zwar zunächst einmal ganz wörtlich: Die in Amsterdam lebende Fotokünstlerin Isi Kunath hat gleichsam eine ethnographische Expedition durch sämtliche Göttinger Universitätssammlungen unternommen und diese mit ihrer Kamera als eigentümliche Orte des Wissens erkundet. Nicht so sehr die Schausäle als vielmehr die Räume und die Arbeitsabläufe ›hinter den Kulissen‹, die der Öffentlichkeit normalerweise verborgen bleiben, haben dabei ihr Interesse geweckt. Sie sind von ihr in Form eines künstlerischen Bildkommentars festgehalten worden, der auch in der Ausstellung selbst zu sehen ist.

Ähnlich wie in der dichten Folge dieser Bilder die Göttinger Universitätssammlungen als ein komplexes Ganzes erscheinen, verleiht auch der folgende Abschnitt *Querschnitte* dem Gemeinsamen und Verbindenden zwischen den fachlich (und räumlich) z. T. weit voneinander entfernten Einrichtungen Ausdruck. Jeweils anhand von Beispielen aus ganz unterschiedlichen Sammlungen werden die Grundthemen Forschen, Lehren und Bewahren, aber auch der in der Ausstellung weniger explizit angesprochene Fragenkomplex der Sammlungsethik beleuchtet. In der Summe dieser Beiträge wird deutlich, dass Universitätssammlungen zwar manche Probleme mit Museen teilen, dass sie unter anderen Aspekten aber ihre ganz spezifische Eigenlogik besitzen, die es in Zukunft auch auf wissenschaftspolitischer Ebene noch stärker zu beachten gilt.

Abgeschlossen wird der Band von einer chronologischen Übersicht über alle derzeit bestehenden Sammlungen der Göttinger Universität. Zu den Eigenarten von Universitätssammlungen gehört allerdings ihr ungewöhnlich fluider institutioneller Status. Als Instrumente der Forschung und Lehre sind sie an den Wandel der wissenschaftlichen Fragestellungen, der Disziplinen und Fachkulturen gebunden. Mögen einige von ihnen als feste Einrichtungen seit der Frühphase der Göttinger Universität im 18. Jahrhundert bestehen, so haben sich andere erst in jüngster Zeit zu eigenständigen Gebilden entwickelt, und wieder andere sind vielleicht gerade erst im Entstehen. Wenn das *Sammlungspanorama* also im Moment in Wort und Bild Auskunft über 30 Göttinger Universitätssammlungen, die Niedersächsische Staats- und Universitätsbibliothek und das Universitätsarchiv gibt, so könnte diese Zahl in Kürze schon wieder revidiert werden, weil eine neue Sammlung gegründet oder auch eine in Vergessenheit geratene alte wiederentdeckt wurde. Und es ist zu hoffen, dass dieser lebendige wissenschaftliche Prozess permanenter Neubildung und Neuentdeckung durch die Ausstellung und das vorliegende Buch zusätzlichen Antrieb erhält.

ANMERKUNGEN

—— 1 Vgl. dazu die Beiträge von Dominik Collet, Marian Füssel, Michaela Kipp und Mike Reich in diesem Band.

—— 2 250 Jahre Georg-August-Universität Göttingen. Ausstellung im Auditorium, hg. von G. Beuermann u. a., Göttingen 1987.

—— 3 Vgl. dazu den Beitrag von Marie Luisa Allemeyer in diesem Band.

—— 4 »Ganz für das Studium angelegt«: Die Museen, Sammlungen und Gärten der Universität Göttingen, hg. von Dietrich Hoffmann, Kathrin Maack-Rheinländer, Göttingen 2001.

—— 5 Horst Bredekamp, Jochen Brüning, Cornelia Weber (Hg.), Theater der Natur und Kunst. Theatrum naturae et artis. Wunderkammern des Wissens an der Humboldt-Universität zu Berlin. Katalogband und Essayband, Berlin 2000 (Martin-Gropius-Bau Berlin, 10.12.2000-4.3.2001, unter der Gesamtleitung von Horst Bredekamp und Jochen Brüning sowie der Projektleitung von Anita Stegmaier und Cornelia Weber).

__ 6 Gunnar Berg u. a. (Hg.), Emporium. 500 Jahre Universität Halle-Wittenberg, Halle (Saale) 2002.

__ 7 Volker Harms, Gottfried Korff, Anette Michels (Hg.), 38 Dinge. Schätze aus den natur- und kulturwissenschaftlichen Sammlungen der Universität Tübingen, Tübingen 2006.

__ 8 Udo Andraschke, Marion Maria Ruisinger, Die Sammlungen der Universität Erlangen-Nürnberg, Nürnberg 2007; Udo Andraschke, Thomas Engelhardt, Marion Maria Ruisinger, Ausgepackt – Die Sammlungen der Universität Erlangen-Nürnberg. Dokumentation zur Ausstellung, Nürnberg 2008.

__ 9 Erleuchtung der Welt: Sachsen und der Beginn der modernen Wissenschaften. Essayband und Katalog. Im Auftrag des Rektors der Universität Leipzig, Franz Häuser, hg. von Detlef Döring u. a., Dresden 2009.

__ 10 Jochen Hennig, Udo Andraschke (Hg.), WeltWissen. 300 Jahre Wissenschaften in Berlin, München 2010. Vgl. dazu den Beitrag von Jochen Hennig in diesem Band.

__ 11 Vgl. dazu den Beitrag von Peter J. Bräunlein in diesem Band.

__ 12 Vgl. dazu den Beitrag von Marie Luisa Allemeyer in diesem Band. Entscheidende Unterstützung erfuhr das Sammlungs-Forum in seiner Anfangsphase durch Dr. Veronika Fuest, Stabsstelle Strategische Forschungsentwicklung der Universität Göttingen.

__ 13 Vgl. dazu die Beiträge von Michael Schultz, Daniel Graepler u. a., Christoph Viebahn u. a. und Hendrik Mäkeler in diesem Band.

__ 14 Vgl. die Beiträge von Anne-Katrin Sors, Anne-Katrin Sors u. a. und Susanne Ude-Koeller u. a. in diesem Band.

__ 15 Vgl. die Dingbiographien in diesem Band.

__ 16 Vgl. den Beitrag von Silke Glitsch in diesem Band.

ESSAYS

Jochen Hennig

WISSENSDINGE – WISSENSANORDNUNGEN – WISSENSORTE
Zum Ausstellen von Universitätssammlungen

Knowledge Objects – Knowledge Arrays – Knowledge Spaces: About exhibiting university collections. Is there something specific about university collecting and university exhibiting? And what happens when the paths of these activities cross in university exhibitions of university collections? This article looks into these issues by analysing exhibitions held in Germany over the past ten years. The main focus is on exhibition projects that have provided an overview of different university collections and thereby made scientific collections visible as a category in its own right. It will be seen that even within this manageable period of time a development can be observed with regard to the status of exhibits and their mode of presentation. The shifts related both to the aspect of re-contextualisation and to the challenge of doing justice to the epistemic status of knowledge objects in exhibitions. In particular, situations arose in which the collections and the objects represented in them were just as much a part of scientific practice as the exhibitions themselves – as forms of presentation. Consideration is then given to the environments universities can offer in order to develop this explorative game of arranging knowledge objects temporarily in new knowledge arrays.

Gedanken über das Ausstellen universitärer Sammlungen sind gleich zweifach mit der Frage nach Spezifik konfrontiert: jener der universitären Sammlungen sowie jener des universitären Ausstellens. Daran schließt sich die übergeordnete Frage an, wodurch sich museale universitäre Wissenschaftspraxis allgemein auszeichnet und sich beispielsweise von den Tätigkeiten und Aufgaben des Museums unterscheidet. Denn für sämtliche Aspekte des klassischen musealen Viererkanons *Sammeln – Bewahren – Forschen – Vermitteln/Ausstellen* und deren jeweilige Wechselbezüge sind Überlegungen bezüglich einer Spezifik und Profilbildung der Universitäten derzeit im Fluss. In diesem Kontext wird im Folgenden anhand von Beispielen aus den letzten zehn Jahren – die bisweilen ihren Ausgangspunkt beim universitären Ausstellen und bisweilen bei den universitären Sammlungen nehmen – argumentiert, dass sich auch für diese vergleichsweise kurze Zeitspanne eine Heterogenität im Ausstellen von Universitätssammlungen feststellen lässt. Die Ebenen der dabei beobachtbaren Verschiebungen lassen wiederum Kernbereiche des universitären Ausstellens von Sammlungen erkennen.

UNIVERSITÄTSSAMMLUNGEN ALS AUSSTELLUNGSKATEGORIE

S. 18: Anubisfigur auf der Kartonage einer ägyptischen Mumie. Anthropologische Sammlung der Abteilung Historische Anthropologie und Humanökologie, Göttingen. Foto: Stephan Eckardt.

Bei aller Notwendigkeit komplementärer Betrachtungen über längere Zeiträume scheint ein Blick auf die Zeit seit dem Jahrtausendwechsel durch die Beobachtung gerechtfertigt, dass sich die Ausstellung *Theatrum Naturae et Artis* im Jahreswechsel 2000/2001,[1] welche die Sammlungen der Humboldt-Universität zu Berlin präsentierte, als ein Fluchtpunkt bezüglich des Ausstellens universitärer Sammlungen ausmachen lässt. Auf diesen wird zumindest im deutschsprachigen Raum immer wieder Bezug genommen. Dieser Befund mag vor allem hinsichtlich der Vielzahl von mitunter traditionsreichen Universitätsmuseen mit teilweise beachtlicher Besucherresonanz überraschen. Doch gerade im Vergleich zu diesen Präsentationen offenbaren sich die Eigenarten der *Theatrum*-Ausstellung, die dieser zu entsprechender Wahrnehmung verholfen haben. So war die Ausstellung bewusst als Übersichtsausstellung konzipiert, die im Berliner Martin-Gropius-Bau Objekte sammlungs-, fächer- und institutsübergreifend zusammengebracht hat, die »Gegensätze von Kunst und Natur, von Natur- und Geisteswissenschaft überdacht und teils auch überspielt«[2] und die Kategorie *Universitätssammlung* in den Vordergrund gerückt hat.[3] Diese Zusammenstellungen und Konfrontationen von Objekten aus unterschiedlichen Sammlungen – und dies ist ein zweites Merkmal der *Theatrum*-Ausstellung gewesen – sind kunst-, kultur- und wissenschaftshistorisch fundiert worden – vor allem durch den titelgebenden Rückbezug auf Gottfried Wilhelm Leibniz, dem ein Theater aller nur denkbaren Dinge vorschwebte.[4] Zugleich geschah damit eine Rückbindung an das Konzept der Kunst- und Wunderkammer, das bereits in den Jahren zuvor in Form von Adaptionen, Transformationen und Reflektionen eine Konjunktur erfahren hatte.

Ein drittes Charakteristikum lässt sich deutlich anhand der Rezeption in den Presseberichten zur Ausstellung ablesen: Nahezu jeder Bericht kontrastierte die *Theatrum*-Ausstellung mit der zuvor im Gropius-Bau präsentierten Millennium-Ausstellung *Sieben Hügel* – zu der die Sammlungen der Humboldt-Universität zunächst als achter Hügel gedacht worden waren – und mitunter auch mit den Ausstellungen des Themenparks der *Expo 2000* in Hannover. Für Jens Bisky unterschied sich die *Theatrum*-Ausstellung in der *Berliner Zeitung* »glücklich von der Hobbykelleratmosphäre der ›Sieben Hügel‹« und »verzichtet fast ganz auf Schaueffekte, wie sie die ›Sieben Hügel‹ in Hülle und Fülle boten«. *Die Welt* formulierte knackig: »Schluss! Zurück zum Objekt! Darüber waren sich alle einig, als der Expo-›Themenpark‹ und die Berliner ›Sieben Hügel‹ zu Ende gingen. [...] Zurück zum Objekt! Dies ist die Botschaft des von der Humboldt-Universität inszenierten ›Theatrum Naturae et Artis‹ [...]«. Und *Die Zeit* urteilte harsch: »Wie ärgerlich missraten die *Sieben Hügel* waren, wird im Kontrast noch einmal daran erkennbar, wie dankbar man nun für etwas eigentlich Selbstverständliches ist: dafür, dass die einzelnen Objekte dieser Ausstellung für sich anschaubar sind, zum Sprechen kommen [...] [Die *Theatrum*-Ausstellung] ist nämlich frei von allem Schwulst. *Expo* und *Sieben Hügel* waren schwülstig, ungenau, propagandistisch, laut, voll gestopft, ein neuer technoider Wilhelminismus, eine weltanschauliche Soße.«[5]

Mag die Bewertung bei manchem Besucher der viel besuchten *Expo 2000* und *Sieben Hügel*-Ausstellung anders ausgefallen sein und ist sie hier nicht Thema, so verweist die feuilletonistische Sicht doch unmissverständlich auf die Wahrnehmung eines klaren Kontrastes. Dieser ist gekennzeichnet von einer Abkehr medialer Überladung und Inszenierung und einer Besinnung auf das Original, eine ruhige Präsentation und Kenntlichmachung der Objekte als visuell-haptisch wahrnehmbare Form, die durch eine zurückgenommene Ausstellungs- und Vitrinenarchitektur zur Geltung gebracht wurde.

Im Rückblick lässt sich nicht nur ein Kontrast zu unmittelbar zuvor realisierten Ausstellungen feststellen, vielmehr schien die in der Ausstellung praktizierte und vom Feuilleton gefeierte »Wiederkehr der Dinge« auch eine radikale Abkehr von dem seit Ende der 1980er Jahre propagierten Zeitalter der »Virtuellen Realität« zu bedeuten, in der die »Ablösung des Atoms durch das Bit« und damit auch des Materiellen durch die Information verheißen worden war.

Die Hervorhebung der Objekte stand im Zentrum der Berliner Ausstellung *Theatrum Naturae et Artis*; hier der Raum zur Brandenburgisch-Preußischen Kunstkammer. Foto: Thomas Bruns, Berlin.

Die Wiederkehr der Dinge manifestierte sich in der konsequenten Präsentationsform, welche die Objekte unter dem Dach der Universitätssammlungen zusammenbrachte und diese Kategorie schärfte. Die Kritik, dass damit heterogene gesellschaftlich-kulturelle Kontexte einzelner Sammlungen in den Hintergrund rückten und ein frühmodernes Konzept der Wunderkammer sich beispielsweise nicht für eine Ausdifferenzierung des Sammelns nach Fächern oder eine intensive Sensibilisierung hinsichtlich der imperialistischen Einschüsse wilhelminischen Sammelns eigne, wurde zur Zeit der Ausstellung wohl am deutlichsten durch den Wissenschaftshistoriker Michael Hagner ausformuliert.[6] Die Rückschau zeigt, dass sich in Einnahme dieser Perspektive die *Theatrum*-Ausstellung zu ihr folgenden Ausstellungen in Relation setzen lässt, da die Frage der Vereinzelung und Gegenüberstellung von Objekten sowie die Form ihrer Ent- und Neukontextualisierung eine signifikante Kategorie bei der Präsentation universitärer Sammlungen darstellt.

So setzte – sicherlich im Zusammenspiel mit anderen Faktoren – eine vermehrte Aufmerksamkeit für universitäre Sammlungen ein, und verschiedene Universitäten verliehen ihren Sammlungen eine lange nicht gekannte Präsenz. Die Ausstellung *Ausgepackt – die Sammlungen der Universität Erlangen/Nürnberg*[7] aus dem Jahr 2007 lässt sich zum einen als fränkische Variante der Berliner Sammlungspräsentation sehen, doch verdient zugleich ihre konzeptionelle Wendung Aufmerksamkeit: Nicht mehr waren einzelne Räume einzelnen Sammlungen vorbehalten, die als einer gemeinsamen Idee entsprungen präsentiert wurden, vielmehr sind auch Kontexte einzelner Objekte dezidiert ausdifferenziert worden. Neben der radikalen Ästhetik, wie sie im Berliner *Theatrum* vorherrschte, ist damit ein weiteres Instrumentarium des kuratorischen Baukastens eingesetzt worden, Objekte als Spuren in die Vergangenheit zu nutzen und auf ihre Bedeutungsvielfalt aufmerksam zu machen.

Eine weitere Wendung des Themas bedeutete die Ausstellung der digitalisierten Sammlungen der Universität Greifswald im Winter 2011 unter dem Titel *Wissen sammeln. Die digitalisierten Schätze der Universität Greifswald*. Die Objekte wurden gemeinsam mit den Arbeitsergebnissen einer digitalen Erschließung präsentiert – historisches Exponat und aktuelles Arbeiten am Bestand überlagerten sich in diesem konzeptionellen Ansatz des Ausstellens.[8]

Und auch an der Universität Tübingen präsentierte eine Ausstellung einen Querschnitt durch die Sammlungen. Bereits der Titel *38 Dinge. Schätze aus den natur- und kulturwissenschaftlichen Sammlungen der Universität Tübingen* verrät die dortige Spielart des Themas: Hatte auch an den anderen Standorten selbstverständlich eine Auswahl aus den Beständen stattgefunden, so wurde in Tübingen das exemplarische Vorgehen ›Macrocosmos in Microcosmo‹ noch konsequenter ausgereizt.[9] Der Untertitel, in dem von den *Schätzen* der Universität Tübingen die Rede war, enthielt hier einen ironischen Unterton, wie auch Ausstellungsmacher Gottfried Korff in seinem Begleittext hervorhob.[10] Denn neben Objekten mit hohem Versicherungswert, wie Zepter und päpstliche Urkunde, wurden bewusst auch Dinge mit hohem Wissenswert ausgewählt, wie Reagenzgläser und ein für den mikrophotographischen Einsatz modifiziertes Mikroskop, das sich einer Konservendose zur Festlegung der Filmebene bediente. Und gerade in dieser zunächst beiläufig erscheinenden, augenzwinkernden Wendung liegt eine grundsätzliche Weichenstellung in der Auffassung von Objekten wissenschaftlicher Sammlungen als Dingen des Wissens: Werden die Sammlungen und Objekte als Schätze

In dem Ausstellungsbereich *9 Dinge* der Erlanger Ausstellung *Ausgepackt* sind einzelne Objekte als Ausgangspunkt von Spurensuchen verwendet worden. Hier das Porträt des Theologen Johannes Saubert d. Ä. (1592-1646), das in eine Objektgruppe aus Blasenstein, Skizzen und Stichen eingeordnet wurde. Foto: Georg Pöhlein.

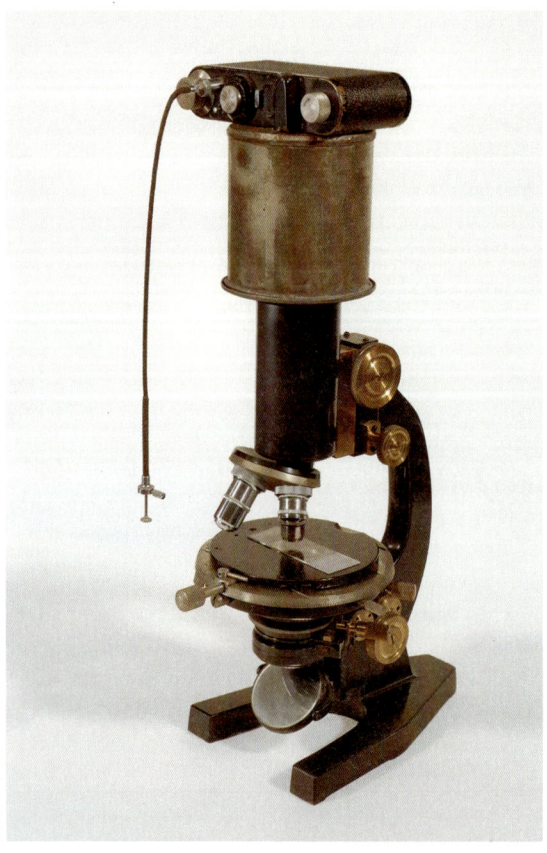

Irritierend: Eine Konservendose als Teil eines modifizierten Mikroskops verweist auf dessen Status als Gebrauchsding und legt eine Spur zur handwerklich ausgerichteten Wissenschaftspraxis. Mikroskop Alfred Eisenack, um 1930. Foto: Wolfgang Gerber.

scheinbar aufgewertet und doch damit in ihrem epistemischen Status gleichzeitig unterschätzt, oder verweist man auf eben diesen Status von Wissensdingen, die isoliert aus dem Wissenschaftsprozess mitunter belanglos sind und die erst in ihrer disziplinär eingeübten Nutzung ihren Wert entfalten?[11]

DER EPISTEMISCHE STATUS VON WISSENSDINGEN

Die aufgezählten Beispiele zeigen, wie die Vielfalt der Sammlungen unter dem Dach einer Universität als Spezifikum ausgereizt werden kann. Doch nicht nur die Herkunft aus diversen Fächern und Sammlungen, die unterschiedlichen Materialien und Medialitäten, die vom dreidimensionalen Instrument über ein Präparat, eine Zeichnung, eine Mitschrift bis zu Film- und Audioaufnahmen reichen, erzeugen eine Diversität. Insbesondere bei Objekten aus Universitätssammlungen kann sie auch im epistemischen Status der präsentierten Wissensdinge begründet liegen. So ruft das genannte Mikroskop mit eingebauter Konservendose eindringlich ins Bewusstsein, dass dieses Ding aus einem aktiven Wissenschaftsbetrieb stammt, in Forschung und Lehre eingesetzt und nicht als Schmuckstück unter einer Glashaube verfertigt wurde. Ein solches Wissensding neben einem wertvollen Zepter zu präsentieren, verweist auf einen Kontrast. Gleichzeitig herrscht für beide Objekte Einigkeit, dass sie kultur- und wissenschaftsgeschichtlichen Wert haben und ihrer ursprünglichen Praxis entzogen sind. Durch diesen rein historischen Wert ist die Bedeutung solcher Dinge bei weitem nicht festgelegt, können sie doch als Tor in die Vergangenheit aufgefasst werden, das zu einem Wissenschaftler, einem Präparator, einer Technik, einer Institution, einem Habitus oder dem gesellschaftlichen Status von Wissen führen kann. Anders gelagert ist die Situation bei Objekten, die direkt der aktuellen Wissenschaftspraxis entstammen. Als epistemische Dinge, deren Werden noch im Gange ist, unterscheiden sie sich von Objekten musealer Sammlungen. Nicht nur in der historischen Betrachtung, sondern auch in der fachinternen Verwendung ist ihre Bedeutung mitunter noch nicht endgültig gefunden. In der Berliner Jubiläumsausstellung *WeltWissen. 300 Jahre Wissenschaften in Berlin* im Jahr 2010 sind beispielsweise im zentralen Lichthof vor einer objektbasierten Großinstallation 17 Dinge aus aktueller Forschung präsentiert worden.[12] Fotos aus dem Ursprungszusammenhang, die im Gegensatz zur verbreiteten mystifizierenden Fotoagentur-Ästhetik einen nüchternen Blick versucht haben, verdeutlichten die Delokalisation der Dinge vom Gebrauchsort in die Ausstellung. In Interviews mit den Nutzern der Dinge wurde diskutiert, welche neuen Fragen im Umgang mit den Dingen aufgetaucht seien – eine kleine und doch bewusste Wendung gegenüber einer Frage nach Forschungsergebnissen und Antworten, die den Umgang mit den Dingen als etwas Öffnendes, neue Fragen Generierendes präsentierte.

Des Weiteren gibt es Objekte, die weder eindeutig dem aktuellen Wissenschaftsbetrieb zuzurechnen, noch als historische Objekte erkannt sind – sie bewegen sich zwischen diesen Polen. Es kann sich um Objekte aus Lehrmittelsammlungen handeln, die seit 100 Jahren in Betrieb sind, oder um zoologische Präparate, denen allein aufgrund ihres Alters ein musealer Wert zuzusprechen ist, die aber durch rezente DNA-Untersuchungsmethoden im Rahmen von Biodiversitätsforschungen Zeugnis von der ehemaligen Verbreitung einer Population ablegen. Im Alltag werfen diese Objekte, die zwischen den Polen changieren – und momentan aus dem Blickfeld von Forschung und Lehre geraten sind, aber das Potential zur Rückkehr haben – Fragen nach deren Gebrauch auf. Ist beispielsweise eine alltägliche (Ab-)Nutzung in der Lehre ihrem Alter und Wert adäquat?

Allen diesen Objekten ist als Wissensdingen – als Teil einer vergangenen, aktuellen oder zwischen diesen Polen nicht bestimmbaren universitären Wissenschaftspraxis – eine Uneindeutigkeit zu eigen. In Ausstellungen zu universitären Sammlungen kann durch einen bewussten Umgang dieses Charakteristikum herausgestellt werden, das dann auch das Potential hat, übergeordnete epistemische Fragen wissenschaftlicher Praxis zu adressieren. So können Sammlungen und dort befindliche Objekte ebenso wie beispielsweise Labore und darin genutzte Dinge als Handlungsorte von Wissenschaft erkennbar werden.[13]

17 Objekte auf Tischen in der Berliner Jubiläumsausstellung *WeltWissen* verdeutlichten die materielle Kultur aktueller Wissenschaft und präsentierten zugleich die Dinge als Teil eines offenen Forschungsprozesses, in dem ihre endgültige Rolle noch nicht festgelegt ist. Foto: Eberle & Eisfeld, Berlin.

AUSSTELLEN ALS WISSENSCHAFTSPRAXIS

Wird die Ausstellung nun ihrerseits wiederum als wissenschaftlicher Handlungsort aufgefasst, in dem Neuarrangements bewusst ausprobiert und Zusammenhänge auch assoziativer Art im Raum erfahrbar werden, so überlagern sich zwei wissenschaftliche Handlungsorte in Form von Gegenstand und Präsentationsart. Ebenso wie es für die Objekte aus universitären Sammlungen als epistemische Dinge ein Spezifikum des Universitären gibt, kann die Universität auch bezüglich des Ausstellens ihr Profil schärfen, indem sie ausgeprägter noch als am Museum das Ausstellen als Teil des wissenschaftlichen Prozesses auffasst. Dazu gehört das Aufstellen einer These, die in einer Ausstellung verräumlicht wird, genauso wie das Auffassen des Ausstellens als Teil eines Prozesses, der durch eine Ausstellung nicht abgeschlossen wird. Denn das Präsentieren kann als Versuchsanordnung aufgefasst werden, die weniger auf die Erzeugung eines fertigen Endproduktes abzielt, als vielmehr Raum für weitere Assoziationen und Fragen öffnet. Ist einerseits die häufig angemahnte Auffassung von Ausstellungen als wissenschaftliche Publikationsform wünschenswert, sollten andererseits gerade an Universitäten Interferenzen von Ausstellungen, Internet-Darstellungen und schriftlichen Veröffentlichungen in den Blick genommen werden: Kataloge, Begleitpublikationen mit thematischen oder museologischen Aufsätzen, Sammelbände, die durch Ausstellungsthemen motiviert wurden, Rezensionen, Publikationen von Konzepten oder studentische Hausarbeiten als Ausstellungstexte sind Beispiele derartiger Bezugnahmen. Ein solcher Ansatz folgt dem Selbstverständnis der Institution Universität und kann eine enorme Profilbildung universitären Ausstellens bedeuten.

Sehr bewusst wird ein solches Selbstverständnis beispielsweise am Bard Graduate Center, New York City, praktiziert.[14] Ein Schwerpunkt der kleinen Hochschule mit einer thematischen Ausrichtung auf materieller Kultur, Kunst- und Designgeschichte liegt auf der Integration von Ausstellungen in die Lehr- und Forschungstätigkeit. Erst in den 1990er Jahren gegründet, verfügt sie über keine eigenen Sammlungen, hat sich aber in ihren Ausstellungen der Präsentation von Dingen verschrieben. Durch Kooperationen mit dem benachbarten Metropolitan Museum und dem Natural History Museum ist der Zugang zu üppigen Sammlungsbeständen gewährleistet. Ausstellungen werden im Zusammenspiel von Wissenschaftlern des Bard Graduate Center und Kuratoren der Museen vorbereitet, insbesondere in Form gemeinsamer Seminare. Die Einbindung in die Lehre und die wissenschaftliche Beschäftigung mit den Sammlungen, die Entwicklungen von Thesen und die Aussicht, dass die angestoßenen Themen im wissenschaftlichen Prozess weiter verfolgt werden, bilden die Motivationen für zwei erstklassige, reich ausgestattete Museen, derartige Kooperationen einzugehen. Hier ergreifen Museumskuratoren im Wissenschaftsbetrieb Möglichkeiten, die sie an ihren Einrichtungen nicht vorfinden. Infrastrukturen des Ausstellens, die vom Projektmanagement über die Abwicklung des Leihverkehrs bis zur Zusammenarbeit mit Gestaltern reichen, zeugen am Bard Graduate Center von einer respektvollen Haltung gegenüber den Anforderungen des Ausstellens, das ebenso wie das Publizieren eines Textes als wissenschaftliche Leistung anerkannt wird. Die dezidierte konzeptionelle Unterteilung der beiden Präsentationsflächen für ein allgemeineres Publikum (Main Gallery) und für die Präsentation eines Argumentes auf einer vergleichsweise kleinen Fläche von nur 40 qm (Focus Gallery) führt den Ansatz konsequent fort – neben der Möglichkeit von Ausstellungen, in der Main Gallery zum Austausch von Wissenschaft und Öffentlichkeit beizutragen, sind Ausstellungen in der Focus Gallery weitgehend von dem Druck befreit, ein allgemeines Publikum anzuziehen. Hier gibt es Freiraum für eine experimentelle wissenschaftliche Praxis, die auch in anderen Forschungs- und Veröffentlichungsbereichen nicht fortwährend dem Druck ausgesetzt ist, massentauglich sein zu müssen.[15]

TEILÖFFENTLICHKEITEN ALS ZIELGRUPPEN UNIVERSITÄREN AUSSTELLENS

Für die Betrachtung der damit aufgeworfenen Frage nach dem Zielpublikum von universitären Ausstellungen scheinen Kommunikationsmodelle geeignet, die die traditionelle Auffassung von einer wissenschaftlichen Community auf der einen Seite und einer abgetrennten Öffentlichkeit auf der anderen Seite ersetzt haben. So wird in der Wissenschaftssoziologie mittlerweile vielmehr von einem Kontinuum von Teilöffentlichkeiten ausgegangen, um den Austausch in Form von Laborgesprächen, wissenschaftlichen Publikationen, Seminaren, Lehrbucheinträgen und popularisierenden Zeitschriftenartikeln zwischen solchen Teilöffentlichkeiten angemessen zu fassen.[16] Ein solches Modell erlaubt es, beispielsweise Studierende in einem fächerübergreifenden Seminar als Teilöffentlichkeit und relevante Besuchergruppe in den Blick zu nehmen. Werden derartige Teilöffentlichkeiten als Kontinuum zwischen innerwissenschaftlichen disziplinär gebundenen Fachkreisen und einer außerakademischen Öffentlichkeit gedacht, lassen sich auch Sammlungspräsentationen von prestigeträchtigen Großausstellungen bis zu Präsentationen von Lehr- und Schausammlungen hinsichtlich der Frage nach dem Betrachter und Nutzer gewinnbringend als Kontinuum denken.

In diese Überlegung zur Präsentation von Objekten für spezielle Teilöffentlichkeiten lassen sich Schaudepots einordnen. Sie haben in den letzten Jahren vor allem an kleineren Museen eine enorme Konjunktur erlebt. In der museologischen Reflexion wird der Eigenwert der Schaudepots hervorgehoben, die Ordnung der Dinge zum Thema zu haben, da es auch an einem solchen Ort selbstverständlich nicht die neutrale, zeit- und kontextunabhängige Ordnung gibt.[17] Im Unterschied zu Schaudepots an Museen und deren – zumindest in der Diskussion der letzten Jahre vorgenommener – Beschränkung auf das Changieren zwischen Deponieren und Exponieren könnten sie an Universitäten mit Arbeitsräumen kombiniert werden, in denen sich Seminare und Forschende den Objekten nähern.[18] Die Nutzung in der akademischen Lehre und Forschung kann zum Deponieren und Exponieren dazutreten. Dies hieße, den wissensgenerierenden Aspekt universitärer Sammlungs- und Ausstellungspraxis in den Infrastrukturen gerecht zu werden, wodurch zugleich das Sammeln und Bewahren als Teil epistemischer Prozesse und Praktiken sichtbar gemacht würde.

»DINGE DES WISSENS« IN NEUER WISSENSANORDNUNG

Die Göttinger Jubiläumsausstellung *Dinge des Wissens* fokussiert konzeptionell dezidiert auf die Sammlungen der Universität. Sie verfolgt dabei ein Konzept, in dem Sammlungen und ihre Objekte unter unterschiedlichen Blickwinkeln gesehen werden und verbindet dabei eine in die Zukunft geöffnete institutionsgeschichtliche Sicht mit einer am Gebrauch der Objekte orientierten epistemologisch ausgerichteten Struktur. Dass sie sich darin konzeptionell von anderen Universitätsausstellungen der letzten 10 Jahre unterscheidet, verweist auf die Prozesshaftigkeit des wissenschaftlichen Ausstellens als Teil universitärer Praxis. Indem die Göttinger Ausstellung Wissensdinge ihren Wissensorten und Wissensanordnungen entnimmt und diese wiederum durch die Neuanordnung an einem neuen Ort zum Thema macht, kommt es zu einer Überlagerung epistemischer Offenheit bezüglich der involvierten Wissensdinge, Wissensanordnungen und Wissensorte – und auch ihre künftige Einordnung in der Rückschau ist damit noch offen.

ANMERKUNGEN

__ 1 *Theatrum Naturae et Artis – Theater der Natur und Kunst. Wunderkammern des Wissens*, Martin-Gropius-Bau Berlin, 10.12.2000-4.3.2001, unter der Gesamtleitung von Horst Bredekamp und Jochen Brüning sowie der Projektleitung von Anita Stegmaier und Cornelia Weber.

__ 2 Horst Bredekamp, Jochen Brüning, Zur Einführung: Ein Berliner Theater der Natur und Kunst, in: Horst Bredekamp, Jochen Brüning, Cornelia Weber (Hg.), Theater der Natur und Kunst. Katalog, Berlin 2000, S. 16-18, hier S. 17.

__ 3 Anke te Heesen hat den Hinweis geliefert, dass sich die *Theatrum*-Ausstellung in eine Entwicklungslinie von nicht-universitären Ausstellungen im Jahrzehnt zuvor einordnen lässt, die ebenfalls dezidiert kultur- und naturwissenschaftliche Ansätze vereinend Objekte unterschiedlicher Disziplinen zusammenbrachten, so die Ausstellungen *Wunderblock* (Wien 1989), *Der Gläserne Mensch* (Dresden 1990) oder *L'âme au corps* (Paris 1993); siehe Anke te Heesen, Objekte der Wissenschaft. Eine wissenschaftshistorische Perspektive auf das Museum, in: Joachim Baur (Hg.), Museumsanalyse. Methoden und Konturen eines neuen Forschungsfeldes, Bielefeld 2010, S. 213-230, hier S. 219.

__ 4 Horst Bredekamp, Leibniz' Theater der Natur und Kunst, in: Horst Bredekamp, Jochen Brüning, Cornelia Weber (Hg.), Theater der Natur und Kunst. Essays, Berlin 2000, S. 12-19.

__ 5 Sämtliche Zitate aus dem Presseüberblick zur Ausstellung in: Horst Bredekamp, Jochen Brüning, Cornelia Weber (Hg.), Theater der Natur und Kunst. Dokumentation, Berlin 2001, S. 116-136; dort finden sich weitere Presseberichte, die dieselbe Kontrastierung vornehmen.

__ 6 Michael Hagner, Kein Tag ohne Präparat. Die »Wunderkammern des Wissens« an der Humboldt-Universität zu Berlin, in: Literaturen 2, 2001, S. 74-76.

__ 7 Die Ausstellung war vom 20. Mai bis 29. Juli 2007 im Stadtmuseum Erlangen zu sehen, geleitet wurde sie von Udo Andraschke, Thomas Engelhardt und Marion Maria Ruisinger; siehe zu den Erlanger Sammlungen und zur Ausstellungskonzeption Udo Andraschke, Marion Maria Ruisinger, Die Sammlungen der Universität Erlangen-Nürnberg, Nürnberg 2007; Udo Andraschke, Thomas Engelhardt, Marion Maria Ruisinger, Ausgepackt – Die Sammlungen der Universität Erlangen-Nürnberg. Dokumentation zur Ausstellung, Nürnberg 2008.

__ 8 Die Ausstellung, die von Birgit Dahlenburg kuratiert wurde, fand vom 23. Februar bis 23. März 2011 im Foyer der Universitätsbibliothek statt; zu den Sammlungen vgl. Kulturbesitz und Sammlungen der Ernst-Moritz-Arndt-Universität Greifswald, hg. von der Ernst-Moritz-Arndt-Universität Greifswald, Rostock 1995.

__ 9 Die Ausstellung wurde nur wenige Tage vom 19. Mai bis 28. Mai 2006 im Senatssaal der Bibliothek gezeigt und verstand sich als ›Preview‹ auf das mittlerweile gegründete Museum der Universität Tübingen. Volker Harms, Gottfried Korff und Anette Michels (Hg.), 38 Dinge. Schätze aus den natur- und kulturwissenschaftlichen Sammlungen der Universität Tübingen, Tübingen 2006.

__ 10 Gottfried Korff, Zur Einführung, http://www.uni-tuebingen.de/uni/qvo/38dinge/einfuehrung.html, abgerufen am 26.11.2011.

__ 11 Die Ausstellung *38 Dinge* war die Initialzündung für die Gründung des Museums der Universität Tübingen (MUT); zur vielfältigen Ausstellungstätigkeit siehe http://www.unimuseum.uni-tuebingen.de/ausstellungen.html; andere feste Formate universitären Ausstellens befinden sich beispielsweise an der TU Dresden mit der Reihe UNIVERSITÄTSSAMMLUNGEN. KUNST + TECHNIK oder an der Universität Freiburg mit dem dortigen Uniseum.

__ 12 Die Ausstellung fand anlässlich der Jubiläen von Humboldt-Universität zu Berlin, Berlin-Brandenburgischer Akademie, Charité – Universitätsmedizin Berlin und Max-Planck-Gesellschaft vom 23. September 2010 bis 9. Januar 2011 im Martin-Gropius-Bau statt, kuratiert von Udo Andraschke, Nikola Doll, Patrick Kleinschmidt und Michael Kraus unter der Leitung von Jochen Hennig. Zum jeweiligen Umgang mit den Objekten in den drei Ausstellungsteilen siehe: Udo Andraschke, Jochen Hennig, Ausstellen als Wissens- und Versuchsanordnung, in: Udo Andraschke u. a.: WeltWissen. 300 Jahre Wissenschaften in Berlin. Dokumentation, München 2011, S. 9-13. Katalog zur Ausstellung: Jochen Hennig, Udo Andraschke (Hg.), WeltWissen. 300 Jahre Wissenschaften in Berlin, München 2010.

__ 13 Vergleiche zu der in diesem Abschnitt verfolgten Argumentationslinie auch te Heesen (Anm. 3), hier vor allem S. 217.

__ 14 Ich danke Peter N. Miller für die Einblicke in die Abläufe am Bard Graduate Center.

__ 15 Der Appell, an Universitäten bewusst Formate zuzulassen, die vom Druck befreit sind, ein großes Publikum zu erreichen, soll keinesfalls andere komplementäre Projekte herabstufen, die sich einen anderen Austausch mit Teilöffentlichkeiten zum Ziel setzen, wie zum Beispiel die Ansprache von bildungsfernen Schichten.

__ 16 Stephen Hilgartner, The Dominant View of Popularization: Conceptual Problems, Political Uses, in: Social Studies of Science 20, 1990, S. 519-539.

__ 17 Tobias G. Natter, Michael Fehr, Bettina Habsburg-Lothringen (Hg.), Das Schaudepot. Zwischen offenem Magazin und Inszenierung, Bielefeld 2010; für eine Reflexion der geplanten Schaumagazine im Humboldt-Forum siehe Friedrich von Bose, Im Schaudepot. Die museale Ordnung von innen heraus anfechten, in: Friedrich von Bose, Kerstin Pochls, Franka Schneider, Annett Schulze (Hg.), Museum^X – Zur Neuvermessung eines mehrdimensionalen Raumes, Berlin 2011, S. 131-142.

__ 18 Siehe zu diesem Themenkomplex auch Thomas Schnalke, Museums: Out of the cellar, in: Nature 471, 2011, S. 576-577.

Peter J. Bräunlein

MATERIAL TURN

The Material turn. In 1967, philosopher Richard Rorty edited a volume with the programmatic title *The Linguistic Turn*. Since then, the social and cultural sciences have gone through several ›turns‹, e. g. the ›interpretative‹, ›iconic/pictorial‹, or the ›spatial turn‹. Such ›turns‹ stimulate new research perspectives and questions, as well as shifts in theory and method. In recent years, the ›material turn‹ is gaining prominence in the humanities and social sciences. The principle of ›thinking through things‹ and the claim that objects possess agency are especially provoking. This chapter explores the stimulating effects of the ›material turn‹ in the field of museum studies. Firstly, it recalls the early history of disciplines such as archaeology, cultural anthropology, folklore studies, and art history, which are essentially based on their involvement with material culture and on the establishment of the museum as a bourgeois institution. Secondly, it outlines the developments of the ›material turn‹ and its theoretical ambitions over the last decades. Thirdly, it discusses the theoretical and practical consequences of such a new perspective for University archives and collections, as well as for the public presentation of academic knowledge conveyed by objects and things.

Seit geraumer Zeit ist die Rede von unterschiedlichen ›turns‹ innerhalb der Kulturwissenschaften. Diese Diskussion setzt 1967 mit einem Sammelband des amerikanischen Philosophen Richard Rorty (1931-2007) ein, der den programmatischen Titel *The Linguistic Turn* trägt. Pointiert propagiert Rorty die These, wonach jegliche Form von Erkenntnis sprachabhängig sei.[1] Der ›linguistic turn‹ wird zur Ouvertüre aller folgenden turns. Unterschieden werden u. a. der ›interpretative‹, ›performative‹, ›reflexive‹, ›postcolonial‹, ›translational‹, ›pictorial/iconic‹ und ›spatial turn‹. Seit den 1980er Jahren nun ist vermehrt auch von einem ›material turn‹ zu lesen.

Doris Bachmann-Medick hat in einer vielbeachteten Studie nicht nur die wissenschaftsgeschichtlichen Verlaufsformen von bislang wichtigen *Cultural Turns* dargestellt, sondern auch das dafür Charakteristische herausgearbeitet.[2] Demnach vollziehen sich in solchen turns keine umstürzenden Paradigmenwechsel oder elementaren Theorietransformationen. Vielmehr verändern sich Forschungsperspektiven und systematische Fragestellungen. Es handelt sich um Blickverschiebungen mit Konsequenzen für Theorie und Methode. Typisch ist zudem die Tendenz, eigene Fachgrenzen zu überschreiten. Turns sind »wichtige inter- und transkulturelle Gelenkstellen« und »tragen dazu bei, dass sich Disziplinen nicht mehr als in sich geschlossen wahrnehmen müssen, gleichsam wie ›Nationalstaaten‹ der akademischen Welt.«[3]

Im Folgenden geht es um jene kulturwissenschaftliche ›Wende‹ hin zu Dingen und zum Materiellen. In diesem Begleitband, der sich mit der Institution Museum und mit wissenschaftlichen Sammlungen befasst, mag diese Themenstellung verwundern. Geht es denn dort nicht seit jeher um Objekte, also um die handgreifliche Seite von Wissenschaft, Kunst und Kultur? Welche neuen kulturwissenschaftlichen Perspektiven verspricht hier ein ›material turn‹? Vermag er tatsächlich als interdisziplinärer Innovationsbeschleuniger zu wirken? Welche Konsequenzen hat dieser ›turn‹ für den Umgang mit Objekten in wissenschaftlichen Museen und Sammlungen?

Um diese Fragen zu beantworten, will ich in drei Schritten vorgehen. Zunächst soll an die Ambitionen erinnert werden, die materialbezogene Wissenschaften wie Archäologie, Völkerkunde, Volkskunde, aber auch Kultur- und Kunstgeschichte im 19. Jahrhundert entwickelten. Im zweiten Schritt soll es um den ›material turn‹ im engeren Sinn gehen, so wie er sich seit den 1980er Jahren entwickelt. Theorie- und Forschungsfelder der *Material Cultural Studies* dienen hier als Beispiel. Im dritten Schritt soll es um Ausstellungspraktiken unter den Bedingungen des ›material turn‹ gehen und um die Frage, wie Wissen über Objekte generiert wird und sichtbar gemacht werden kann.

AUF DER SUCHE NACH OBJEKTIVITÄT UND SINN – DINGE IM ZEUGENSTAND

Als sich in der zweiten Hälfte des 19. Jahrhunderts die unterschiedlichen Disziplinen von Natur- und Geisteswissenschaften formieren, werden zwei Problemfelder offensichtlich. Zum einen ist es das Ringen um *objektive* Erkenntnis der Natur und ihrer Gesetze, das immer neue Triumphe zeitigt. Zum anderen ist es das zutiefst verunsichernde Sinnproblem, nicht zuletzt ausgelöst durch eben diesen massiven Erkenntniszuwachs. Die Verortung des Menschen in Natur- und Kulturgeschichte, Fragen nach seinem Woher und Wohin werden komplexer und immer schwieriger zu beantworten. Für beide Problemhorizonte ist der wissenschaftliche Umgang mit Dingwelten erkenntnisfördernd.

Die kontrollierte Beobachtung von Abläufen und Gegenständen der Natur führt zu einem neuen Begriff und Ethos von wissenschaftlicher Wahrheit. Das Experiment, Augenzeugenschaft und die dokumentierende Abbildung sind methodische Eckpfeiler.[4] Der uns so geläufige, scheinbar ›natürliche‹ Zusammenhang von Objekt, Objektivität, Tatsache, Wahrheit ebenso wie die Gegenüberstellung von objektiv und subjektiv sind demnach Ergebnisse eines spezifischen Entwicklungsprozesses westlicher Wissenschaft.[5]

Auch in den entstehenden Kulturwissenschaften werden Objekte zu unverzichtbaren Instrumenten der Erkenntnis. Das Artefakt wird hier als historisches Dokument verstanden, ähnlich wertvoll wie das Textdokument. Fassbar wird eine schier unermessliche Tiefe der Geschichte von Natur und Mensch, belegt wird dies mit Dingen und den daran ablesbaren Formveränderungen. Versteinerungen, Skelettreste, Tier- und Pflanzenpräparate werden in den Zeugenstand bestellt. Modellbildend sind das Vorgehen des Geologen Charles Lyell (1797-1875) und des Naturforschers Charles Darwin (1808-1882). Ähnlich wie die Fossilien der Naturgeschichte werden menschengefertigte Artefakte zu Leitfossilien der Kulturgeschichte. Es sind Materialien, die stellvertretend die Entwicklungsstufen der Menschheit kennzeichnen: Stein, Keramik, Bronze, Eisen.

Gelenkt wird der wissenschaftliche Blick von theoretischen Entwürfen des Evolutionismus und Diffusionismus. Das Identifizieren von Objekt-Sequenzen oder Serien mittels typologischer Analyse gilt als Methode, die Einsichten in die zeitliche Entwicklung vom Einfachen zum Komplexen und die Ausbreitung von Dingen im Raum vermittelt. Orte dieser wissenschaftlichen Praxis sind das Museum und die Sammlungsräume der Universitäten.

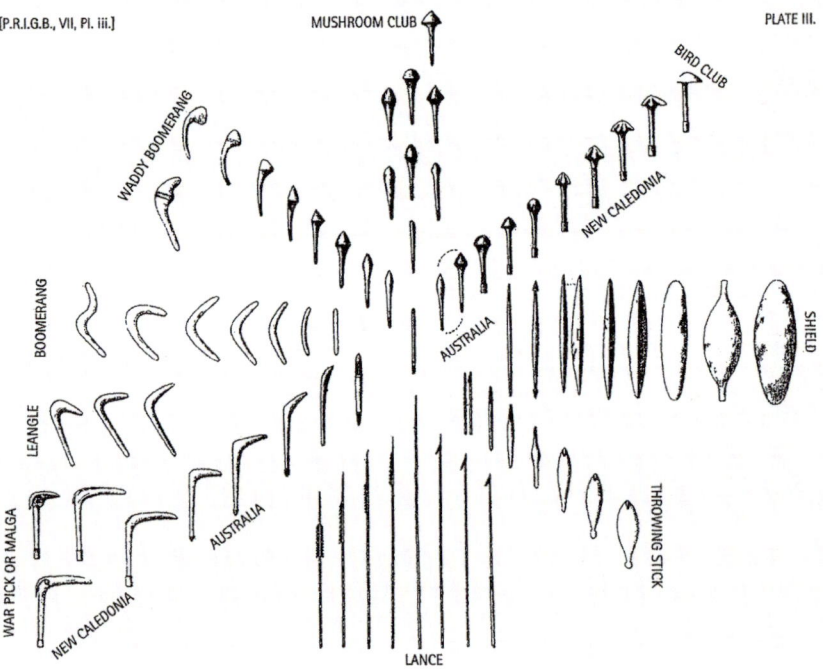

MUSHROOM CLUB

BIRD CLUB

PLATE III.

WADDY BOOMERANG

NEW CALEDONIA

BOOMERANG

AUSTRALIA

SHIELD

LEANGLE

AUSTRALIA

THROWING STICK

WAR PICK OR MALGA

NEW CALEDONIA

LANCE

Die Illustrationen von Augustus Pitt-Rivers (On the Principles of Classification, 1875) und Gordon Childe (The Dawn of European Civilization, 1925) verbildlichen die Vorgehensweise der Diffusionisten: Formvergleich, Rekonstruktion von Evolution und Ausbreitung materieller Kultur im Raum etc. Die Abb. sind entnommen aus Dan Hicks, The Material-Cultural Turn. Event and effect, in: The Oxford Handbook of Material Culture Studies, hg. von Dan Hicks, Mary C. Beaudry, Oxford 2010, S. 25-99, hier S. 33 und S. 35.

Das Graben in der Erde – wie in der Geschichte – kombiniert sich mit der Aktivität des Sammelns und Vergleichens, des Deponierens und Archivierens. Die Entwicklung vieler moderner Geisteswissenschaften, wie etwa der Sprach- und Literaturgeschichte, der Rechts- und Kunstgeschichte, ist ohne die Sammlungsbewegung des 19. Jahrhunderts nicht denkbar.[6] Gesammelt werden einerseits materielle und andererseits geistige Relikte, das sind vermeintlich archaische Brauchtümer ebenso wie sprachliche Überlieferungen, von den Brüdern Grimm als »poetische Urkunden« bezeichnet.[7] Geläufig wird die Rede von ›dinglichem Kulturbesitz‹, von ›materialer Kultur‹ oder in Großbritannien von ›material culture‹.[8]

Die neuentstehenden Museen dienen nicht nur dem Studium von Altertümern von Natur und Kultur, sondern erhalten überdies eine ganz eigentümliche Funktion als Weihestätten bürgerlicher Selbstvergewisserung.[9] Das Museum reagiert auf Wandlungsprozesse der Moderne und das Artefakt ist dabei Garant von historischer Kontinuität. Es wird der Gebrauchs- und Tauschsphäre entzogen und in die »Noli me tangere«-Sphäre der musealen Ordnung überführt.[10] Der Blick auf greifbare, gleichzeitig unberührbare Geschichte dient der Kommunikation zwischen zwei Welten des Einst und Jetzt. Erfahrung von Kontinuität ist in Zeiten zunehmender Flüchtigkeit nachgefragt. Ohne Vergangenheit keine Identität und keine Zukunft. Reliktkonservierung sichert Möglichkeiten, Kontinuitätserfahrungen zu machen. Denkmalschutz und Musealisierung, so Hermann Lübbe, kompensieren den »änderungstempobedingten Vertrautheitsschwund«.[11]

Die Begegnung mit konservierten Relikten der Vergangenheit befördert Erinnerung und Reflexion, zudem das Versprechen auf Anverwandlung von Schönheit und Wahrheit. In den neuen, imposant gestalteten Tempelräumen pflegt das Bürgertum eine eigene Kunstreligion.[12] Das Museum wird zum Ort des Heils und der Heilung, aber auch zum »Raum der traurigen Abschiede, die wir nicht vergessen wollen.«[13]

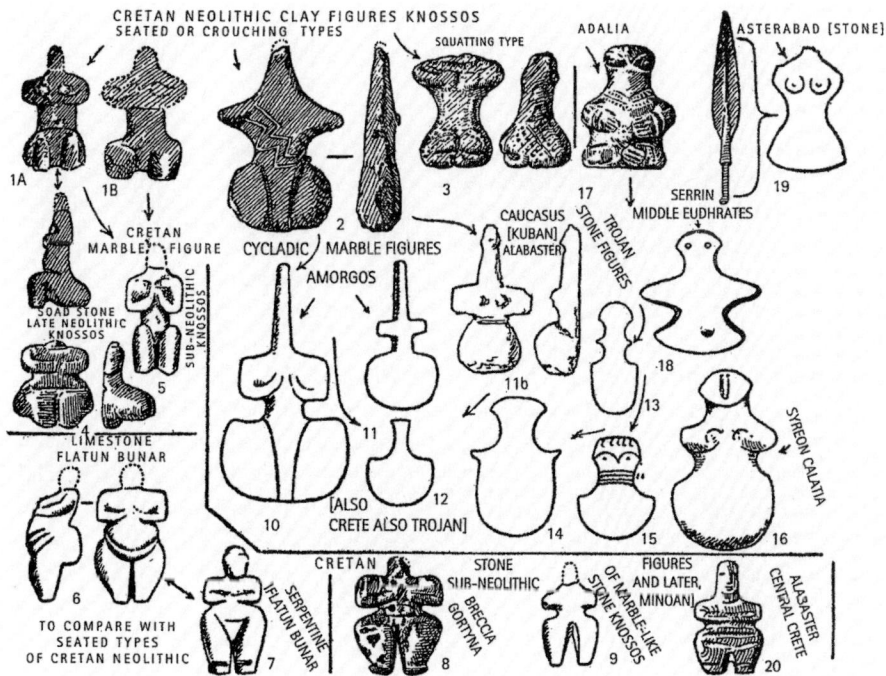

Die ›Aura des Objekts‹, dieses für die bürgerliche Museums- und Erinnerungskultur so entscheidende Konzept, liegt nicht in der Sache selbst, sondern entsteht als Zuschreibung just in jenem historischen Moment, als industriell gefertigte Massenware die Alltagswelt mehr und mehr durchsetzt.[14] Vergangenes und Erinnertes wird hinter Glas, auf Sockeln und in Rahmen auf geheimnisvolle Weise verwandelt. Das ›Auratische‹ ist gleichermaßen ein Produkt des bürgerlichen Affekthaushaltes wie des expandierenden Ethnographica-, Kunst- und Antiquitätenhandels. Die Fabrikation von Aura und der Umgang mit entsprechenden Erwartungen des Besuchers gehören seither (unvermeidlich) zum Geschäft eines jeden Museumskurators.[15]

STRUKTUR, BEDEUTUNG UND DINGE IN AKTION

Die lange dominierenden Schulrichtungen des Evolutionismus und Diffusionismus verlieren im 20. Jahrhundert an Überzeugungskraft je weiter sich Natur- und Geisteswissenschaften ausdifferenzieren. Während die naturwissenschaftlichen Sammlungen (z. B. von Insekten, Versteinerungen, zoologischen und botanischen Präparaten) zunächst ihre Bedeutung behalten und die serielle Reihung und der Formvergleich Aufschlüsse über Morphologie, Entstehung und Entwicklung der Arten liefern, wird genau dies in den Geisteswissenschaften obsolet.

Die evolutionäre Rekonstruktion von Kulturgeschichte über Objektkombination, Formkriterien, Schichten-Modelle und Artefakt-Migrationen wird zunehmend als naiver Positivismus oder technologischer Determinismus kritisiert, alsbald nur noch ironisiert.[16]

In den Kultur- und Geisteswissenschaften werden Artefakte uninteressant. Ihnen wird allenfalls eine Funktion als Zeugnis von sozialer oder wirtschaftlicher Aktivität zugewiesen. Gegen die einstige positivistische Technologie-Obsession stellt sich die Überzeugung, wonach Kultur ein geistiges Gebilde ist und Dinge jedweder Art diese allenfalls spiegeln. Die Idee, Technologie-Erfindung und Ding-Gebrauch mit Kultur selbst zu identifizieren, wirkt fortschreitend antiquiert.[17]

Ab den 1960er Jahren jedoch erfahren Artefakte eine neue Zuwendung. Zwei mächtige Theorieströmungen sind hierfür maßgeblich. Zum einen ist es der Strukturalismus in Gestalt von Claude Lévi-Strauss (1908-2009), zum anderen der sog. ›interpretative turn‹ in Gestalt von Clifford Geertz (1926-2006). Lévi-Strauss' *Strukturale Anthropologie*, die 1958 erscheint, wird zu einem Gründungsdokument, das den Strukturalismus weit über die Ethnologie hinaus zu einer einflussreichen intellektuellen Strömung werden lässt. Die Idee, dass Regeln und Strukturen von Sprache letztlich Aufschlüsse über alle anderen kulturellen Ausdrucksformen liefern können, wirkt revolutionär und inspiriert zudem einen neuen wissenschaftlichen Zugriff auf materielle Kultur. Der strukturale Vergleich von Kunst-Objekten weit auseinanderliegender Regionen weist den Weg zu grundsätzlichen Einsichten in die Grammatik des menschlichen Denkens.[18] In *La Voie des masques* (1975) kombiniert Lévi-Strauss Mythenanalyse und Stilanalyse und untersucht Masken der Salish- und Kwakiutl-Indianer (Alaska).[19] Deutlich werden soll nicht nur, wie eng Mythologie und Kunst verwoben sind, sondern auch die Einsicht, dass sich die ganze Bedeutung eines Kunstwerks erst im Vergleich mit seinem strukturalen Gegenstück erschließt. Die Rezeption von Lévi-Strauss' Arbeiten stimuliert die Semiotik, die Lehre von der menschlichen Kommunikation über Zeichen, die nun ihrerseits bemüht ist, zu einer Leitwissenschaft zu werden. Objekte werden hier zu Bedeutungsträgern und materielle Kultur wird als sprach-analoges Kommunikationssystem verstanden.

Auf der einen Seite liefern also der französische Strukturalismus und die Semiotik neue Impulse für den Umgang mit materieller Kultur, auf der anderen Seite steht der amerikanische Ethnologe Clifford Geertz, der eine von Max Weber (1864-1920) beeinflusste Hermeneutik von Kultur wirkungsvoll propagiert.[20] Eckpfeiler stellen ›Handlung‹ und ›Bedeutung‹ dar. Kultur, ein von Menschen ›selbstgesponnenes Bedeutungsgewebe‹ (Max Weber) sei wie ein Text zu lesen, behauptet Geertz und stellt dies selbst in seiner ›dichten Beschreibung‹ des balinesischen Hahnenkampfs unter Beweis.[21] Geertz führt mit seinen Forschungen in Indonesien und Marokko eine zentrale Einsicht des Philosophen Ernst Cassirer (1874-1945) plastisch vor Augen. Der Mensch ist im Kern ›animal symbolicum‹, ein Wesen, das seinen Wirklichkeitsbezug über Symbolbildung und -verwendung herstellt.[22]

Der von Geertz mit angestoßene ›interpretative turn‹ erfasst weite Bereiche der Sozial- und Geisteswissenschaften, und zusammen mit der zunächst parallel verlaufenden Rezeption des Strukturalismus rücken rituelle Praxis, Symbolismus und Mythen ins Zentrum der Kulturforschung. Bezogen auf materielle Kultur werden Form, Stil und Design von Artefakten relevant, nunmehr in ihrer Beziehung zur Bedeutung und Praxis.

Von einem ›material-cultural turn‹ im eigentlichen Sinn kann ab den 1980er Jahren gesprochen werden.[23] Das Institut für Archäologie in Cambridge und das Ethnologie-Department am University College in London (UCL) sind hier wichtige Impulsgeber. Die Entwürfe der Praxis-Theoretiker Anthony Giddens (geb. 1938) und Pierre Bourdieu (1930-2002), die bemüht sind ›structure‹ und ›agency‹ in Beziehung zu setzen, werden aufgegriffen. Ian Hodder (Cambridge) entwickelt davon ausgehend eine ›kontextuelle Archäologie‹, und Daniel Miller (UCL) macht

sich einen Namen durch seine ethnologischen Forschungen zum Massenkonsum.[24] Material culture studies haben sich seither als universitäre Disziplin an verschiedenen Universitäten in den USA und Großbritannien etabliert. Die Zeitschrift *Journal of Material Culture*, die 1996 ins Leben gerufen wurde, spiegelt den interdisziplinären Anspruch wider. Enthalten sind Artikel zu Themen der Archäologie, Ethnologie, folklore studies, Tourismus- und Museumsforschung, Kulturgeographie und Kulturgeschichte, Religions-, Kunst- und Wirtschaftswissenschaft.

Daniel Miller erschließt mit der empirischen Erforschung von Konsumverhalten und Konsumobjekten nicht nur ein bislang vernachlässigtes Themenfeld, sondern er tut dies mit ethnologischer Methode und theoretischem Anspruch. Die von ihm in Aussicht gestellten Implikationen sind radikal und er hat dabei nichts weniger im Sinn als eine Ablösung der Gesellschaftswissenschaften durch die material cultural studies: »taking materiality as central to the study of humanity [...] would be the dethronement of social studies and social science«.[25] Miller kritisiert an Strukturalismus, Marxismus ebenso wie an Semiotik und Ethnologie, dass die Dreidimensionalität und Handgreiflichkeit der Dinge bislang nicht ernst genommen wurden. Letztlich werden Artefakte zu Repräsentationen von immateriellen Größen wie Gesellschaft, soziale Beziehungen und

Insektenkasten mit Schmetterlingen aus den Gattungen *Protographium* und *Eurytides*, Südamerika, Mittelamerika, 1912–1932, Kasten: 51 × 42 × 6 cm, Insekten, Holz, Glas, Torf, Papier, Metall, Zoologisches Museum, Göttingen, ZMUG 16128-16138, Foto: Stephan Eckardt.

Identität. Man liest in der materiellen Welt nichts als Zeichen, Symbole und Ideen. Prinzipiell, so Miller, schwingt dabei ein altes abendländisches Thema im Hintergrund mit, wonach das Spirituelle dem Materiellen überlegen und Materialismus dem Menschsein schädlich sei. Diese Hierarchisierung führt dazu, dass Kultur- und Sozialwissenschaften soziale Beziehungen, Gender, Klasse privilegieren. Inspiriert von der Philosophie Hegels und Bourdieus *Theorie der Praxis*,[26] stellt nun Miller in seinen Forschungen zu Kleidung, Wohnen, Handy- und Internet-Gebrauch die These auf, dass Menschen erst durch die Aneignung von Dingen zu kulturellen Subjekten werden. Aktiver Umgang mit der Dingwelt ist der Weg, auf dem Menschen Kultur, d.h. soziale Strukturen, Ideen, Normen, Werte, Handlungsmuster, internalisieren und inkorporieren. Menschen tun etwas mit Dingen, umgekehrt machen Dinge etwas mit Menschen. Theoretiker des ›material turn‹ betonen ›agency‹, den ›Eigenwillen‹ der Dingwelt. Dafür liefert die *Akteur-Netzwerk-Theorie* (ANT) des französischen Soziologen Bruno Latour (geb. 1948) ein provokantes und breit diskutiertes Konzept.[27] Die herkömmliche Trennung zwischen Subjekt und Objekt, zwischen Person und Ding wird niedergerissen. Begriffe wie Aktant oder Hybrid sollen verdeutlichen, dass die Welt der Dinge und die Welt des Sozio-Kulturellen nicht zu trennen sind. »Wer schießt, die Waffe oder der Mensch?«, fragt Latour und antwortet selbst: das Mensch-Waffen-Netzwerk.[28] In Netzwerkkonstellationen entfaltet sich Handlungspotential z.B. der Regierungen, aber auch der Ozeane, Muscheln und Fischer.[29] Der gängigen Auffassung, wonach doch letztlich der Mensch hinter all den Dingen steht, hält Latour entgegen: »Eine hübsche Geschichte, doch sie kommt mehr als einige Jahrhunderte zu spät. Die Menschen sind nicht mehr *unter sich*. Wir haben schon zu viele Handlungen an andere Aktanten delegiert, die nun unsere menschliche Existenz teilen.«[30]

Daniel Millers Kapitalismus-Ethnologie und Bruno Latours ANT tragen massiv zu einem ›material turn‹ bei, der die abendländische Subjekt-Objekt-Trennung in Frage stellt. Aus einem anderen Blickwinkel wird dieser Dualismus von dem Germanisten Hartmut Böhme bearbeitet, der in seiner Studie zum Fetischismus-Konzept eine eigene Kulturtheorie entwickelt. Der Fetischismus als Kategorie des 19. Jahrhunderts durchläuft deswegen seine staunenswerte Karriere, »weil mit ihm auf die geheimnisvollen Kehrseiten der veränderten quantitativen und qualitativen Dynamik der ›Gesellschaft der Dinge‹ reagiert wurde.«[31] War der Begriff Fetischismus ursprünglich durchweg darauf gerichtet, im christlichen Sinne Anstößiges zu kennzeichnen, dient er Ende des 19. Jahrhunderts als Deutungsmuster von ›primitiver Kultur‹ schlechthin und rückt zudem über Marx' Konzept des ›Warenfetischismus‹ oder als Freuds Psychopathologie-Syndrom ins Zentrum der westlichen Moderne. Auch Böhme stellt die These an den Anfang, dass Dinge etwas mit den Menschen tun. Moderne und Fetischismus gehören zusammen, und erforderlich wird daher die Revision einer Theorie, die mit Dingen Warenverblendung, Primitivität, Aberglaube, letztlich Sozialpathologie assoziiert.[32] Die »Dingbeziehungen in unserer Industriekultur [bedürfen] wahrlich des verfremdeten Blicks des Ethnologen«, fordert Böhme.[33] Dieser Blick vermag dann der Selbstaufklärung zu dienen und zu zeigen, dass fetischisierte, magische Dinge untrennbar zu unserer modernen Kultur gehören. Fetischisten, das sind nicht die anderen, das sind wir selbst.[34]

VERKÖRPERTES WISSEN SICHTBAR MACHEN – DINGE IM MUSEUM

Die bisherigen Ausführungen machen deutlich, wie eng Dinge mit der sozio-kulturellen Identität des Menschen verbunden sind. So eng, dass die altehrwürdige Subjekt-Objekt-Trennung nicht mehr sinnvoll erscheint. Materielle Kultur ist demnach keine Größe, die es zusätzlich zu berücksichtigen gilt, sondern sozio-kulturelle Beziehungen konstituieren sich im Kern über sie. Wenn wir dieses Ansinnen des ›material turn‹ auf Wissenschaft selbst richten, wird umso deutlicher, wie eng Materialität und Erkenntnis verflochten sind. Objekte sind Informationsträger, Sammlungen sind Wissensspeicher. Von zentraler Bedeutung ist hier in mehrerlei Hinsicht die wissenschaftliche Praxis des Sammelns. Eingangs wurde bereits auf die Sammlungsbewegung des 19. Jahrhunderts hingewiesen und auf ihre Rolle für die Entstehung vieler Geisteswissenschaften. Hier soll noch einmal auf einen wesentlich elementareren Aspekt des Sammelns verwiesen werden. Wissenschaft ist untrennbar auf das Sammeln von Zahlen, Daten, Objekten angewiesen und konstituiert sich selbst aus diesem und den daraus folgenden Vorgängen des Ordnens, Archivierens und Interpretierens. Solche Sammlungen weisen naturgemäß unterschiedliche Nähe zu Praktiken der Archivierung und Musealisierung auf.[35] Wenn man sich jedoch mit universitären Sammlungen beschäftigt, so kommt man an dieser Konfiguration »Sammeln als Wissen« nicht vorbei.[36] Der Blick in die Geschichte des wissenschaftlichen Sammelns ist auch hier höchst aufschlussreich.

Herbarschrank, vermutlich 19. Jh., Holz, ca. 4 × 0,6 × 2,5 m, (darin gepresste Pflanzen auf Papier, in Kartonagen, in offenen Holzregalen), Universitätsherbarium, Solmshaus, Göttingen. Foto: Gabriele G. Weis.

Die bahnbrechende Leistung des Carl von Linné (1707-1778), die Grundlegung der modernen botanischen Taxonomie, beruht im Wesentlichen auf der epistemischen Funktion eines Sammlungsmöbels, des Herbarschranks.[37]

Ziel des besessenen Sammlers Linné ist es, über den Vergleich Ordnung in die scheinbar unüberschaubare Vielfalt der botanischen Belege zu bekommen. Linné durchbricht dafür die bis dahin üblichen Beschreibungsverfahren der gebundenen Herbarien. Darin sind Pflanzen einander gegenüber angeordnet, damit aber auch gleichzeitig fixiert. Die Konstruktion des Herbarschranks, insbesondere Schubladen und Hängesysteme, erlaubt es indes, diese Ordnung zu durchbrechen, immer neue Vergleichskonfigurationen zu erproben, und dient somit der »Stabilisierung des ›natürlichen‹ Systems der Pflanzen.«[38] Die Kombination von Herbarschrank, botanischem Garten und einem Netz von wissenschaftlichen Korrespondenten, die Linné mit immer neuen Pflanzensamen beliefern, führt nicht nur zur Entwicklung einer naturwissenschaftlichen Taxonomie und zur Etablierung zahlreicher botanischer Gärten in Europa, sondern auch zu einer eigenen Methode des wissenschaftlichen Sammelns, die Linné in seiner *Philosophia Botanica* (1751) festhält. Nicht die grenzenlose Anhäufung von Pflanzenexemplaren ist seine Strategie, sondern Reduktion und die Einordnung der einzelnen Pflanze in das Tableau universeller, taxonomischer Beziehungen, um die genaue Bestimmung der »Zahl der Arten« zu verstehen.[39] Im Endeffekt gelingt es Linné damit, zwei »widersprechende Erkenntnisziele der zeitgenössischen Botanik miteinander in Einklang zu bringen: die Fixierung von Taxonomien und die gleichzeitige Mobilisierung der Dinge.«[40]

Emma C. Spary verweist am Beispiel von französischen Vogelsammlungen auf einen anderen wichtigen Aspekt der Sammlungsaktivität, nämlich ihre grundsätzliche Rückbindung in den spezifisch kulturhistorischen Zusammenhang. Im Einzelnen illustriert Emma Spary hier die Engführung von naturkundlicher Ambition mit gesellschaftlichen Distinktionsbemühungen.[41] Die Vogelsammlung des Antoine-René Ferchault de Réaumur (1683-1757) wird in diesem Sinne von verschiedenen Forschern auf je eigene Weise genutzt. Die taxonomische Ordnung nach äußeren, d. h. anatomischen Merkmalen ist *ein* Vorgehen. Ein *anderer Blick* auf präparierte Vögel veranlasst den Naturforscher Georges-Louis Leclerc de Buffon (1707-1788), grundsätzliche Erörterungen über die Schöpferkraft der Natur anzustellen und diese mit Morallektionen zu verbinden. In Objekten der Naturgeschichte erkennt Buffon geschlechtertypische Verhaltensweisen und Aufgabenverteilungen. Seine Beschreibungen sind voller erotischer Metaphorik und gleichzeitig durchdringen sich moralische und naturgeschichtliche Kategorien. Das Studium der Vögel liefert Buffon Argumente für einen Biologismus, der in eine Kritik des Adelsstandes mündet. Die weibliche Natur näherte sich demzufolge »derjenigen der Vögel im naturhistorischen Kabinett an, und Adlige glichen ihrerseits den Frauen: flatterhaft, mit unbändigem Geschlechtstrieb, in knalligen Farben herausgeputzt und immer auf der Jagd nach Neuem.«[42]

Sammlungen generieren, wie diese und andere Beispiele vor Augen führen, ›Bedeutung‹ über naturgeschichtliche und soziale Ordnungssysteme, die ihrerseits über Gebrauch und Interpretation der jeweiligen Sammlungen erschlossen werden. Sammeln, Ordnen, Beschreiben, Archivieren ist somit immer auch ›kommunikative Praxis‹. Zuwenig Aufmerksamkeit wurde jedoch bislang genau dieser Einheit der Praktiken des »Sprechens, Schreibens, Tauschens und Forschens« geschenkt, wie Stefan Siemer erkennt.[43] Seine Dissertation über naturgeschichtliches Sammeln und britische Sammler im 18. Jahrhundert liefert dazu

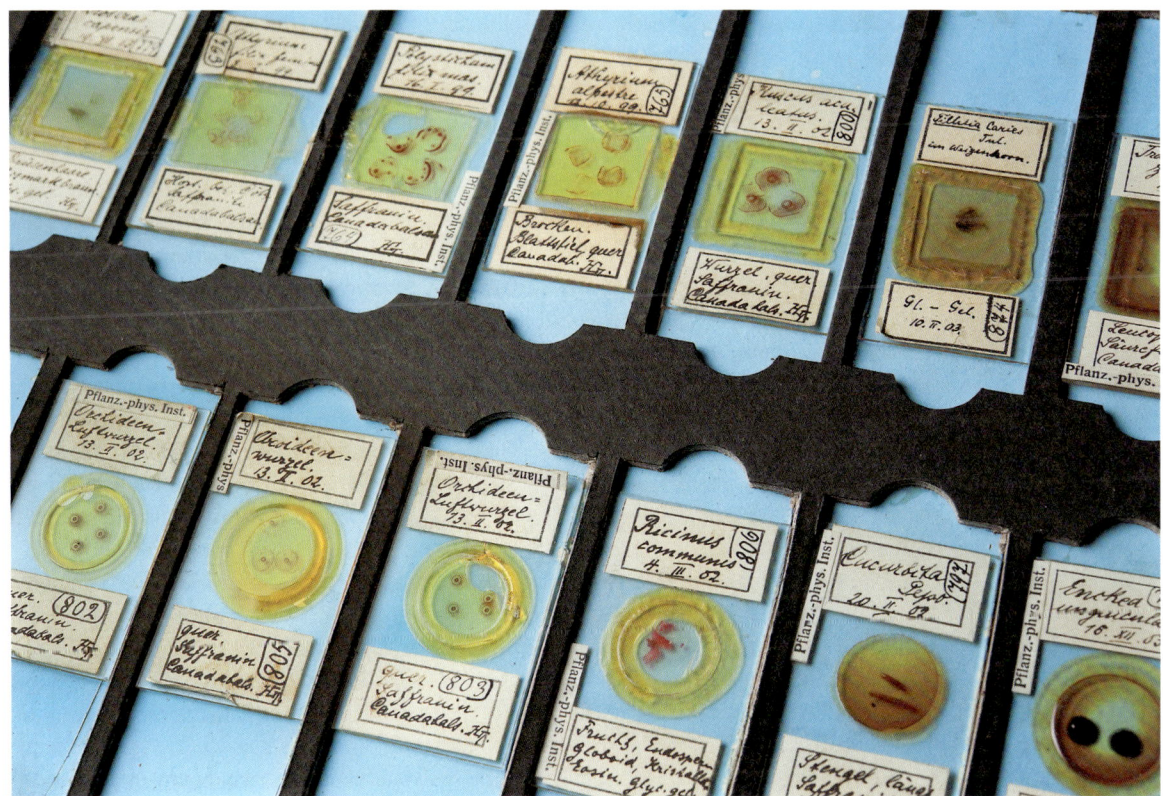

Anregungen. Zum einen stehen hier Praktiken (der Kommunikation, der Geselligkeit, des Objekterwerbs, des Forschens und Archivierens) im Mittelpunkt. Zum
anderen wird die Funktion der Sammlungsräume als Orte der wissenschaftlichen Professionalisierung und der Öffentlichkeit markiert.

Versucht man nun, die genannten Gesichtspunkte ›Sammeln als Wissen‹, den
Zusammenhang von ›Geselligkeit und Methode‹ sowie die kulturgeschichtlichen
Kontexte von Sammeln und Forschen am Objekt gleichermaßen ernst zu nehmen
und in den Ausstellungsraum zu bringen, ist man mit erheblichen Herausforderungen konfrontiert.

Anke te Heesen liefert hierzu wertvolle Anregungen.[44] Grundsätzlich, so der
Ausgangspunkt, oszillieren ›Objekte der Wissenschaftsmaterialität‹ zwischen
Forschung und Lehre einerseits und Historisierung andererseits. Eine ›kulturhistorisch orientierte Wissenschaftshistorie‹ fragt nach spezifisch wissenschaftlichen Erkenntnisformen und Methoden. Das Bemühen um Kontextualisierung
kann zudem auf die Berücksichtigung der ästhetischen Dimension nicht verzichten. Beschreibender Text und Visualisierung sind gleichwertige Dimensionen
von ›Bedeutung‹. Nimmt man eine Sammlung von präparierten Vögeln als Beispiel, so wird dabei nicht nur die zeitgenössische Präparationstechnik zu thematisieren sein, sondern auch frühere Präsentationsformen solcher Vögel, die ihrerseits von Designobjekten und Kunstwerken inspiriert sind. Schließlich liegt in
wissenschaftlichen Sammlungen auch »ein großes Potential zur Erforschung historischer Prozesse« und die Einsicht, »dass das Verständnis von Wissensentwick-
lungen in hohem Maße auf die materiellen Objekte angewiesen ist.«[45]

Zusammenstellung
anatomischer Dauer-
präparate von verschiede-
nen Pflanzen wie Orchi-
deen, Rizinus, Kürbis und
Farnen, 1899 bis 1903,
handgeschnittene Glas-
objektträger, je max.
2,5 × 8 cm, in Objektträger-
mappe, Alter Botanischer
Garten, Göttingen.
Foto: Stephan Eckardt.

Drei Konzepte der jüngeren Ausstellungsgeschichte (der Wissenschaftsmuseen) illustrieren diese Einsichten. Im ›Museum zum Anfassen‹, stilbildend war hier das 1969 gegründete Exploratorium in San Francisco, werden naturwissenschaftliche Experimente durch den Besucher nachvollzogen. Das Deutsche Museum in München oder das Universum (Science Center) in Bremen sind hier als Beispiele zu nennen. Angeboten sind in solchen Wissenschaftsmuseen allerdings nur klassische, ›als wahr anerkannte‹ Experimente, nicht jedoch das Prinzip des offenen Experimentierens.

Ein zweites Konzept ist die Darstellung eines wissenschaftshistorischen Narrativs über Texte, Instrumente, Präparate, Modelle. Die soziale und räumliche Einbettung einer Entdeckung etwa wird dargestellt über die Korrespondenz von sich »gegenseitig erhellenden Objekten und ihr Interesse auslösendes Potential.«[46] Ein weiteres Konzept arbeitet mit einer deutlichen Ästhetisierung von Wissenschaftsobjekten, deren sinnliche Qualitäten vor Augen geführt werden. Wissenschaftsdinge werden zur Kunstform. Dies zeigte sich in den 1990er Jahren etwa an der Faszination und Neu-Bewertung von Kunst- und Wunderkammern der Renaissance.

Die gemeinsame Schnittmenge der genannten Ausstellungsformen identifiziert Anke te Heesen im Status der gezeigten Objekte: Sie werden zu Objekten, »die sich zwischen den Disziplinen bewegen und [sie] führen die materiale Bedingtheit von Wissen und Erkenntnis vor, die Tatsache, dass ohne Verkörperung und ohne Reproduktion Wissenschaft nicht stattfinden kann.«[47]

Die Bedeutung von Materialität und Objekt für die Produktion von wissenschaftlicher Erkenntnis und ihrer Fakten unterstreichen auch die Arbeiten des Wissenschaftshistorikers Hans-Jörg Rheinberger. Das Labor ist der Gegenstand seiner Forschung und die dort vorgefundenen Objekte werden von ihm ›epistemische Dinge‹ genannt.[48] Sie manifestieren Fragen und Denkprozesse, und die Anstrengung gilt jenen im Forschungsprozess neu entstandenen Gegenständen, »die es bisher noch nicht gab und die nun – innerhalb eines materialen Systems der gegenseitigen Beglaubigung – eine Entdeckung darstellen.«[49] Rheinberger macht sein Vorgehen an der Forschungsgeschichte der Entdeckung des Transfer-RNA-Moleküls deutlich. Aktuelles Beispiel für ein ›epistemisches Objekt‹, das es (noch) nicht gibt und gleichzeitig geben müsste, wäre etwa das Higgs-Boson. Die (bislang erfolglos gebliebene) Suche nach diesem Materiebaustein wird mit hohem finanziellen, materiellen, experimentellen und theoretischen Aufwand und in einem globalen Kommunikationsnetz vorangetrieben.[50] Ein Vorgang, der keinerlei erkennbaren finanziellen Nutzen verspricht, dafür umso mehr dem Bedürfnis nach ›Einblick in die Natur‹ und kosmologischer Kohärenz dient. Rheinberger fordert dazu auf, ›epistemischen Dingen‹ ebenso viel Aufmerksamkeit zu schenken, »wie sie Generationen von Historikern den entkörperten Ideen gewidmet haben.«[51]

Doch, so warnt Heesen, nicht jedes Objekt »ist gleich ein epistemisches Ding, weil man an ihm etwas lernen kann.«[52] Wissenschaftliches Forschen und Erkennen über Objekte ausstellungstechnisch zu ›übersetzen‹, konfrontiert mit dem Phänomen unterschiedlich bewegter und bewegender Objekte. Gemeint ist damit der Umstand, dass jene in Sammlungen gelagerten Objekte, die einstmals der Erkenntnisfindung dienten, meist aus »ihrer erkenntnisgenerierenden Zirkulation herausgenommen und stillgestellt« sind, wie Krzystof Pomian feststellt.[53] Man könnte hier auch mit der Lévi-Strauss'schen Unterscheidung von ›heißen‹ und ›kalten‹ Gesellschaften spielen und dementsprechend ›heiße‹ und ›kalte‹ Objekte in Archiv und Ausstellungsraum identifizieren.[54] Eine Sammlung mesolithischer Pfeilspitzen oder neolithischer Keramik ist gewiss als ›kalt‹ einzustufen. Die paläolithische ›Venus vom Hohle Fels‹ (Schwäbische Alb) hingegen, die vermutlich älteste Menschendarstellung der Welt, kann in diesem Sinn ›heiß‹ genannt werden. Dementsprechend könnte man anatomische Präparate einer medizinhistorischen Sammlung einer Ausstellung von Ganzkörper-Plastinaten des Gunther von Hagens gegenüberstellen oder die Akten eines Universitätsarchivs jenen der Gauck-Birthler-Behörde. In allen Fällen handelt es sich um Objekte, die die materiale Bedingtheit von Wissen und Erkenntnis vor Augen führen. Es sind Dinge, die auf ganz unterschiedliche Weise mobilisieren, etwas mit uns ›machen‹. Wissen von Geschichte und unserem individuellen Selbst sind hier materialisiert, aber eben in unterschiedlicher Dosierung und Dynamik. Wissen museal zu präsentieren, heißt immer auch, diese Beziehung von Objekt und Betrachter, von Geschichte und Gegenwart, nicht zuletzt auch von Affekt und Vernunft einzufangen. Manchmal kann es dann gelingen, auch ›kalte‹ Objekte für die kurze Zeit des Ausstellungsbesuchs in ›heiße‹ zu verwandeln.

Wiewohl viele der genannten Vorschläge an Beispielen der Laborforschung und naturwissenschaftlicher Sammlungen entwickelt wurden, lässt sich durchaus eine Brücke hin etwa zu archäologischen, völker- und volkskundlichen oder auch kunstwissenschaftlichen Sammlungen schlagen. Wichtig ist dabei, Objekte nicht auf ihre ästhetischen Qualitäten zu beschränken, sondern über sie Erkenntnisprozesse im Kontext von Kultur- und Wissenschaftsgeschichte sichtbar werden zu lassen. Die Handlungsdimension, der praktische Umgang mit Objekten ist ebenso bedeutsam, wie das vielgestaltige Netz »von innerwissenschaftlichen, kulturellen oder gesellschaftlichen Zuschreibungen«, das Wissen erst generiert.[55] Dies vermag am besten umzusetzen sein, wenn Fragestellung und behandelter Zeitabschnitt überschaubar sind und das Material ausstellungstechnisch in ›dichten Beschreibungen‹ präsentiert wird. In Objekten der Wissenschaft ist eine jeweils besondere Zeitlichkeit gespeichert. Sie sind gleichermaßen kulturhistorisch wie wissenschaftshistorisch aufgeladen.

Die Herausforderung für die museale Sichtbarmachung von Gegenständen der Wissenschaft liegt darin, »die vergangenen Bewegungen von Objekten, die beispielsweise einem experimentellen Zusammenhang entstammen, in Präsentationen wieder sichtbar werden zu lassen und so die besondere Eigenzeit der Wissenschaftsobjekte in Ausstellungen einzuholen. [...] Einige der Objekte befinden sich immer noch in der charakteristischen Bewegung des Forschens und Repräsentierens; andere, und das mögen die meisten sein, wurden schon vor langer Zeit aus dem Bereich der Unruhe abgezogen. Gerade in dieser Gleichzeitigkeit von verschiedenen Bedeutungen, verschiedenen Zeiten und Bewegungsstufen ist eines der wichtigsten Potentiale wissenschaftlicher Sammlungen zu sehen.«[56]

Der ›material turn‹, insbesondere die Akteur-Netzwerk-Theorie Latours, verweist auf den Umstand, dass Wissenschaft nicht nur einer Welt *gegenüber* steht, die sie beobachtet, erforscht, durchdringt, sondern dass die Welt durch wissenschaftliche Praxis hervorgebracht wird. Das, was als wissenschaftliche Tatsache zu gelten hat, ist ein interaktiver Prozess, verbunden mit Vorannahmen, Erwartungen, Zirkulation von Ideen und ihrer Visualisierung.

Diese Einsicht korrespondiert mit den Konsequenzen einer neuen Technologie. Die digitale Revolution, in der wir uns befinden, transformiert mit gefräßiger Emsigkeit nicht nur wissenschaftliche Gegenstände und Erkenntnisse in Bits und Bytes, sondern auch soziale Beziehungen, Sehnsüchte und Wahrnehmungsformen. Die Welt der greifbaren Dinge, ihre Ästhetik und Geschichtsträchtigkeit erhalten vor diesem Hintergrund einen neuen Stellenwert. In Zeiten des virtuellen Archivs entfaltet sich die Magie des Originals mit umso stärkerer Macht. Museen und Sammlungen expandieren proportional zum Verschwinden der Dinge.[57] Weder die Sehnsucht nach ›auratischer Erfahrung‹, noch die nach ›Erlösung‹ ist in unserer Zeit geschwunden. Museen und Sammlungen, so schreibt Böhme, sind »Einrichtungen der Transzendenz-Versicherung« geblieben, denn sie »betreiben die Anhäufung von stillgelegtem, unproduktivem Kapital. Sie sind Orte des Gedächtnisses an die Dinge, die verschwinden, um im Gegenzug eine fetischistische Kapitalisierung des Gedächtnisses, Strategien der Rettung des sonst Verlorenen zu betreiben, das als symbolisches Vermögen ge- und versammelt wird.«[58]

ANMERKUNGEN

___ **1** Erreichbar sind nicht Erkenntnisse über ein ›an sich‹ Letztgültiges, sondern stets nur deren sprachliche Einkleidung und Vermittlung. Richard Rorty (Hg.), The linguistic turn: recent essays in philosophical method, Chicago 1967.

___ **2** Doris Bachmann-Medick, Cultural Turns. Neuorientierungen in den Kulturwissenschaften, Reinbek [4]2010.

___ **3** Doris Bachmann-Medick, Cultural Turns, Version: 1.0, in: Docupedia-Zeitgeschichte, 29.3.2010, http://docupedia.de/zg/Cultural_Turns, abgerufen am 27.10.2011.

___ **4** Vgl. Lorraine Daston, Peter Galison, Objektivität, Frankfurt a. M. 2007.

___ **5** Vgl. Ute Daniel, Kompendium Kulturgeschichte. Theorien, Praxis, Schlüsselwörter, Frankfurt a. M. 2001, S. 381-400; vgl. auch Theo Kobusch, Objektivität, in: Historisches Wörterbuch der Philosophie, Bd. 6, hg. von Joachim Ritter u. a., Darmstadt 1984, S. 1026-1052.

___ **6** Zur Sammlungsbewegung ausführlich Hans Schleier, Geschichte der deutschen Kulturgeschichtsschreibung, Bd. 1.1: Vom Ende des 18. bis Ende des 19. Jahrhunderts, Waltrop 2003, S. 338-398.

___ **7** Vgl. Wolfgang Brückner, Geschichte der Volkskunde als Versuch einer Annäherung für Franzosen, in: ders., Kultur und Volk. Begriffe, Probleme, Ideengeschichte, Würzburg 2000, S. 93-100, hier S. 96. Jacob Grimm veröffentlichte 1811 eine in diesem Sinne breitgefächerte Sammlungsaufforderung »Aufforderung an die gesamten Freunde deutscher Poesie und Geschichte«, vgl. Schleier (Anm. 6), S. 315.

___ **8** Eine umfassende Geschichte von Begriff und Idee der ›material culture‹ in Großbritannien und den USA liefert der Archäologe und Ethnologe Dan Hicks. Vgl. Dan Hicks, The Material-Cultural Turn: event and effect, in: The Oxford Handbook of Material Culture Studies, hg. von Dan Hicks, Mary C. Beaudry, Oxford 2010, S. 25-98.

___ **9** Vgl. Peter J. Bräunlein, Ausstellungen und Museen, in: Praktische Religionswissenschaft. Ein Handbuch für Studium und Beruf, hg. von Michael Klöcker, Udo Tworuschka, Köln 2008, S. 162-176.

___ **10** Vgl. Hartmut Böhme, Fetischismus und Kultur. Eine andere Theorie der Moderne, Reinbek 2006, S. 370.

___ **11** Vgl. Hermann Lübbe, Im Zug der Zeit. Verkürzte Aufenthalte in der Gegenwart, Berlin 2003, S. 57; und ders., Modernisierung und Folgelasten, Berlin 1997, S. 38.

___ **12** Vgl. Peter J. Bräunlein, »Zurück zu den Sachen!« Religionswissenschaft vor dem Objekt: Zur Einleitung, in: Religion & Museum. Zur visuellen Repräsentation von Religion/en im öffentlichen Raum, hg. von Peter J. Bräunlein, Bielefeld 2004, S. 1-54, hier S. 19-22.

___ **13** Böhme (Anm. 10), S. 371 f.

___ **14** Vgl. Walter Benjamin, Das Kunstwerk im Zeitalter seiner technischen Reproduzierbarkeit, Frankfurt a. M. 1936/2007.

___ **15** Vgl. Hilke Doering, Stefan Hirschauer, Die Biographie der Dinge, in: Die Befremdung der eigenen Kultur. Zur ethnographischen Herausforderung soziologischer Empirie, hg. von Stefan Hirschauer, Klaus Amann, Frankfurt a. M. 1997, S. 267-297.

___ **16** Eine Ausnahme ist die vor- und frühgeschichtliche Archäologie, deren Identität untrennbar mit Gräbern und Latrinen, mit Keramikscherben, Knochenresten, Faustkeilen, Fibeln und rostigen Schwertklingen verbunden ist.

__ **17** Dieser Trend setzt sich allerdings verzögert und ungleichzeitig durch. In Großbritannien wandelt sich die Ethnologie über die Rezeption des Werkes von Émile Durkheim (1858-1917) bereits in den 1920er Jahren zu einer vergleichenden Soziologie, deren Dreh- und Angelpunkt die Sozialstruktur darstellt, die ihrerseits nahezu verdinglicht wird. In Frankreich verfasst der Prähistoriker André Leroi-Gourhan (1911-1986) in den 1940er Jahren Werke wie *L'Homme et la matière* (1943) oder *Milieu et techniques* (1945), und in Deutschland erscheint 1951 das Werk des Ethnologen Julius Lips (1895-1950) *Vom Ursprung der Dinge. Eine Kulturgeschichte des Menschen.*

__ **18** Wegweisend wird das Kapitel *Die Zweiteilung der Darstellung in der Kunst Asiens und Amerikas*, in dem Lévi-Strauss auf formale Ähnlichkeiten von »primitiver Kunst« aus raum-zeitlich getrennten Kulturen Asiens und Amerikas aufmerksam macht. Vgl. Claude Lévi-Strauss, Strukturale Anthropologie, Bd. 1, Frankfurt a. M. 1977, S. 267-291.

__ **19** Claude Lévi-Strauss, Der Weg der Masken, Frankfurt a. M. 1977.

__ **20** Der Schlüsseltext ist Clifford Geertz, The Interpretation of Culture, New York 1973.

__ **21** Der erstmals 1972 erschienene Aufsatz gehört zu den meistzitierten wissenschaftlichen Arbeiten des vergangenen Jahrhunderts. Vgl. Clifford Geertz, »Deep Play«: Bemerkungen zum balinesischen Hahnenkampf, in: Kulturtheorie, hg. von Dorothee Kimmich u. a., Bielefeld 2010, S. 199-214.

__ **22** Grundlegend ist hier *An Essay on Man* von 1944. Vgl. die deutsche Rückübersetzung Ernst Cassirer, Versuch über den Menschen. Einführung in eine Philosophie der Kultur, Frankfurt a. M. 1990.

__ **23** Vgl. Hicks (Anm. 8), S. 45.

__ **24** Wegweisend sind hier Ian Hodder (Hg.), The Archaeology of contextual meanings, Cambridge 1987, und Daniel Miller, Material Culture and Mass Consumption, Oxford 1987.

__ **25** Daniel Miller, Material Culture, in: The Sage Handbook of Cultural Analysis, hg. von Tony Bennett, John Frow, London 2008, S. 271-290, hier S. 272.

__ **26** Pierre Bourdieu, Entwurf einer Theorie der Praxis auf der ethnologischen Grundlage der kabylischen Gesellschaft, Frankfurt a. M. 1976.

__ **27** Der Schlüsseltext ist Bruno Latour, Die Hoffnung der Pandora: Untersuchungen zur Wirklichkeit der Wissenschaft, Frankfurt a. M. 2002.

__ **28** Werner Krauss, Bruno Latour: Making Things Public, in: Kultur. Theorien der Gegenwart, hg. von Stephan Moebius, Dirk Quadflieg, Wiesbaden 2006, S. 430-444, hier S. 435.

__ **29** Vgl. Nina Degele, Timothy Simms, Bruno Latour (*1947). Post-Konstruktivismus pur, in: Culture Club. Klassiker der Kulturtheorie, hg. von Martin Ludwig Hofmann u. a., Frankfurt a. M. 2004, S. 259-275, hier S. 267f.

__ **30** Latour (Anm. 27), S. 231, zit. nach Degele, Simms (Anm. 29), S. 269/A25.

__ **31** Böhme (Anm. 10), S. 19.

__ **32** Ebd., S. 25.

__ **33** Ebd., S. 23.

__ **34** Vgl. ebd., S. 16. Die Mittelalter-Historikerin Hedwig Röckelein setzt kulturtheoretische Anregungen, wie sie Böhme formuliert, auf durchweg eigene und originelle Weise um. In ihrer Untersuchung von Reliquienbehältnissen zeigt sie nicht nur, auf welchem Weg und mit welchen Strategien profane Gegenstände (temporär und revertierbar) ›sakralisiert‹ werden, sondern sie nimmt vor allem die Materialität (Gefäßmaterial, Verschlussmechanismen, Inschriften, Siegel) solcher Objekte als aussagekräftige Quelle ernst. Vgl. Hedwig Röckelein, Schätze in Altären. Profane Gebrauchsgegenstände im sakralen Raum, in: Le trésor au Moyen Âge. Discours, pratiques et objets, hg. von Lucas Burkart u. a., Firenze 2010, S. 179-197.

__ **35** Agrarwissenschaftlich relevante Bodenproben beispielsweise verschwinden in Zahlenkolonnen, ohne zwangsläufig aufbewahrt zu werden, Geweberroben zur Krebsdiagnose werden histopathologisch präpariert und mitunter in Gewebebanken gelagert. In beiden Fällen bildet die Objekt- und Datensammlung den unverzichtbaren Ausgangspunkt der Erkenntnisfindung.

__ **36** Unter diesem Titel veröffentlichten Anke te Heesen und Emma C. Spary eine Reihe wegweisender Beiträge zur kultur- und wissenshistorischen Bedeutung des Sammelns. Vgl. Anke te Heesen, Emma C. Spary (Hg.), Sammeln als Wissen. Das Sammeln und seine wissenschaftliche Bedeutung, Göttingen 2001.

— 37 Vgl. Staffan Müller-Wille, Carl von Linnés Herbarschrank. Zur epistemischen Funktion eines Sammlungsmöbels, in: Heesen, Spary (Anm. 36), S. 22-38. Vgl. hierzu auch das Interview mit Staffan Müller-Wille und seine Arbeiten zu Linné und Darwin: Alexander Kraus, Frank Wolff, Eher Zirkus als Legebatterie. Staffan Müller-Wille als Dompteur des eigenen Assoziationsreichtums, http://www.zeitenblicke.de/2010/2/kraus-wolff_mueller-wille, abgerufen am 9.11.2011.

— 38 Müller-Wille (Anm. 37), S. 33.

— 39 Ebd., S. 37.

— 40 Kraus, Wolff (Anm. 37).

— 41 Vgl. Emma C. Spary, Codes der Leidenschaft: Französische Vogelsammlungen als eine Sprache der vornehmen Gesellschaft im 18. Jahrhundert, in: Heesen, Spary (Anm. 36), S. 39-61.

— 42 Ebd., S. 60.

— 43 Stefan Siemer, Geselligkeit und Methode. Naturgeschichtliches Sammeln im 18. Jahrhundert, Mainz 2004, S. 5.

— 44 Ich stütze mich hier auf Anke te Heesen, Über Gegenstände der Wissenschaft und ihre Sichtbarmachung, in: Zeitschrift für Kulturwissenschaften 1, 2007, S. 95-102.

— 45 Ebd., S. 96.

— 46 Ebd., S. 97.

— 47 Ebd.

— 48 Hans-Jörg Rheinberger, Experimentalsysteme und epistemische Dinge. Eine Geschichte der Proteinsynthese im Reagenzglas, Göttingen 2001.

— 49 Heesen (Anm. 44), S. 100.

— 50 Die Existenz der Higgs-Teilchen ist deswegen so wichtig, weil mit ihrem Nachweis plausibilisiert werden kann, warum Materie Masse hat. Die Hoffnungen liegen in Teilchenbeschleuniger-Anlagen wie dem Genfer CERN. Während dieser Beitrag verfasst wird (November 2011), rechnen Experten mit Möglichkeiten des Erfolgs wie des Scheiterns.

— 51 Rheinberger (Anm. 48), S. 15; zit. nach Heesen (Anm. 44), S. 100.

— 52 Heesen (Anm. 44), S. 101.

— 53 Krzystof Pomian, Der Ursprung des Museums. Vom Sammeln, Berlin 1988, S. 16, hier zit. nach Heesen (Anm. 44), S. 100.

— 54 ›Heiße‹ Gesellschaften streben Lévi-Strauss zufolge nach Veränderung, nach Fortentwicklung und Erneuerung, ›kalte‹ hingegen leisten jeder Form von Veränderung gegenüber Widerstand, ruhen in sich selbst, sind geschichtlichen Prozessen gegenüber resistent. Vgl. Claude Lévi-Strauss, Das wilde Denken, Frankfurt a. M. 1973, S. 270.

— 55 Heesen (Anm. 44), S. 100.

— 56 Ebd., S. 101.

— 57 Vgl. Böhme (Anm. 10), S. 371.

— 58 Ebd., S. 372.

Marie Luisa Allemeyer

VOM »ACADEMISCHEN MUSEUM« ZUR »ZENTRALEN KUSTODIE«
Die Zukunft der akademischen Sammlungen, Museen und Gärten an der Universität Göttingen

From the *Academisches Museum* to the *Central Custodians Office*: The future of the academic collections, museums and botanical gardens of the University of Göttingen. The University of Göttingen hosts 30 academic collections, museums and botanical gardens. Their holdings comprise outstanding, highly valuable single objects, as well as thousands of specimens and innumerable artefacts. These items supply material for modern primary scientific research and contain crucial resources for the university's – and the general public's – history of knowledge, reflecting the emergence and development of a ›knowledge society‹. Taking this into account, an overall strategy for the future treatment of the collections is developed, aiming at meeting three targets: securing and preserving the collections for the future, facilitating and promoting their use for research and teaching and employing them to procure transparency and public awareness for the genesis, variety and vitality of science. To this end, the university will install a Central Custodians Office that operates and coordinates activities in collection management, research, and outreach. A Research Centre will conduct and foster investigations into the history of science. Last, but not least, a forum-like centre and exhibition-space (to be run in cooperation with the City of Göttingen) will depict the relation of objects and science in different cultures of knowledge, highlighting the University of Göttingen's outstanding tradition, materialised in its unique collections. It will close the gap left by the breakup of the *Academisches Museum* and will set a new reference point for the university and the city.

Die Universität Göttingen hat im Verlauf ihrer Geschichte eine beachtliche Zahl großer Wissenschaftler und Wissenschaftlerinnen hervorgebracht – oder vermochte es, solche anzuziehen und ihre Weiterreise eine Zeit lang zu verzögern.

Unter diesen erfreut sich Georg Christoph Lichtenberg (1742-1799) besonderer Beliebtheit. Vielleicht weil er – physisch klein und geistig groß – dem Bild ähnelt, das unsere Universitätsstadt von sich selbst hat. Vielleicht aber auch, weil es ihm gelang, seine naturwissenschaftlich geschulte Beobachtungs- und Beschreibungsfähigkeit auf sein gesellschaftliches Umfeld anzuwenden. Lichtenbergs scharfsinnige Aphorismen bilden eine unerschöpfliche Quelle, aus der immer wieder erstaunlich passende Äußerungen zu praktisch jeder Gelegenheit gezogen werden können. Dass man auf der Suche nach geeigneten sinnstiftenden, visionären Leitsätzen – und der Bedarf daran ist in Zeiten zunehmender universitärer Konkurrenz höher denn je – früher oder später auf Lichtenberg stößt, ist daher nicht verwunderlich und in Bezug auf die Universität Göttingen auch gewissermaßen rechtens. Denn immerhin war Lichtenberg Student und später Professor an der Georgia Augusta.

Über deren *Academisches Museum* heißt es in dem von Lichtenberg herausgegebenen Göttinger Taschenkalender von 1779: »Göttingen ist die erste Universität in Deutschland, vielleicht in Europa, die mit einem eigentlich akademischen Museum versehen worden.«[1] Gut sechzig Jahre später wurde das *Academische Museum* aufgelöst, und seine Objekte bildeten den materiellen Grundstock verschiedener, sich geradezu explosionsartig auffächernder Fachdisziplinen.

Heute sind 30 akademische Sammlungen, Museen und botanische Gärten an der Universität Göttingen verzeichnet – wahlweise auch deutlich mehr, wenn man die aus pragmatischen Gründen vollzogene Fusion eigentlich eigenständiger Sammlungen berücksichtigt. Hinzu kommen weitere Sondersammlungen der Staats- und Universitätsbibliothek und des Universitätsarchivs.

Welcher wissenschaftliche Reichtum sich damit hinter den Mauern und unter den Dächern der Universität Göttingen befindet, ist in Gänze kaum zu überschauen. Was für ein Potential diese Objekte und Sammlungen für aktuelle Forschungen bergen, gerät neuerdings in das Zentrum universitären aber auch öffentlichen Interesses.

Einen ersten Impuls in diese Richtung setzte der Wissenschaftsrat, der im Juli 2007 eine Arbeitsgruppe *Sammlungsbezogene wissenschaftliche Forschung in Deutschland* gründete.[2] Die daraus resultierende, Anfang 2011 veröffentlichte *Empfehlung zu wissenschaftlichen Sammlungen als Forschungsinfrastrukturen* leitete einen markanten Umschwung im Hinblick auf die Bewertung und Behandlung akademischer Sammlungen ein.[3]

Schon zwei Jahre vor der Veröffentlichung dieser Empfehlung fiel an der Universität Göttingen mit einer Initiative der Wissenschaftlichen Kommission Niedersachsen (WKN)[4] der Startschuss für einen grundlegenden Wandel im Umgang mit den akademischen Sammlungen, Museen und botanischen Gärten: Die WKN setzte im Jahr 2009 eine Arbeitsgruppe ein, die sich mit dem Thema der Forschung an und in Museen befassen sollte – freilich um Handlungs- und Verbesserungsbedarf zu eruieren. In diesem Zusammenhang wurden auch die objektbezogenen Sammlungen der Universität Göttingen in eine Untersuchung einbezogen. Anhand eines Fragebogens und eines Besuchs vor Ort wurden verschiedene Daten erhoben. Am 18. August 2009 trafen sich die Verantwortlichen zahlreicher Göttinger Sammlungen und auch Beteiligte sammlungsbezogener Forschungsprojekte und stellten sich den Fragen der Arbeitsgruppe. Diese – womöglich durchaus skeptisch, wenn nicht argwöhnisch erwartete und durchstandene – Zusammenkunft hatte Folgen. Und zwar nicht nur auf Seiten der Fragesteller, sondern auch – wenn nicht sogar noch viel stärker – auf Seiten der Befragten: Motiviert durch die Erkenntnis, dass ›die Sache der Sammlungen‹ Interesse auf sich zieht und der Austausch zwischen den Sammlungsvertreterinnen und -vertretern höchst erfreuliche Effekte mit sich bringt, etablierte sich in Göttingen ein *Sammlungs-Forum*, das zumindest im bundesdeutschen Vergleich, und soweit bekannt auch international, nahezu einzigartig ist.

Während die Sammlungen an der Universität Göttingen also eine Vorreiterrolle im Hinblick auf die Vernetzung und fächer- wie sammlungsübergreifende Kommunikationskultur einnahmen, entstand am Hermann von Helmholtz-Zentrum für Kulturtechnik der Humboldt-Universität zu Berlin unter Federführung von Dr. Cornelia Weber eine Datenbank zu *Universitätsmuseen und -sammlungen in Deutschland*, die mit Projektmittelunterstützung durch die DFG eingerichtet wurde.

Ein erstes Symposium auf Bundesebene fand im Februar 2010 zum Thema *Universitätsmuseen und Sammlungen im Hochschulalltag* statt (Veranstalter: Helmholtz-Zentrum für Kulturtechnik, Berliner Medizinhistorisches Museum der Charité).[5] In Göttingen folgte im April 2010 der unter dem Dach des Lichtenberg-Kollegs organisierte Workshop *Das ›Akademische Museum‹. Universitäre Sammlungen als Räume der Produktion, Repräsentation und Vermittlung von Wissen*.

Eine erste Basis war also bereits geschaffen, als der Wissenschaftsrat am 28. Januar 2011 seine *Empfehlung zu wissenschaftlichen Sammlungen als Forschungsinfra-*

strukturen veröffentlichte und darin Bund, Länder und Universitäten aufforderte, akademische Sammlungen als Forschungsinfrastrukturen anzuerkennen, wertzuschätzen und entsprechend zu behandeln.

Die Göttinger Universitätsleitung griff diese Handlungsempfehlung auf und begann, gemeinsam mit Mitgliedern des Sammlungsforums ein universitätsweites Gesamtkonzept für die zukünftige Nutzung und Erhaltung der akademischen Sammlungen, Museen und Gärten an der Universität Göttingen zu entwickeln. Dieses Gesamtkonzept wurde in das *Zukunftskonzept* aufgenommen, mit dem sich die Universität in der zweiten Runde der Exzellenzinitiative von Bund und Ländern bewirbt. Es ist erstens auf die Förderung und nachhaltige Bewahrung der derzeit 30 objektbezogenen Sammlungen Museen und Gärten der Universität ausgerichtet, strebt zweitens an, ihre Nutzbarkeit und Nutzung in Forschung und Lehre zu verbessern, und verfolgt drittens das Ziel, sie intensiver für die Innen- und Außendarstellung der Universität einzusetzen. Die auf diese Ziele ausgerichteten Strukturen und Maßnahmen werden unter dem Dach einer zu gründenden *Zentralen Kustodie* eingerichtet und koordiniert.

Das Auditorium am Weender Tor (erbaut 1862-1865) ist als Gebäude für das *Haus des Wissens* im Rahmen des Zukunftskonzepts der Universität geplant. Foto: Katharina Haase.

FÖRDERUNG UND BEWAHRUNG

Eines der wesentlichen Merkmale der Gesamtkonzeption liegt darin, dass sie die Vielfalt und Diversität der akademischen Sammlungen, Museen und botanischen Gärten dieser Universität als besonderen Wert anerkennt und entsprechend berücksichtigt. Anstatt eine räumliche oder administrative Zusammenlegung anzustreben (wie dieses beispielsweise unter dem Dach der *Zentralkustodie* der

Universität Dresden – aus spezifischen Gründen – praktiziert wird), sollen die Sammlungen in räumlicher Nähe zu ihren Fächern verbleiben, da dort in der Regel ihr Einsatz in Forschung und Lehre erfolgt.

Sehr wohl bietet die *Zentrale Kustodie* den dezentralen Sammlungen allerdings durch die Abteilung *Collection Management* zentrale Unterstützung an.

Hier ist Fachkompetenz in den Bereichen Restaurierung und Magazinierung angesiedelt, um die sammlungstragenden Institutionen fachlich-konservatorisch im Hinblick auf die Unterbringung und Restaurierung der Sammlungsbestände zu beraten und kleinere Restaurierungsarbeiten durchzuführen sowie ggf. bei der Vergabe von Aufträgen an externe Restauratoren beratend zu unterstützen.

Sammlungen, die bisher keine oder eine ungeeignete Unterbringung haben oder die durch fachliche Umstrukturierungen ›heimatlos‹ geworden sind, können bei Bedarf in ein zentrales Magazin verlagert werden. Die Objekte werden hier unter optimalen klimatischen Bedingungen und sicher aufbewahrt, können aber jederzeit für temporäre Forschungszwecke entnommen und ggf. auch am Ort untersucht werden.

Das *Collection Management* sorgt außerdem für die weitere Vernetzung der Sammlungen untereinander, ist deren zentrale Anlaufstelle innerhalb der Kustodie und das *Kompetenzzentrum* vor Ort, in dem Fachwissen gesammelt wird und abrufbar ist. Es bildet die Schnittstelle zwischen den Göttinger Sammlungen und der sich etablierenden Vernetzung der akademischen Sammlungen auf Bundesebene und im internationalen Kontext.

Durch das *Collection Management* erhalten die Sammlungen Unterstützung bei der Drittmittelakquise für Objektankäufe, Restaurierungsprojekte, Forschungsprojekte etc. Hier wird außerdem die Vergabe von Mitteln koordiniert, die die *Zentrale Kustodie* für Notfallsanierungen und für Maßnahmen bereitstellt, um die objektbezogenen Sammlungen begehbar zu machen.

VERBESSERUNG DER NUTZBARKEIT UND NUTZUNG IN FORSCHUNG UND LEHRE

Neben Maßnahmen und Strukturen, die darauf ausgerichtet sind, die sammlungstragenden Institutionen bei der Erhaltung ihrer Sammlungen zu unterstützen, liegt ein weiterer, sehr wichtiger Aufgabenbereich des *Collection Managements* darin, die Nutzbarkeit und Nutzung der Sammlungen zu verbessern und zu fördern. Tatsächlich enthalten viele der Sammlungen hochwertiges, oft einzigartiges Material für aktuelle Forschungsfragen, ohne dass dieses Potential immer ausreichend ausgeschöpft wird. Um dieses Potential für fachwissenschaftliche und wissenschaftshistorische Forschungen aufzuschließen, ist es zunächst erforderlich, dass jede Sammlung eine eigene Sammlungsstrategie entwickelt. Unterstützung leistet auch dabei wieder das *Collection Management*, das ebenfalls die Entwicklung einer universitätsweiten Strategie zum Umgang mit den Sammlungen, Museen und Gärten (*Collection Policy*) begleitet.

Ein weiterer wesentlicher Schritt zur Verbesserung der Nutzbarkeit der Sammlungsobjekte liegt in ihrer systematischen und flächendeckenden Erfassung und Katalogisierung. Diese muss in einigen Fällen noch erfolgen. Im Rahmen des Gesamtkonzepts der Universität ist eine Digitalisierung der Objekte und die Anlage einer elektronischen Datenbank vorgesehen. Denn schließlich liegt der Schlüssel zur interdisziplinären Nutzung der in den Sammlungen enthaltenen Objekte darin, Wissenschaftlerinnen und Wissenschaftlern diejenigen Einblicke in die vorhandenen Materialien zu gewähren, die zu neuen – oft die Fächergrenzen überschreitenden – Forschungsfragen anregen. Ähnliches gilt im Hinblick auf den (vielleicht auch einmal ungewöhnlichen) Einsatz einzelner Objekte in der Lehre.

Die Koordination der Digitalisierung und die Verwaltung der Datenbank unter dem Dach der *Zentralen Kustodie* wird in enger Zusammenarbeit mit den sammlungstragenden Institutionen und dem *e(nhanced) Research Framework* der Universität stattfinden. Auf diese Weise wird sichergestellt, dass die digitale Erfassung der Objekte nationalen und internationalen Standards folgt, das Datenmanagement campus-weit koordiniert wird und die digitalisierten Objekte konsequent über offene Schnittstellen in Forschung und Lehre (nach-)genutzt werden können. Zugleich wird der dauerhafte Zugriff auf die Daten sichergestellt.

Die beschriebenen, unter dem Dach der *Zentralen Kustodie* angesiedelten Serviceleistungen zielen darauf, die Nutzbarkeit der Sammlungen zu verbessern und ihre Nutzung zu fördern. Dasselbe Ziel verfolgt die ebenfalls neu einzurichtende *Forschungsstelle*. Ihren Mittelpunkt bildet eine Juniorprofessur mit der Denomination *Wissenskultur* sowie ein Konsortium aus mindestens drei assoziierten Professoren und Professorinnen aus den Geistes-, Natur- und Sozialwissenschaften, die die Bereiche Universitäts- und Wissenschaftsgeschichte, Geschichte der Naturwissenschaften, Technik und Medizin und Wissenssoziologie/Wissensgeschichte des Sozialen/Anthropologiegeschichte abdecken.

Die Juniorprofessur ist eine grundsätzlich auf Dauer angelegte Stelle, die allerdings explizit nicht mit Tenure Track ausgestattet ist, um auf diese Weise das Prinzip der Dynamik konsequent zu implementieren. Die assoziierten Professuren gehören hauptamtlich einem geistes-, natur- und sozialwissenschaftlichen Fach an, verfügen aber explizit oder auf Grundlage ihrer Expertise über einen fachwissenschaftshistorischen Forschungsschwerpunkt.

An der Forschungsstelle wird der neu einzurichtende Promotionsstudiengang *Objektivität und Materialität von Wissenschaft* angesiedelt. Das Programm umfasst fachgebundene wie überfachlich angesiedelte wissenschaftshistorische Komponenten, die durch die assoziierten Professorinnen und Professoren und den Juniorprofessor bzw. die Juniorprofessorin vertreten werden. Daneben umfasst er praxisorientierte Komponenten, die durch externe Referenten aus einschlägigen Museen und Forschungseinrichtungen eingebracht werden.

Die Forschungsstelle ist in erster Linie darauf ausgerichtet, fachspezifische und überfachliche Forschungsprojekte zu fördern und durchzuführen, deren Gegenstand einzelne Objekte, spezifische Sammlungsbestände oder ganze Sammlungen und übergreifende Fragen der Wissenschafts- und Universitätsgeschichte bilden. Sie ist mit Mitteln ausgestattet, um hochrangige internationale Tagungen durchzuführen, Forschungsergebnisse zu publizieren und internationale Gäste einladen zu können.

Die Forschungsstelle richtet in Kooperation mit dem Lichtenberg-Kolleg ein Joint-Fellowship ein. Dieses ermöglicht – in Anlehnung an den Schwerpunkt *Erkenntnis | Praxis | Norm | Unterschiedliche Rationalitäten in den Kulturen der Wissenschaften* des Lichtenberg-Kollegs – jährlich einen Experten aus dem Bereich der kulturwissenschaftlich orientierten Wissenschaftsgeschichte für einen bis zu zehnmonatigen Forschungsaufenthalt nach Göttingen einzuladen. Außerdem verfügt die Forschungsstelle über Mittel, um Forschungsprojekte zur Erfassung und Erforschung von Objekten und Beständen und zur Durchführung von Provenienzforschung zu finanzieren. Sie wird wesentlich dazu beitragen, die Sammlungen intensiver in Forschung und Lehre zu nutzen und das in ihnen liegende Forschungspotential für fachspezifische, aber auch für überfachliche und interdisziplinäre Fragestellungen weiter zu erschließen.

NUTZUNG DER SAMMLUNGEN, MUSEEN UND BOTANISCHEN GÄRTEN FÜR DIE INNEN- UND AUSSENDARSTELLUNG DER UNIVERSITÄT

Das Gesamtkonzept, das die Universität für die zukünftige Nutzung und Erhaltung der akademischen Sammlungen, Museen und botanischen Gärten entwickelt hat, enthält neben der administrativen Struktur (*Zentrale Kustodie*) und einer eigenständig wissenschaftlich ausgerichteten Institution (*Forschungsstelle*) auch eine räumlich-physische Komponente, mit der es in gewisser Weise an das *Academische Museum* anknüpft. Als dieses aufgelöst wurde, ging damit ein zentraler Ort der Kommunikation und Kooperation verloren und mit ihm die prägnante Sichtbarkeit von Wissenschaft und Forschung. Das *Haus des Wissens* soll die dadurch entstandene Lücke wieder füllen. Es soll die Universität öffentlich sichtbar und ihr Wirken transparent machen und einen neuen ›Referenzort‹ für Universität und Stadt bilden, die das *Haus des Wissens* gemeinsam tragen.

Eine Dauerausstellung wird die Genese, Dynamik und Vielfalt von Wissenschaft, ihre gesellschaftliche Bedingtheit und internationale Verflechtung thematisieren – schwerpunktmäßig im Bereich des europäischen Wissenschaftssystems, aber auch darüber hinaus. Einen besonderen Aspekt wird dabei die Rückbindung der internationalen Wissenschaftsgeschichte an die Universität und den Forschungsstandort Göttingen bilden, so dass allgemeine Phänomene durch ihre Konkretisierung am Fallbeispiel Göttingen verdeutlicht werden können.

Die Universität Göttingen bildet aber nicht nur den Ankerpunkt für eine Darstellung europäischer Wissenschaftsgeschichte. Ihre akademischen Sammlungen, Museen und Gärten stehen zugleich im Zentrum des Ausstellungsbereiches, in dem – analog zum konzeptionellen Ansatz der Ausstellung *Dinge des Wissens* – die Beziehung zwischen materiellem Objekt und Wissenschaft thematisiert wird. Eine steckbriefartige Darstellung dieser Einrichtungen soll die Bandbreite der Forschungs- und Lehrinstitutionen aufzeigen. Ausgewählte Objekte beleuchten die Genese und Funktion der Einrichtungen, illustrieren aber zugleich auch, warum und in welcher Weise Wissenschaft auf das materielle Objekt rekurriert und welche Bedeutung ihm in der Entwicklung der modernen Wissenschaft zukam und heute noch zukommt. Im Rahmen von Sonderausstellungen soll Raum für aktuelle wissenschafts- und gesellschaftsbezogene Themen sein. Es können personen- oder ereignisbezogene Ausstellungen gezeigt werden oder auch Ausstellungen, die sich vergleichend mit den Sammlungen anderer Universitäten oder dem Verhältnis von Objekt und Wissenschaft in anderen Kultur- und Wissenschaftssystemen befassen.

Das *Haus des Wissens* soll seinen Besuchern Einblicke in das ›System Wissenschaft‹, seine Genese, seine Wirkungsweise und gesellschaftliche Bedeutung vermitteln und eine Beschäftigung mit wissensbezogenen Querschnittsfragen anregen. Es soll Fenster in die Fächer und Fakultäten öffnen, die Zusammenhänge und Wechselwirkungen zwischen Universität und Stadt aufzeigen, öffentliche Wahrnehmung herstellen und junge Menschen für die Universität interessieren.

Es bildet den Knotenpunkt zwischen den dezentralen Sammlungen, Museen und Gärten, soll allerdings keinesfalls deren Besuch ersetzen, sondern vielmehr zu diesem anregen. Dazu trägt ein gut ausgebautes, über die Stadt gespanntes Wegweisungssystem bei, das zugleich das Zusammenspiel und den Zusammenhang zwischen dem *Haus des Wissens* und den über die Stadt verteilten Orten der Wissenschaft verdeutlicht. Die Universität stellt für diesen Zweck eines ihrer prominentesten Gebäude zur Verfügung: Das Historische Auditorium, das durch seine Architektur, Geschichte und Lage einen optimalen Standort für das *Haus des Wissens* bietet.

ANMERKUNGEN

___ 1 Etwas vom Academischen Museum in Göttingen, in: Göttinger Taschen Calender, Göttingen 1779, S. 48.

___ 2 Der Wissenschaftsrat berät die Bundesregierung und die Regierungen der Länder in allen Fragen der inhaltlichen und strukturellen Entwicklung der Wissenschaft, der Forschung und des Hochschulbereichs und gilt als eines der wichtigsten wissenschaftspolitischen Beratungsgremien (http://www.wissenschaftsrat.de).

___ 3 Empfehlungen zu wissenschaftlichen Sammlungen als Forschungsinfrastrukturen, Drs. 10464-11, Berlin 28.1.2011, http://www.wissenschaftsrat.de/download/archiv/10464-11. pdf, (abgerufen am 3.2.2012).

___ 4 Die Wissenschaftliche Kommission Niedersachsen ist ein Expertengremium, das die Niedersächsische Landesregierung und Wissenschaftseinrichtungen in Fragen der Wissenschafts- und Forschungspolitik berät (http://www.wk.niedersachsen.de).

___ 5 Die kommende Tagung auf Bundesebene wird im Oktober 2012 in Göttingen stattfinden.

Marian Füssel

DIE UNIVERSITÄT DER DINGE
Zur universitätshistorischen Verortung des Sammlungswesens

The university of objects: About the place of collecting in the history of the university.
The history of universities has not always been a history of collections. Material facilities such as botanical gardens, anatomic theatres, mathematical collections or academic portrait galleries emerged in early modern Europe during a long process alongside the modern research university. Though every university and its collections seem to be unique at first glance, a closer look reveals the cultural patterns behind the genealogy of most institutions. A comparison of the Georgia Augusta with fellow universities founded during the Age of Enlightenment like Halle (1694) and Erlangen (1743) traces the similarities and singularities of Göttingen's way towards a University of Objects. Following the foundation of the Academic Museum in 1773, Göttingen turned into a centre of Enlightenment science that helped to shape the disciplinary differentiation taking place around 1800. Collections and their directors paved the way for new disciplines like art history or anthropology and helped to create new spaces of knowledge. Bringing materiality back into the history of universities sheds new light on the development of a particular institution of knowledge as well as on the historicity of academic science in general.

Die Universität als Ort von Sammlungen zu begreifen, ist das Ergebnis einer langen historischen Entwicklung. Am mittelalterlichen Beginn der europäischen Universitäten stand nicht die Ordnung der Dinge, sondern die genossenschaftliche Ordnung eines privilegierten Personenverbandes. Die Hochschulen waren im Grunde mobile Institutionen, die in Krisenzeiten ihren Standort auch wechseln konnten. Im Lauf der Zeit wurde die institutionelle Bindung an die beherbergenden Städte jedoch immer stärker, eigene Gebäude entstanden und auch die materielle Ausstattung begann sich stetig zu differenzieren.[1] Am Beginn vieler akademischer Sammlungen standen zunächst die Hoheitszeichen der Universität, wie u. a. die Zepter, symbolische Schlüssel, die Matrikel und der Mantel des Rektors. Es folgten Medaillen, Professorenporträts und weitere Kunstgegenstände. Hinzu traten dann der »forschungs- und lehrrelevante Objektfundus« der einzelnen Fächer, womit der Begriff Universitätssammlung in dem bis heute üblichen weiten Sinn umschrieben wird.[2] Dabei gehört es bis in die Gegenwart zu den Eigenheiten universitärer Selbstwahrnehmung, auf die Einzigartigkeit der eigenen Geschichte, ihrer institutionellen Formen und materiellen Fundamente zu pochen. Ein vergleichender Blick zeigt jedoch gerade im Fall der Sammlungen, dass stets übergreifende kulturelle Muster in der Genese und Beschaffenheit der jeweiligen Einrichtungen zu beobachten sind. Eigene Bibliotheken, anatomische Theater, botanische Gärten und ein Karzer gehörten seit der Frühen Neuzeit zur Grundausstattung einer Hochschule und bilden die Keimzellen vieler bis heute existenter akademischer Sammlungen.[3] Genaue Gründungsdaten zu ermitteln, erweist sich allerdings oftmals als schwierig, vielfach handelt es sich eher um den Akt der Institutionalisierung oder Erwähnung in den Akten, nicht aber um eindeutig räumlich lokalisierbare Einrichtungen. Früh verstetigt wurden die

Karzer als Symbole eigener Gerichtsbarkeit (z.B. Tübingen 1515, Heidelberg 1545, Würzburg 1586, Altdorf 1623), gefolgt von Kustodien, die Gemäldesammlungen und akademische Hoheitszeichen verwahrten (Greifswald 1456, Jena 1548).[4] Eher lehrbezogene Einrichtungen traten vor allem mit den universitären Gärten (Leipzig 1580, Jena 1586, Heidelberg 1593, Gießen 1609, Freiburg 1620, Altdorf 1626, Tübingen 1663, Helmstedt 1682) oder ersten mathematisch-physikalischen Sammlungen hinzu (Rostock 1569, Würzburg 1655, Marburg 1695).

ANEIGNUNGEN DER AUFKLÄRUNG – MUSTER DER SAMMLUNGSENTWICKLUNG

Die allgemeinen Entwicklungstendenzen akademischer Sammlungen im 18. Jahrhundert werden mit Blick auf andere Universitätsgründungen der Aufklärungszeit deutlich. Im Vergleich mit Halle (1694) und Erlangen (1742/1743) können sowohl übergreifende Strukturen wie Besonderheiten der Göttinger Entwicklung aufgezeigt werden. Bereits vier Jahre nach der Gründung der Universität Halle errichtete man 1698 einen botanischen Garten und folgte damit einer im Heiligen Römischen Reich bereits länger etablierten Ausstattungstradition.[5] 1788 wurden im Botanischen Garten eine Sternwarte und zwei Gewächshäuser erbaut. Wissenschaftsgeschichtlich bedeutsamer wurde die jährliche Herausgabe eines Samenkatalogs unter seinem Leiter Kurt Sprengel (1766-1833) ab dem Jahr 1797, mit der öffentliche Zugänglichkeit und wissenschaftliche Auswertung der Bestände einen bedeutenden Schub erfuhren. Neben Garten, Kunstsammlung und Universitätsbibliothek verfügte die Universität jedoch in den ersten sieben Jahrzehnten ihres Bestehens noch über keine eigenen Sammlungen.[6] Eine Situation, die sich wie an vielen deutschen Universitäten allerdings im letzten Drittel des 18. Jahrhunderts allmählich zu ändern begann.

Eine für diese Zeit typische Geschichte weist etwa die numismatische Sammlung des halleschen Gelehrten Johann Heinrich Schulze (1667-1744) auf. Der Professor für Altertümer und Medizin verfügte über eine private Münzsammlung von mehr als 2.700 Exemplaren, die er zu Unterrichtszwecken einsetzte und damit zum Begründer der Numismatik als akademischer Disziplin wurde. Seine Erben veräußerten die Sammlung zwar an einen Berliner Kabinettsrat, der jedoch schenkte sie 1768 der Universität Halle, wo sie später in die archäologische Sammlung einging. Damit sind bereits drei Charakteristika zahlreicher Universitätssammlungen benannt: ihr Ursprung in einer privaten Sammlung, die praktische Nutzung zu Lehrzwecken und die Emergenz einer eigenen wissenschaftlichen Disziplin.

Auch die naturwissenschaftlichen Sammlungen in Halle weisen eine ähnliche Geschichte auf. Ihr Ursprung liegt im privaten Naturalienkabinett Johann Friedrich Goldhagens (1742-1788), Professor für Naturgeschichte, später Medizin, der dieses seinerseits größtenteils von den Erben des Medizinprofessors Friedrich Hoffmann (1660-1742) erworben hatte. Auch Goldhagen nutzte die Sammlung von zoologisch-anatomischen und mineralogisch-petrologischen Stücken für den eigenen Unterricht. Mit seinem Tod erwarb die Universität das Kabinett und stellte es 1791/1792 in der Neuen Residenz auf. Im Zuge disziplinärer Differenzierung entstanden aus der Goldhagen'schen Sammlung später die Mineralogisch-Geologischen (1805), die Zoologischen (1815) und die Anatomischen Sammlungen (1815/1836). Im Jahr 1809 verlegte man die mineralogische und geologische Sammlung in die alte Residenz am Domplatz, wo sie u.a. durch Bestände der Univer-

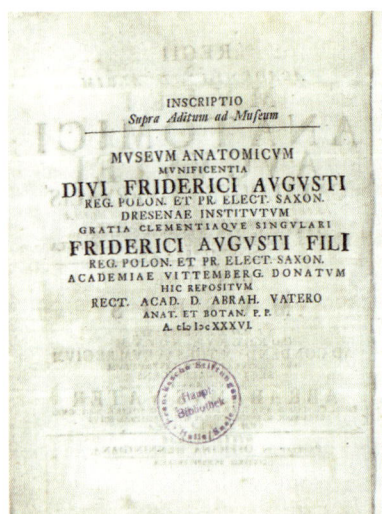

Königlich Anatomisches
Museum in Wittenberg,
Zeichnung des Univer-
sitätsmalers M.A. Sieben-
haar (1736), in: Emporium.
500 Jahre Universität
Halle-Wittenberg, Landes-
ausstellung Sachsen-
Anhalt 2002, hg. von
Gunnar Berg u.a.,
Halle 2002, S. 83.

sität Rinteln ergänzt wurde, die kurz zuvor im Rahmen napoleonischer Ver-
waltungsreformen aufgehoben worden war. Nicht nur zwischen einzelnen
Professoren, sondern auch zwischen den Universitäten konnten Bestände mithin
wandern.

Derartige Vorgänge wurden auch für die Zusammensetzung der Anatomischen Sammlungen in Halle prägend. Sie bilden eine Fusion aus Teilen des
Goldhagen'schen Kabinetts mit dem nach der Zusammenlegung Halles und Wit-
tenbergs 1817 verlagerten Wittenberger *Museum Anatomicum Augusteum*, angelegt
durch den Wittenberger Medizinprofessor Abraham Vater (1684-1751), sowie den
Sammlungen der halleschen Medizinerdynastie Meckel. Johann Friedrich Meckel
der Ältere (1724-1774), sein Sohn Philipp Friedrich Meckel (1756-1803) und dessen
Sohn Johann Friedrich Meckel der Jüngere (1781-1833) hatten eine enorme private
Sammlung aufgebaut, die bis zum Jahr 1830 auf rund 12.000 Präparate anwuchs.
Als die Witwe Meckels 1836 die Sammlung an die Universität verkaufte, verfügte
diese fortan über eine der bedeutendsten anatomischen Sammlungen Europas.
Die Meckel'schen Sammlungen verdeutlichen zudem den Einfluss der vormoder-
nen ›Familienuniversität‹ auf die Genese akademischer Sammlungen. Dass Lehrstühle innerhalb einer Familie quasi vererbt wurden, war bis in das 19. Jahrhundert keine Seltenheit und konnte aus Perspektive der Sammlungen sogar zu
einem Faktor wissenschaftlicher Stabilität werden.

Universitäre Sammlungen entstanden somit nicht aus dem Nichts, sondern
bilden Aneignungen bereits vorhandener Sammlungen und Sammlungsprakti-
ken. Wie eng die Genese akademischer Sammlungen hierin an die Tradition der
frühneuzeitlichen Kunst- und Wunderkammern gebunden sein konnte, zeigt
sich besonders an der Geschichte der Universität Erlangen. Bereits mit dem Stiftungsbrief vom 17. April 1743 vermachte ihr Markgraf Friedrich III. von Branden-
burg-Bayreuth (1711-1763) nach seinem Ableben das »mit großem Fleiß, Mühe und
Kosten zusammen geschaffte Naturalien- und Curiositaeten Cabinet nebst allen
dabey befindl[ichen] Physica[lischen] und Mathematischen Instrumenten«.[7] Auch
der Markgraf hatte die Sammlung nicht allein geschaffen, sondern verdankte
einen wesentlichen Teil dem Ankauf der privaten Sammlung des Danziger Naturforschers Theodor Klein (1685-1759). Die Erlanger Universität musste jedoch noch

einige Zeit warten, bis sie über eigene Sammlungen verfügte. Die Einrichtung eines botanischen Gartens in den Jahren 1746-1748 blieb Episode, besser erging es den Anatomischen Sammlungen, die seit 1754 ein eigenes Gebäude besaßen, sowie der Physikalisch-Mathematischen Sammlung des Erlanger Professors Jacob Wilhelm Hofmann (1704-1752), die seine Witwe der Universität für eine Rente in Höhe des Gehalts ihres Mannes überlassen hatte.

Auch nach dem Tod Markgraf Friedrichs änderte sich die Situation zunächst nicht, bis es zur Berufung des Linné-Schülers Christian Daniel von Schreber (1739-1810) kam. Unter ihm entstand 1770 ein neuer botanischer Garten, und Mitte der 1770er Jahre gelangten ›Naturalia und sonstige Curiosa‹ aus der fürstlichen Kunstkammer in Ansbach an die Universität. Zwischen 1777 und 1781 erfolgte dann der testamentarisch versprochene Transfer des Hauptteils der Bayreuther Sammlungen nach Erlangen, ihre Reste folgten mit einiger Verzögerung zwischen 1803 und 1806. Bereits zuvor hatte die Erlanger Universität umfangreiche private Sammlungen hinzugekauft und von den Kontakten mit einem Alumnus profitiert. So sandte der 1776 in Erlangen promovierte Feldarzt ansbachischer Hilfstruppen Johann David Schöpff (1752-1800) 1782 aus New York Vogelbälge und getrocknete Pflanzen, 1805 folgte der Ankauf seines Herbariums. 1812 bezog dann das bis dahin bereits beträchtlich angewachsene *Königlich akademische Musaeum der Universität Erlangen* Flügelanbauten der ehemaligen Konkordienkirche. Obwohl auch der Öffentlichkeit zugänglich, galt als sein erster Zweck die Lehre: »Das Musaeum ist zunächst dem akademischen Unterricht bestimmt«.[8]

DIE GÖTTINGER KONSTELLATION

Auch an der 1737 inaugurierten Universität Göttingen wurde der Charakter der Hochschule als privilegierter Personenverband prägend für die Genese ihrer materiellen Ausstattung. Mit dem Paulinerkloster und den angrenzenden Gebäuden verfügte die junge Universität dabei bereits zu Beginn über ein Gebäudeensemble, das zum Nukleus ihrer Sammlungsentwicklung werden sollte. Wie Pläne des Klosterbaumeisters Joseph Schädeler belegen, sollte der Umbau des Klosters neben Hörsälen für die vier Fakultäten, Archiv und Karzer auch eine Bibliothek, ein anatomisches Theater, ein »Laboratorium chymicum« und eine »Naturalien Cammer« enthalten.[9]

Den Grundstock der dort eingerichteten Universitätsbibliothek bildete die Sammlung des Hannoveraner Staatsministers Freiherr Joachim Hinrich von Bülow (1659-1724). 1732 von den Erben dem Königshaus geschenkt, erfolgte vier Jahre später im Winter 1735/1736 der Transport der fast 9.000 Bände nach Göttingen. Kamen entsprechende Frachtwagen in der Stadt an, sollen die Leute auf der Strasse angeblich gedacht haben, »dass man nun die Universität brächte: gleich als ob solche in Kasten, oder Tonnen, eingepackt, und fortgeschaffet werden könne«.[10] Eine Formulierung, die der Universitätsgeschichtsschreibung lange als Ausweis der Unbedarftheit der Göttinger Bevölkerung galt, aus Perspektive der Sammlungsgeschichte jedoch auch als ein aufschlussreicher Hinweis auf die Wahrnehmung der ›Universität der Dinge‹ gelesen werden kann. Unter Albrecht von Haller (1708-1777) entstand ebenfalls 1736 der ›hortus medicus‹ sowie zwei Jahre später ein ›Theatrum Anatomicum‹. Die Einrichtung eines eigenen Observatoriums erfolgte zwischen 1748 und 1751 in einem Turm der alten Stadtmauer in der heutigen Turmstraße. Erst zwischen 1803 und 1816 erfolgte der Neubau einer

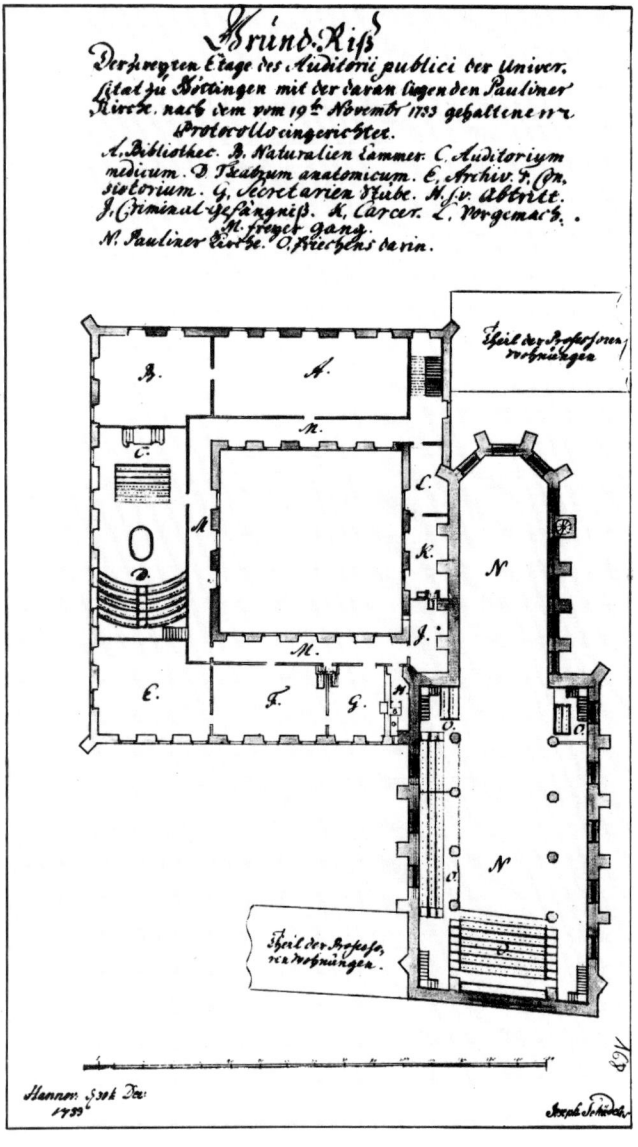

Grund.Riß
Der zweyen Etage des Auditorii publici der Univer.
sität zu Göttingen mit der daran liegenden Pauliner
Kirche nach dem vom 19t Novembr 1733 gehaltenen
Protocollo eingerichtet.
A. Bibliothec. B. Naturalien Cammer. C. Auditorium
medicum. D. Theatrum anatomicum. E. Archiv. F. Con-
sistorium. G. Secretarien Stube. H. u. abtritt.
J. Criminal gefängniß. K. Carcer. L. vorgemach.
M. freyer gang.
N. Pauliner kirche. O. Kirchen darin.

Hannov: Erst Dec:
1733

Joseph Schädler.

Bauzeichnung von Joseph Schädeler: Zukünftige Universität in Göttingen (= Paulinerkirche und bisheriges Gymnasium), Grundriß des 1. Stockes (»zweyte Etage«), Maßstab 1:245, 45,5 × 26,5 cm, NLA Hauptstaatsarchiv Hannover Nr. 23d Göttingen 26 pm. Foto: Martin Liebetruth.

Sternwarte an der Geismarlandstraße. Ein Reisebericht von Johann Georg Bärens (gest. 1801) nennt 1754 folgende Gebäude und Anstalten der Universität: »Das vornehmste Universitäts-Gebäude ist das Collegium, in welchem die Bibliothek, die Auditoria jeder Facultaet, die Consilien-Stube, und auch die so beliebten Carceres anzutreffen sind; gleich dabey steht auch eine große und wohlgewölbte Kirche. [...] Von anderen Sammlungen und Merkwürdigkeiten, die man öfters bey Bibliothecken anzutreffen pflegt, ist hier nichts zu finden, das sonderlich angeführt zu werden verdiente; ich erinnere mich aber hiebey, dass ich oben vergessen habe zu melden, dass der Ober-Commissarius Grätzel ein Fossilien Cabinet besitzt, welches dem Urtheil aller Kenner nach alle seines gleichen in der Welt an Größe und Vollkommenheit übertrifft.«[11] Entsprechende private Sammlungen waren es auch, die den Grundstock des im Jahr 1773 in Göttingen gegründeten königlichen akademischen Museums bildeten.[12] Unter der Ägide des Bibliotheksdirektors Christian Gottlob Heyne (1729-1812) führte man die Mineraliensammlung des Naturforschers Samuel Christian Hollmann (1696-1787), das Naturalienkabinett des Naturgeschichtlers und Chemikers Christian Wilhelm Buettner (1716-1801) und die Kunstsammlung des Frankfurter Patriziers Johann Friedrich von Uffenbach (1687-1769), systematisch getrennt in eine Naturalien- und eine Kunstabteilung, zunächst in einem Teil der Universitätsbibliothek, ab 1793 dann in einem der Nebengebäude, zusammen. Als weiterer bedeutender Bestand kamen 1782 rund 350 Objekte von den Reisen James Cooks (1768-1780) hinzu. Ähnlich wie in Erlangen profitierte man auch in Göttingen von ehemaligen Studenten, welche die Rolle von ›brokern‹ in Fragen der Akquisition entlegener Dinge übernahmen. Eine besonders prominente Figur unter diesen war Baron Georg von Asch (1729-1807), der 1750 in Göttingen promovierte und später in Russland unter Katharina der Großen (1729-1796, Kaiserin ab 1762) hohe Ämter in Medizinalwesen, Heer und Staat bekleidete. Seit 1771 sandte er seiner Göttinger Alma Mater immer wieder Pakete mit Manuskripten, Karten, Schädeln, Pflanzen, Mineralien, Kleidungsstücken etc., die vor allem aus dem sibirischen Raum stammten und bis heute einen bedeutenden Teil der ethnologischen Sammlung bilden.[13] In einem Artikel in Georg Christoph Lichtenbergs ›Göttinger Taschen Calender‹ bemühte man sich 1779, den auch hier unverkennbaren Abstammungszusammenhang mit den

Kunst- und Kuriositätenkabinetten zu überschreiben, indem man den besonderen Charakter solcher »academischer Cabinette« rühmte, deren ganzer Zweck nicht auf Repräsentation, sondern auf ihre praktische Verwendung in Forschung und Lehre ausgerichtet sei.[14] Seit 1776 oblag die Erwerbung, Ordnung und Präsentation der Bestände Johann Friedrich Blumenbach (1752-1840), dessen Wirkungszeit maßgeblich sowohl für Blüte wie Stagnation des Museums wurde.[15] In den letzten Jahrzehnten des 18. Jahrhunderts europaweit führend, waren ab den 1820er Jahren Konzeption und Ausstattung des Museums wissenschaftlich überholt. Ein Schicksal, das es im Grunde mit jeder musealisierten Sammlung teilt. Nach dem Tod Blumenbachs setzte ein schrittweiser Migrationsprozess der einzelnen Sammlungen in neue Institute ein, bis zum endgültigen Abriss des Gebäudes 1878, der dem wissenschaftlichen Ausdifferenzierungsprozess auch räumlich Rechnung trug.

DIE INSTITUTIONELLE DYNAMIK AKADEMISCHER SAMMLUNGEN

Bis in das 19. Jahrhundert erwies sich der Charakter der Universität als Personenverband auch für den Umgang mit den Dingen als enorm prägend. Das Sammeln war meist Privatsache der Professoren, der Buchbesitz der professoralen Privatbibliotheken in seiner Gesamtheit überstieg in der Regel weit die Bestände früher Universitätsbibliotheken.[16] Eine systematische Anschaffungspolitik dagegen, wie sie die Göttinger Universitätsbibliothek im 18. Jahrhundert betrieb, konnte bereits zu einem prestigeträchtigen Alleinstellungsmerkmal werden. Auch Naturalienkabinette, medizinische Sammlungen und naturwissenschaftliche Instrumente wurden meist auf individuelle Initiative der jeweiligen Professoren beschafft, schon der unmittelbare Nachfolger konnte ganz andere Interessen haben. Viele Dinge blieben in Privatbesitz oder wurden verkauft. Ein Schicksal, das akademischen Sammlungen bis heute immer wieder droht. Trotz ihrer individuellen Prägung haben die Sammlungen für die historische Entwicklung der Hochschulen als Institution vielfache Bedeutungen: Sie übernahmen repräsentative Funktionen und stellten wissenschaftlichen Reichtum aus, trugen zur Ausbildung neuer wissenschaftlicher Disziplinen und Fachidentitäten bei und konstituierten eigene Räume des Wissens.

Wenn man in Göttingen 1779 die Einzigartigkeit des akademischen Museums rühmte, war dies ein deutlicher Hinweis auf die akademische Repräsentation nach außen, die nicht mehr allein von den gelehrten Akteuren, sondern seit dem 18. Jahrhundert auch zunehmend von der materiellen Ausstattung bestimmt wurde. Der Einbruch der Materialität in die wissenschaftliche Lehre hat wesentlich zur Entstehung der modernen Forschungsuniversität beigetragen.[17] Indem frühmoderne Praktiken des Ordnens, Klassifizierens, Prüfens und Verwaltens zunehmend wissenschaftliche Praktiken motivierten und steuerten, kam es zu zahlreichen Differenzierungsprozessen, an deren Beginn oftmals ein bestimmter Sammlungsbestand stand. Ob es so unterschiedliche Felder wie Anthropologie, Kunstgeschichte, Numismatik oder Zoologie waren, immer wieder bewirkten Sammlungen und ihre Kuratoren einen nachhaltigen Institutionalisierungsschub. So begründete Johann Dominicus Fiorillo (1748-1821), seit 1785 Aufseher der Göttinger Gemäldesammlung, die Kunstgeschichte als akademische Disziplin, während Blumenbach als Begründer der vergleichenden biologischen Anthropologie gilt.[18] Die Verdichtung der akademischen Sammlungen ist Ausdruck einer

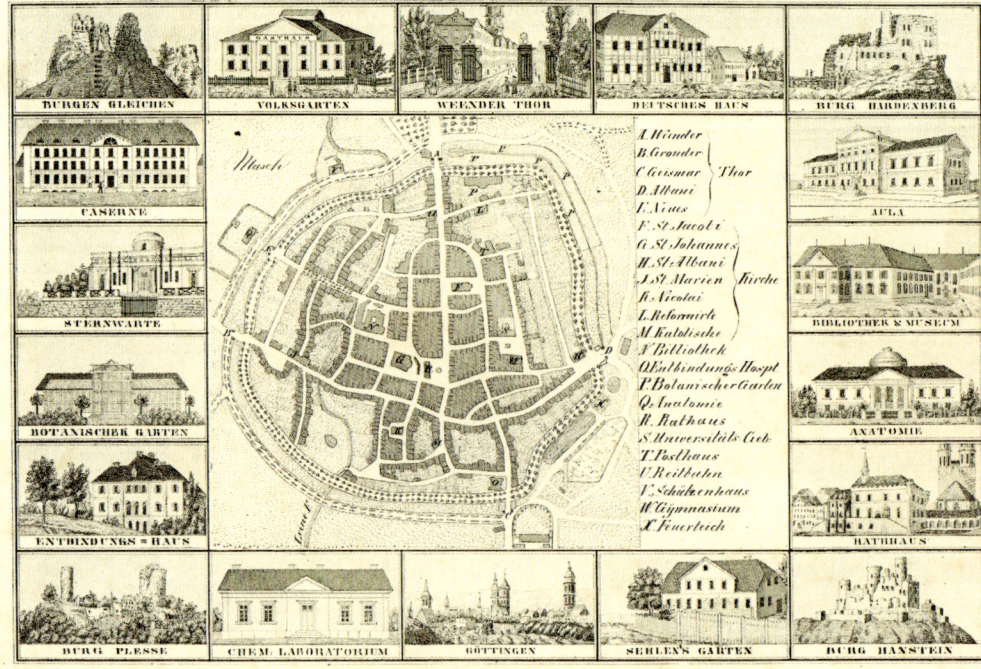

epistemologischen Sattelzeit. Die Genese neuer Fächer ging einher mit einer Vorstellung der Einheit der Wissenschaften, die ebenso den polyhistorischen Geist
der epistemischen Mikrokosmen der Wunderkammern atmete wie den Universa-
lismus moderner Klassifikationssysteme.

Die Ausdifferenzierung der einzelnen Disziplinen sprengte schließlich den
räumlichen Rahmen eines einzelnen Gebäudes und erstreckte sich über die ganze
Stadt. Ein Prozess, in dem nicht nur viele Sammlungen ihre öffentliche Sichtbarkeit bis auf weiteres verloren, sondern sich auch die museale Repräsentation der
Universität veränderte. Ein Blick in einen Göttinger Stadt- und Universitätsfüh-
rer aus dem Jahr 1927 zeigt, dass unter ›allgemeinen Einrichtungen der Universität‹ allein die Gemäldesammlung aufgeführt wird.[19] Unter ›Instituten und
Seminaren‹ listet der Führer bereits 50 verschiedene Einrichtungen auf und geht
dabei z. T. auch kurz auf vorhandene Sammlungen ein. Viele Sammlungen sind
öffentlich zugänglich, z. B. »zu bestimmten Stunden« (Kunstgeschichte), »nach
Vereinbarung« (Sternwarte), »auf Wunsch« (Zoologie) oder »nach Anmeldung«
(Ethnographie). Als besonders besuchenswert hervorgehoben werden etwa die
Bestände des archäologischen Instituts: »Die schöne Sammlung verdiente auch
vonseiten der Allgemeinheit regen Besuch.«[20] Eine Aufforderung, die auch heute
noch für die meisten der 30 akademischen Sammlungen Göttingens gelten kann,
an denen sich sowohl die Historizität der Universität als Haus des Wissens wie
der Wissenschaften im Allgemeinen plastisch ablesen lässt.

ANMERKUNGEN

__ 1 Vgl. Hilde de Ridder-Symoens, Organisation und Ausstattung, in: Geschichte der Universität in Europa, hg. von Walter Rüegg, Bd. 2, München 1996, S. 139-179, hier S. 165-169.

__ 2 Anke te Heesen, in medias res. Zur Bedeutung von Universitätssammlungen, in: N.T.M. 16, 2008, S. 485-490, hier S. 486; Cornelia Weber, Universitätssammlungen und -museen, in: Quellen zur frühneuzeitlichen Universitätsgeschichte. Typen, Bestände, Forschungsperspektiven, hg. von Ulrich Rasche, Wiesbaden 2011, S. 83-118.

__ 3 Wilhelm Tasche, Die Anatomischen Theater und Institute der deutschsprachigen Unterrichtsstätten (1500-1914), Köln, Univ. Diss., 1989.

__ 4 Vgl. die Datenbank Universitätsmuseen und -sammlungen in Deutschland unter http://www.universitaetssammlungen.de, abgerufen am 30.9.2011.

__ 5 Fritz Kümmel, Heike Heklau, 300 Jahre Botanischer Garten der Martin-Luther-Universität Halle-Wittenberg: 1698-1998, Halle 1998.

__ 6 Ralf-Torsten Speler, Wahre Fundgruben. Sammlungen, Bibliotheken, Archive. Die akademischen Sammlungen und Museen, in: Emporium. 500 Jahre Universität Halle-Wittenberg, Landesausstellung Sachsen-Anhalt 2002, hg. von Gunnar Berg u. a., Halle 2002, S. 379-413.

__ 7 Renate Wittern-Sterzel, Eine folgenreiche Erbschaft. Die Anfänge der Sammlungen der Universität Erlangen-Nürnberg, in: Die Sammlungen der Universität Erlangen-Nürnberg. Begleitband zur Ausstellung »Ausgepackt. Die Sammlungen der Universität Erlangen-Nürnberg« 20. Mai – 29. Juli 2007, Stadtmuseum Erlangen, hg. von Udo Andraschke, Marion Maria Ruisinger, Nürnberg 2007, S. 11-23, hier S. 11.

__ 8 Georg August Goldfuß, Uebersicht der vorzüglichsten Merkwürdigkeiten des Musaeums der Königlichen Friedrich-Alexanders-Universität, Erlangen 1813, S. 11.

__ 9 Gudrun Schwibbe, Wahrgenommen. Die sinnliche Erfahrung der Stadt (Internationale Hochschulschriften 402), Münster 2002, S. 174.

__ 10 Samuel Christian Hollmann, Die Georg-Augustus-Universität zu Göttingen, in der Wiege, in Ihrer blühenden Jugend, und reiffererm Alter. Mit unpartheiischer Feder entworfen von Einem Ihrer Ersten, und nun allein noch übrigem, Academischem Lehrer, hg. von Johann Beckmann, Göttingen 1787, S. 35 u. S. 88.

__ 11 Johann Georg Bärens, »Kurtze Nachricht von Göttingen entworfen im Jahre 1754«, hg. von Ferdinand Frensdorff (u. d. T. Ein Bericht über Göttingen, Stadt und Universität, aus dem Jahre 1754), in: Jahrbuch des Geschichtsvereins für Göttingen und Umgebung 1, 1908 (1909), S. 43-117, hier S. 69 f. u. S. 73. Zur privaten Sammlung des in Göttingen ansässigen Tuchfabrikanten und deren Einbindung in die universitäre Sammlungslandschaft siehe Günther Beer, ›Nachbleibsel der Sündfluth‹. Das ›Naturalien-Cabinet‹ des Göttinger Tuchfabrikanten Johann Heinrich Grätzel, das erste Museum Göttingens 1737, in: Göttinger Jahrbuch 56, 2008, S. 171-189.

__ 12 Christine Nawa, Zum »öffentlichen Gebrauche« bestimmt: Das Academische Museum Göttingen, in: Göttinger Jahrbuch 58, 2010, S. 23-62; Thomas Nutz, »Varietäten des Menschengeschlechts«. Die Wissenschaften vom Menschen in der Zeit der Aufklärung, Köln, Weimar, Wien 2009, S. 275-284; Nadine Plesker, Das Königlich Academische Museum in Göttingen, in: Tempel der Kunst. Die Geburt des öffentlichen Museums in Deutschland 1701-1815, hg. von Bénédicte Savoy, Mainz 2006, S. 261-277 u. S. 476-483.

__ 13 Vgl. Brigitta Hauser-Schäublin, Gundolf Krüger (Hg.), Sibirien und Russisch-Amerika. Kultur und Kunst des 18. Jahrhunderts. Die Sammlung von Asch, Göttingen, München 2007.

__ 14 Vgl. Georg Christoph Lichtenberg (Hg.), Etwas vom Academischen Museum in Göttingen, in: Göttinger Taschen Calender, Göttingen 1779, S. 45-57, hier S. 48 (Verf. wahrsch. Blumenbach).

__ 15 Vgl. Nawa (Anm. 12), S. 42 u. S. 55.

__ 16 Gerhard Streich, Die Büchersammlungen Göttinger Professoren im 18. Jahrhundert, in: Öffentliche und private Bibliotheken im 17. und 18. Jahrhundert: Raritätenkammern, Forschungsinstrumente oder Bildungsstätten?, hg. von Paul Raabe, Bremen (u. a.) 1977, S. 241-299.

__ 17 Vgl. William Clark, Academic Charisma and the Origins of the Research University, Chicago, London 2006.

__ 18 Antje Middeldorf Kosegarten (Hg.), Johann Dominicus Fiorillo. Kunstgeschichte und die romantische Bewegung um 1800. Akten des Kolloquiums »Johann Dominicus Fiorillo und die Anfänge der Kunstgeschichte in Göttingen« am Kunstgeschichtlichen Seminar und der Kunstsammlung der Universität Göttingen vom 11. bis 13. November 1994, Göttingen 1997.

__ 19 Wilhelm Meinardus, Führer durch die Universität Göttingen, Göttingen 1927, S. 7 u. S. 9.

__ 20 Ebd., S. 26.

Michaela Kipp

WISSEN IM KASTEN

Das *Königlich Academische Museum zu Göttingen* im Kontext
der Personalunion zwischen Großbritannien und Hannover 1714-1837

Knowledge in a box: *The Royal Academic Museum of Göttingen* **in the context of the personal
union of Great Britain and Hanover (1714-1837).** This article focuses on the relevance of the
personal union between Great Britain and the Electorate of Hanover for the *Royal Academic Museum*
of Göttingen University during its flourishing period towards the end of the 18th century. The
museum owes extraordinary pieces in its collection to the special support it enjoyed under the
foundation policy of George III. The Elector of Hanover on the English throne was a dedicated
collector of scientific instruments, which could be used for military, economic and administrative
purposes. Blumenbach, the director of the museum, could draw on this interest in order to acquire samples from the British expeditions to the South Pacific. The generous delivery of ethnographica and exotic natural history objects was at the same time a manifestation of the global
claim to power of the British Crown. However, without Blumenbach's personal contacts with
scholars in London and the good relations to the Hanoverian government circles, this transfer of
precious goods would never have been achieved. The privileged academic exchange between
Great Britain and the Electorate of Hanover contributed to the development of the Museum's collections. In this way, the Göttingen museum gained a leading role for the Enlightenment claims
for encyclopaedic order. However, the encyclopaedic project of organizing ›Knowledge in a Box‹
subsequently also reached its limits.

Die Schätze des akademischen Museums der Universität Göttingen entlockten
selbst dem Universalgelehrten und passionierten Steinsammler Goethe anerken-
nende Worte: »Hofrath Blumenbach empfing mich nach gewohnter Weise. Immer
von dem Neuesten und Merkwürdigsten umgeben ist sein Willkommen jederzeit
belehrend. Ich sah bei ihm den ersten Aerolithen [Meteoriten], an welches Natur-
erzeugnis der Glaube uns erst vor kurzem an die Hand gegeben ward.«[1] Begeistert
war Johann Wolfgang von Goethe (1749-1832) über die naturwissenschaftlichen
Exponate, insbesondere aber auch über deren systematische, auf Ordnung und
Vollständigkeit bedachte Präsentation in den Sammlungsschränken des akademischen Museums, die nach den neuesten wissenschaftlichen Erkenntnissen eingerichtet waren. Und so konnte er sich nicht enthalten, 1801 bei einer Reise nach
Bad Pyrmont sowohl auf dem Hin- als auch auf dem Rückweg einen Abstecher zu
den wissenschaftlichen Anstalten der Göttinger Universität zu unternehmen,
um Wissenslücken zu schließen.[2] Besonders eingenommen zeigte Goethe sich von
exotischen Naturalien, welche er bei seinen ausgedehnten Erkundungen, die er
auch in den Harz unternahm, nicht selbst hätte entdecken können: »Unter Leitung Blumenbachs besah ich abermals die Museen, und fand im Steinreiche mir
noch unbekannte außereuropäische Musterstücke.«[3]

   Ob aus Europa, der Südsee oder gar aus dem Weltall: Das 1773 gegründete *Königlich Academische Museum zu Göttingen* war berühmt für seine wissenschaftlichen
Präparate und Objekte. Rund um den Globus wurden diese gesammelt, um für die
neuen Ansprüche der Forschung an Empirie und praktischer Beweisbarkeit zur

Verfügung zu stehen und den Ruf der noch jungen Universität zu mehren.[4] Zu den Möglichkeitsbedingungen dieser weltumspannenden Sammlung gehörte neben den engen Kontakten des langjährigen Museumsvorstehers Johann Friedrich Blumenbach (1752-1840) zu namhaften Forschern auf der ganzen Welt auch die Verbindung der Georgia Augusta zum englischen Königshaus. Durch die dynastische Personalunion zwischen Großbritannien und dem Kurfürstentum Braunschweig-Lüneburg hatte König Georg III. (1738-1820) höchstpersönlich das Amt des nominellen Rektors der Universität Göttingen inne. Der dritte Welfe auf dem britischen Thron war bekannt für seine Sammelleidenschaft und Bücherliebe. Zusammen mit seiner Gemahlin Charlotte von Mecklenburg-Strelitz (1744-1818), mit der ihn eine harmonische, kinderreiche Beziehung und gemeinsame kulturelle Interessen verbanden, erweiterte er die Kunstsammlung der *Royal Collection* erheblich. Aber er trug auch eine ansehnliche Menge physikalischer Messgeräte zusammen, die heute als *The King George III Collection* eine eigene Abteilung im Londoner *Science Museum* bilden.[5]

Dem König hatten es besonders die Astronomie, die verschiedenen Methoden der Zeitmessung und die

Büste König Georgs III. im Aulagebäude der Universität Göttingen, John Bacon d. Ä., 1775, Marmor, Höhe mit Sockel 83 cm, (Geschenk der Königin Sophie Charlotte 1776), Kunstsammlung, Göttingen. Foto: Stephan Eckardt.

Landwirtschaft angetan, während seine Königin vor allem die Botanik liebte.[6] Auswirkungen davon waren auch im fernen Kurfürstentum Braunschweig-Lüneburg noch zu spüren. So ließ Queen Charlotte in Göttingen Pflanzenproben für ihr privates Herbarium sammeln. Als der von ihr protegierte Geologe Jean-André de Luc (1727-1817) als Professor an die Georgia Augusta berufen wurde, erwies sich das nur bedingt als Vorteil für die Göttinger Universität, denn der gelehrte Begleiter und Vorleser der Königin hielt sich fortan meistens in England auf.[7] Positiver wirkten sich die Vorlieben des Königs aus, der dem *Academischen Museum* das Privileg einräumte, die wöchentlichen Boten samt zugehöriger Kutschen der Deutschen Kanzlei in London mit zu nutzen.[8] Außerdem bewilligte er die Summe von 23.500 Reichstalern für den Bau der neuen Sternwarte der Universität Göttingen an der Geismarer Landstraße, nachdem er zuvor schon aus seiner Privatschatulle einen kostbaren Azimutalquadranten gestiftet hatte, der zu topografischen und geodätischen Messungen diente.[9] Die Sternenkunde mit den neuesten optischen, mathematischen und physikalischen Instrumenten ermöglichte die Landvermessung für Grenzziehungen und schuf gleichzeitig die Grundlagen der Navigation sowie der topografischen Orientierung. Auf Drängen seiner Militäringenieure hatte Georg III. die Mathematiker der Universität Göttingen beauftragt, Kurhannover topografisch aufzunehmen. Unterdessen trugen Meteorologie und Pflanzenkunde zur Optimierung des Landbaus bei, um den Staat, wie es der Merkantilismus forderte, von Einfuhrprodukten unabhängig zu machen. Es entsprach den Vorstellungen des aufgeklärten Absolutismus, Akademien als staatliche Forschungsinstitution einzurichten, die zur Beförderung der Landeswohlfahrt die genannten Zwecke verfolgen sollten.[10] Das *Academische Museum* stellte den dafür benötigten Fundus an Forschungsobjekten und Apparaturen zur

Verfügung und diente zugleich der Ausbildung der Fachkräfte, die die wissenschaftlichen Instrumente zu nutzen wussten. Die Universitätsleitung setzte zudem darauf, mithilfe des Museums die Attraktivität des Standorts Göttingens im aufkommenden Verdrängungswettbewerb der Universitäten zu steigern.[11]

Ein besonderer Coup gelang dem Museumsvorsteher Blumenbach, als er 1781 über hannoversche Regierungskreise an den Monarchen herantrat, um Objekte von den Cook'schen Entdeckungsfahrten in die Südsee einzuwerben. Noch im selben Jahr wurde ihm eine königliche Lieferung in Aussicht gestellt, die »gewis in gantz Deutschland nicht« ihresgleichen haben sollte.[12] Der so zitierte Geheime Sekretär der Deutschen Kanzlei in London, Carl Heinrich von Hinüber (1723-1792), hatte im Auftrag des Königs beim Londoner Händler George Humphrey Exponate zusammengestellt, die während der drei Weltreisen zwischen 1769 und 1780 zusammengetragen worden waren. Daraufhin wies Georg III. seine Geheimen Räte in Hannover an, die notwendigen Zahlungen dafür zu veranlassen: »Wir haben genehmiget, daß selbige für das Göttingische Museum erstanden werde. Der eigentliche Preis der selben hat noch nicht bestimmet werden können, wird aber inclusive der Emballirungs- und Transport-Kosten bis Bremen auf keine Hundert £ sterl. hinan gehen. Ihr werdet also veranstalten, daß [...] ein auf sothane Summe haltender Wechsel Unsrem Geheimten Justiz-Rath von Hinüber zu guter Rechnung übermachet werde.«[13] Blumenbach erhielt infolgedessen 346 bis dato unbekannte ethnographische Artefakte, unter ihnen atemberaubende Einzelstücke wie den rotgolden leuchtenden Federkopf des hawaiianischen Kriegsgotts *Kuka'ilimoku*, dessen aufgesperrter Rachen mit 90 Hundezähnen gespickt ist.[14] Auch wenn der Mediziner und Naturwissenschaftler Blumenbach ursprünglich eher an Proben der fremdländischen Flora und Fauna gedacht hatte,[15] erkannte er schnell den außerordentlichen Wert dieser Ethnographica aus erster Hand, die den Grundstock für die Entwicklung der Anthropologie und Ethnologie als neuen akademischen Disziplinen in Göttingen bilden sollten. Er hielt rückblickend fest: »Und im gleichen Jahre empfing es [das Museum] von der Gnade Sr. Majestät, durch die Besorgung des Herrn Geh. Justizr. von Hinüber zu London, einen ganz auszeichnenden Schmuck durch die, über vierthalbhundert Nummern betragende, und eben wegen dieser ihrer Vollständigkeit, außer England in ihrer Art so einzigen Sammlung von südländischen Merkwürdigkeiten: eine Frucht der drey großen Reisen des unvergeßlichen Cook, wodurch Se. Majestät den fünften Welttheil größtentheils entdecken, und überhaupt die Grenzen unsrer Erde bestimmen lassen.«[16]

Im Zuge der Entdeckungsreisen, die zugleich den geopolitischen Einfluss der britischen Seemacht vergrößerten, kam so eine Kollektion zustande, die weit über ihren Standort hinauswies und das Göttinger *Academische Museum* mit seinen physikalisch-technischen Geräten und naturhistorischen Präparaten um eine eigene Klasse an Objekten ergänzte. Zu welchem Zweck aber verfügte der König eine Stiftung, die in diesem Punkt noch über die Wünsche des Museumsvorstehers hinausging? Wie erwähnt lagen die politischen Dimensionen der königlichen Wissenschaftsförderung auf der Hand, wenn es um Kartographie, Bodenschätze, Klima, Agrarerzeugnisse und anderes Herrschaftswissen ging, das etwa die Geräte in der Königlichen Modellkammer zu Göttingen beförderten.[17] Doch die tiefere Bedeutung der Stiftung ethnologischer Prunkstücke wird erst verständlich, wenn man beachtet, wie sehr die politische Kultur und wirtschaftliche Dynamik des britischen Empire von seinen kolonialen Engagements geprägt war. Um eine einheitliche Einflusssphäre von den Sandstränden Tahitis bis zu den Herrenhäuser Gärten zu statuieren, wurden starke Zeichen kultureller Überlegenheit und militärischen Machtwillens vom britisch-hannoverschen Königshaus zielgerichtet gesetzt. Sich des Kriegsschmucks oder der prachtvollen Trauergewänder der »Wilden« zu bemächtigen, sie nach eigenen Wünschen verschenken und vorführen zu können, demonstrierte auch in Göttingen den »unsterblichen Ruhm Englands«, von dem der Göttinger Professor Georg Christoph Lichtenberg (1742-1799) unter dem Eindruck der Cook'schen Entdeckungsreisen schrieb.[18]

Dabei bleibt es allerdings eine offene Frage, inwieweit solche staatspolitischen Faktoren den Ausschlag für den Objekttransfer gegeben haben mögen oder ob nicht vielmehr persönliche Kontakte wie die Freundschaft Blumenbachs zum Londoner Forschungsreisenden und Botaniker Joseph Banks (1742-1820) die Weichen für Transaktionen dieser Art gestellt haben. Denn für die Forschungspraktiken der Zeit, wie sie im Rahmen der Gelehrtenrepublik postuliert wurden, war die internationale Vernetzung nach dem Prinzip des *do ut des* unerlässlich geworden. So hatte Sir Joseph als langjähriger Präsident der Royal Society und erfolgreicher Wissenschaftsmanager im Laufe der Jahre ein fächerübergreifendes Patronagesystem aufgebaut, in dem Blumenbach seine zentrale Vertrauensperson in Göttingen wurde und in dieser Funktion wertvolle Bücher und begabte Nachwuchswissenschaftler nach London sandte. Wahrscheinlich aber kam die Verbindung des Museumsvorstehers zu Cooks Reisebegleiter und Financier Banks erst kurz nach der Schenkung zustande, wie der erste überlieferte Brief zwischen beiden vom Januar 1783 nahelegt, in dem Blumenbach von dem Erhalt der Stiftung berichtet.[19] Ein weiterer relevanter Faktor in diesem Zusammenhang sind zweifelsohne auch die Göttinger Kontakte zum Geheimen Ratskollegium in Hannover, die nicht zuletzt durch eine aktive Heiratspolitik der Spitzenkräfte aus Politik, Wissenschaft und Wirtschaft wirkungsvoll gepflegt wurden. So hatte etwa der Göttinger Professor, Bibliotheksleiter und Sammlungsgründer Christian Gottlob Heyne (1729-1812) die Tochter Georgine (1752-1834) des Hofrats Georg Friedrich Brandes (1709-1791) geehelicht, der in der Kanzlei in Hannover für die Angelegenheiten der Universität Göttingen zuständig war. Auch Blumenbach war seit 1778 mit der Brandestochter Louise Amalie (1752-1837) verheiratet. Später gab Heyne seine Tochter Therese (1764-1829) dem jungen Weltreisenden Georg Forster (1754-1794) zur Frau. Familiäre Verbindungen dieser Art ermöglichten den Göttinger Professoren, einigen Einfluss auf hannoversche Regierungskreise zu nehmen, die die Geschicke der Universität lenkten.[20] Auch der zweite Teil der sogenannten *Cook/Forster-Sammlung* konnte aufgrund von Beziehungen Blumenbachs aus dem Nachlass des Vaters Johann Reinhold Forster (1729-1798) nach dessen Tod 1798 angekauft werden.[21] Neben dem dynastischen Rahmen wirkte zugleich ein bürgerliches Netzwerk aktiv beim Aufbau und der Entwicklung des *Königlich Akademischen Museums* und der Göttinger Universität mit.[22]

Fest steht aber auch, dass die rechtliche, finanzielle und bürokratische Abwicklung der zum Sammlungsausbau notwendigen Transaktionen durch die Personalunion zwischen beiden Staaten erheblich erleichtert und begünstigt wurde. Das funktionierte allerding nicht nur einseitig, in dem das kleine Hannover von England profitierte oder an ihm litt. Es finden sich vielmehr transnationale Verbindungslinien, die auf wechselseitige Vorteile hinweisen, wie etwa der im wissenschaftlichen Bereich generell privilegierte Transfer zwischen Großbritannien und Kur-Hannover. Auf der einen Seite hatte sich im Inselreich ein gesteigerter Bedarf an wissenschaftlichem Personal ergeben, weil die Ausdehnung des Empire mit vermehrten Seefahrten von *Royal Navy* und britischen Fernhandels-

Zu Lehrzwecken angelegtes Musterbuch mit Proben von Rindenbaststoffen aus Polynesien, Johann Friedrich Blumenbach, gesammelt zwischen 1769 und 1779, 143 × 27,5 cm, Ethnologische Sammlung, Göttingen, OZ 638. Foto: Stephan Eckardt.

gesellschaften die Naturgeschichte dort schnell expandieren ließ. Eine ähnlich zentrale Stellung konnte im 18. Jahrhundert allenfalls der politische Rivale Frankreich reklamieren, von dessen *Histoire naturelle* sich die Briten allerdings abzugrenzen suchten; hier waren im direkten Gegensatz zu Hannover die staatlichen Rahmenbedingungen für einen offenen Wissens- und Personalaustausch nicht gegeben. Auf der anderen Seite wurde im protestantischen Göttingen mit seiner modernen Reformuniversität möglich, was an den englischen Traditionsuniversitäten im Einzugsbereich der anglikanischen Hochkirche noch undenkbar war: die Freiheit der Wissenschaft von klerikalen Denkverboten und die Schulung des Geistes an objektiven Experimenten. Auch dieser Standortvorteil dürfte eine Rolle gespielt haben, als der wissenschaftlich interessierte Herrscher Georg III. drei seiner Söhne zum Studium nach Göttingen schickte. Den Göttinger Studenten wiederum kam die Anwesenheit britischer Kommilitonen hoher und höchster Ränge auch insofern zugute, als an der mondänen Georgia Augusta nebenbei die höfischen, hierarchischen Umgangsformen eingeübt und Netzwerke gesponnen wurden, ohne die man in London nicht erfolgreich sein konnte.[23] Nur so wurde es möglich, dass Göttinger Absolventen den Ausbau des *British Museum* (gegr. 1759) zur wissenschaftlichen Institution prägten.[24]

Für eine solche Aufgabe waren sie an der Georgia Augusta gut vorbereitet worden, wo das *Königlich Academische Museum* neue Maßstäbe in der Ausbildung der Studenten setzte. Nicht nur als Anschauungsobjekte für die Lehre, sondern auch für Experimente, Beschaffenheitsanalysen und morphologische Vergleiche wurden geologische, chemische und biologische Präparate, Artefakte und physikalische Modelle aus den Schränken geholt und wissenschaftlich verwendet. Wäh-

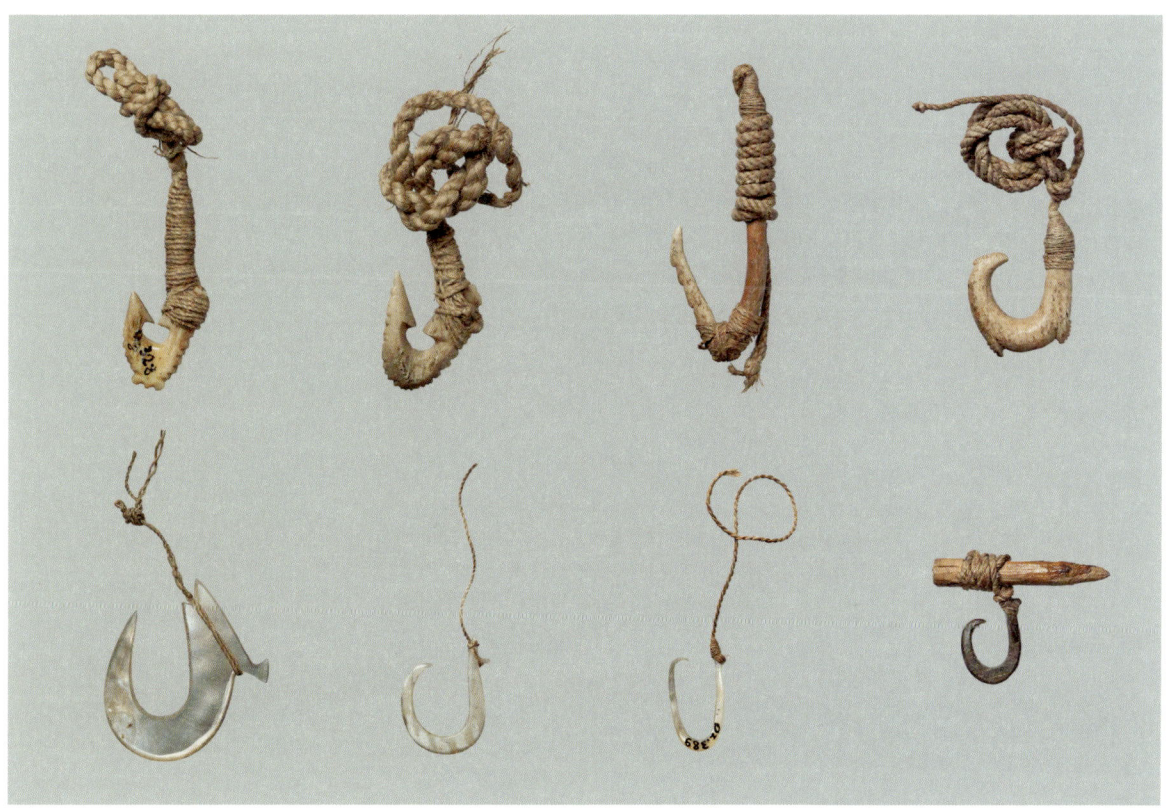

Kollektion Angelhaken aus unterschiedlichen Materialien, oben: Neuseeland (Aotearoa), unten: Tahiti und die Gesellschaftsinseln, zwischen 1769 und 1777, 2,3-4,7 cm, Ethnologische Sammlung, Göttingen, OZ 328, 329, 331, 387, 388, 389. Foto: Stephan Eckardt.

rend die Vorlesungen des Historikers Arnold Hermann Ludwig Heeren (1760-1842) dafür berühmt waren, dass er die behandelten Weltregionen mit Hilfe von Kartenmaterial und ethnologischen Vorzeigestücken quasi in den Hörsaal brachte, verfolgte Blumenbach die für das Projekt der Naturgeschichte zentrale Wissensproduktion an den Objekten.

Er nutzte das ihm zugängliche Material mit Vorliebe zur Falsifizierung überholter Theorien, die durch die wissenschaftlichen Umwälzungen jener Jahre vielfach ins Wanken gerieten. Anders als in der vorher üblichen Kompilation aus Büchern konnten Thesen nun direkt durch Materialproben untermauert oder widerlegt werden. Eine repräsentative Auswahl naturhistorisch relevanter Proben sollte so den Grundbestand an wahrem, objektivem Wissen sichern. Die systematische Anlage der Sammlungen und die methodisch kontrollierten Formen ihrer Nutzung dienten dem großen Ziel, die Natur den Kriterien der Vernunft zu unterwerfen.[25] Doch so anerkennenswert diese Neuerungen und wissenschaftlichen Errungenschaften zweifellos sind, ist doch Vorsicht geboten gegenüber der Aufklärungsideologie und der massiven Tendenz der Quellen zur Eigenreklame für die Institution des Museums. Die Sammlungen, ihre Präsentation und Rezeption stellten eine normative Ordnung der Dinge und Wissensformen her. Sie sollten das Ansehen der Universität mehren und die Deutungsmacht und Handlungsspielräume der Professoren stärken.

So ist die von zeitgenössischen Wissenschaftlern, aber auch in der neueren historischen Forschung immer wieder positiv hervorgehobene systematische Aufstellung der Sammlung im Göttinger *Academischen Museum* ein typisches Produkt des enzyklopädischen Ordnungsanspruchs der Aufklärung. Auch wenn

Vitrinenschrank aus dem *Academischen Museum* Göttingen, zwischen 1773 und 1840, Holz, teilweise mit ursprünglicher Verglasung, 230 × 60 × 146 cm, seit 1993 Schauvitrine in der Ozeanien-Ausstellung der Ethnologischen Sammlung, Göttingen. Foto: Stephan Eckardt.

dieser Ordnungsanspruch letztlich scheitern musste, führte er zu einer Fülle und Detailfreude der Sammlung, die andernorts selten erreicht wird. Vieles hat sich erhalten, das sonst dem Vergessen anheimgefallen wäre, wie etwa die reichhaltige Dokumentation von kunstvoll gefertigten Angelhaken aus Haifischzähnen. Diese wurden in der Südsee nur so lange angefertigt, bis britische Expeditionen seit etwa 1780 metallenen Ersatz in Umlauf brachten. Für die schriftlosen Kulturen des Südseeraums sind die in Göttingen bewahrten Ethnographica ein einmaliger Speicher existentiellen Wissens über die eigene Identität.[26]

Auch die eingangs erwähnte Tatsache, dass Goethe in Göttingen nicht nur in der Bibliothek, sondern auch in der Mineraliensammlung Neues fand, spricht für die Aktualität von Blumenbachs Sammlung in den verschiedensten Bereichen. Goethe war nämlich gerade selbst dabei, eine der drei bedeutendsten mineralogischen Privatsammlungen seiner Zeit im Gartenpavillon seines Wohnhauses anzulegen.[27] Die Schubladenschränke verschiedener Größe, die er dafür anfertigen ließ, mögen ihre Anregung in Göttingen gefunden haben, denn die wohlsortierten Kabinette des *Königlich Academischen Museums* galten den Zeitgenossen wie Georg Heinrich Hollenberg (1752-1831) als besonders bemerkenswert: »Das Museum macht beim äußerlichen Anblick wenig Schein, hat aber, seiner systematischen Einrichtung wegen, desto mehr Vorzüge, und wird dadurch lehrreicher, als wenn alles so unregelmäßig, zur Zierde des Zimmers, und zur Schau ausgekramt wäre. [...] Alle Sachen sind in gläsernen Schränken aufbewahrt, und die kleinern in darunter befindlichen Schubläden.«[28] Diese Eichenschränke bergen auch heute z. T. noch Sammlungsgut.

Das Wissen der Welt wurde im Zuge der enzyklopädischen Bemühungen der Aufklärung nach Sachgruppen geordnet und die Belegstücke dementsprechend in Kästen sortiert – ein beispielloser Vorgang.[29] Gewisse Beschränkungen ließen sich freilich nicht vermeiden, wenn ein materieller Wissenskanon auf die Schubfächer von Glasschränken zu verteilen war, wo der Raum für das einzelne Objekt eng begrenzt blieb. Manche zeitgenössischen Besucher bedauerten, dass der visuelle Eigensinn der Gegenstände dem Postulat von Rationalität, Ordnung und Kontrolle aufgeopfert wurde: »Alles scheint in Gelehrsamkeit zu vergehen. Damit diese um so gründlicher werde, hat man, wie gesagt wird, jeglichen Geschmack vertrieben.«[30] Die Sehgewohnheiten aus den Wunderkammern, wo noch die ›Magie‹ der Objekte als prinzipiell unkontrollierbares Element eine dominierende Rolle spielte, waren ganz andere gewesen.

Diese Beobachtung führt zu einem interessanten Kontrapunkt. Wie erläutert, hatten König, Museumsvorsteher, Professoren und Regierungsbeamte jeweils spezifische Gründe für die Förderung des Museums, weil sie den Sammlungsgegenständen eine besondere Wirkung beimaßen. Ob es um Machtdemonstration, Wissensvermehrung oder Aufklärung ging, die aufbewahrten Dinge sollten ihren erwünschten Zielen dienen. Folglich lässt sich die zugemessene Bedeutung des *Königlich Akademischen Museums* aus den zeitgenössischen Quellen gut rekonstruieren, während die Schriften von den unintendierten Folgen der gewählten Systematik der Aufstellung schweigen. Für diesen Zweck ist es vielmehr entscheidend, die Objekte selbst in die Analyse einzubeziehen. Ihr Eigenleben wird deutlich, wenn man etwa dem erwähnten Idol des hawaiianischen Kriegsgotts von Angesicht zu Angesicht gegenübersteht, dessen materieller Präsenz sich der Betrachter auch nach über zweihundert Jahren kaum zu entziehen vermag. Solche Objekte sind nicht nur Gegenstand von Betrachtung, sie verändern ihrerseits die Wahrnehmung der Betrachter. Weil so gesehen ein dialektisches Verhältnis zwischen dem modernen Forschungsmuseum und dem älteren Modell der Wunderkammer besteht, ist es nur folgerichtig, neben der wissenschaftlichen Nutzung auch dem Staunen wieder einen eigenen Ort einzuräumen – wie es in Göttingen zukünftig mit einem neuen Ausstellungshaus geschehen soll.

ANMERKUNGEN

___ 1 Johann Wolfgang von Goethe, Tag- und Jahreshefte 1801, in: Goethes Werke, Bd. 35, hg. im Auftrag der Großherzogin Sophie von Sachsen, Weimar 1892, S. 136 f.

___ 2 Vgl. Nadine Plesker, Über das Königlich Academische Museum in Göttingen, in: Bénédicte Savoy (Hg.), Tempel der Kunst. Die Geburt des öffentlichen Museums in Deutschland (1701-1815), Dresden 1994, S. 476-483, hier S. 483.

___ 3 Goethe (Anm. 1), S. 136 f.

___ 4 Vgl. Marie Luisa Allemeyer, Dominik Collet, Marian Füssel, The ›Academic Museum‹ – Göttingen's University Collection as a space of knowledge production and cultural heritage, in: Opuscula Musealia 18, 2010, S. 15-25.

___ 5 Vgl. Alan Q. Morton, Science in the 18th Century. The King George III Collection, London 1993, S. 31-42.

___ 6 Vgl. Christopher Lloyd, King, Queen and Family, in: George III and Queen Charlotte, Patronage, Collecting and Court Taste, Ausstellungskatalog, hg. von Jane Roberts, London 2004, S. 8-22, hier S. 16.

___ 7 Vgl. Otto Heinrich Walliser, Liselotte Alberti, Die Geschichte der Geologie und Paläontologie in Göttingen, in: Georgia Augusta 46 (1987), S. 73-76, hier S. 74.

___ 8 Während der König als ›Farmer George‹ in Großbritannien die Anwendung neuester agrarökonomischer Methoden förderte, indem er etwa Merino-Schafe importierte oder Versuchsfarmen anlegte, wurde in Celle in seinem Namen 1764 die Königliche Landwirtschaftsgesellschaft gegründet. Vgl. Jeremy Black, The Hanoverians. The History of a Dynasty, London, New York 2004, S. 143 f.

___ 9 Vgl. Peter Aufgebauer, Die Anfänge der Sternkunde in Göttingen, in: Leipziger Jahrbuch zur Buchgeschichte 6, 1996, S. 75-92, hier S. 89 und S. 91.

___ 10 Vgl. Ulrich Hunger, Die Georgia Augusta als hannoversche Landesuniversität. Von ihrer Gründung bis zum Ende des Königreichs, in: Göttingen. Geschichte einer Universitätsstadt, Bd. 2, hg. von Ernst Böhme, Rudolf Vierhaus, Göttingen 2002, S. 139-213, hier S. 152 u. S. 158.

___ 11 Zu den Göttinger Institutionalisierungsprozessen aufgrund des Verdrängungswettbewerbs vgl. Hunger (Anm. 10), S. 152 f. und zur internationalen Profilierung und Attraktivitätssteigerung durch das Museum vgl. Allemeyer (Anm. 4), S. 16.

___ 12 Brief von Carl Heinrich v. Hinüber an Blumenbach, 21.12.1781, zit. nach Hartmut von Hinüber, Ein Hauch von Südsee weht durch die Familiengeschichte, in: von Hinüber'sche Familienzeitung 97, 2005, S. 10.

___ 13 Stiftungsbrief von Georg III. an die Regierung in Hannover, 14.12.1781, zit. nach von Hinüber (Anm. 12), S. 10.

___ 14 Johann Friedrich Blumenbach, Einige Nachrichten vom academischen Museum zu Göttingen, in: Annalen der Braunschweig-Lüneburgischen Churlande I, 3. Stück, 1787, S. 84-99, hier S. 92.

___ 15 Vgl. Christine Nawa, Zum »öffentlichen Gebrauche« bestimmt: Das Academische Museum Göttingen, in: Göttinger Jahrbuch 58, 2010, S. 23-62, hier S. 29.

___ 16 Blumenbach (Anm. 14), S. 86 f.

___ 17 Vgl. Michael Mende u. a., Technische und Technologische Modelle des 18. Jahrhunderts im Städtischen Museum Göttingen: Reste der Sammlung Johann Beckmanns?, in: Technologie zwischen Fortschritt und Tradition, hg. von Hans-Peter Müller, Ulrich Troitsch, Frankfurt a. M. u. a. 1992, S. 115-170.

___ 18 Georg Christoph Lichtenberg, Einige Lebensumstände von Capt. James Cook, Grösstenteils aus schriftl. Nachrichten einiger seiner Bekannten gezogen v. G. C. L., Edition der Schriften und Briefe, Bd. 1, hg. von Wolfgang Promies, München 1972, S. 35-106, hier S. 62.

___ 19 The Correspondence of Johann Friedrich Blumenbach, Bd. 2: 1783-1785, hg. von Norbert Klatt, Göttingen 2007, Brief Nr. 234.

___ 20 Vgl. Carl Haase, Göttingen und Hannover. Geistige und genealogische Beziehungen im 18. Jahrhundert, in: Göttinger Jahrbuch 15, 1967, S. 95-124, hier S. 111 f.

___ 21 Vgl. Manfred Urban, Die Erwerbungsgeschichte der Göttinger Sammlung, in: James Cook. Gifts and Treasures, hg. von Brigitta Hauser-Schäublin u. a., München 1998, S. 56-85, hier S. 70.

___ 22 Vgl. Wolfgang Böker, Christian Gottlob Heyne und das Haus Papendiek 16 – ein Professor wird Göttinger, in: Göttinger Jahrbuch 50, 2002, S. 93-111, hier S. 103.

___ 23 Vgl. Wolfgang Gresky, Eine Göttingen-Schilderung vom Mai 1799. Ein Brief des Schweizer Studenten Gottlieb von Greyerz, in: Göttinger Jahrbuch 30, 1982, S. 181-199, hier S. 198.

___ 24 Vgl. Thomas Biskup, Sammeln und Reisen in deutsch-englischen Gelehrtennetzwerken im späten 18. Jahrhundert, in: Kulturen des Wissens im 18. Jahrhundert, hg. von Ulrich Johannes Schneider, Berlin 2008, S. 607-614, hier S. 611.

___ 25 Vgl. Stefan Siemer, Geselligkeit und Methode. Naturgeschichtliches Sammeln im 18. Jahrhundert, Mainz 2004, S. 150 f.

___ 26 Vgl. Gundolf Krüger, Die Völkerkundliche Sammlung Göttingen – eine Forschungsstätte an der Schnittstelle zwischen Museum und Universität, in: Mitteilungsblatt. Museumsverband Niedersachsen Bremen 59, 2000, S. 91-98, hier S. 91 u. S. 93.

___ 27 Vgl. Ernst P. Hamm, Goethes Sammlungen auspacken. Das Öffentliche und das Private im naturgeschichtlichen Sammeln, in: Sammeln als Wissen. Das Sammeln und seine wissenschaftliche Bedeutung, hg. von Anke te Heesen, E. C. Spary, Göttingen ²2002, S. 85-114, hier S. 86 f.

___ 28 Georg Heinrich Hollenberg, Bemerkungen über verschiedene Gegenstände auf einer Reise durch einige deutsche Provinzen in Briefen, Stendal 1782, S. 15-23.

___ 29 Vgl. Staffan Müller-Wille, Carl von Linnés Herbarschrank. Zur epistemischen Funktion eines Sammlungsmöbels, in: te Heesen (Anm. 27), S. 22-38.

___ 30 Jens Immanuel Baggesen, Das Labyrinth oder Reise durch Deutschland in die Schweiz 1789, Altona, Leipzig 1795, zit. nach Plesker (Anm. 2), S. 481.

Dominik Collet

WISSENSPRAKTIKEN IM AKADEMISCHEN MUSEUM

Practices of knowledge in the academic museum. The New History of Science has rediscovered collecting as a crucial academic practice. Most universities, however, only joined the flourishing world of collecting in the 18th century. Accordingly, they had to find their own place in an established tradition. Göttingen's »Academic Museum« provides an example of the adaption and innovation that academic collecting involved. Gathering objects led universities to the inclusion of new groups of external ›experts‹, the formulation of scientific codes of observation, and the integration of visual cultures of evidence. As a result of their rapid expansion, the collections' ›disciplinary objects‹ also helped to delineate and ›materialize‹ new academic fields. University collections therefore constitute not just a by-product of research. They aggregated multiple modes of scientific practices that proved inspirational to the emergence of the modern research university, its academic fields, and its scientific program.

Der ›geniale Entdecker‹ braucht keine Sammlung. Er lebt im Labor, allein. In dem Maße, in dem die neue Wissensgeschichte dieses alte Narrativ des einsamen Forscher-Heros hinterfragt und ihn zurück in sein soziales Umfeld gestellt hat, unter seine Helfer, Feinde und Förderer, hat sich auch der ›Ort‹ von Wissenschaft verändert. Neben das abgeschiedene Labor ist die geselligere Sammlung getreten. Diese Sammlung wird zudem nicht mehr als Endprodukt eines wissenschaftlichen Prozesses, sondern als sein integraler Bestandteil verstanden, als Raum, der Wissen nicht nur speichert, sondern auch produziert und strukturiert. Die Renaissance der Sammlungsgeschichte geht aber über die in Zeiten der Digitalisierung populäre Rückbesinnung auf die ›Materialität von Wissen‹ hinaus. Sammlungen, die entlegene Objekte lokal versammeln, sind immer kooperative Unternehmungen. Sie verweisen damit auch auf die soziale Praxis von Wissen, die historische wie moderne Wissensbestände formt.[1]

Universitäten gehörten in der Geschichte zunächst nicht zu den Keimzellen des Sammlungswesens. Im Gegenteil: Sammler sahen ihr ›Objektwissen‹ lange Zeit in Opposition zum ›Buchwissen‹ der Professoren. Dem traditionellen akademischen Streit wollten Sammler eine auf das konkrete Objekt gegründete Konsens- und Freundschaftskultur entgegensetzen. Als die Aufklärungsuniversität des 18. Jahrhunderts die Sammlungen für sich entdeckte, mussten ihre Träger daher zunächst einen eigenen Platz in dieser Sammlungstradition finden.[2] Der programmatischen Abgrenzung, dass in einem ›akademischen‹ Museum »nichts zur Parade sondern alles zum Nutzen« (Johann Friedrich Blumenbach [1752-1840]) oder »nicht[s] zum Prunck, sondern lediglich zum Gebrauch, zur Untersuchung und zum Unterricht« diene (Georg Christoph Lichtenberg [1742-1799]), standen dabei pragmatische Aneignungen gegenüber, beispielsweise das aus der Adelskultur übernommene Prinzip der ›Anschaulichkeit‹.[3]

Der Blick auf die Wissenspraktiken der Akteure verdeutlicht diese konstitutive Verschränkung neuer Evidenzstrategien mit älteren Sammlungsformen. Er zeigt auch, dass die Sammlungen mit dem Transfer in den universitären Raum rasch neue Funktionen übernahmen. Sie halfen, neue Fächer zu etablieren und disziplinäre Grenzen zu markieren. Ihre Objekte verliehen neuen Wissensfeldern eine unbestreitbare Materialität und ›naturalisierten‹ deren kulturelle Konstruktion. Nicht nur in Göttingen stand die Entstehung der Völkerkunde, Mineralogie, Kunstgeschichte, Botanik, Zoologie, Forst- oder Agrarwissenschaft als eigenständige Fächer in enger Verknüpfung mit den jeweiligen Sammlungen. Als »disciplinary objects«[4] strukturierten und markierten die Exponate Wissensfelder und -praktiken und wurden so selbst zu Akteuren, die den Wissensbetrieb und seine Ausdifferenzierung bis heute mitprägen.

›ACADEMISCHE‹ UND ANDERE MUSEEN

Als die Göttinger Universität 1737 eröffnet wurde, blickte das Sammlungswesen bereits auf eine lange, eigenständige Wissensgeschichte zurück. Schon in der Programmatik der ›Kunst- und Wunderkammern‹ des 16. Jahrhunderts stand die ›Bildung‹ der Besucher gleichberechtigt neben deren ›Ergetzung‹. Der Bologneser Professor Ulysse Aldrovandi (1522-1605) nutzte sein privates »museo« daher bereits seit den 1560er Jahren für den naturkundlichen Unterricht von Studenten.[5] Nach dem Dreißigjährigen Krieg begeisterten sich mit Johannes Comenius (1592-1670) oder Johann Valentin Andreae (1586-1654) führende Vertreter der pädagogischen Reformbewegung des 17. Jahrhunderts für die Potentiale der Raritätensammlungen: »Denn die Wissenschaften gehen durch das Sehen leichter ein, als durch das Hören«.[6] In Gotha bestimmte Herzog Ernst I. (1601-1675) seine Sammlungen 1658 für den Unterricht der Gymnasiasten in »natürlichen Dingen«, in Halle diente die Sammlung des Waisenhauses seit 1698 der Erziehung der Schüler.[7] Auch einzelne Universitäten schmückten sich bereits im 17. Jahrhundert mit enzyklopädischen Lehrsammlungen, so in Leiden, Amsterdam oder Gottorf, wo Herzog Friedrich III. (1597-1659) seine Sammlung für Besuche der zukünftigen Studenten der Kieler Universität vorsah.[8] Noch weiter gehende Pläne verfolgten die zeitgenössischen Akademien, wie die Londoner Royal Society oder die Petersburger Akademie der Wissenschaften, die ihre eigenen Forschungssammlungen (1665 und 1704) als zentrale Ressource ihrer Arbeit betrachteten.

Zur Eröffnung der Göttinger Universität 1737 existierte somit ein breites Spektrum an möglichen Vorbildern. Zugleich entwickelte sich auch in der Stadt selbst eine vielfältige Sammlungslandschaft. Bereits 1736 hatte Albrecht von Haller (1708-1777) den Grundstein für den Botanischen Garten gelegt und der Tuchfabrikant Johann Heinrich Grätzel (1691-1770) sein »Naturalien-Cabinet« für die Studierenden eröffnet. Professor Gottfried Sellius (1704-1767) brachte sein Muschel-Cabinet aus Holland mit, Professor Samuel Christian Hollmann (1696-1787) eine Fossiliensammlung, Professor Johann Friedrich Gmelin (1748-1804) Mineralien. 1764 begannen die »Historische Akademie« und die »Akademie der Wissenschaften« mit eigenen Sammlungen. 1768 entstand der »ökonomische Garten«.[9]

Die Gründung des lange diskutierten zentralen *Academischen Museums* der Universität im Jahr 1773 fand daher inmitten einer dichten Sammlungslandschaft statt. Die vehementen Versuche, sich von anderen Unternehmungen abzugrenzen, müssen auch vor diesem Hintergrund verstanden werden. Während man sich einig war, dass »ein naturalien Cabinet fast unumgänglich nöthig« sei, debattierte man intensiv, ob das Museum dem etablierten Modell der Privatsammlung folgen solle oder eine »public anstalt« sein müsse. Für Letzteres sprach das erfolgreiche Vorbild der Universitätsbibliothek sowie die publizistisch verwertbare ›Neuartigkeit‹, die man in Göttingen mit den Worten herausstrich: »Diese älteren Sammlungen hatten doch fast durchgehends den Fehler, daß man mehr Seltenheiten als Merkwürdigkeiten der Natur zusammenrafte; [...] Aus dieser letzten Rücksicht werden nun vorzüglich akademische Cabinette wichtig [...] Göttingen ist die erste Universität in Deutschland, vielleicht in Europa, die mit einem eigentlich *akademischen* Museum versehen worden; und wir halten uns verpflichtet, von ihm, auch schon als Epochemachenden Phänomen [zu sprechen]«.[10]

Tatsächlich folgte das Museum aber beiden Logiken: Auf der einen Seite stand der Nutzen für Lehre, Forschung und »für die Wissenschaften«, auf der anderen die Umwerbung vermögender Studierender, die Inszenierung berühmter Gönner oder die Präsentation der eigenen Leistungen in der Öffentlichkeit.[11] Diese Zwitterstellung des neuen Museums im Gefüge der Universität lässt sich auch an der umkämpften Rolle seiner ›Experten‹ beobachten.

DIE ›DISZIPLINIERUNG‹ AUFGEKLÄRTEN WISSENS

Gemeinsam mit den Sammlungen kamen neue Akteure an die Universität. Jedes Sammeln von weit verstreuten Objekten an einem Ort erforderte zahlreiche Helfer – Reisende, Händler, Konservatoren. Die Öffnung zur Welt außerhalb der Akademien war bereits im Prinzip der Sammlung angelegt. Nicht alle diese Akteure teilten die wissenschaftlichen oder sozialen Codes der Professoren. Ihre Integration in die Strukturen der Universität erwies sich daher als ebenso kompliziert wie die der Sammlungen selbst.

Albrecht von Haller und andere Göttinger Professoren begannen bereits in den 1730er Jahren mit Exkursionen in den Harz, um mit den Studenten Pflanzen, Mineralien oder Fossilien zu sammeln. Zum Anspruch der neuen Universität gehörten aber weit entlegenere Objekte. Im Frühjahr 1752 organisierte von Haller daher eine Forschungsreise nach Amerika mit dem Ziel »Naturalien aus allen drey Reichen der Natur, als Ertze, Versteinerungen, Erden, Vögel, vierfüßige Thiere, Insekten, Fische, Muscheln, Schnekken [...] zu sammeln«.[12] Eine von dem habsburgischen Gesandten Gerard van Swieten (1700-1772) in Aussicht gestellte Finanzierung durch den Kaiser in Wien lehnte Haller ab, um den akademischen Charakter des Unternehmens herauszustreichen. Da die Professoren für lange, gefahrvolle und strapaziöse Reisen nicht zur Verfügung standen, war man aber zumindest für die Durchführung auf fremde Hilfe angewiesen. Mit dem Schriftsteller Christlob Mylius (1722-1754) fand man schließlich einen Reisewilligen, der weit mehr in der Welt der Sammler als der der Universität zu Hause war. Als Mylius unerwartet noch in London verstarb, wurde ihm sein ›unakademisches‹ Verhalten während der Reise sogleich zur Last gelegt. Neben seiner aufwendigen Kleidung erregten auch seine allzu ausgiebigen Besuche privater Kunst- und Naturalienkammern Misstrauen. Ähnliche Vorwürfe trafen viele der externen Experten mit unklarem universitären Status. Selbst Georg Forster (1754-1794), dessen Gaben von seiner Weltumsegelung mit James Cook (1728-1779) in Göttingen hochwillkommen waren, gelang es nie, an der Universität Fuß zu fassen. Stattdessen suchten die Professoren das Handeln und Beobachten der Sammler mit immer ausführlicheren Fragekatalogen zu akademisieren und zu disziplinieren. Im Falle des Forschungsreisenden Carsten Niebuhr (1733-1815) umfassten sie 1762

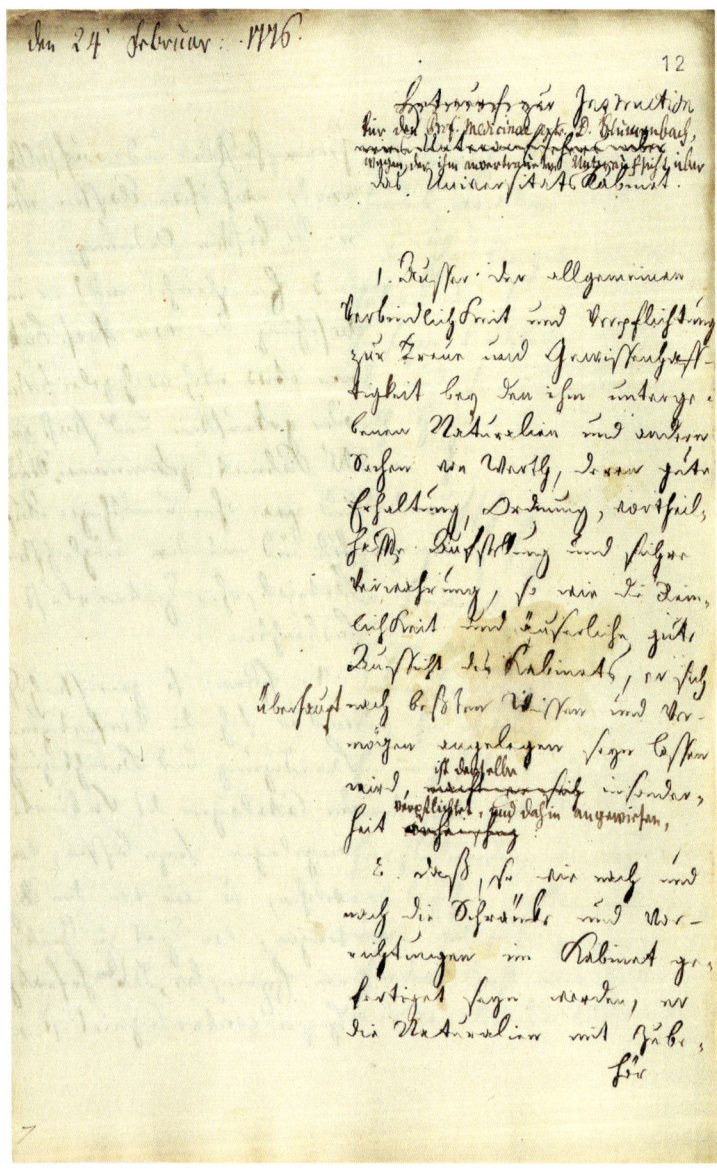

Handschriftliche Dienstanweisung von Christian Gottlob Heyne für Johann Friedrich Blumenbach von 1776, Universitätsarchiv Göttingen, Kur 4 V g 5, fol. 12r-15r. Foto: Martin Liebetruth.

stolze 400 Seiten. Ihre Publikation in mehreren Sprachen sollte die angestrebte Verwissenschaftlichung einer ehemals von ›Amateuren‹ dominierten Tätigkeit auch nach außen inszenieren.[13] Obwohl Forsters und Niebuhrs Spenden mit zur raschen Expansion des Akademischen Museums beitrugen, blieb eine Karriere allein dem jungen Göttinger Studenten Johann Friedrich Blumenbach vorbehalten, der seine Aufgabe als Leiter des Museums geschmeidig mit einer klassischen Professorenlaufbahn und entsprechenden Heiratsstrategien zu verbinden wusste – und nicht reiste.

SAMMELN UND SOZIABILITÄT

Wo es dagegen um Besucher und Studenten ging, verlief der Öffnungsprozess wesentlich erfolgreicher. Akademische Sammlungen besaßen in der dichten Universitätslandschaft des alten Reiches ein wichtiges Distinktionspotential. Die öffentlichwerbende Zugänglichkeit des zentralen Universitätsmuseums und seine akademische Rolle bildeten dabei keinen Widerspruch. Schon in Blumenbachs Dienstanweisung – einem seltenen museumspraktischen Dokument – war der öffentliche Charakter der Sammlungen festgehalten worden.

Neben Studierenden sollten auch die »fremden und d[ie] hiesigen Liebhaber« Zutritt erhalten.[14] Das Eintrittsgeld sorgte für das erwünschte sozial exklusive Publikum, ohne den Besucherstrom nennenswert einzuschränken. So dokumentiert ein Besucherbuch über 3.000 nicht studentische Besucher in 10 Jahren, darunter Alexander von Humboldt, Goethe oder Jérôme Bonaparte, den König von Westfalen.[15] Die Zusammensetzung der Besucherschaft illustriert, dass das Museum überregionale Ausstrahlung besaß und zahlreiche nicht akademische Besucher, zumeist in Gruppen anzog – darunter viele Frauen, die sonst aus dem Universitätsbetrieb ausgeschlossen waren. Dass nahezu alle Besucher die Sammlung nur ein einziges Mal besuchten, deutet vermutlich darauf hin, dass ihr Interesse weniger dem forschenden Studium als der geselligen Unterhaltung galt.

Die Bedeutung von Soziabilität für museales Wissen spiegelt sich in erhaltenen Berichten. Die Objekte an sich blieben ohne lebendige Erklärung schlicht stumm.[16] So berichtete etwa Johann Wolfgang von Goethe 1801 von seinem Aufenthalt in Göttingen über die Sternwarte: »Auch Professor Seyffer zeigte mir die Instrumente der Sternwarte mit Gefälligkeit umständlich vor. Mehrere bedeutende Fremde, deren man auf frequentierten Universitäten immer als Gäste zu finden pflegt, lernt' ich daselbst kennen, und mit jedem Tag vermehrte sich der Reichtum meines Wissens über alles Erwarten.«[17] Karl August von Hardenberg (1750-1822) fasste einen Tag in Göttingen im September 1820 folgendermaßen zusammen: »Auf der Bibliothec – Die Professoren Reuhs, Beneke, Himly, – Das Naturalien Cabinet – Das neue Observatorium – Professor Schrader – Die Reitbahn – Zurück.«[18]

Das *Academische Museum* nahm daher rasch auch eine zentrale Rolle in der Erinnerungskultur der Universität ein. Großzügige Spender konnten sich dort einen dauerhaften Platz im Gedächtnis der Nachwelt sichern. Dies galt zuerst für König Georg III., dem man dankbar zusicherte, dass das Museum auf Dauer ein »Denkmal Dero Landesväterlichen Milde« darstellen wer-

Einträge im Besucherbuch des *Academischen Museums*, darunter auch von Dorothea Rodde, geb. Schlözer (1770-1825), am 18.6.1810, Ethnologische Sammlung, Göttingen. Foto: Martin Liebetruth.

de.[19] Auch Spendern wie dem Baron Georg von von Asch (1729-1807) oder Johann Friedrich von Uffenbach (1687-1769) gab die Sammlung die Gelegenheit, sich der Nachwelt in Erinnerung zu bringen. Die aus aller Welt stammenden Exponate belegten dabei ebenso die weltumspannenden Netzwerke der edlen Spender wie umgekehrt die der Göttinger Empfänger und Gelehrten. Die verbreitete Personalisierung von Objekten (»von Herrn Leibnitz«, »vom unvergeßlichen Cook«, vom »berühmte[n] [Engelbert] Kämpfer«) setzte diesen Memorialkult bis in Einzelexponate hin fort.[20] Es verwundert daher kaum, dass die Universität das Museum nicht nur an ihrem Stiftungsfest inaugurierte, sondern bald auch ihre Jubiläen mit dessen Hilfe inszenierte und die Sammlungen 1837 eine zentrale Rolle bei der »Säcular-Feier« spielten.[21]

Ideale Szene der Sammlung als Labor und Salon. Albrecht von Haller, Memoires sur la nature sensible et irritable, Lausanne 1756, Titelkupfer. Foto: Dominik Collet.

VISUALISIERTES WISSEN

Blumenbach und Lichtenberg betonten jedoch, dass das Museum seine eigentliche Bestimmung in Unterricht und Forschung habe. Wie die Lehre am Objekt vonstattenging, zeigt das Beispiel des Professors für Philosophie und Geschichte Arnold Hermann Ludwig Heerens (1760-1842), der ab 1803 regelmäßig eine mehrstündige Vorlesung wie folgt ankündigte: »Allgemeine Länder- und Völkerkunde [...] trägt Hr. Prof. Heeren um 6 Uhr M. vor, u. erläutert alles durch einen reichen Vorrath der beßten und neuesten Karten, die er seinen Zuhörern vorlegen wird, und, was die Kleidungen, Waffen, Geräthe, der entfernten Völker betrifft, durch die ethnographische Sammlung in dem königl. Museum.«[22]

Während die Lehre mit den Exponaten florierte und sich Blumenbachs Veranstaltung zu einem wahren »Mode-Colleg« entwickelte,[23] sind Hinweise auf Forschungen am Objekt weitaus seltener. Ein Raum für Experimente fehlte dem Museum. Untersuchungen waren daher auf die beobachtenden oder vergleichenden Methoden Blumenbachs beschränkt. Zudem stellte bereits die Auswahl der Objekte eine Herausforderung dar. Das Museum verfügte bis 1837 über keinen eigenen Etat. Exponate erhielt man daher nahezu ausschließlich über das florierende Geschenkwesen, das auch in den nicht akademischen Sammlungen eine große Rolle spielte. Die Zusammensetzung der ›Cook-Sammlung‹ orientierte sich daher weniger an den Interessen der Göttinger Gelehrten, als an den Vorlieben von Seeleuten und ›Indianern‹, die sie getauscht hatten, den Vorstellungen des professionellen Raritätenhändlers George Humphreys, der sie ankaufte, und am imperialen Anspruch des königlichen Stifters.

Der Schweizer Student Gottlieb von Greyerz (1778-1855) bemerkte daher 1799, im Museum befänden sich: »[e]ine Menge Götzen von abscheulichen Verzerrungen des Körpers und der größten Geschmacklosigkeit. Viele Amphibien, eine Menge menschlicher Embryonen, von Negern etc. [...] eine wohlbehaltene Mumie [...] was man in jeder Kunstsammlung etwa findet.«[24] Der Hauslehrer Karl Gottlob Küttner (1755-1805) notierte 1797: »Auch hier stieß ich wieder auf einen Vorrath von Kleidern und Lumpen des Südmeeres [...]. Fast ist es mir lästig, Dinge der nehmlichen Art immer wieder und wieder zu sehen, weil die Aufseher nicht begreifen können, warum man so vorüber eilt.«[25] Auch Blumenbach musste zugeben, dass man den Großteil der Exponate »auch in einer Kunstkammer« finden könne.[26]

Schwerwiegender wog aber die unzureichende Dokumentation der Objekte. Zumeist erfuhr man wenig mehr als Namen und einen vagen Herkunftsort. Für die weitere Einordnung war man dann auf genau die Texte angewiesen, die man eigentlich hatte überprüfen wollen.

Tatsächlich scheint die ägyptische Mumie der Sammlung eines der wenigen Objekte zu sein, das einer demonstrativ gründlichen und ausführlich publizierten Untersuchung unterzogen wurde. Allerdings dürfte diese einmalige Aktion sicher ebenso sehr auf den besonderen Status des königlichen Spenders – König Christian VII. von Dänemark (1749-1808) – zurückzuführen sein wie auf die Tatsache, dass die Göttinger Forscher dieses mythenumwobene Objekt königlicher Patronage dadurch ›akademisieren‹ wollten. Als sich der forscherische Furor als so groß erwies, dass das Objekt nahezu vollständig zerstört wurde, entschloss man sich aber, um ein zweites Exemplar zu bitten. Auf die öffentlichkeits-

wirksame Ausstellung dieses königlichen Gunstbeweises wollte man offenbar doch nicht verzichten. Neue Erkenntnisse konnten die Gelehrten gleichwohl auch in diesem Fall nicht erlangen. [27] Zum einen war die Dokumentation auch hier mangelhaft. Zum anderen bestanden im Museum kaum ernsthafte Vergleichsmöglichkeiten. So handelte es sich bei der von Greyerz beobachteten »wohlbehaltenen Mumie« nicht um ein antikes Exemplar, sondern um ein europäisches Schaustellerstück – den unverwest gebliebenen Leichnam des Kaufmanns Conrad Schachtrupp (1606-1677) aus Herzberg, der von einem Totengräber als Nebenerwerb in Wirtshäusern vorgezeigt worden war.[28]

In der Praxis scheint das *Academische Museum* eher der Visualisierung gedient zu haben. Es illustrierte bereits zuvor oder anderswo erlangte Ergebnisse. So ließ Blumenbach ab 1784 dutzende Schädel anschaffen, an denen er seine Studien zur physischen Anthropologie illustrierte – Studien, die er allerdings lange vor der Entstehung der Sammlung durchgeführt hatte und für die er sich auf Reiseberichte anstatt auf Objekte stützte. Später diente das Museum zur Illustration der Systematik seines Handbuchs zur Naturgeschichte.[29]

Illustration der Gottorfer Kunstkammer, mit der die Herzöge von Schleswig-Holstein-Gottorf für die neue Universtät Kiel warben. Adam Olearius, Die Gottorfische Kunstkammer, Schleswig 1674, Titelkupfer.
Foto: Dominik Collet.

Besondere Bedeutung erlangten die Sammlungen mit ihrer hohen Sichtbarkeit und Außenwirkung hingegen für den Prozess disziplinärer Ausdifferenzierung. Die Auseinandersetzung mit der Cook/Forster-Sammlung diente dem gelernten Mediziner Blumenbach dazu, die Völkerkunde als eigenständiges Wissensfeld zu etablieren. Später beförderte die Kunstsammlung, dass in Göttingen »zum ersten Mal an einer deutschen Universität«[30] die Kunstwissenschaft zur akademischen Disziplin erhoben wurde, während die Forstwissenschaft sich mittels ihres ›ökonomischen Gartens‹ von der Biologie emanzipieren konnte. Ähnlich enge Verbindungen finden sich bis heute in vielen entstehenden Fächern.[31]

WISSENSPRAKTIKEN UNIVERSITÄRER SAMMLUNGEN

Angesichts dieses Befundes wäre es falsch, die Leerstelle, die mit der ›Entzauberung‹ des Labors durch die ›Science Studies‹ entstanden ist, nun mit den akademischen Sammlungen zu füllen.[32] Genau wie im Labor fand auch in der Sammlung keine von ihrer Umgebung losgelöste Wissenschaft statt. Im Gegenteil: die Sammlung bildete das Zentrum von Praktiken, die heute statt als Beiwerk als Kern des wissenschaftlichen Prozesses verstanden werden – die Mobilisierung von Zeugen, die Verständigung über gemeinsame Evidenzprinzipien oder die Etablierung neuer Wissensfelder und Wissensordnungen. Als zentraler Raum für gelehrte Soziabilität trugen die Sammlungen wesentlich dazu bei, neuen Erkenntnissen zum Durchbruch zu verhelfen, wissenschaftliche Codes zu verbreiten und entstehende Wissensfelder institutionell zu konsolidieren. Ihre Exponate lassen sich in doppelter Hinsicht als »disciplinary objects« verstehen – in der Disziplinierung wissenschaftlicher Beobachtung sowie in der Förderung neuer Disziplinen und Fächer.

Die akademische Sammlung verdeutlicht damit, wie sehr Wissensbestände erst als soziale Praxis Gültigkeit erlangen. Erst über die Visualisierung von Evidenz am materiellen ›Zeugen‹ konnte akademisches Wissen zwischen Lehrern und Schülern, Sammlern und Besuchern, Kuratoren und Amateuren zirkulieren.

Die besondere Attraktivität akademischer Sammlungen bestand nicht im Bruch mit Bestehendem, sondern in der Synthese akademischer und außerakademischer Traditionen. Über die behutsame Aneignung der Vorläuferformen erschloss sich das *Academische Museum* eine große Bandbreite von Mäzenen, Förderern und interessierten Besuchern. Es öffnete die Universität für neue Gruppen externer Experten und erschloss ihr über die Vielfalt der Exponate aus allen Weltgegenden völlig neue Wissensbereiche. Umgekehrt erreichte seine Visualisierung theoretischer Wissensbestände auch nicht akademische Betrachter und inszenierte universitäre Gelehrsamkeit für ein breites Publikum. Es war gerade die Polyvalenz der Sammlungsräume als Magazin, als Archiv, als Hörsaal, als Salon und als Wissenstheater, die ihre ungeheure Dynamik, ihre rasche Verbreitung und ihren bis heute spürbaren Einfluss auf die Wissenspraktiken der entstehenden Forschungsuniversität begründete.

ANMERKUNGEN

___ 1 Für eine Einordnung der Sammlungen in das Feld der Science Studies, vgl. bspw. Nicholas Jardine, Sammlung, Wissenschaft, Kulturgeschichte, in: Anke te Heesen, Emma C. Spary (Hg.), Sammeln als Wissen. Das Sammeln und seine wissenschaftsgeschichtliche Bedeutung, Göttingen 2001, S. 199-220.

___ 2 Vgl. Dominik Collet, Die Welt in der Stube. Begegnungen mit Außereuropa in Kunstkammern der Frühen Neuzeit, Göttingen 2007, S. 11-22 und S. 269-280 zur Wissensgeschichte der frühen Sammlungen.

___ 3 Johann Friedrich Blumenbach, Einige Nachrichten vom academischen Museum zu Göttingen, in: Annalen der Braunschweigisch-Lünebürgischen Churlande 1, 3. Stück, 1787, S. 84-99 und [anonym] Etwas vom Akademischen Museum in Göttingen, in: Taschenbuch zum Nutzen und Vergnügen fürs Jahr 1779, hg. von Georg Christoph Lichtenberg [...], Göttingen 1778, S. 45-57. Die genaue Autorschaft dieses Textes ist unklar.

___ 4 Barbara Kirshenblatt-Gimblett, Reconfiguring Museums. An Afterword, in: Cordula Grewe (Hg.), Die Schau des Fremden. Ausstellungskonzepte zwischen Kunst, Kommerz und Wissenschaft, Stuttgart 2006, S. 361-376, hier S. 363.

___ 5 Vgl. Paula Findlen, Possessing Nature. Museums, Collecting, and Scientific Culture in Early Modern Italy, Berkeley u. a. 1994, S. 249.

___ 6 Johann Valentin Andreae, Republicae Christianopolis descriptio, Straßburg 1619, Kap. 47.

___ 7 Collet (Anm. 2), S. 40-44.

___ 8 Vgl. Jan Drees, Die »Gottorfische Kunstkammer«. Anmerkungen zu ihrer Geschichte nach historischen Textzeugnissen, in: Heinz Spielmann, Jan Drees (Hg.), Gottorf im Glanz des Barock: Kunst und Kultur am Schleswiger Hof 1544-1713, 2 Bde., Schleswig 1997, Bd. 2, S. 11-48, hier S. 15.

___ 9 Günther Beer, »Nachbleibsel der Sündfluth«. Das »Naturalien-Cabinet« des Göttinger Tuchfabrikanten Johann Heinrich Grätzel, das erste Museum Göttingens 1737, in: Göttinger Jahrbuch 56, 2008, S. 171-189, hier S. 185-187.

___ 10 [anonym] (Anm. 3), S. 47f. Vgl. dagegen Lichtenbergs bitterböse Satire einer Privatsammlung, die sich durch eine »Bettstele in Form eines Sarges [...] für Methodisten« oder »doppelte Kinderlöffel für Zwillinge« auszeichnete. Georg Christoph Lichtenberg, Verzeichnis einer Sammlung von Gerätschaften, welche in dem Hause des Sir H. S. [Hans Sloane] künftige Woche öffentlich verauktioniert werden soll, in: ders., Schriften und Briefe, Bd. 3, hg. von Wolfgang Promies, München 1972, S. 451-457.

___ 11 Frank William Peter Dougherty (Hg.), The Correspondence of Johann Friedrich Blumenbach, volume 1, Göttingen 2006, S. 2.

___ 12 Reimer Eck, Christlob Mylius, Carsten Niebuhr, Aus den Anfängen der wissenschaftlichen Forschungsreise an der Universität Göttingen, in: Göttinger Jahrbuch 34, 1986, S. 11-43, hier S. 13.

___ 13 Johann David Michaelis, Fragen an eine Gesellschaft Gelehrter Männer, die auf Befehl Ihro Majestät des Königes von Dännemark nach Arabien reisen, Frankfurt a. M. 1762.

___ 14 Universitätsarchiv Göttingen Kur, 4 V g 5, fol. 12r-15r, gedruckt: Dougherty (Anm. 11), S. 72 f., Nr. 36.

___ 15 Christine Nawa, Sammeln für die Wissenschaft. Das Academische Museum Göttingen (1773-1840), Magisterarbeit Universität Göttingen 2005 (http://webdoc.sub.gwdg.de/master/2010/nawa/nawa.pdf, abgerufen am 1.2.2011), S. 135-144.

___ 16 Vgl. Stefan Siemer, Geselligkeit und Methode. Naturgeschichtliches Sammeln im 18. Jahrhundert, Mainz 2004.

___ 17 Wilhelm Ebel, Briefe über Göttingen. Aus den ersten 150 Jahren der Georgia Augusta, Göttingen 1975, S. 60.

___ 18 Thomas Stamm-Kuhlmann (Hg.), Karl August von Hardenberg 1750-1822. Tagebücher und autobiographische Aufzeichnungen, München 2000, S. 895.

___ 19 Dougherty (Anm. 11), S. 281.

___ 20 Blumenbach (Anm. 3), S. 87; anonym (Anm. 3), S. 52, Blumenbach (Anm. 3), S. 87 und S. 98.

___ 21 Hans Plischke, Die ethnographische Sammlung der Universität Göttingen. Ihre Geschichte und Bedeutung, Göttingen 1937, S. 33.

___ 22 Manfred Urban, Die Völkerkundliche Sammlung, in: Gustav Breuermann u. a. (Hg.),

Ausstellungskatalog 250 Jahre Georg-August-Universität Göttingen, Göttingen 1987, S. 158-173, hier S. 160.

___ 23 Wolfgang Gresky (Hg.), Eine Göttingen-Schilderung vom Mai 1799. Ein Brief des Schweizer Studenten Gottlieb von Greyerz, in: Göttinger Jahrbuch 30, 1982, S. 181-199, hier S. 197 f.

___ 24 Ebd.

___ 25 Nadine Plesker, Über das Königlich Academische Museum in Göttingen, in: Bénédicte Savoy (Hg.), Tempel der Kunst. Die Geburt des öffentlichen Museums in Deutschland 1701-1815, Mainz 2006, S. 476-483, S. 482.

___ 26 Blumenbach (Anm. 3), S. 87.

___ 27 Göttingische Anzeigen von gelehrten Sachen (8.10.1781), S. 985-992.

___ 28 Gudrun Schwibbe, Wahrgenommen. Die sinnliche Erfahrung der Stadt, Münster u. a. 2002, (Internationale Hochschulschriften 402), S. 184.

___ 29 Johann Friedrich Blumenbach, De Generis Humani Varietate [...]. Göttingen 1776; Thomas Nutz, »Varietäten des Menschengeschlechts«. Die Wissenschaften vom Menschen in der Zeit der Aufklärung, Köln u. a. 2009, S. 260 f.; Johann Stephan Pütter, Versuch einer academischen Gelehrten-Geschichte von der Georg Augustus Universität zu Göttingen. Zweyter Theil, Göttingen 1788, S. 233.

___ 30 Plesker (Anm. 25), S. 269.

___ 31 Christine Nawa, Zum »öffentlichen Gebrauche« bestimmt. Das Academische Museum Göttingen, in: Göttinger Jahrbuch 58, 2010, S. 23-62, hier S. 55. Als vorläufig letztes Fach feierten die bisher heimatlosen ›Gender Studies‹ im April 2010 die Eröffnung der »Sammlung Blaustrumpf«. Vgl. http://www.uni-goettingen.de/de/205468.html, abgerufen am 5.1.2012.

___ 32 Vgl. Bruno Latour, Steve Woolgar, Laboratory Life. The Social Construction of Scientific Facts, Beverly Hills 1979 oder Steven Shapin, Never Pure: Historical Studies of Science as if It Was Produced by People with Bodies, Situated in Time, Space, Culture and Society, and Struggling for Credibility and Authority, Baltimore 2010.

Mike Reich

ZUR FRÜHEN GESCHICHTE DER GÖTTINGER UNIVERSITÄTSSAMMLUNGEN

On the early history of the Göttingen university collections. This survey outlines the early history of the Göttingen university collections based on objects and documents. First, the Georg-August University of Göttingen hosts about 30 scientific collections, which are actively used in research and teaching today. Some of them have been established only recently, others, especially the natural history collections, date back to the foundation of the university in 1734/1737 or even have their roots in private or royal and aristocratic cabinets. Next, the essay addresses on the use and establishment of teaching, study and research collections, as well as the *Göttingen Academic Museum*. The final section will describe and dispute how this university museum was centered around a small group of persons, who developed and flourished this institution, from a deployment to stagnation, and to the revival and further development of these university collections.

Spätestens mit Gründung des ersten deutschen Universitätsmuseums – dem *Königlichen Academischen Museum* in Göttingen – im Jahre 1773 verfügte die noch junge Georgia Augusta über wissenschaftliche Sammlungen, die »nicht zum Prunck, sondern lediglich zum Gebrauch, zur Untersuchung und zum Unterricht«[1] dienen sollen.

Wie gestalteten sich jedoch die ersten Jahrzehnte bis zum Aufbau und der inhaltlichen Diversifizierung solch einer Institution? Woher kamen und woraus bestanden erste Sammlungszugänge? Was hat sich bis heute noch erhalten? – Fragen, die aufgrund von Überlieferungslücken sowie weit verstreuter Schrift- und Objektquellen schwierig und deshalb derzeit nur teilweise beantwortet werden können.

Erste Gedanken zur Etablierung von Räumlichkeiten für Sammlungen lassen sich schon bis in die Zeit der Universitätsgründung zurückverfolgen. Umbaupläne des späteren ersten Universitätsgebäudes aus dem Jahre 1733 zeigen bereits einen Raum in der zweiten Etage, welcher für eine »Naturalien Cammer« vorgesehen war.[2] Auf dem Weg zu eigenen universitären Sammlungen sollten jedoch noch mehrere Jahrzehnte vergehen. So existierten in Göttingen zu jener Zeit mehrere private Naturalienkabinette, beispielsweise von Samuel Christian Hollmann (1696-1787), dem ersten auswärtig berufenen Professor an der Göttinger Universität, der am 14. Oktober 1734 auch die allererste Vorlesung an der Georgia Augusta abhielt: drei Jahre vor deren offizieller Inauguration.

Daneben erwarb im Jahre 1736 auch der Göttinger Tuchfabrikant und »Manufactur-Commissarius« Johann Heinrich Graetzel (1691-1770) ein größtenteils von Michael Reinhold Rosinus (1687-1725) aus Hannoversch Münden stammendes »Versteinerungenkabinett«[3], welches sich hervorragend mit den »ansehnlichen Naturalien- und Münzsammlungen unsers Hrn. Prof. Büttners« ergänzte.[4]

Atlaswirbel eines Wollhaarigen Nashorns (*Coelodonta antiquitatis*) von Düna bei Osterode/ Harz (1750) aus der Kollektion von S. C. Hollmann (1696-1787). Dieser wurde in mehreren Arbeiten von Hollmann, z. B. 1753 (»Ossium fossilium …«), wie auch von Georges Cuvier (1769-1832) 1806 (»Sur le Rhinocéros fossiles«) und 1812 ff. (»Recherches sur les Ossemens Fossiles«) beschrieben und abgebildet, Geowissenschaftliches Museum, Göttingen, GZG.HST.0440. Foto: GZG Museum.

Fossile Seelilie (*Chelocrinus schlotheimi*) vom Hainberg bei Göttingen aus der Kollektion von M. R. Rosinus (1687-1725), die 1736 vom Tuchfabrikanten Graetzel (1691-1770) für sein »Versteinerungskabinett« erworben wurde. Entgegen anderslautender Zitate (Selle 1937) erwarb die Universität Göttingen dieses Kabinett nicht, sondern es fand sich in der Folge in der Sammlung von Ernst Friedrich Baron von Schlotheim (1764-1832) und wurde nach seinem Tode 1833 von der Berliner Universität aufgekauft. Dort bildete es den Grundstock der paläontologischen Sammlungen (Naturkundemuseum Berlin, MB.E.15). Foto: GZG Museum.

Christian Wilhelm Büttner (1716-1801) – »Stein-Büttner«[5] genannt – gab das wohl erste allumfassende »Collegium zur Naturgeschichte« in Deutschland.[6] Die Grundlage zu Büttners umfangreicher Sammlung aller »drey Natur-Reiche«[7] geht schon auf dessen Großvater Nicolaus Wilhelm Ulrich (16??-1729) – »Kaufmann, dann Ratsherr und schließlich Bürgermeister von Wolfenbüttel«[8] – zurück, der diese zunächst seinem Schwiegersohn Johann Christian Büttner (1673-1752)[9] – Hofapotheker in Wolfenbüttel – vererbte.[10]

Zwei Versuche aus den Jahren 1756 und 1759, ein Naturalienkabinett für die Georgia Augusta bzw. für die (heutige) Akademie der Wissenschaften zu Göttingen zu erwerben, scheiterten, wobei mehrfach auf die beiden schon in Göttingen vorhandenen privaten Naturaliensammlungen (die Graetzel'sche und die Büttner'sche) verwiesen wurde, die eventuell vergleichsweise günstig für den Standort Göttingen zu erhalten seien.[11] Erst Christian Gottlob Heyne (1729-1812) – seit 1763 Professor der Rhetorik in Göttingen und später u. a. Direktor der Universitätsbibliothek – gelang es 1773, die wohl mehr als 10.000 Objekte der Büttner'schen Sammlungen gegen Zahlung einer Leibrente für die Universität zu erwerben. Die im Rahmen der Feierlichkeiten zum Stiftungsfest der Göttinger Universität am 17. September 1773 bekannt gegebene Erwerbung der »Büttnerschen Naturalien- und Münzsammlungen« kann als Geburtsstunde des hiesigen *Königlichen Academischen Museums* angesehen werden.[12] Damit wurde ein umfangreicher Grundstock für die heute sehr diversen Göttinger Universitätssammlungen gelegt.

Mehrere kleinere Sammlungsbestände wurden schon früher angelegt, gehörten jedoch (organisatorisch) nicht zum *Academischen Museum*, auch wenn sie sich – zumindest teilweise – räumlich in dessen Nähe befanden, da zu jener Zeit »[m]it der Bibliothek [...] das königliche academische Museum verbunden« war.[13]

Hierzu gehören beispielsweise die im Jahre 1734 mitsamt der »Bibliotheca Buloviana« des Joachim Hinrich von Bülow (1650-1724) an die zu gründende Universität geschenkten Karten[14] und andere Objekte, wie »verschiedene physische und mathematische Instrumente«[15], als auch eine Sammlung »von mathematischen und physischen Instrumenten und Modellen«,[16] die mit der Bibliothek des solventen Patriziers, Architekten und nachmaligen Bürgermeisters seiner Heimatstadt Johann Friedrich Armand von Uffenbach (1678-1769) aus Frankfurt a. M. testamentarisch im Jahre 1736 vermacht wurden (»um dafür einen Titel zu erlangen«[17]), jedoch erst 1769/1770 ihren Weg an die Göttinger Universität fanden. All diese Preziosen – zusammen mit weiteren Ankäufen und Schenkungen[18] – bildeten den späteren Grundstock weiterer universitärer Sammlungen (Physik, Astrophysik, Technologie und Oeconomie, Bergbaukunde) mit ebenso wechselnden

Kris (Rotangbindung, geflammte damaszierte Klinge) mit Holzscheide von Java, Indonesien aus der 1773 erworbenen Kollektion C. W. Büttner (1716-1801), Ethnologische Sammlung, Göttingen, As 719a, b. Foto: R. Scheck.

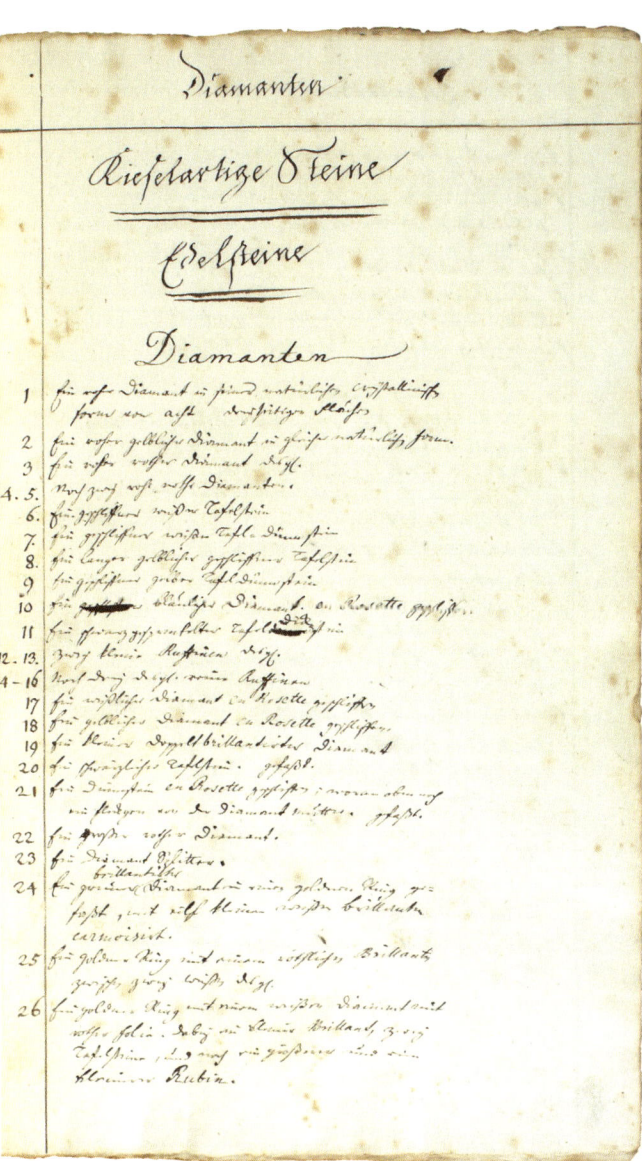

Im »Catalogus Musei Academici« aus dem Jahre 1778 verzeichnete der noch junge J. F. Blumenbach (1752-1840) die annähernd 13.000 Objekte des 1773 gegründeten *Königlichen Academischen Museums*. Ethnologische Sammlung, Göttingen. Links: Buchrücken, rechts: Katalogseite (unpaginiert). Fotos: GZG Museum.

Unterbringungen (»Observatorium«[19], »Modell-Kammer«[20], »ethnographische Abteilung [...] im obern Stockwerk des Museums«[21]) und Teilungen.

Von diesen Objekten haben sich nach offizieller Auflösung nur noch wenige bis heute erhalten – beispielsweise im Städtischen Museum Göttingen und auch in der Sammlung historischer physikalischer Apparate.[22]

Oben angeführte, größere Konvolutschenkungen (z. B. v. Uffenbach 1769/1770) waren es auch, welche die heutige Kunstsammlung der Universität umfangreich mit Zeichnungen, Kupferstichen und Gemälden ausstatteten – zumal die Universität einer »Gemähldesammlung [...] [l]ange Zeit entbehrte«, und Abhilfe erst 1796 durch die Stiftung von Johann Wilhelm Zschorn (1714-1795) aus Celle geschaffen wurde.[23]

Andere frühe universitäre Sammlungen befanden sich (oder entstanden erst)

Oben: Quarzkristalle von den bekannten Silbergruben am Numedalslågen, Kongsberg in Norwegen, aus der 1777 an die Universität Göttingen geschenkten Kollektion von C. A. Schlüter (1673-1744), nebst Etikett von der Hand J. F. Blumenbachs, Geowissenschaftliches Museum, Göttingen, GZG. HST.0023. Foto: GZG Museum.

Mitte: Fossile Auster (*Gryphea arcuata*) aus Worcestershire in England aus der Kollektion von G. W. Leibniz (1646-1716), nebst aufgeklebtem Etikett, (wohl) von seiner Hand, Geowissenschaftliches Museum, Göttingen, GZG. HST.0445. Foto: GZG Museum.

Unten: Gediegen Kupfer mit dem Sekundärmineral Chrysokoll von Årdal in Norwegen aus der 1782 von der Georgia Augusta erworbenen Kollektion von Georg Andreas Stelzner (1725-1802) nebst Originaletikett, Geowissenschaftliches Museum, Göttingen, GZG.HST.0045. Foto: GZG Museum.

im direkten Umfeld verschiedener Lehranstalten – so z. B. die »ansehnliche Sammlung von merkwuerdigen anatomischen Präparaten«[24], die seit Gründung des »hiesigen anatomischen Theaters« 1736 (insbesondere) durch Albrecht von Haller (1708-1777) und Johann Georg Roederer (1726-1763) stetig erweitert wurde. Dasselbe gilt für die ab 1792 entstandenen Sammlungen der »Königlichen Entbindungsanstalt«.[25]

Das *Königliche Academische Museum* war jedoch über Jahrzehnte hinweg die Kerninstanz und das verbindende Glied zwischen den einzelnen universitären Sammlungen. Einen ersten Überblick über die Bestände gibt im Herbst 1778 der noch junge Johann Friedrich Blumenbach (1752-1840) in einem »Catalogus Musei Academici« mit annähernd 13.000 Einträgen.

Darin sind aufgeführt: »Kieselartige Steine« [2.322 Nummern], »Thonigte Steine« [586 Nummern], »Kalkartige Steine« [1.080 Nummern], »Versteinerungen« [1.519 Nummern], »ganze Metalle« [3.598 Nummern], »Halbmetalle« [906 Nummern], »Salze« [67 Nummern], »Erdharze« [324 Nummern], »Vulcanische Producte« [36 Nummern], ein »Herbarium Vivum« und »Andre Vegetabilische Stücke« [108 Nummern] sowie »Säuge Thiere« [307 Nummern], »Vögel« [73 Nummern], »Amphibien« [197 Nummern], »Fische« [58 Nummern], »Insecten« [151 Nummern], »Würmer« [73 Nummern], »Testacea – Schaalthiere – Conchylien« [1.476 Nummern], »ThierPflanzen, Zoophyten« zu finden, wie auch eine »vollständige Sammlung aller in der Medicin brauchbaren [...] Arzneÿ-Mittel – Materia medica«, ein »Corpus pharmaceuticum« und schlussendlich »Artefacten« [66 Nummern].[26]

Der in Gotha geborene Blumenbach wechselte nach Abschluss des Gymnasiums und dem Studium der Medizin an der Universität Jena im Herbst 1772 an die Göttinger Universität, wo er im September 1775 promoviert wurde. Mit einem Empfehlungsschreiben ausgerüstet – wie seinerzeit üblich und vorteilhaft – kam der 20-Jährige mit Christian Gottlob Heyne sowie dem bereits erwähnten »vielwissenden Sonderling«[27] Christian Wilhelm Büttner in Kontakt, der zu dieser Zeit seit langem erstmals wieder ein »Collegium der Naturgeschichte« gelesen hatte. Büttner war es auch, der Heyne Blumenbach als »Gehülfe zum Ordnen«[28] des gerade in den Besitz der Universität übergegangenen »Naturalien-Cabinets« vorschlug. Somit erlebte Blumenbach nicht nur hautnah die Geburtsstunde des *Göttinger Academischen Museums* mit, sondern er kannte und ordnete auch dessen Inhalt auf das genaueste, da sich Büttners Sammlungen in einer eher »exemplarischen Unordnung«[29] befanden. Weitsichtig und wohl auch folgerichtig wurde Blumenbach an Göttingen »gebunden« und im Februar 1776 zum außerordentlichen Professor (ab November 1778 zum ordentlichen Professor) für Medizin und Naturgeschichte sowie zum ›Unter-Aufseher‹ des Museums ernannt.

In diese Zeit fallen erste Akquisitionen durch Ankauf oder Schenkung, welche die Bestände erweitern und diversifizieren sollten.

1777 wurde durch Verfügung König Georgs III. von England die zuvor auf der königlichen Bibliothek in Hannover aufbewahrte »Schlütersche Mineralien-Sammlung«[30] der Georgia Augusta übereignet. Mit dieser gelangten – eher unbemerkt – auch »Naturalia« und Originale aus der Sammlung[31] des Philosophen und wohl letzten Polyhistors Gottfried Wilhelm Leibniz (1646-1716) nach Göttingen.[32]

Ein Jahr später (1778) finden sich auch die ersten Donationen an die Bibliothek und das *Academische Museum* der Universität durch den russischen Adeligen Georg Thomas von Asch (1729-1807) aus St. Petersburg. Diese sollten nicht abreißen und von Asch blieb seiner einstigen »Alma Mater« mehrere Jahrzehnte lang eng verbunden und förderte diese als (wohl) erster »Alumnus« maßgeblich. Er übersandte der Georgia Augusta eine Vielzahl von Handschriften, Büchern, Landkarten, Münzen, Medaillen, Kunstgegenständen und Ethnographica, aber auch naturwissenschaftliche Objekte, wie Mineralien, Gesteine, Fossilien und Edelsteine. Georg Thomas von Asch besaß außerdem weitreichende Verbindungen zu Arztkollegen, Wissenschaftlern, Verwaltungsbeamten und Händlern im gesamten russischen Reich, so dass sich die Provenienzen seiner nach Göttingen übersandten Objekte vom heutigen Finnland über Sibirien bis nach Alaska in die Mandschurei und zum Schwarzen Meer erstrecken. Damit gilt von Asch als eine der wichtigsten Personen im deutsch-russischen Wissenschaftsaustausch in der zweiten Hälfte des 18. Jahrhunderts.[33]

Kurz darauf folgt 1782 der Ankauf des »an reichen Silberstufen so sehr beträchtlichen Stelznerschen Cabinet«[34], und in demselben Jahr traf als königliches Geschenk die »in ihrer Art so einzigen Sammlung von südländischen Merkwürdigkeiten« in Göttingen ein – eine mehr als 350 Nummern umfassende Sammlung, die während der drei Entdeckungsreisen von James Cook zwischen 1769 und 1780 zusammengetragen wurde.[35] Letztere Erwerbung, wie auch der Ankauf des Nachlasses von Reinhold Forster (1729-1798) und Georg Forster (1754-1794) im Jahre 1799 (nebst früheren Schenkungen 1787/1788; S. 84, Abb. unten), ging auf die Initiative von Blumenbach zurück.[36]

Blumenbachs Biograph Karl Friedrich Heinrich Marx (1796-1877) rühmte dessen »Talent und Charisma« mit denen er »die Naturkunde [...] aus den engen Räumen der Bücher und Museen in den weiten, heitern Kreis des Lebens hereinzog [...] die Resultate ernster, einsamer Forschung jedem Lernbegierigen und Gebildeten verständlich und geniessbar machte, und besonders die höhere Gesellschaft dafür zu interessiren, ja zu begeistern verstand«.[37] Dies zeigte sich schon früh, beispielsweise in dem intensiven Kontakt zu Christiane Henriette von Pfalz-Zweibrücken-Birkenfeld (1725-1816), durch Heirat Fürstin von Waldeck und Pyrmont, die er mehrfach in ihrer Residenz Arolsen besuchte und die u. a. 1778 dem *Academischen Museum* eine größere Zahl von »Naturalia« schenkte.[30]

Aufgrund zunehmender akademischer und wissenschaftlicher Reputation konnte Blumenbach bald auf ein umfangreiches Netzwerk aus Kollegen, Freunden, ehemaligen Schülern, Sammlern, Donatoren und Mäzenen zurückgreifen.[39] Davon können hier nur einige, wie Peter Camper (1722-1789), Jean-André Deluc (1727-1817), Johann Albrecht Euler (1734-1800), Peter Simon Pallas (1741-1811), Sir Joseph Banks (1742-1820), Johann Wolfgang von Goethe (1749-1832), Samuel Thomas von Soemmering (1755-1830), Carl Heinrich Merck (1761-1799), Georges Cuvier (1769-1832), Alexander von Humboldt (1769-1859), Alexandre Brongniart (1770-1847), Etienne Geoffroy Saint-Hilaire (1772-1844), Leopold Freiherr von Buch (1774-1853), Prinz Maximilian zu Wied-Neuwied (1782-1867), Christian VIII.

Oben: Federbildnis *kii hulu manu*, Darstellung des Kriegsgottes *Kuka'ilimoku*. Hawai'i, Polynesien aus der 1782 für die Universität erworbenen Cook-Sammlung, Ethnologische Sammlung, OZ 254. Foto: Harry Haase.

Unten: Kleidervogel (*Vestiaria coccinea*) von der Hawai'i-Inselkette – diese Art gilt als ›Lieferant‹ der Federn für das Federbildnis *kii hulu manu*; ebenfalls aus der 1782 erworbenen Cook-Sammlung, Zoologisches Museum, Göttingen, ZMUG 23364. Foto: GZG Museum.

Auch »Punammustein« genannte Beilklinge toki pounamu von Aotearoa, Neuseeland, aus der 1782 für die Universität erworbenen Cook-Sammlung nebst Original-Etikett von der Hand J. F. Blumenbachs, Geowissenschaftliches Museum, Göttingen, GZG.HST.5004. Foto: GZG Museum.

Typusbeleg des Farns (*Hypolepis tenuifolia*) von Georg Forster (1754-1794) auf der Insel Tanna gesammelt (um 1773). Geschenk an die Georgia Augusta 1787/1788, Herbarium der Universität Göttingen, GOET 305. Foto: Göttinger Herbarium.

von Dänemark und Norwegen (1786-1848) und Ludwig I. von Bayern (1786-1868), genannt werden, die Objekte an das Göttinger Universitätsmuseum oder direkt an Blumenbach schenkten bzw. vermittelten. Neben den schon erwähnten Cook'schen Südsee-Reisen handelte es sich dabei oft genug um Material weiterer Expeditionen jener Zeit – wie der (deutsch-)dänischen Arabienexpedition (1761-1767), der Billings-Saryčev Expedition (1785-1795) nach Ostsibirien und Alaska oder der ersten russischen Weltumsegelung (1803-1806) unter Adam Johann von Krusenstern (1770-1846).

Viele dieser Objekte fanden ihre Aufstellung im *Königlichen Academischen Museum* innerhalb von vier Hauptabschnitten: »I. [...] Naturgeschichte des Menschengeschlechts«, »II. das übrige Thierreich«, »III. die Gewächse« und »IV. die Mineralien«.[40] Jedoch stieß die »museale Fülle« schnell an räumliche Grenzen. Konsequenterweise wurden 1792 beispielsweise die Herbarien an den durch Haller 1736 begründeten Botanischen Garten abgegeben,[41] und 1793 bzw. 1795 zogen die Sammlungen des *Academischen Museums* in für die Universität neu angekaufte Häuser längs des Papendieks.[42] Das nun auf drei »Abtheilungen« beschränkte Museum verteilte sich im Jahre 1820 auf insgesamt 14 Zimmer, wovon sieben der »zoologischen Abtheilung«, fünf der »mineralogischen Abtheilung« und zwei der »ethnographischen Abtheilung« nebst »Kunstsachen des Alterthums« zugewiesen wurden.[43]

Bibliotheksdirektor Christian Gottlob Heyne (1729-1812) gab den Anstoß für zahlreiche Göttinger Sammlungen, wo insbesondere jene, die ihn wissenschaftlich interessierten (bzw. deren Fach er in der akademischen Lehre zu vertreten hatte) auch längere Zeit direkt mit der Bibliothek verbunden waren.[44] Dazu gehören der »Diplomatische Apparat«[45] (1802), die »Münzsammlung [...] in zwey Schränken verwahret«[46] (seit 1773) wie auch »Nachbildungen von Antiken in Gyps und Abgüsse von antiken Köpfen«[47] (seit 1767), wobei die letzten beiden zu den »archäologisch-numismatischen Sammlungen« zusammengelegt wurden.[48]

Zwischen 1792 und 1795 besaß das *Königliche Academische Museum* kurze Zeit neben Blumenbach einen zweiten Unteraufseher – Friedrich Albert Anton Meyer (1769-1795)[49] – durch dessen frühen Tode lag jedoch bald die Leitung wieder ausschließlich in den Händen Heynes und Blumenbachs, wobei Letzterer auf der Höhe seines wissenschaftlichen Schaffens immer mehr in den Vordergrund rückte und 1810 von Heyne die Oberaufsicht über das *Academische Museum* übernahm und bis zu seinem Tode innehaben sollte. Verschiedene Hilfskräfte, Assistenten und Unteraufseher – u. a. Johann Friedrich Osiander (1787-1855), Johann Friedrich Ludwig Hausmann (1782-1859), Arnold Adolph Berthold (1803-1861) – unterstützten Blumenbach während seiner Amtszeit. Auch zwischen 1807 und 1813, als Göttingen zum napoleonischen Königreich Westphalen gehörte, erfuhren die Sammlungen Zuwächse, u. a. aus dem Georgianum in Hannover und dem Kasseler Collegium Carolinum, wobei Letztere jedoch Ende 1814 wieder zurückgeführt wurden.[50]

Die übermächtige Reputation des Oberaufsehers und »Magister Germaniæ«[51] hemmte jedoch die weitere »Entfaltung« der Arbeitsgebiete der Unteraufseher und Blumenbachs zunehmender »geschäftlicher« Rückzug führte schlussendlich zu einer fast völligen Stagnation des *Academischen Museums*. Somit fallen in Blumenbachs mehr als 60-jährige Göttinger Schaffenszeit Aufschwung und hoher Bekanntheitsgrad des Museums, wie auch Niedergang desselben. Die nach seinem Tod von der Universität für »5.000 Thaler Courant« erworbenen (Kaufvertrag vom 24. Juli 1840) Blumenbachschen Privatsammlungen (inklusive seiner Schädelsammlung) stellten eine wertvolle Ergänzung der schon vorhandenen Sammlungen des *Academischen Museums* dar.[52] Nun war der Weg frei für Veränderungen und neue Strukturen. Die schon zu Beginn des 19. Jahrhunderts einsetzende Diversifizierung und Herausbildung neuer Fächer setzte sich weiter fort und ergab in objektbezogener Lehre und Forschung auch zusätzliches Sammlungsmaterial – ein Prozess, der aber oft (aufgrund der notwendigen physischen Nähe zu Laboratorien und Instituten) mit einer weiteren Zerstreuung der Sammlungen einherging.

Gesteinskasten des Steinschneiders Joseph Müller (1727-1817) aus Karlsbad, den J. W. von Goethe Blumenbach während eines seiner Besuche schenkte, Geowissenschaftliches Museum, Göttingen, GZG. HST.5005.Foto: GZG Museum.

Mit dem Bezug des Neubaus des *Naturhistorischen Museums* im Herbst 1877[53] wurde für einige Jahrzehnte der größte Teil des ehemaligen Kernbestandes (Zoologie, Mineralogie, Geologie, Paläontologie, Ethnologie) des alten *Academischen Museums* wieder vereint, um mit dem Auszug der völkerkundlichen und mineralogischen Sammlungen Ende der 1920er Jahre erneut getrennt zu werden.

Die folgenden Jahrzehnte brachten weitere Veränderungen, aber auch neue Sammlungsbestände – bis hin zum heutigen »status quo« mit 30 organisatorisch getrennten universitären Sammlungen, Museen und Gärten.[54]

Zeichnung eines fossilen Höhlenbär-Schädels aus der Gailenreuther Höhle in Franken von Kriegsrat Johann Heinrich Merck (1741-1791). Donation an J. F. Blumenbach im September 1784, Geowissenschaftliches Museum, Göttingen, GZG.A.8765. Foto: GZG Museum.

DANKSAGUNG

Ich danke herzlich Dr. Ernst Böhme (Städtisches Museum Göttingen), Dr. Daniel Graepler, Dr. Birgit Großkopf, PD Dr. Jochen Heinrichs, Dr. Gundolf Krüger, Prof. Dr. Dr. Michael Schultz und Dr. Gert Tröster (alle Universität Göttingen), die mir die Einsichtnahme in ihre ältesten Bestände ermöglichten bzw. Fotografien zur Verfügung stellten.

Annina Böhme, Alexander Gehler und Tanja Stegemann (alle Universität Göttingen) sowie Wolfgang Böker und Dr. Heiko Weber (Akademienprojekt »Blumenbach – online«) und Christine Nawa (Regensburg) danke ich für Anmerkungen und/oder Diskussionen.

ANMERKUNGEN

__ **1** Etwas vom Academischen Museum in Göttingen, in: Göttinger Taschen-Calender, [für 1779], 1779, S. 45-57, Zitat S. 48. Der in dem von Georg Christoph Lichtenberg herausgegebenen *Taschenkalender* ohne Verfasserangabe erschienene Text stammt wahrscheinlich von Johann Friedrich Blumenbach.

__ **2** Reimer Eck, Vom Pädagogium zur Keimzelle von Universität und Bibliothek. Zur Bau- und Nutzungsgeschichte des Pauliner-Klosters im 18. Jahrhundert, in: 700 Jahre Pauliner Kirche. Vom Kloster zur Bibliothek, hg. von Elmar Mittler, Göttingen 1994, S. 145-149, 160-163; der zitierte Plan dort auf S. 160 und auf S. 56 im vorliegenden Band. Vgl. auch den Beitrag von Silke Glitsch im vorliegenden Band.

__ **3** Günther Beer, Die Anfänge der Chemie an der Universität Göttingen, Johann Christoph Cron und das Petrefaktenkabinett von Johann Heinrich Grätzel 1735 bis 1737, in: Museum der Göttinger Chemie, Museumsbrief, 26, 2007, S. 1-17, hier S. 6. Die Sammlung wurde auch als »Grätzels Raritäten-Cammer« bzw. als das »Rosinische-Cabinet« bezeichnet; vgl. Daniel Eberhard Baring, Museographia Brunsvico-Luneburgica. Oder Curiöse Nachricht Von denen Museis, Schatz-, Kunst- und Raritäten-Cammern, so curiose Herren in den Braunschweig-Lüneburgischen Landen gesammlet und grösten Theils noch heutiges Tages in denenselben aufbehalten werden, Lemgo 1744, 51 S., hier S. 31.

__ **4** Anonymus [= Christian Gottlob Heyne], Göttingen, in: Göttingische Anzeigen von Gelehrten Sachen unter der Aufsicht der Königl. Gesellschaft der Wissenschaften, [für 1773] (1) [131, 1. November], 1773, S. 1113-1116, hier S. 1113. Vgl. auch Hans Plischke, Die Ethnographische Sammlung der Universität Göttingen. Ihre Geschichte und ihre Bedeutung, in: Vorarbeiten zur Geschichte der Göttinger Universität und Bibliothek, 10, Göttingen 1931, 48 S.

__ **5** Zur Unterscheidung von seinem Namensvetter David Sigismund August Büttner (1724-1768) [= »Blumen-Büttner«], vgl. Götz von Selle, Die Georg-August-Universität zu Göttingen, 1737-1937, Göttingen 1937, S. 96.

__ **6** Ebd., S. 143.

__ **7** UAG [= Universitätsarchiv Göttingen] Kur 4 V g 1.

__ **8** Wolfgang Leschhorn, Braunschweigische Münzen und Medaillen. 1000 Jahre Münzkunst und Geldgeschichte in Stadt und Land Braunschweig, Braunschweig 2010, S. 94.

__ **9** Ulrike Leuschner (Hg.), Johann Heinrich Merck. Briefwechsel, Bd. 2, Göttingen 2007, S. 648 f.

__ **10** Vgl. Baring (Anm. 3) und Ernst Ehlers, Göttinger Zoologen, in: Festschrift zur Feier des 150jährigen Bestehens der Königlichen Gesellschaft der Wissenschaften zu Göttingen, [3] Beiträge zur Gelehrtengeschichte Göttingens, Berlin, 1901, S. 391-494.

__ **11** Christine Nawa, Sammeln für die Wissenschaft? Das Academische Museum Göttingen (1773-1840), überarbeitete Magisterarbeit, Universität Göttingen, 2010, S. 42 ff. http://webdoc. sub.gwdg.de/master/2010/nawa/nawa.pdf, abgerufen am 27.2.2012.

__ **12** Anonymus [= Heyne] (Anm. 4), S. 1113; vgl. Etwas vom Academischen Museum in Göttingen (Anm. 1); vgl. Moses Rintel, Versuch einer skizzirten Beschreibung von Goettingen nach seiner gegenwaertigen Beschaffenheit, Göttingen 1794. Büttners umfangreiche Bibliothek, die etwas später (1783) – gleichfalls gegen eine Leibrente – vom Weimarer Herzoghaus angekauft wurde, bildet heute einen wesentlichen und frühen Bestandteil der Jenenser Universitätsbibliothek, vgl. Gabriele Büch, Die Bibliotheca Büttneriana. Ein Beitrag zur Geschichte der Universitätsbibliothek Jena, in: Zentralblatt für Bibliothekswesen 100, 1986, S. 293-299.

___ 13 Johann Stephan Pütter, Versuch einer academischen Gelehrten-Geschichte von der Georg-Augustus-Universität zu Göttingen, Zweyter Theil von 1765 bis 1788, Göttingen 1788, S. 232.

___ 14 Vgl. Hans Günther Seraphim, Joachim Hinrich von Bülow und seine Bibliothek, in: Vorarbeiten zur Geschichte der Göttinger Universität und Bibliothek, 6, 1929, 94 S.; Uta Klaer, Aufbau und Entwicklung der Göttinger Kartensammlung. Ein Beitrag zum Problem der Sondersammlungen an wissenschaftlichen Universalbibliotheken, in: Kartensammlung und Kartendokumentation, 7, 1970, 57 S.

___ 15 Johann Stephan Pütter, Versuch einer academischen Gelehrten-Geschichte von der Georg-Augustus-Universität zu Göttingen, Göttingen 1765, S. 241 f.

___ 16 Pütter 1765 (Anm. 15), S. 224.

___ 17 Friedrich Wilhelm Unger, Göttingen und die Georgia Augusta. Eine Schilderung von Land, Stadt und Leuten in Vergangenheit und Gegenwart für Einheimische und Fremde, Göttingen 1861, S. 99.

___ 18 1777 Sammlung von Christoph Andreas Schlüter (1673-1744); 1781 Sammlung von Georg Andreas Stelzner (1725-1802); 1789 Sammlung von Georg Christoph Lichtenberg (1742-1799); 1811 Nachlaß Johann Beckmann (1739-1811).

___ 19 Pütter 1765 (Anm. 15), S. 238 ff.

___ 20 Ebd., S. 210.

___ 21 Unger (Anm. 17), S. 143.

___ 22 Vgl. Georg W. Behre, Die Modellkammer der Universität Göttingen und deren Nutzung, in: Technische Modelle als Museumsbestand, hg. v. d. Sächsischen Landesstelle für Museumswesen, Chemnitz, 1999, S. 4-13.

___ 23 Friedrich Saalfeld, Geschichte der Universität Göttingen in dem Zeitraume von 1788 bis 1820, Hannover 1820, S. 423.

___ 24 Ebd.

___ 25 Volker Zimmermann, ›Metalla ferri, optumo pessimoque vitae instrumento‹. Die Sammlung zur Geschichte der Geburtshilfe, in: »Ganz für das Studium angelegt«: Die Museen, Sammlungen und Gärten der Universität Göttingen, hg. von Dietrich Hoffmann, Kathrin Maack-Rheinländer, Göttingen 2001, S. 162-168.

___ 26 Original des Katalogs im Archivbestand der Ethnologischen Sammlung; vgl. Nawa (Anm. 11), Anhang A.

___ 27 Karl F. H. Marx, Zum Andenken an Johann Friedrich Blumenbach. Eine Gedächtniss-Rede gehalten in der Sitzung der Königlichen Societät der Wissenschaften den 8. Februar 1840, in: Abhandlungen der Königlichen Gesellschaft der Wissenschaften zu Göttingen, 1 (9), 1840, S. 1-53, hier S. 3.

___ 28 Ebd.

___ 29 Ebd., S. 6.

___ 30 Johann Friedrich Blumenbach, Einige Nachrichten vom academischen Museum zu Göttingen, in: Annalen der Braunschweig-Lüneburgischen Churlande, 1, 3. Stück, 1787, S. 84-99. Vgl. auch Anm. 18.

___ 31 Etwas vom Academischen Museum in Göttingen (Anm. 1), S. 46.

___ 32 Vgl. Mike Reich, Joachim Reitner, Vanessa Julie Roden, Tanja Stegemann, The Geoscientific Collections of the Göttingen University, Göttingen 2009, S. 12.

___ 33 Vgl. Arnold Buchholz, Die Göttinger Rußlandsammlungen Georgs von Asch. Ein Museum der russischen Wissenschaftsgeschichte des 18. Jahrhunderts, in: Gießener Abhandlungen zur Agrar- und Wirtschaftsforschung des europäischen Ostens, 17, 1961, 114 S.; Mike Reich, Alexander Gehler, Die geowissenschaftliche Sammlung des Georg Thomas von Asch (1729-1807) an der Universität Göttingen, in: 75. Jahrestagung der Paläontologischen Gesellschaft, Graz, 27. August bis 2. September 2005. Beitragskurzfassungen, Berichte des Institutes für Erdwissenschaften, Karl-Franzens-Universität Graz, 10, 2005, S. 99-100.

___ 34 Blumenbach (Anm. 30), S. 86.

___ 35 Ebd.; vgl. Erhard Schlesier, Manfred Urban, Die Völkerkunde an der Georgia Augusta – eine historische Skizze, in: Die Geschichte der Verfassung und der Fachbereiche der Georg-August-Universität zu Göttingen, Göttingen 1994, S. 127-129.

— **36** Vgl. Gundolf Krüger, Provenienzforschung und ihre Tücken, in: Form, Macht, Differenz. Motive und Felder ethnologischen Forschens, hg. von Elfriede Hermann, Karin Klenke, Michael Dickhardt, Göttingen 2009, S. 127-140.

— **37** Marx (Anm. 27), S. 7.

— **38** Vgl. Rudolf Gaedechens, Die Antiken des Fürstlich Waldeckischen Museums zu Arolsen, Arolsen 1862, 142 S.

— **39** Mike Reich, Annina Böhme, Alexander Gehler, Lea Dagmar Numberger-Thuy, »Preziosen jeglicher Couleur« – Objektdigitalisierung der naturhistorischen Sammlungen von Johann Friedrich Blumenbach (1752-1840), in: Philippia 16, 2012 [im Druck].

— **40** Pütter 1788 (Anm. 13), S. 233.

— **41** Pütter 1765 (Anm. 15), S. 235 f.; Gerhard Wagenitz, Das Herbar des Albrecht-von-Haller-Instituts für Pflanzenwissenschaften – Archiv und Forschungsstätte, in: »Ganz für das Studium angelegt«: Die Museen, Sammlungen und Gärten der Universität Göttingen, hg. von Dietrich Hoffmann, Kathrin Maack-Rheinländer, Göttingen 2001, S. 235-242.

— **42** Saalfeld (Anm. 23), S. 419 mit der Angabe 1793, Georg Heinrich Oesterley, Geschichte der Universität Göttingen in dem Zeitraume vom Jahre 1820 bis zu ihrer ersten Säcularfeier im Jahre 1837, Göttingen 1838, S. 90 mit der Angabe 1795; vgl. auch Günther Beer, Beitrag zur Baugeschichte des Akademischen Museums 1773 bis 1877 mit drei Gebäudeplänen des Akademischen Museums (1832, 1842, 1862), in: Museum der Göttinger Chemie, Museumsbrief 29, 2010, S. 1-20.

— **43** Saalfeld (Anm. 23), S. 419.

— **44** Vgl. Nawa (Anm. 11).

— **45** Wolfgang Petke, Diplomatischer Apparat, in: »Ganz für das Studium angelegt«: Die Museen, Sammlungen und Gärten der Universität Göttingen, hg. von Dietrich Hoffmann, Kathrin Maack-Rheinländer, Göttingen 2001, S. 82-90.

— **46** Pütter 1788 (Anm. 13), S. 232.

— **47** Friedrich Wieseler, Die Sammlungen des archäologisch-numismatischen Instituts der Georg-August-Universität. Ein museographischer Bericht …, Göttingen 1859, S. 1.

— **48** Wieseler (Anm. 47).

— **49** Saalfeld (Anm. 23), S. 162.

— **50** Vgl. Nawa (Anm. 11).

— **51** Erik Nordenskiöld, Die Geschichte der Biologie. Ein Überblick, Jena 1926, S. 309.

— **52** Mike Reich, Alexander Gehler, Der Ankauf der naturhistorischen Sammlungen Johann Friedrich Blumenbachs durch die Universität Göttingen im Jahre 1840, in: Philippia 16, 2012 [im Druck].

— **53** Vgl. Christine Nawa, Zum »öffentlichen Gebrauche« bestimmt: Das Academische Museum Göttingen, in: Göttinger Jahrbuch 58, 2010, S. 23-62.

— **54** Vgl. den von Dietrich Hoffmann und Kathrin Maack-Rheinländer herausgegebenen Übersichtsband »Ganz für das Studium angelegt«. Die Museen, Sammlungen und Gärten der Universität Göttingen, Göttingen 2001.

Anne-Katrin Sors

EIN CAMPUS VOLLER KUNST

Aufbewahrung und Funktion von Kunstwerken außerhalb der Universitätskunstsammlung

Outside the Kunstsammlung: Storing and presenting works of art on campus. The works of art owned by the University are spread beyond the *Kunstsammlung* and can be found in various places on campus. Having lost their original function – representative, memorial, exemplary or similar – their ›survival‹ is problematical. Since decisions regarding the handling of these objects are highly connected with subjective judgments made in the context of a particular time, many works of art that otherwise would have been important pieces for historical and art historical research and an enrichment to didactical teaching were lost. Aiming for the highest possible degree of objectiveness is therefore worth striving for, when dealing with these works of art. On this subject, this essay presents four cases which demonstrate, on the one hand, the loss of missing works of art and, on the other hand, show the benefit that preserving threatened works of art can bring about.

Neben den typischen musealen Objekten einer Kunstsammlung,[1] in Göttingen ca. 300 Gemälde, 15.000 graphische Blätter, etwa 2.500 Handzeichnungen, 100 Skulpturen sowie zahlreiche Gipsabgüsse, besitzt die Universität Göttingen eine große Zahl von Werken, die an unterschiedlichsten Stellen des Campus zu finden sind bzw. waren. Dieser Exkurs stellt vor, von welchen Zufällen das Überleben von Kunstwerken abhängt, die ihrer ursprünglichen Funktion beraubt werden. Ebenso wird gezeigt, wie wichtig eine objektive Sichtung und Beurteilung des Kunstbesitzes – Erhaltungszustand und ursprüngliche Funktion unberücksichtigt lassend – ist. Denn verlieren Kunstwerke ihre ursprünglichen Funktionen, seien sie repräsentativ, memorial, modellhaft o. ä., dürfen diese Funktionen, die sich erst aus ihrer Geschichte und jeweils zeitgenössischen Betrachtungsweise ergeben, nicht in den Hintergrund treten. Geschieht dies dennoch, kommt es zu Verlusten, die später oft bereut werden. Wie überall, gibt es positive wie negative Beispiele vorzuführen von erhaltenen wie nicht erhaltenen Kunstwerken; einige sollen hier mit ihren Geschichten vorgestellt werden.

BILDNISSE GÖTTINGER PROFESSOREN – KUNSTWERKE ZWISCHEN REPRÄSENTATION UND RUMPELKAMMER

Die Georg-August-Universität Göttingen besitzt eine beachtliche Bildnisreihe von Professoren des 18. Jahrhunderts, die eine wechselvolle Geschichte hinter sich hat, leider nicht mehr komplett ist und vor allem Stücke in unterschiedlichem Erhaltungszustand umfasst. Bereits 1744/1745 ließen sich die drei Göttinger Professoren Georg Christian Gebauer (1690-1773), Johann Matthias Gesner (1691-1761) und Albrecht von Haller (1708-1777) von dem Maler Christian Nikolaus Eberlein (1720-1788) porträtieren.[2] Haller ist als treibende Kraft für das Zustandekommen dieser Reihe anzunehmen, denn er kannte aus seinem Studium die Bildnis-

Professorenporträts im
Depot der Kunstsamm-
lung, Göttingen. Foto:
Stephan Eckardt.

Sammlungen von Leiden und Tübingen.[3] Friedrich Reibenstein[4] porträtierte bis 1748 mindestens 16 Professoren,[5] Wilhelm Dietz[6] malte zwei,[7] Carl Anton Friedrich Lafontaine (1755-1831) drei Professorenporträts,[8] alle stets dasselbe Format von ca. 82 × 64 cm einhaltend. Von unbekannter Hand und ein wenig von dem üblichen Format abweichend, fällt das Porträt von Christian Wilhelm Büttner (1716-1801) qualitativ aus der Reihe, ist aber wohl dieser Reihe zugehörig.[9] Die Sammlung muss um 1790 annähernd vierzig Porträts umfasst haben, die bereits 1796 aus dem Konzilienhaus in die Kunstsammlung gegeben wurden. Dort verwies der spätere Professor für Kunstgeschichte Johann Dominicus Fiorillo (1748-1821) sie in die Polterkammer.[10] Der Verbleib der Gemälde zwischen 1796 und 1994 lässt sich momentan (noch) nicht lückenlos rekonstruieren. Im Katalog von Karl Arndt aus dem Jahr 1994 sind alle erhaltenen Bildnisse – bis auf dasjenige von Johann David Michaelis (1717-1791), das sich im Seminar für Iranistik befand[11] – im Aulagebäude nachgewiesen. Seit Dezember 2011 befindet sich hier allerdings keines der Porträts mehr. Bereits 2006 wanderte der größte Teil der Bildnisse vom Aulagebäude in die Kunstsammlung, im Dezember 2011 folgten sechs weitere. Das Porträt von Johann David Michaelis wurde im Februar 2011 in Zusammenhang mit einem Fotoauftrag in die Kunstsammlung überführt und wird dort – mit allen anderen wiedervereint – verwahrt, denn der Erhaltungszustand ist ebenso wie bei einigen anderen Porträts sehr fragil und bedenklich, waren sie doch zu starken Klimaschwankungen ausgesetzt. So bedauerlich der physische Zustand ist, so ist doch zu hoffen, dass sich die Gelegenheit ergeben wird, die Porträtreihe in ihrer Gänze an geeignetem Ort zu gegebener Zeit, nach restauratorischer Behandlung und kunsthistorischer sowie historischer Erforschung, wieder öffentlich zu zeigen.

AUSVERKAUF FÜRS EHRENMAL

Eine weitere, wahrscheinlich an jeder Universität zu finden Gattung monumentaler und öffentlich präsentierter Kunst sind Denkmäler. Das Göttinger Ehrenmal für die Gefallenen der Universität vor dem Alten Auditorium an der Weender Landstraße steht auf eine ganz besondere und durchaus problematische Art und Weise mit der Kunstsammlung in Verbindung: Zur Finanzierung des Denkmals wurden 1923 55 Gemälde der Kunstsammlung versteigert, ein Vorgang, der sich mit dem heutigen Ethos musealer Verantwortung in keiner Weise vereinbaren lässt, doch auch bereits im frühen 20. Jahrhundert mit dem kustodialen Auftrag zur Bewahrung ererbter Zeugnisse und gewachsener Sammlungsstrukturen kollidiert haben müsste. Die Einweihung des vom Bildhauer Josef Kemmerich (1868-1933) geschaffenen Denkmals fand 1924, am 23. November (Totensonntag) statt.[12]

Die Entscheidung zur aus heutiger Sicht wenig rühmlichen Finanzierung des stark zeitgebundenen und nicht zuletzt politische Ambitionen spiegelnden Werkes durch Entäußerung unwiederbringlichen Kunstbesitzes aus den geschlossenen Sammlungsbeständen des 18. Jahrhunderts fiel knapp zwei Jahre zuvor. Zur Finanzierung des Mahnmals beschloss eine »Gefallenendenkmalkommission«[13] im Januar 1923, Bilder aus der Gemäldesammlung zu verkaufen. Im Februar 1923 nahm Professor Georg Graf von Vitzthum (1880-1945) Kontakt zum Kunst- und Auktionshaus Rudolf Bangel GmbH in Frankfurt a. M. auf. Nach einer persönlichen Begutachtung durch Dr. Rudolf Bangel vor Ort in Göttingen stand am 3. März bereits die Liste der 55 Gemälde mit Taxierungen für die Versteigerung fest, 43 wurden am 24. April, zwölf am 26. Juni versteigert. Die erste Auktion brachte einen Nettoerlös von 12.052.300,– Reichsmark. In der Zeit der Hyperinflation 1922/1923, in der sich innerhalb von sechs Monaten das Briefporto von 6,– RM auf 100,– RM erhöhte[14] und der Katalog der Auktion 5.000,– RM kostete, ist dieser Erlös schwer zu beurteilen. Unabhängig von der Frage, ob die Werke verschleudert wurden, bleibt die Einschätzung und Bewertung des Verlorenen: Die immer wieder geäußerte Annahme, dass der künstlerische Rang der veräußerten Gemälde gering zu veranschlagen sei und die Inventare auch nur von stark beschädigten Werken, Kopien und Dilettantenarbeiten sprächen,[15] erweist sich nach erneuter Sichtung der Quellen, vor allem der Inventare und des diesbezüglichen Briefwechsels, als unhaltbar. Im Gegenteil, man ging recht forsch zu Werke und wählte Gemälde bereits damals wohl geschätzter Maler und bekannt hoher Qualitäten. Auf der Liste der zu verkaufenden Werke stand so etwa das signierte Gemälde einer Dorfschule von Isaak van Ostade (1610-1685), das jedoch von der Liste gestrichen wurde und sich heute noch als eines der Glanzstücke in der Göttinger Sammlung befindet.[16] Verkauft wurde etwa ein signiertes Blumenkranzgemälde von Daniel Seghers (vor 1590-1661),[17] und eine russische Ikone mit der Darstellung des Heiligen Demetrius, welche 1795 Baron Georg von Asch (1729-1807) der Universität geschenkt hatte.[18] Hinzu kamen Bilder von Maarten van Heemskerck (1498-1574), solche der Rembrandt- und Rubens-Werkstatt, also durchaus Objekte musealer Güte.

Doch selbst wenn es sich nur um zeitgenössische Kopien oder Werke weniger geschätzter Meister des 16. bis 18. Jahrhunderts gehandelt hätte, wäre der Verlust für die Kunstsammlung immens gewesen. Gerade die unterschiedliche Qualität von Gemälden, das Vorhandensein von Kopien und traditionsgebundenen Werken ist für eine Lehrsammlung von enormem didaktischen Wert, da wesentliche

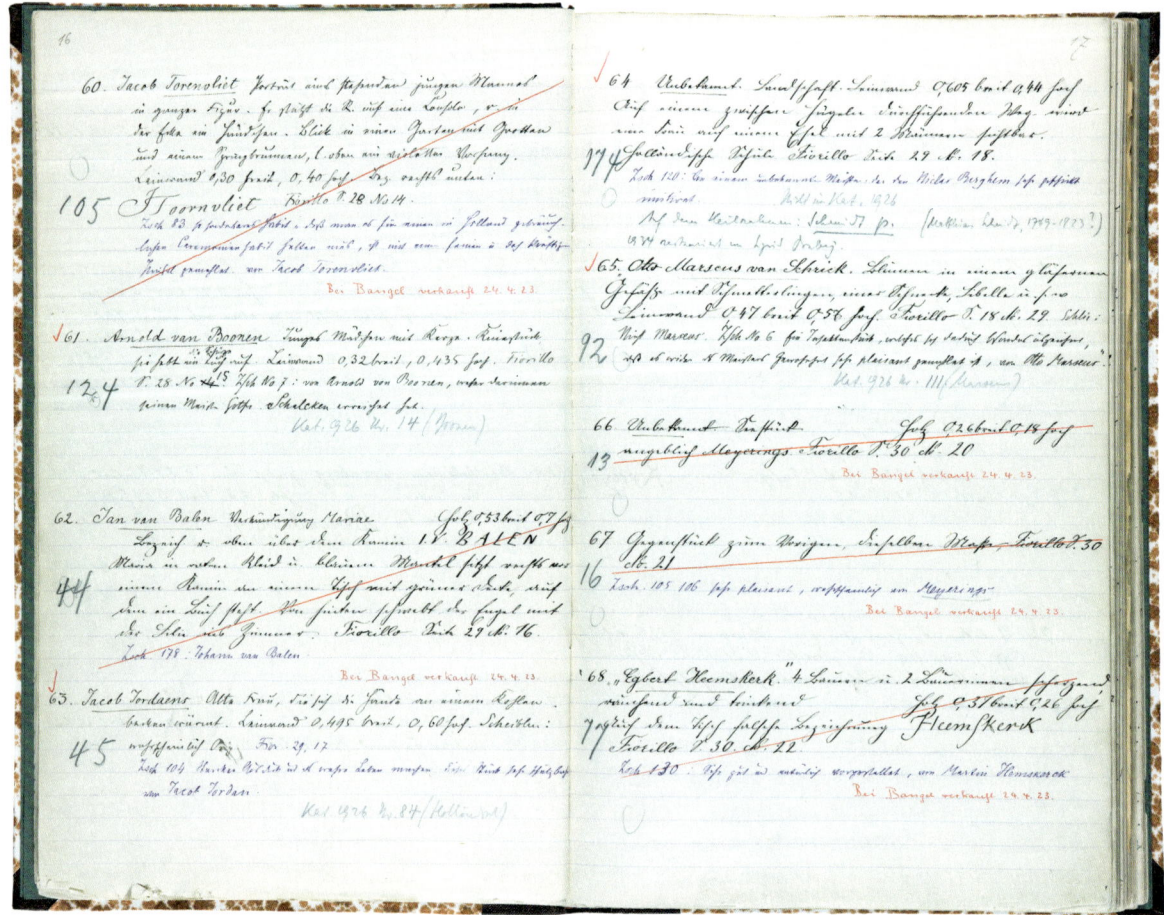

Inventar der Gemälde,
ab 1887, Konrad Lange
u. a., 343 × 223 mm, Kunstsammlung, Göttingen.
Foto: Birgit Arnu.

Fähigkeiten zur Beurteilung von Werken besonders gut am Original trainiert werden können. Man denke dabei nur an die didaktischen Optionen jener ebenfalls verkauften zeitgenössischen Kopien nach Lucas Cranach d. J. (1515-1586), die Luther und seine Frau zeigten. Hinzu kommt historischer Zeugniswert und sammlungsgeschichtliche Bedeutung, da diese Bilder 1787 aus dem Besitz des Generals Christian von Zastrow (1705-1778) an die Universität gekommen waren.[19] Es bleibt Gegenstand weiterer Recherche und Forschung, die 1923 verkauften Werke nach Möglichkeit aufzuspüren, um so zumindest theoretisch die sammlungsgeschichtliche Dimension zurückzugewinnen. Wünschenswert wäre eine gründlich recherchierte Gesamtdarstellung der gesamten Abläufe einschließlich der Errichtung des Mahnmals, doch diese Untersuchung steht noch aus. Zu berücksichtigen wäre dabei natürlich die Fragestellung, wie das Denkmal anders hätte finanziert werden können. Ungeachtet dessen, welche Motive die damals verantwortlichen Wissenschaftler bewegten, nicht zu widersprechen, sondern einwilligend den Verkauf zu unterstützen, bleibt das Mahnmal vor dem Auditorium vor allem eine Mahnung an die jeweils Verantwortlichen, sich nicht über testamentarische Verfügungen ehemaliger Stifter, Sammlungsstrategien oder Standards von Sammlungen und Museen – Sammeln, Bewahren, Forschen, Ausstellen – hinwegzusetzen.[20]

BEWAHREN – EINE FRAGE VON OBJEKTIVITÄT ODER EIN POLITIKUM?

Die ›Königswand‹ in der Aula ist das herausragende Beispiel von Kunstwerken zur Repräsentation in der Göttinger Universität. Die heutige Anordnung von fünf Gemälden und zwei Büsten geht auf das Jubiläumsjahr 1987 zurück, seitdem sind sämtliche Landesherren und Rektoren der Universität von Georg II. (1683-1760) bis zu Wilhelm I. (1797-1888) wieder versammelt.[21] Dieses Bildprogramm bestand bereits zwischen 1881 und 1898, nachdem die fünf gemalten Porträts und die Büsten auf unterschiedlichen Wegen in das Aulagebäude gelangt waren. Die erste Veränderung trat 1898 mit dem Tode des Reichskanzlers Otto von Bismarck (1815-1898) ein. Die Bismarck-Bronzebüste von Reinhold Begas (1831-1911)[22] kam zum dauernden Schmuck im rechten Seitenschiff der Aula zur Aufstellung, was eine Veränderung der traditionellen Beschränkung auf Bildnisse der Landesherren bedeutete. Darin fand die politisch-national bedingte reichsweite Verehrung ihren Ausdruck.[23] 1917 fiel der Entschluss, eine Büste von Paul von Hindenburg (1847-1934) hinzuzufügen, die der Stuttgarter Bildhauer Ludwig Habich (1872-1949) anfertigte, sie kam 1921 am linken äußeren Pilaster der ›Königswand‹ zur Aufstellung. Die Bismarckbüste war in diesem Zusammenhang ebenfalls versetzt worden, so dass die beiden als Pendants fungierten.

Die tiefgreifendste Veränderung bedeutete der Austausch der Marmorbüste Georgs III. gegen einen Bronzekopf Adolf Hitlers bereits im Jahre 1933. Die Bildnisse Hitlers und Hindenburgs wurden nach dem Ende des ›Dritten Reiches‹ entfernt und sind seither verschollen; die Büste Georgs III. kehrte zurück. Die Bronzebüste Bismarcks wurde 1987 gegen eine Kopie[24] der Marmorbüste Georgs V. von Elisabeth Ney (1830-1907)[25], welche 1979 Ernst August von Hannover der Universität schenkte, getauscht. Seit 2007 befindet sich die Bismarckbüste in der Kunstsammlung der Universität.[26] Die mit der ›Königswand‹ in Zusammenhang stehenden drei aussortierten Porträtbüsten von Hindenburg und Hitler einerseits und Bismarck andererseits lassen deutlich erkennen, wie zufällig das ›Überleben‹ von Kunstwerken an einer Universität mit wechselvoller Geschichte und Gegenwart sich darstellt. Ist die ursprüngliche repräsentative Funktion bei allen drei Büsten definitiv verloren, ist nicht nur die erhaltene Bismarckbüste, sondern wären auch die verschwundenen, wahrscheinlich aus politischen Gründen zerstörten Büsten von Hindenburg und Hitler immer noch sowohl für die historische als auch für die kunsthistorische Forschung und Lehre von Interesse. Es lässt sich hieran deutlich oben bereits einleitend Erwähntes exemplifizieren: Dass ein möglichst hohes anzustrebendes Maß an objektiver Sichtweise anstelle von subjektiver, zeit- und situationsgebundener Beurteilung für das ›Überleben‹ von Kunstwerken entscheidend sein sollte.[27] Kunstwerke entstehen – meistens – funktionsgebunden. Auch nachdem die ursprüngliche Funktion verloren ist, bleiben doch zentrale, nicht nur die kunsthistorische und historische Forschung interessierende Fragen, die immer wieder neu gestellt werden müssen, verändert sich doch stets die Sicht auf unsere Vergangenheit, deren Zeugnisse bewahrt werden müssen.

Ein besonders schönes Beispiel für ein Kunstwerk von sehr hoher Qualität, das sich an der Georgia Augusta noch immer in seinem ursprünglichen Funktionszusammenhang befindet, ist das Porträt von Felix Klein (1849-1925), das Max Liebermann (1847-1935) 1912 aus Anlass des 40-jährigen Professorenjubiläums des Dargestellten malte. David Hilbert (1862-1943) gab das Werk im Namens eines großen Kreises von Freunden, Kollegen und Schülern in Auftrag. Noch heute befindet es sich an seinem ursprünglichen Bestimmungsort, dem Mathematischen Institut.[28]

KUNST AM BAU AUS KUNSTHISTORISCHER SICHT

Als Beispiel dafür, dass Kunstwerke der Universität, sollten sie ursprüngliche Funktion und Bestimmungsort verlieren, in der Kunstsammlung oder zumindest unter ihrer Verwaltung aufzuheben sind, wird eines der sechs Modelle für den Wettbewerb *Kunst am Bau* beim Klinikum vorgestellt, der 1984 stattfand. Sowohl die Modelle als auch die dazugehörigen Unterlagen konnten im Juni 1989 in die Kunstsammlung übernommen werden. Beteiligte Künstler waren Hans Dieter Bohnet, Otto Herbert Hajek, Kurt Laurenz Metzler, Volkmar Haase, Hein Sinken und Horst Antes.[29] Realisiert wurde 1987 der Entwurf von Hans Dieter Bohnet *Kugelobjekt und Spur*. Interessant an dieser Stelle ist jedoch, das Modell von Otto Herbert Hajek *Raumartikulation, Farbwege mit Zeichen – Wandlungen* vorzustellen, der diesen Entwurf in anderem Zusammenhang erneut aufgriff.[30] Aus der schriftlichen Ausführung des Künstlers geht hervor, dass die Umsetzung des Entwurfs in Göttingen den gesamten Freiraum zwischen Klinikum, Löschteich und Studentenheim umfasst hätte, d. h. das in der Kunstsammlung verwahrte Modell *Zeichen* sollte nur dessen Mitte bilden.

Die beschriebene Umsetzung in poliertem Edelstahl V2A mit einer Fassung auf Grundlage eines vom Künstler ersonnenen Farbplans lässt das Holzmodell nur erahnen, stellt jedoch den Erstentwurf des Künstlers dar. Die beiden in Privatbesitz befindlichen Umsetzungen des Entwurfs – nun *Raumstrahlen* genannt – bilden nur die Mitte des ursprünglichen Göttinger Gesamtentwurfes ab, im Katalog der Bonner Hajek-Ausstellung im Jahr 2000 mit angehängtem Werkverzeichnis fehlt daher der Verweis auf den ursprünglichen funktionalen Zusammenhang. Diese Funktion als Kunst im öffentlichen Raum lässt sich lediglich anhand des in der Göttinger Kunstsammlung verwahrten Modells samt den dazugehörigen

Beschreibungen des Künstlers selbst rekonstruieren. Eine ausführlichere Untersuchung der bis heute unbearbeitet und unpubliziert gebliebenen Modelle wird hoffentlich in Kürze durch eine studentische Abschlussarbeit realisiert werden können.

Der allgemeine Kunstbesitz der Universität ist – dies sollte mit vorangehenden Beispielen demonstriert werden – untrennbar mit der Kunstsammlung verbunden. Damit keine weiteren Kunstwerke – aus welchen Gründen auch immer – verlorengehen und ein Überblick geschaffen werden kann über den momentanen Stand der Dinge, wird eine Generalrevision des gesamten Kunstbesitzes der Universität angestrebt, Standort und Zustand der Werke sollen zentral erfasst und die Provenienz der Werke erforscht sowie in einer Datenbank online gestellt werden. Letzteres nicht nur für eine positive Öffentlichkeitswirkung, die die Universität Göttingen mit ihrem erstaunlichen Kunstbesitz erzielen könnte, sondern auch für alle Mitarbeiter der Universität, die durch diese Datenbank stets selbst auf einfachste Art und Weise kontrollieren können, was an ihrem Institut vorhanden sein sollte.

ANMERKUNGEN

___ 1 Die Kunstsammlung der Universität Göttingen ist die älteste und eine der umfangreichsten ihrer Art in Deutschland. Bereits 1736 gegründet durch die Zusage des Frankfurter Patriziers Johann Friedrich von Uffenbach (1687-1769), seine Sammlung der Universität Göttingen zu vermachen, erfuhr sie schon 1796 durch das Legat des Johann Wilhelm Zschorn (1714-1795), Sekretär am Oberappellationsgericht in Celle, eine umfangreiche Erweiterung. Seither wuchs ihr Bestand vor allem durch weitere Schenkungen, selten waren Ankäufe möglich.

___ 2 Das Porträt von Gesner wird bei Karl Arndt (Hg.), Katalog der Bildnisse im Besitz der Georg-August-Universität Göttingen, Göttingen 1994, S. 62, Kat. Nr. 67, noch im Aulagebäude nachgewiesen, derzeit ist es jedoch nicht auffindbar. Die Gemälde von Gebauer und Haller sind heute wahrscheinlich nicht mehr existent. Vgl. Jürgen Döring, Die Bildnis-Sammlung der Georg-August-Universität, in: ebd., S. 10. Vgl. auch: Pinacotheca scriptorum nostra aetate litteris illustrium, Augustæ Vindelicorum, Apud Jo. Jac. Haidium, 1745.

___ 3 Vgl. Döring (Anm. 2), S. 10.

___ 4 Lebensdaten unbekannt, bislang lediglich Mitte des 18. Jahrhunderts in Celle und Göttingen nachgewiesen. Vgl. Arndt (Anm. 2), S. 202.

___ 5 Vgl. hierzu Arndt (Anm. 2), Kat. Nr. 4, 23, 28, 41, 82, 99, 121, 160, 163, 174, 177, 203, 227. Einen interessanten Sonderfall erwähnt Döring (Anm. 2), S. 11: Das Bildnis des Juristen Johann Christian Claproth (1715-1748) wurde aufgrund des Todes des Dargestellten kurz nach Entstehung oval beschnitten und in einen aufwendigen Rokokorahmen eingepasst, um in der Göttinger Jacobikirche als Epitaph zu fungieren.

___ 6 Lebensdaten unbekannt, bislang lediglich um 1760 als Maler in Göttingen nachgewiesen. Vgl. Arndt (Anm. 2), S. 190.

___ 7 Vgl. hierzu Arndt (Anm. 2), Kat. Nr. 182, 256.

___ 8 Vgl. hierzu Arndt (Anm. 2), Kat. Nr. 19, 143, 168.

___ 9 Die Zuschreibung an Conrad Westermayer lässt sich wohl nicht halten, wie Nicole Zornhagen eindrücklich nachgewiesen hat und in Kürze veröffentlichen wird (Unveröffentlichte Hausarbeit SoSe 2011). Alte Zuschreibung bei Arndt (Anm. 2), S. 42, Kat. Nr. 25.

___ 10 Vgl. Döring (Anm. 2), S. 13 sowie die Unterlagen im Archiv der Universitäts-Kunstsammlung.

___ 11 Vgl. Arndt (Anm. 2), S. 92, Kat. Nr. 143.

___ 12 Vgl. http://stadtarchiv.goettingen.de/chronik/1924_11.htm, abgerufen am 3.12.2011.

___ 13 Handschriftliche Zusammenfassung des Ablaufes vom 22.12.1922 bis 4.1.1923 durch Professor Graf von Vitzthum, zusammen mit dem Briefverkehr mit Auktionshaus Bangel in den Akten der Universitätskunstsammlung.

___ 14 Vgl. http://www.infla-berlin.de/Belege/index.html, abgerufen am 5.12.2011.

__ 15 Gerd Unverfehrt, Die Kunstsammlung der Universität Göttingen. Die niederländischen Gemälde mit einem Verzeichnis der Bilder anderer Schulen, Göttingen 1987, S. 13.

__ 16 Das Gemälde ist in der Korrespondenz zwischen Vitzthum und Bangel fälschlicherweise mit *Bauernszene* bezeichnet. Da sich nie ein anderes Gemälde von Ostade, bzw. kein Ostade zugeschriebenes Gemälde in der Sammlung befunden hat, besteht kein Zweifel daran, dass in der Verkaufsliste dieses Gemälde gemeint ist.

__ 17 Vgl. dazu Johann Dominicus Fiorillo, Beschreibung der Gemählde-Sammlung der Universität Göttingen, Göttingen 1805, S. 13, Nr. 16: »Die Gegenstände, welche Segers vorzüglich gern darstellte, waren Blumen und Fruchtstücke. Auf diesem Bilde sehen wir daher auch eine Reihe zusammengeflochtener Blumen, welche an blaue Bänder befestigt und durch den Zauber des Pinsels, mit natürlichen Farben glühend, treu und wahr ausgeführt sind. Unten stehen die Worte: *Daniel Segers Soct. IESU.*«

__ 18 Eine auf der Rückseite angebrachte Inschrift lautete nach Fiorillo (Anm. 17), S. 65, Nr. 13: »S. Demetrius Metropolita Rostow. Pictus in Monasterion Rostowiensi 1758.«

__ 19 Fiorillo (Anm. 17), S. 51, Nr. 34 und 36: »... Mit grossem Fleisse ausgeführt und wohl erhalten. Beide Bilder sind ein Geschenk des sel. Generals *Zastrow* an die Universität.«

__ 20 Nachhaltiges Sammeln. Ein Leitfaden zum Sammeln und Abgeben von Museumsgut, hg. vom Deutschen Museumsbund, Berlin, Leipzig 2011, www.museumsbund.de/fileadmin/geschaefts/dokumente/Leitfaeden_und_anderes/NachhaltigesSammeln_2012.pdf, abgerufen am 31.1.2012.

__ 21 Zum folgenden s. v. a. Thomas Noll, Zu unserer und der Posterität ewigen Veneration – Die Entwicklung der »Königswand« in der Göttinger Universitätsaula – Das Fürstenbild in Universitätsaulen, in: Göttinger Jahrbuch 39 (1991), S. 109-139. S. a. ders., Die Königswand, in: Marianne Bergmann, Christian Freigang, Das Aula-Gebäude der Göttinger Universität, München, Berlin 2006, S. 43-46.

__ 22 Vgl. Ausstellungskatalog Begas – Monumente für das Kaiserreich; eine Ausstellung zum 100. Todestag Reinhold Begas (1831-1911) (Deutsches Historisches Museum Berlin 25.11.2010 – 6.3.2011), hg. v. Esther Sophia Süderhauf, Dresden 2010, Werkverzeichnis (WV) Nr. 113, S. 240 f. und Kat. Nr. 127-129, S. 330 f. Das Göttinger Exemplar wird nicht aufgeführt. Siehe auch S. 135 f.

__ 23 Bismarck und Göttingen, bzw. die Universität, verbindet lediglich sein hiesiges dreisemestriges Studium 1832/1833, doch die Ernennung zum Ehrenbürger sowie die Errichtung von Bismarckstein und Bismarckturm lassen die allgemeine Bismarckverehrung der Zeit auch in Göttingen erkennen. Vgl. Noll (Anm. 21), S. 118 ff.

__ 24 Vgl. Arndt (Anm. 2), S. 62, Kat. Nr. 66 B.

__ 25 Das Original der Marmorbüste kam 1865 als Geschenk des Dargestellten anlässlich der Einweihung des Auditoriengebäudes am Weender Tor an die Universität. Im Alten Auditorium fand es zuerst Aufstellung im Sprechzimmer, danach im Treppenhaus, schließlich gelangte es in die Kunstsammlung der Universität. Dort erfuhr es in den letzten vier Jahren zweifach sowohl kunsthistorisches Interesse als auch kunstwissenschaftliche Untersuchung. Zuerst 2008 als Leihgabe zu einer Ausstellung in Münster: Elisabeth Ney – Herrin ihrer Kunst. Bildhauerin in Europa und Amerika, (1833-1907), Ausstellungskatalog hg. von Barbara Rommé (Stadtmuseum Münster 27.1.-25.5.2008), Köln 2008, S. 226 f., Kat. Nr. 28. Zuletzt im Februar 2011, durch eine eingehende Untersuchung von Saskia Johann, deren Dissertation sich der Bildhauerin Elisabeth Ney widmet und voraussichtlich 2012 an der Universität Münster fertiggestellt werden wird. Vgl. auch Arndt (Anm. 2), S. 61, Kat. Nr. 66 A.

__ 26 Vgl. den Briefwechsel zwischen Präsidium der Universität und Direktorium der Kunstsammlung in den Akten der Universitätskunstsammlung aus dem Jahr 2007.

__ 27 Nachhaltiges Sammeln (Anm. 20).

__ 28 Vgl. Arndt (Anm. 2), S. 683 f., Kat. Nr. 118, mit weiterführender Literatur sowie Quellenangaben.

__ 29 Vgl. die Unterlagen im Archiv der Universitätskunstsammlung.

__ 30 Vgl. Ausstellungskatalog O. H. Hajek. Eine Welt der Zeichen, hg. v. Kunst- und Ausstellungshalle der Bundesrepublik Deutschland, Bonn 2000, P 549a und b. Für den Hinweis danke ich Dr. Chris Gerbing, Karlsruhe. Für weiterführende Information über Kunst im öffentlichen Raum bei Otto Herbert Hajek vgl. Chris Gerbing, Chancen, Möglichkeiten und Grenzen von Kunst im Unternehmen. Eine interdisziplinäre Studie am Beispiel der »Kunstumzingelung« von Otto Herbert Hajek an der Sparda-Bank in Stuttgart (Diss. Berlin 2008), Tübingen 2010, v. a. S. 84 ff.

Hendrik Mäkeler

WOZU EIGENTLICH EIN UNIVERSITÄTSMÜNZKABINETT?

Why would a university need a coin cabinet? At a time when austerity has become a guid-
ing principle for state budgets, why would a university need a coin cabinet? Asking this question
might be as obvious as finding an answer. Coin collections do not only serve to distract their
owners at times of distress. According to the 18th century scholar Johann Gröning, coin collections were also supposed to educate their owners in a playful manner. To the 18th century nobil-
ity this meant the knowledge of contemporary kings and their policies, which were the subject
of the illustrations on the coins' obverses and reverses. In accordance with Georg Brandes' understanding of late 19th century fiction, a modern approach to numismatic collections should relate
these to actual contemporary problems in society. At the Uppsala University Coin Cabinet, for
example, this approach is currently followed in relation to four themes in teaching and guided
tours: (1) the inception of coinage and the first monetary theories in the Greek world; (2) glo-
balisation, which is exemplified by a look at the Viking Age; (3) the invention of banknotes in
17th century Sweden, considered in the light of the financial crisis that resulted as a conse-
quence; and (4) the German hyperinflation of the 1920s, which is seen as a result of, among
other things, the lack of the Central Bank's independence. Hence, not only the current financial
crisis offers a number of good reasons to refer to monetary history in order to enhance our understanding of contemporary problems.

Die im Jahr 1477 gegründete Universität Uppsala verfügt ebenso wie zahlreiche
andere bedeutende und traditionsreiche Universitäten – zu nennen wären etwa
Oxford, Cambridge, Glasgow, Tübingen, Jena, Harvard und Princeton – über ein
Münzkabinett von internationalem Rang, wo durch eigene Numismatiker die
Forschung und Lehre im Bereich der Geldgeschichte vorangetrieben wird. Göttingen besitzt eine in Größe und Charakter mit derjenigen von Uppsala vergleichbare numismatische Universalsammlung, die für Lehrveranstaltungen zur Numismatik sowie für externe Forschungsprojekte genutzt wird.[1] Wie sich das
Potential einer solchen numismatischen Sammlung darüber hinaus in Form von
Dauerausstellungen und durch deren weitere Einbindung in die Lehre nutzen
ließe, soll im Folgenden am Beispiel des Münzkabinetts in Uppsala aufgezeigt
werden. Die Universität Uppsala ist im Rahmen der U4-Allianz, die eine Vernetzung in Lehre, Forschung und Außendarstellung anstrebt, mit Göttingen eng
verbunden.[2]

Es stellt sich die Frage, zu welchem Zweck sich eine Universität ein Münzkabinett mit entsprechendem Personal leistet. Angesichts allenthalben knapper
werdender öffentlicher Geldmittel ist es notwendig, auf diese Frage einzugehen,
die im Übrigen gelegentlich auch von Museumsbesuchern gestellt wird. Im Verlauf der gegenwärtigen Finanzkrise ist zudem immer wieder die geradezu fatale
Unkenntnis von Zusammenhängen deutlich geworden, die aus der Geldgeschichte
hinlänglich bekannt sind. Umso leichter fällt es also, die Frage nach dem Nutzen
der Vermittlung geldgeschichtlicher Kenntnisse zu beantworten.

Das Münzkabinett in Uppsala entstand im Jahre 1694, als mit der Schenkung des Augsburger Kunstschranks, eines fürstlichen Prunkmöbels, das ein eigenes kleines Universum war und als Schreib- und Münzschrank sowie als Schmuckschrein diente, die ersten Münzen in den Besitz der Universität gelangten. Doch erst durch den Einfluss des Freiherrn und späteren Grafen Carl Didrik Ehrenpreus (1692-1760), der 1751 zum Kanzler der Universität Uppsala ernannt wurde, erhielt das Münzkabinett herausragende Bedeutung.

Ehrenpreus verstand es, die Universität nicht nur zum Ankauf seiner Münzsammlung zu veranlassen, die seinerzeit die bedeutendste Privatsammlung des Landes darstellte, sondern er vermochte im Jahr 1757 zudem die Anstellung eines ersten Kurators dafür durchzusetzen.[3] Wer die Konkurrenz zwischen Natur- und Geisteswissenschaften innerhalb des heutigen Universitätsbetriebs kennt, wird freilich nicht verwundert sein, dass bereits Ehrenpreus' Zeitgenosse Carl von Linné (1707-1778), der seit 1742 eine Professur für Naturgeschichte an der Universität Uppsala innehatte, diese Ausgaben kritisierte – er hätte den Ankauf einer naturwissenschaftlichen Sammlung bevorzugt.[4]

Schon im 18. Jahrhundert bedurfte es also einer guten Begründung, wenn Geld für eine Universitätsmünzsammlung ausgegeben werden sollte. Ehrenpreus mag gemäß seiner adligen Lebensform eine solche Begründung in einem der damals geläufigen Adelshandbücher gefunden haben. Ein solches stellte der zwischen 1700 und 1715 erschienene *Geöffnete Ritter-Platz* dar.[5]

Den numismatischen Teil des Adelshandbuchs verfasste der Polyhistor Johann Gröning (1669-1747).[6] Gröning schrieb über den Nutzen der Numismatik: »Hergegen so ist unter allen Doctrinen […] keine, die bey dem großen Nutzen eine besondere Anmuth bey sich führet, als die Müntz- und Medaille-Wissenschaft. Sie giebet denen Regenten, hohen Ministern, und allen Gelehrten eine zuläßige Belustigung, und gleichsam ein sicheres Asylum, wo bey verdrüßlichen Stunden eine endliche und angenehme Zuflucht zu nehmen: Auch von wichtigen Affairen und Studien ermüdete Gemühter sich wieder recreiren und ermuntern können. Und dieses mit dem größten Nutzen, indem darin vor Hohe und Niedrige Regeln sich finden. Vor jene, um wohl zu regieren. Vor diese, als welchen die *obediendi gloria* zukomt, wohl zu gehorsamen.«[7]

In der Numismatik sah Gröning also eine angenehme Zuflucht in verdrießlichen Augenblicken, eine Rekreation für von ihren Studien ermüdete Gelehrte. Sie galt ihm darüber hinaus als nutzbringend, da sich aus geldgeschichtlichen Kenntnissen allgemeingültige Regeln ableiten ließen, die eine gute Regierungsführung ermöglichen konnten. In den Augen der heutigen Öffentlichkeit ist

Carl Didric Ehrenpreus, Porträt von Olof Arenius aus dem Jahr 1752, Öl auf Leinwand, 93 × 79 cm, Inv.-Nr. UU 7. Foto: Uppsala universitets konstsamlingar.

Numismatik dagegen vornehmlich ein Hobby. Der Nutzen, der sich aus der Beschäftigung mit Münzen und Medaillen ziehen lässt, ist darüber beinahe in Vergessenheit geraten.

Im 18. Jahrhundert hatten Münzsammlungen dagegen noch unterschiedliche Funktionen. Zu einer Zeit, in der mit den Zeitungen erst allmählich ein Massenkommunikationsmittel aufkam, dienten Münzen zunächst einmal der systematischen Information und stellten letztlich eine metallene Länderkunde dar. Ihnen ließen sich die Namen und Bilder der Regenten aller Zeiten und Länder entnehmen. Die ›Kehrseite der Medaille‹, auf der oftmals das Wappen des Herrschers oder dessen politisches Programm dargestellt war, gab Auskunft über genealogische Zusammenhänge und politische Einstellungen. Wer eine größere, wohlgeordnete Münzsammlung besaß, verfügte damit über weitreichendes Wissen um die politischen Zusammenhänge der Welt.

Aufgrund der hohen Kosten, die mit der Zusammenstellung einer Münzsammlung verbunden waren, blieben derartige Kollektionen lange Zeit vermögenden Besitzern vorbehalten. Durch Donationen gelangten einige Münzsammlungen jedoch in den Besitz von Universitäten. So schenkte etwa die schwedische Königin Luise Ulrike von Preußen (1720-1782), die Schwester Friedrichs des Großen, Dubletten ihrer Sammlung der Universität Uppsala, wo sie noch heute bewahrt werden.[8]

Seitdem die Ausstellung des Münzkabinetts in Uppsala 2008 neu eröffnet wurde, dienen die Münzen jener alten Adelssammlungen wieder der Forschung und Lehre. Inmitten der Ausstellung befindet sich ein großer Tisch, um den sich die Studentengruppen versammeln und wo während der Lehrveranstaltungen einzelne Münzen im Kreis wandern.

Kaum ein anderes Erlebnis dürfte Geschichte so unmittelbar lebendig werden lassen, wie etwa eine Münze Alexanders des Großen aus der universitätseigenen Sammlung in Händen zu halten.

Blick in den Ausstellungsraum des Münzkabinetts der Universität Uppsala. Im Hintergrund sind die Hochsicherheitsvitrinen mit der permanenten Ausstellung zu sehen. Foto: Åke E:son Lindman.

Damit dieses Erlebnis nicht ausschließlich in den Bereich der ›Belustigung‹ fällt, müssen jedoch relevante Fragestellungen mit den Münzen verknüpft werden. Dazu ist in Uppsala ein Ansatz gewählt worden, den der dänische Literaturwissenschaftler Georg Brandes (1842-1927) im 19. Jahrhundert für die Literatur seiner Gegenwart beschrieben hat: »Daß eine Litteratur in unseren Tagen lebt, zeigt sich dadurch, daß sie Probleme zur Debatte bringt. [...] Daß eine Litteratur nichts zur Debatte bringt, heißt, daß sie im Begriffe steht, alle Bedeutung zu verlieren.«[9]

Ein lebendiges Münzkabinett, so wird dieser Gedanke in Uppsala auf die Numismatik übertragen, hat aktuelle Probleme aufzugreifen und sie anhand geldgeschichtlicher Erkenntnisse zu diskutieren. Geschieht dies nicht, dürfte eine

Münzsammlung im universitären Rahmen längerfristig belanglos werden und nicht aufrechtzuerhalten sein. Andererseits ergibt sich dadurch freilich die Gefahr, politisch anzuecken, weil manche Lösungsansätze der Politik durch die Geldgeschichte als nicht nachhaltig entlarvt werden können.

Wie im Folgenden noch näher auszuführen sein wird, behandelt die Geldgeschichte somit grundlegende Fragen sozialer Gemeinschaften. Bei der Diskussion geldgeschichtlicher Probleme können deshalb durchaus leidenschaftliche Debatten aufkommen. Daher sollte man nicht vergessen, dass ein Dasein »in unpolitischen Museumsnischen« ebenfalls seine Vorteile hat.[11]

Demgemäß muss man die Exponate in ihrem Zusammenhang und ihrer zeitgenössischen Funktion erforschen, so dass sie den Besuchern ansprechend aufbereitet dargeboten werden können. Die Themen sollen aktuelle Fragen jeweils in eine weitere historische Perspektive stellen. Im Münzkabinett der Universität Uppsala werden dazu derzeit die folgenden Bereiche näher untersucht und bei Führungen und Lehrveranstaltungen aufgegriffen: 1. Erfindung des Geldes und erste Geldtheorien, 2. Globalisierung am Beispiel der Wikingerzeit, 3. Erfindung der Banknote und daraus resultierende Finanzkrisen, 4. Hyperinflation und Zentralbankunabhängigkeit. Diese Themen sollen im Folgenden knapp vorgestellt werden.

1. DIE ERFINDUNG DES GELDES UND ERSTE GELDTHEORIEN

Die meisten Leute, die sich mit den völlig konträren Lösungsansätzen zur gegenwärtigen Eurokrise befasst haben, dürften inzwischen von der Vielzahl der dazu geäußerten Meinungen verwirrt sein. Schließlich sind diese häufig in sich geschlossen und entbehren nicht einer gewissen Logik. Um sich in dieser Lage einen Überblick zu verschaffen, wird eingangs die Erfindung des Münzgeldes betrachtet – wo sonst sollte man zu Erkenntnissen über die elementarsten Grundlagen unseres Geldwesens gelangen.

Münzgeld wurde erstmals im siebten vorchristlichen Jahrhundert in Kleinasien eingeführt, wo die lydischen Könige Metallstückchen aus Elektron, einer natürlich vorkommenden Gold-Silber-Legierung, mit einem Zeichen beprägen ließen und so deren Wert garantierten.

Leider sind aus jener Zeit noch keine geldtheoretischen Überlegungen bekannt. Erst aus dem vierten vorchristlichen Jahrhundert ist mit dem Werk des Aristoteles (384-322 v. Chr.), dem Lehrer Alexanders des Großen (356-323 v. Chr.), eine erste Geldtheorie überliefert. Aristoteles betrachtete das Geld sowohl im Rahmen seiner *Politik* als auch in der *Nikomachischen Ethik*. Ihm ging es dabei um die Frage der Gerechtigkeit in der Gesellschaft: Freie Menschen mit unterschiedlichen Interessen und Fähigkeiten wählen ein Zusammenleben in einer Gemeinschaft deshalb, weil sie sich ihrer Qualifikation entsprechend betätigen und die daraus resultierenden Waren und Dienstleistungen untereinander austauschen können. Dies ist jedoch nur möglich, wenn in Form des Geldes ein allgemein anerkannter Wertmesser vorliegt, mit dessen Hilfe man selbst geringste und höchste Werte ausdrücken und zueinander in Relation setzen kann. Ein Austausch von Waren oder Dienstleistungen gegen Geld findet nur statt, wenn das Geld in seinem Wert stabil ist und das Tauschgeschäft auf diese Weise langfristig gerecht bleibt. Aristoteles fasste mithin bereits diejenigen Geldeigenschaften in Worte, die wir heute noch für maßgeblich halten: Geld ist Tausch- und Zahlungsmittel, es dient als Wertaufbewahrungsmittel und als Recheneinheit.

Alexander der Große, Tetradrachme, ›Pella‹. Die Vorderseite zeigt Alexander den Großen als Herkules mit Löwenfell über dem Kopf. Auf der Rückseite ist der thronende Zeus dargestellt. Silber, 16,58 g. Stempelstellung 11,5 Uhr. Foto: Münzkabinett der Universität Uppsala.[10]

Verliert das Geld diese Grundfunktionen, dann werden Handelsgeschäfte ungerecht und es lohnt sich für die Menschen nicht mehr, in Gemeinschaften zusammenzuleben und ihre Waren und Dienstleistungen auszutauschen. Die Gesellschaft zerfällt.[12]

2. GLOBALISIERUNG AM BEISPIEL DER WIKINGERZEIT

Am Beispiel der Wikingerzeit wird das Geld sodann in globalisierungsgeschichtliche Zusammenhänge eingeordnet, was zunächst verwundern mag. Die dahinterstehende Überlegung geht von einem Gedanken Benjamin Cohens aus. Seiner Ansicht nach führt die Globalisierung zu einem massiven Bedeutungsverlust der Nationalstaaten, weshalb man ein adäquates Verständnis der Globalisierung am besten beim Studium von Verhältnissen erlangen kann, die zeitlich vor der Formulierung des Souveränitätsbegriffs durch Jean Bodin (1529/1530-1596) und deren Umsetzung mit dem Westfälischen Frieden 1648 liegen.[13]

Auf der Suche nach einer Periode vor dieser Zeit, in der bereits Handel und Kontaktnetze über mehrere Kontinente hinweg unterhalten wurden, findet sich die Wikingerzeit als ideales Untersuchungsgebiet. Die massenhaften Funde von arabischen, englischen und deutschen Münzen jenes Zeitraums nicht nur in Schweden, sondern im gesamten Ostseeraum zeugen eindrücklich von engen wirtschaftlichen Beziehungen, ebenso wie einzelne Funde europäischer Gepräge in Nordamerika. Kulturelle und personelle Kontakte lassen sich anhand von Runeninschriften, der Imitation von Münzbildern sowie dem Austausch von Münzpersonal und Prägetechnik erkennen.

Im geldgeschichtlichen Zusammenhang ist nicht zuletzt die Entwicklung der Münzprägung der Peripherieländer interessant: Schweden und die Kiewer Rus führten zeitgleich mit der Christianisierung eine eigene Münzprägung ein, wobei die Imitationen englischer Münztypen in Schweden an die angelsächsische Mission erinnern, während die von byzantinischen Vorbildern abhängigen Münzen der Rus von der östlichen Mission zeugen. Beide Prägeserien enden recht abrupt etwa drei Jahrzehnte nach ihrer Einführung. Wahrscheinlich konnten sie sich nicht gegen die Konkurrenz der wesentlich größeren arabischen, englischen und deutschen Währungsräume durchsetzen.

Ein anderer wesentlicher Aspekt ist, dass die Münzen der Wikingerzeit sämtlich aus Silber bestanden. Sie garantierten ihren Wert damit selbst – es war nicht wie heute ein Staat notwendig, der die Zahlungsmittel per Gesetz für gültig erklärte und dem Geld durch seine Wirtschaftskraft zu Wert verhalf.

Dies führt zu zwei Schlusssätzen für das gegenwärtige Währungswesen: Erstens sind kleinere Währungen im Einflussbereich größerer Währungsräume langfristig nicht überlebensfähig, und zweitens muss eine Währung ihren Wert selbst garantieren, wenn es keine staatlichen Institutionen gibt, die dafür einstehen können.[14]

3. ERFINDUNG DER BANKNOTE 1661

Besonders lehrreich für die aktuelle Krisenphase ist ein Blick auf die Erfindung der Banknote durch die sogenannte Palmstruch'sche Bank in Stockholm. Dort erwirkte Johan Palmstruch (1611-1671) im Jahr 1661 mit Hilfe bedeutender schwedi-

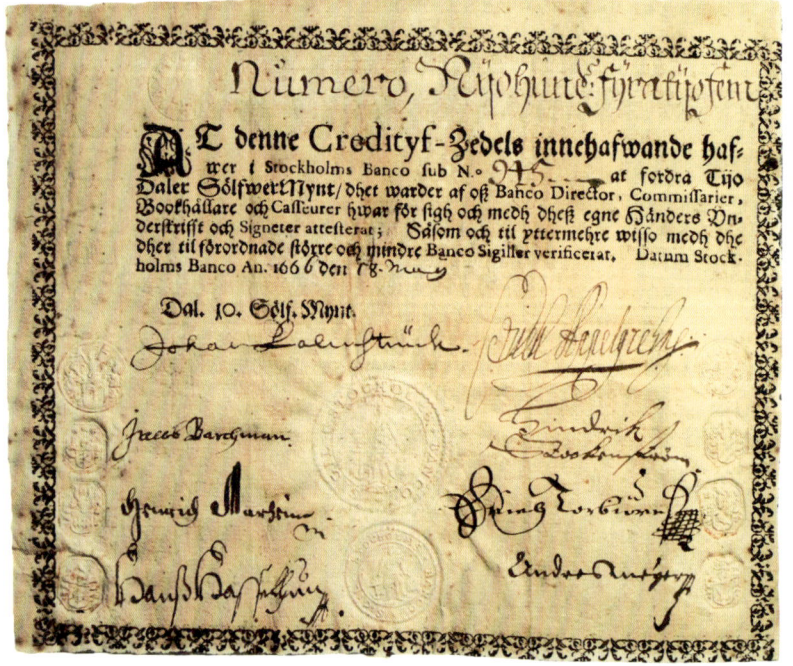

Banknote zu 10 Talern Silbermünze der Palmstruch'schen Bank vom 18. Mai 1666. Foto: Münzkabinett der Universität Uppsala.[15]

scher Adliger das königliche Privileg, Banknoten drucken zu dürfen.

Es handelt sich um die ersten modernen Banknoten, die überhaupt ausgegeben wurden. Die Emission war nicht durch Bankeinlagen gedeckt, sondern sie sollte im Fall der Fälle gegen Münzen eingetauscht werden können, die indes erst noch aus dem in den schwedischen Gruben abundant vorhandenen Kupfer geprägt werden mussten.

Es versteht sich beinahe von selbst, dass dadurch eine Krise vorprogrammiert war: Nicht zuletzt die Adligen im Aufsichtsrat der Bank genehmigten sich durch den Druck zahlreicher Banknoten einen umfangreichen Kredit, über den etwa der Bau verschiedener Stockholmer Paläste finanziert wurde. An eine Rückzahlung oder den Verkauf dieser Immobilien war nicht zu denken; die Bank konnte schließlich 1668 nur mit der Übernahme durch den schwedischen Reichstag vor dem Bankrott gerettet werden. So entstand mit der schwedischen Reichsbank die älteste noch heute existierende Notenbank der Welt.

Wer sich bei diesen historischen Ereignissen an die heutige Entwicklung erinnert fühlt, kann in der Ansicht nur bestärkt werden. Der schwedische Reichstag beschloss 1668 das Verbot von Banknoten, da diese als Kreditinstrument viel zu gefährlich seien – ähnlich wie man 2007 und 2008 das Verbot von Subprime Mortgages erwog, deren übertriebener Gebrauch maßgeblich zur Finanzierung amerikanischer Immobilien und zur Finanzkrise beigetragen hat.[16]

4. HYPERINFLATION UND ZENTRALBANKUNABHÄNGIGKEIT

Ausgewählte Exponate des Münzkabinetts erlauben schließlich auch einen Blick auf die deutsche Hyperinflation Anfang der 1920er Jahre und die Zentralbankunabhängigkeit, die entscheidend für die Aufrechterhaltung eines stabilen Geldwerts ist.

Die Finanzierung des Ersten Weltkriegs durch kurzfristige Staatsschulden und Kriegsanleihen führte zu einer immer stärker zunehmenden Geldmenge und zur Inflation. Die Reichsbank kam mit dem Druck neuer Banknoten kaum mehr nach und sah daher in einem Mangel an Papiergeld das Hauptproblem der Zeit, nicht in dem Überangebot von Geld. Diese Fehleinschätzung lenkt den Blick auf die Rolle der Reichsbank in der Hyperinflation. Es stellt sich die Frage, wieso sie den Lauf der Ereignisse nicht zu stoppen vermochte.

Die Antwort liegt u. a. in der Organisationsstruktur der Reichsbank: Bis 1922 war sie von der Politik abhängig, denn der Reichskanzler war dem Reichsbankdirektorium gegenüber weisungsbefugt. Erst auf Druck der Alliierten, die die Reparationszahlungen nicht durch die Inflation entwertet sehen wollten, wurde die Reichsbank mit dem *Gesetz über die Autonomie der Reichsbank* vom 26. Mai 1922 de jure unabhängig. De facto folgte der Präsident der Reichsbank, Rudolf Havenstein (1857-1923), jedoch weiterhin den finanziellen Wünschen, die aus der Reichskanzlei geäußert wurden. Havenstein verstand sich offensichtlich nach wie vor als Reichsbeamter, dem eine bedingungslose Pflichterfüllung gegenüber der Reichsregierung selbstverständlich war. Mithin ist die formaljuristische Unabhängigkeit einer Notenbank nicht hinreichend für die Sicherung des Geldwerts, sondern die Autonomie muss von einer solchen Institution auch gelebt werden. Demgemäß darf ein Notenbankpräsident der Geldwertstabilität keine anderen Ziele überordnen.[18]

Bei der näheren Betrachtung der in diesem Beitrag vorgestellten Exponate lässt sich also, ganz im Sinne Grönings,

Reichsbanknote zu 1.000 Mark vom 15. Dezember 1922, die im September 1923 in Rot mit »Eine Milliarde Mark« überstempelt wurde. Privatsammlung. Foto: Münzkabinett der Universität Uppsala.[17]

manch Grundlegendes über das Geld und die Gesellschaft lernen. Die Objekte sind freilich zu klein und – auf den ersten Blick – zu unauffällig, um für sich selbst sprechen zu können. Daher bedürfen sie zusätzlicher Erläuterungen, die den Besuchern und Studierenden im Rahmen von Führungen und Lehrveranstaltungen die Zusammenhänge von Geld und Gesellschaft verdeutlichen. Die Erläuterung am Originalobjekt ist im Übrigen ein Prinzip, das bereits 1819 bei der Eröffnung eines Vorgängers des dänischen Nationalmuseums Anwendung fand. Dort führte der Leiter des Museums, der Begründer des Dreiperiodensystems Christian Jürgensen Thomsen (1788-1865), jeden Donnerstag zwischen 11 und 13 Uhr die Besucher persönlich durch die Sammlung. Im Frühling 1855 riet Thomsen auch dazu, die Lehrveranstaltungen der Universität in skandinavischer Ur- und Frühgeschichte im Museum abzuhalten.[19]

Was ist das Besondere an Lehrveranstaltungen im Museum, die Thomsen so empfahl? Es ist die Nähe von Artefakten und die Möglichkeit, diese in die Lehre einzubinden. Eine Universitätssammlung bietet historische Originalgegenstände, anhand derer Ereignisse eine haptische Dimension erhalten, mit deren Hilfe geschichtliche Vorgänge also im wahrsten Sinne des Wortes begreifbar werden. Ein Universitätsmuseum ist somit neben der Universitätsbibliothek derjenige selbstverständliche Ort, wo Geistes- und Gesellschaftswissenschaften ihre quasi experimentell wiederholbare Wissenschaftlichkeit erlangen: Die Objekte können jederzeit erneut betrachtet und ausgedeutet werden, ähnlich wie sich naturwissenschaftliche Experimente zu einem beliebigen Zeitpunkt wiederholen lassen.

Dies gilt für numismatische Objekte in besonderem Maße, da sie die Entwicklung der Herrschaftsräume und Staaten dieser Welt seit weit mehr als zweieinhalb Jahrtausenden kontinuierlich begleiten und metallene Denkmäler von Herrschern und Herrschaftsformen, politischen, sozialen und wirtschaftlichen Ideen geworden sind. Somit sind sie bestens dazu geeignet, aktuellen Problemen eine tiefe historische Perspektive zu verleihen.

ANMERKUNGEN

___ 1 Vgl. zu der Göttinger Sammlung Christof Boehringer: Die Göttinger Universitäts-Münzsammlung, in: »Ganz für das Studium angelegt«. Die Museen, Sammlungen und Gärten der Universität Göttingen, hg. von Dietrich Hoffmann, Kathrin Maack-Rheinländer, Göttingen 2001, S. 73-81.

___ 2 Die Kooperation der Universitäten Göttingen, Gent, Groningen und Uppsala wurde 2008 vereinbart.

___ 3 Ausführliche biographische Angaben zu Carl Didric Ehrenpreus bei Bengt Hildebrand, Art. »Carl Didric Ehrenpreus«, in: Svenskt Biografiskt Lexikon, Bd. 12: Eberstein – Ekman, Stockholm 1949, S. 320-328.

___ 4 Zum Verhältnis zu Carl von Linné siehe Hendrik Mäkeler, Carl von Linné, pengarna och Uppsala universitets myntkabinett [Carolus Linnæus, money, and the Uppsala University Coin Cabinet], in: Curt Ekström, Kjell Holmberg, Magnus Wijk (Red.), Samlad glädje 2009, Uppsala 2009, S. 155-165.

___ 5 Vgl. Niklot Klüßendorf, Der Jurist und Bildungsschriftsteller Johann Gröning aus Wismar. Ein polygraphisches Talent der Wende vom 17. zum 18. Jahrhundert, in: Mecklenburgische Jahrbücher 117, 2002, S. 127-142, hier S. 136 f.

___ 6 Zu Gröning ausführlich Peter Berghaus, Johann Gröning 1669 Wismar – 1747 (?) Wismar (Numismatiker im Porträt, 15), in: Geldgeschichtliche Nachrichten 28, 1993, S. 20-26, und Klüßendorf (wie Anm. 5).

___ 7 Johann Gröning, Historia numismatum novorum. Das ist: Die Neu-Eröffnete Historie der Modern-Medaillen, Sampt Einer Liste der bewehrtesten Scribenten, wie auch der vornehmsten Cabinetten und Kunst-Kammern. Hamburg: Benjamin Schiller, 1705, S. 5.

___ 8 Zu Luise Ulrike als Münzsammlerin siehe Ernst Nathorst-Böös, Ian Wiséhn, Numismatiska forskare och myntsamlare i Sverige fram till 1830-talet (Numismatiska Meddelanden 36), Stockholm 1987, S. 69 f. Harald Nilsson, The university coin collection in Uppsala. The first 300 years, in: Reiner Cunz (Hg.), Money and Identity. Lectures about History, Design and Museology of Money, Hannover 2007, S. 143-149, hier S. 145 über die Münzen Luise Ulrikes in Uppsala.

___ 9 Georg Brandes, Die Hauptströmungen der Litteratur des neunzehnten Jahrhunderts. Vorlesungen, gehalten an der Kopenhagener Universität, übersetzt und eingeleitet von Adolf Strodtmann, Bd. 1: Die Emigrantenlitteratur, 5. Aufl., Leipzig 1897, S. 6 f. Das Originalzitat ist zu finden bei Georg Brandes, Hovedstrømninger i det 19de Aarhunredes Litteratur. Forelæsninger holdte ved Kjøbenhavns Universitet i Efteraarshalvaaret 1871, Bd. 1: Emigrantlitteraturen, 2. Aufl., Kopenhagen 1877, S. 17 [ND Georg Brandes: Samlede Skrifter, Bd. 4, Kopenhagen 1900, S. 5 f.].

___ 10 Martin Jessop Price, The Coinage in the Name of Alexander the Great and Philipp Arrhidaeus. A British Museum Catalogue, 2 Bde., Zürich, London 1991, hier Bd. 1, S. 113 Nr. 220.

__ 11 Vgl. dazu die Bemerkungen zur Mittelalternumismatik in der DDR bei Bernd Kluge, Numismatik. Projekte und Perspektiven einer historischen (Hilfs-)Wissenschaft, in: Michael Borgolte (Hg.), Mittelalterforschung nach der Wende 1989 (Historische Zeitschrift. Beihefte, 20), München 1995, S. 255-264, hier S. 257.

__ 12 Zur aristotelischen Geldtheorie und deren mittelalterlicher Rezeption siehe Hendrik Mäkeler, Nicolas Oresme und Gabriel Biel, Zur Geldtheorie im späten Mittelalter, in: Scripta Mercaturae. Zeitschrift für Wirtschafts- und Sozialgeschichte 37, 2003 1, S. 56-94; ders., Instabiles Geld setzt den Zusammenhalt der Bevölkerung aufs Spiel, Gastbeitrag in: Fazit. Das Wirtschaftsblog vom 12.12.2011 (http://faz-community.faz.net/blogs/fazit/archive/ 2011/12/12/ instabiles-geld-setzt-den-zusammenhalt-der-bevoelkerung-aufs-spiel.aspx).

__ 13 Benjamin J. Cohen, The Geography of Money, Ithaca und London 1998, besonders S. 14f.

__ 14 Siehe dazu Hendrik Mäkeler, Globalisierter Handel um die Jahrtausendwende. Die Ausdehnung des wikingerzeitlichen Handelsraums, in: Rolf Walter (Hg.), Globalisierung in der Geschichte. Erträge der 23. Arbeitstagung der Gesellschaft für Sozial- und Wirtschaftsgeschichte vom 18. bis 21. März 2009 in Kiel (Vierteljahrschrift für Sozial- und Wirtschaftsgeschichte. Beihefte, 214), Stuttgart 2011, S. 15-45.

__ 15 Aleksandrs Platbārzdis, Sveriges första banksedlar. Stockholms Bancos sedelutgivning 1661-1668, Stockholm 1960, S. 139 Nr. III: 4b.

__ 16 Die beste zusammenfassende Darstellung zur Geschichte der Palmstruch'schen Bank und der von ihr ausgegebenen Banknoten findet sich bei Ian Wiséhn, Sweden's Stockholm Banco and the first European banknotes, in: Virginia Hewitt (Hg.), The Banker's Art. Studies in Paper Money, London 1995, S. 12-19.

__ 17 Vgl. Holger Rosenberg, Hans-Ludwig Grabowski, Die deutschen Banknoten ab 1871, Regenstauf [17]2009, S. 82f. Nr. 81 und S. 103f. Nr. 110.

__ 18 Vgl. Hendrik Mäkeler, Fragwürdiger Erfolg und vernichtete Werte. Jean-Claude Trichet, Hjalmar Schacht, Rudolf Havenstein und der Unterschied zwischen formaljuristischer und gelebter Zentralbankunabhängigkeit, in: Annette Kehnel (Hg.), Erfolg und Werte (Wirtschaft und Kultur im Gespräch, 3), Frankfurt a. M. 2011, S. 57-70.

__ 19 Vgl. Jørgen Jensen, Thomsens museum. Historien om Nationalmuseet, Kopenhagen 1992, S. 55 und S. 374. Zu Thomsens Bedeutung für die Ur- und Frühgeschichte auch Bruce G. Trigger, A History of Archaeological Thought, Cambridge u. a. [2]2006, S. 121-129.

Michael Schultz

DIE BLUMENBACHSCHE SCHÄDELSAMMLUNG
Eine historische Schädelsammlung als Quelle interdisziplinärer
Forschung

**The Blumenbach Skull Collection. A historical skull collection as a source for interdisci-
plinary research.** The Göttingen skull collection established by Johann Friedrich Blumenbach
(1752-1840), one of the most important natural scientists of his time, is probably the oldest pre-
served university skull collection worldwide. Blumenbach regularly received human skulls from
his scholars, friends and colleagues. He described the biological diversity of the morphology of
humankind, and differentiated between five principal morphological varieties of anatomical modern man, though he did not establish a racial ideology. The scientific value of the Blumenbach
Skull Collection is beyond dispute. The collection contains about 850 exhibits which represent
important reference cases that are valuable for research across a large variety of fields, including
anatomy, physical anthropology (e. g., artificial skull deformation), paleopathology (e. g., deficiency
and infectious diseases in the past), forensic anthropology and legal medicine (e. g., trauma), history of medicine (e. g., trephination), ethnology (e. g., skull cult), archaeology (e. g., mummifica-
tion) and history of science. Eleven selected cases are presented in this article. For the future, the
application of new innovative methods and techniques, such as proteomic and molecular biology
is discussed.

DIE SAMMLUNG

Abb. 1: Schädel aus Xalapa
(Nr. 447/814).
a) Vorderansicht, Pfeile:
weißer Pfeil: Nasenbein-
bruch, schwarze Pfeile:
A = Zeichen chronischer
Stirnhöhlenentzündung,
B = Zeichen chronischer
Kieferhöhlenentzündung;
b) linke Seitenansicht:
A = künstliche Abplattung
an der Stirn, B = am Hin-
terhaupt; c) Schädeldach:
Detail der rechten Kranz-
naht mit anämiebedingter
poröser Oberfläche;
d) Röntgenbild: anämie-
bedingte Schädel-
dachverdickung;
e) Mikrofotografie eines
Knochendünnschliffs, auf-
genommen im polarisierten
Durchlicht (Vergr. 25 ×):
keine Zeichen einer akti-
ven Anämie, Pfeile: äußere
Schädeldachoberfläche.
Diese und die weiteren
Fotos: Michael Schultz.

Die von Johann Friedrich Blumenbach (1752-1840) begründete Schädelsammlung
ist offenbar die älteste erhaltene universitäre Schädelsammlung weltweit.[1] Auf
vielen der ursprünglich von Blumenbach gesammelten Schädel befinden sich
noch handschriftliche Vermerke von der Hand Blumenbachs, so dass einige, wenn
auch dürftige, zeitgenössische Hinweise auf die Herkunft der Exponate erhalten
geblieben sind. Basierend auf den von ihm gesammelten Schädeln schrieb Blumenbach 1775[2] seine Dissertation *De generis humani varietate nativa*, in der er »über die
natürlichen Verschiedenheiten im Menschengeschlecht« und über zunächst vier[3]
unterschiedliche »Hauptvarietäten« des anatomisch modernen Menschen berichtet (diese Schädel sind auch heute noch in der Sammlung vorhanden). Hierbei
nahm er keine Wertung vor; er begründete also keine ›Rassenlehre‹, was ihm bisweilen fälschlich unterstellt wird.[4] Die unterschiedliche biologische Vielfalt des
anatomisch modernen Menschen (*Homo sapiens sapiens*), die sich über Selektion im
Sinne einer Adaptation an die vorliegenden geographisch-klimatischen Lebens-
bedingungen in den verschiedenen Biotopen unseres Planeten entwickelt hat (Biodiversität), spiegelt sich auch in der Morphologie des Schädels wider (z. B. Größe
und Ausdehnung der pneumatischen Schädelräume, Ausbildung der Diploëvenen).

Die wissenschaftshistorische Bedeutung der Blumenbachschen Schädelsammlung ist unbestritten. So enthält die Sammlung neben anatomisch-anthropologisch
interessanten Exponaten auch archäologisch, kulturhistorisch sowie medizingeschichtlich, paläopathologisch und forensisch wichtige Stücke. Der umfangreiche
Katalog, der auch die Ergebnisse mehrerer anthropologischer Untersuchungen
umfasste (z. B. von Max Wolfgang Hauschild [1883-1924], ging im Zweiten Welt-

krieg infolge Bombeneinwirkung verloren. Die Blumenbachsche Schädelsammlung selbst blieb im Wesentlichen unversehrt erhalten, da sie auf Betreiben des damaligen Lehrstuhlinhabers für Anatomie, Erich Blechschmidt (1904-1992), nach Bremke ausgelagert wurde.

ASPEKTE AKTUELLER INTERDISZIPLINÄRER FORSCHUNG – AUSGEWÄHLTE EXPONATE DER SCHÄDELSAMMLUNG[5]

Schädel aus vergangenen Zeiten und Kulturperioden stellen biohistorische Urkunden dar. Einige Schädel der Sammlung wurden bereits an anderer Stelle genannt oder vorgestellt.[6] Im Folgenden werden nun Schädel präsentiert, die das Spektrum der Sammlung umreißen und für interdisziplinäre Forschungsansätze nutzbar gemacht werden können, so in den Bereichen der Anatomie (z. B. anatomische Varietäten: Fälle 2, 5), Physischen Anthropologie (z. B. Schädeldeformation: Fälle 1-2), Paläopathologie (Mangel- und Infektionskrankheiten der Vor-Antibiotika-Ära: z. B. Anämie: Fälle 1-3, Skorbut: Fall 7), Forensik (z. B. Trauma: Fälle 4-5), Medizingeschichte (z. B. Trepanation: Fälle 6-7), Ethnologie (z. B. Schädelkult: Fälle 8-9), Archäologie/Ägyptologie (z. B. Mumifizierungstechniken: Fall 10) und Wissenschaftsgeschichte (z. B. Baron Georg Thomas von Asch, Sir Joseph Banks, Captain James Cook, Franz Joseph Gall, Alexander von Humboldt: Fälle 4, 7, 11).

FALL 1: SCHÄDEL AUS XALAPA, 1873 (NR. 447/814) – PHYSISCHE ANTHROPOLOGIE UND PALÄOPATHOLOGIE

Ein Schädel aus Mexiko stammt aus Xalapa (früher: Jalapa), der heutigen Hauptstadt des mexikanischen Bundesstaates Veracruz, und ist wohl einem präkolumbischen, spätmaturen Mann (Alter 50-59 Jahre) zuzuordnen (wohl Olmeke oder Totonake). Der Schädel weist eine auffällige, intravital angelegte Deformation auf (*Tabula erecta*), die besonders in präkolumbischer Zeit als ›Schönheitsmerkmal‹ galt (vgl. Fall Nr. 2), und zeigt Spuren mehrerer überwundener Krankheiten.

Wie die makroskopische Untersuchung ergab, litt der Mann u. a. an einer chronischen Anämie (Abb. 1a, b, vgl. Fälle 2 und 3). Diese Krankheit führt im floriden Stadium am Skelett zu charakteristischen Veränderungen (Abb. 1c), die sich durch eine Vergrößerung der Räume des roten, d. h. blutbildenden Knochenmarkes auszeichnen. Eine chronische Anämie bedingt am Schädeldach eine poröse Knochenverdickung (›Bürstenschädel‹) (Abb. 1d), die sich aber in diesem Fall mikroskopisch nicht mehr nachweisen ließ (Abb. 1e): Die lichtmikroskopische Untersuchung einer Probe aus dem Bereich der Schädelverdickung zeigt, dass dieses Krankheitsbild zum Todeszeitpunkt bereits vollständig ausgeheilt war (die für den ›Bürstenschädel‹ typischen, rechtwinkelig zur Schädeldachoberfläche und parallel zueinander angeordneten Knochenbälkchen wurden wieder durch regelrechtes Schwammknochengewebe ersetzt: Abb. 1e). Es waren also nur die makroskopischen Merkmale erhalten geblieben. Offenbar konnten auch in präkolumbischer Zeit schon solche chronischen Krankheiten ausheilen.

Abb. 2: Peruanischer
Mumienschädel
(Nr. 887/811).
a) rechte Seitenansicht:
künstliche Schädel-
verformung;
b) Schädeldachdetail
mit Zeichen einer Anämie,
Pfeile: persistierende
Stirnnaht (Varietät).

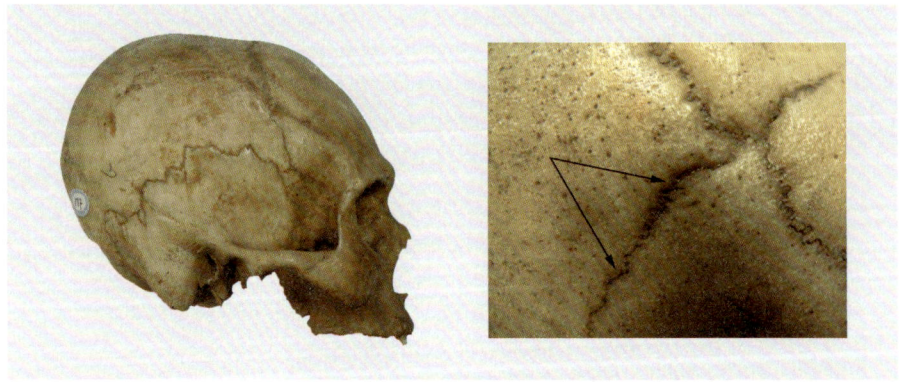

Abb. 2: Peruanischer Mumienschädel (Nr. 887/811). a) rechte Seitenansicht: künstliche Schädelverformung; b) Schädeldachdetail mit Zeichen einer Anämie, Pfeile: persistierende Stirnnaht (Varietät).

FALL 2: PERUANISCHER MUMIENSCHÄDEL 1934 (NR. 887/811) –
ANATOMIE, PHYSISCHE ANTHROPOLOGIE, PALÄOPATHOLOGIE

Dieser Schädel einer peruanischen Mumie, der aus der Sammlung des Geheimen Rates Karl Wilhelm Ferdinand Uhde (1813-1885) stammt und 1934 der Sammlung eingegliedert wurde, ist einem adulten Mann (Alter [25] 30-39 Jahre) zuzuordnen. Der Schädel, der heute keinerlei Spuren von mumifiziertem Weichgewebe mehr aufweist, ist ein typisches Beispiel für die mit zirkulären Bindenwicklungen durchgeführte artifizielle Schädeldeformierung (Abb. 2a), die bei vielen Völkern auf allen Kontinenten – mit Ausnahme von Australien – zu den unterschiedlichsten Zeiten praktiziert wurde (vgl. Abb. 1a). Die praktische Umsetzung dieses uns heute fremd anmutenden Schönheitsideals begann bereits im Kleinkindesalter und wurde über Jahre hinweg gepflegt,[7] bis die erstrebte Kopfform erreicht war. Das uns hier vorliegende Produkt einer zirkulären Deformierung des Hirnschädels repräsentiert allerdings nur einen leichten Grad der Verformung. Das an diesem Schädel gut sichtbare morphologische Merkmal einer offenen Stirnnaht (*Sutura metopica*, vgl. Abb. 2b) ist als eine anatomische Varietät anzusehen und kann nicht mit der Prozedur der Schädelverformung in einen kausalen Zusammenhang gebracht werden. Interessant ist die poröse äußere Schädeldachoberfläche, die insbesondere entlang der Schädelnähte aufgrund einer Vergrößerung der Räume des blutbildenden Knochenmarks kräftig aufgewölbt ist (Abb. 2b) und auf eine Anämie hindeutet, deren Ursache sich zurzeit nicht klären lässt (vgl. Fälle 1 und 3).

FALL 3: SCHÄDEL EINES BURMESEN, 1832 (NR. 120/589) – PALÄOPATHOLOGIE

Der Schädel eines burmesischen Soldaten aus Pegu, der im spätadulten Alter (30-45 Jahre) verstarb, wurde im Jahre 1832 von John Crawford (1783-1868) über Carl König[8] an Blumenbach versandt und ist gekennzeichnet durch seine ausgeprägte poröse Schädeldachoberfläche (Abb. 3a). Besonders die Oberfläche beider Scheitelbeine (Abb. 3b), aber auch die Oberschuppe des Hinterhauptbeins und die Schuppe des Stirnbeins sind von dieser Veränderung betroffen. Auch hier liegt ein ausgeprägter Fall einer Anämie vor, die möglicherweise auf eine chronische Malaria zurückzuführen ist, da diese Krankheit – besonders im Kindesalter – u. a. zu Schädeldachverdickungen führt und in Südostasien auch im 19. Jahrhundert

Abb. 3: Schädel eines Burmesen (Nr. 120/589). a) Ansicht von oben; b) Scheitelbeindetail mit Zeichen einer Anämie.

weit verbreitet war. Der an diesem Schädel zu beobachtende Krankheitsprozess war – wie der Charakter der porösen Oberfläche erkennen lässt – zum Todeszeitpunkt sicherlich noch nicht ausgeheilt (vgl. Fälle 1 und 2). Im Spengel-Katalog findet sich folgender Hinweis: »Schädel eines birmanischen Soldaten, von den Engländern vom Bord geschossen bei Rangoon.«[9]

FALL 4: SCHÄDEL AUS OTAHEITE, 1794 (NR. 36/769) – FORENSIK, WISSENSCHAFTSGESCHICHTE

Der Schädel eines frühadulten Polynesiers (Alter 25-29 Jahre) aus Otaheite (heute Tahiti), den Blumenbach als Beispiel eines Vertreters der nunmehr fünf Varietäten des Menschengeschlechts ab der dritten Auflage seines Werkes (1795) als ›malayisch‹ publizierte,[10] wurde 1794 von Sir Joseph Banks (1743-1820) an Blumenbach übermittelt. Dieser Schädel weist Spuren äußerer Gewalteinwirkungen auf, die offenbar den Tod nach sich zogen. Ein Hieb mit einer Klingenwaffe (z. B. Säbel) hat beide Nasenbeine scharf durchtrennt (Abb. 4a: weiße Pfeile). Der Hieb wurde – vom Standpunkt des Opfers bei aufrechter Körperhaltung – von vorne links geführt. Unter der Wucht des Anpralls oder beim Herausziehen der Waffe aus der Wunde zersplitterte das rechte Jochbein an seinem oberkiefernahen Fortsatz und brach ab (Abb. 4a: schwarze Pfeile). Der Hieb, der das Obergesicht fast quer durchschlagen hat, dürfte auch die Zerstörung des rechten Auges nach sich gezogen

Abb. 4: Schädel aus Otaheite (Nr. 36/769). a) rechte schräge Seitenansicht, weiße Pfeile: Schnittspuren, schwarze Pfeile: Bruchspuren; b) Detail des Nasenrückens, Pfeile: Schnittfläche an den Nasenbeinen und dem Nasenfortsatz des rechten Oberkiefers; c) Detail rechte Gesichtsseite, Pfeile: Bruchspuren am rechten Jochbein und rechten Oberkiefer.

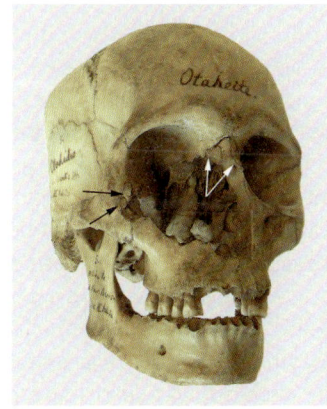
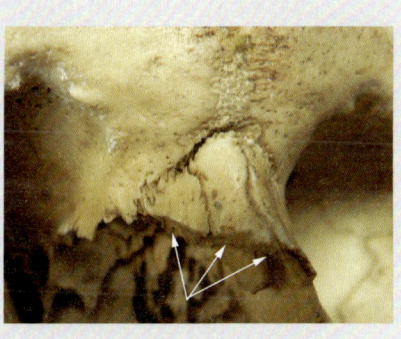
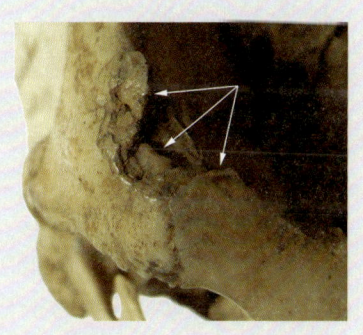

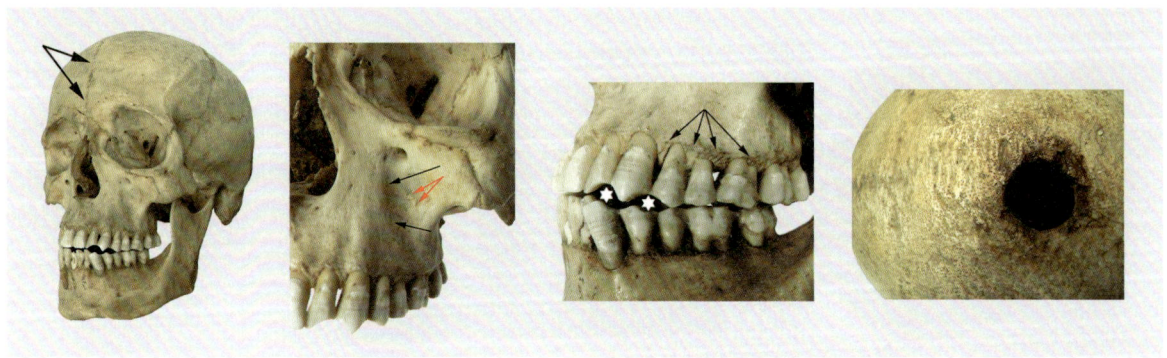

Abb. 5 a-d: Schädel eines Mannes aus Lothringen (Nr. 302/414). a) linke schräge Seitenansicht, Pfeile: persistierende Stirnnaht (Varietät); b) linkes Mittelgesicht, schwarze Pfeile: entzündungsbedingte Einsenkung der Vorderwand der linken Kieferhöhle, rote Pfeile: Restspuren eines perforierenden Kieferhöhlenprozesses; c) linke Gebissregion mit linearen transversalen Schmelzhypoplasien, Sterne: Pfeifenraucherlücken, Pfeile: Spuren ausgeprägter Zahnfleischentzündungen; d) Aufsicht auf Schädeldachmitte, Spuren ausgeprägter Kopfschwartenentzündung, Bohrloch mit ausgebrochenem Rand und Rostspuren.

haben. Wie fehlende Heilungsspuren an dem Schnitt (Abb. 4b) wie den Bruchflächen (Abb. 4c) belegen, hat dieser Mann – obwohl diese Verletzung primär nicht tödlich war – den Angriff nicht überlebt. Es ist anzunehmen, dass der Tod auch aufgrund anderer Verletzungen, die am übrigen Körper platziert waren, eingetreten ist.

FALL 5: SCHÄDEL EINES MANNES AUS LOTHRINGEN, 1802 (NR. 302/414) – ANATOMIE, FORENSIK

Der Schädel eines spätadult-frühmaturen (35-45 Jahre) Mannes aus Lothringen (Abb. 5a), der im Jahre 1802 vom Fürsten Friedrich Karl August zu Waldeck und Pyrmont (1743-1812) an Blumenbach überstellt wurde, weist morphologische Merkmale von geradezu biographischer Aussagekraft auf.[11] Im Spengel-Katalog findet sich folgender Eintrag: »Lothringer, Namens Jean Baptiste Bellair, wegen eines Mordes im Fürstenthum Waldeck 1801 hingerichtet.«[12]

An den Kronen fast aller Ober- und Unterkieferzähne finden sich riefenförmige Linien (linienförmige transversale Schmelzhypoplasien: Abb. 5a-c). Derartige Linien repräsentieren Mangelzustände während des Zahnwachstums (z.B. Protein- und/oder Calciummangel). Dieser Mann muss also in seiner Kindheit und Jugendzeit mehrere Episoden (wenigsten sieben) von Mangelernährung bzw. Hungerzuständen oder auch Infektionskrankheiten durchstanden haben. So kommt es bei länger andauernden Infektionskrankheiten zu einer Verlangsamung oder gar zu einem Stillstand des Wachstums, das zugunsten der Gesundung zurückgestellt wird. Sind Hunger- bzw. Mangelzustände die Ursache, gehörten diese Individuen in der Regel der Unterschicht an. Größe, Form und Intensität der Linien erlauben allerdings keine genaue Bestimmung, ob Mangelzustände oder Infektionskrankheiten die Ursache ihrer Ausbildung waren. Deshalb werden derartige Linien im Zahnschmelz als unspezifische Stressmarker bezeichnet. Da diese Stressmarker nur an den Weisheitszähnen des Mannes nicht ausgebildet sind, ist davon auszugehen, dass die Stressphasen bis wenigstens zum 7./8. Lebensjahr andauerten. Die Zähne weisen noch eine andere, habituelle Besonderheit auf: An drei Stellen sind sogenannte Pfeifenraucherlücken (Abb. 5c) zu beobachten, die den Mann als passionierten Pfeifenraucher charakterisieren. Da das Mundstück einer Tonpfeife mit den Zähnen gehalten wurde, konnten derartige Lücken im Laufe vieler Jahre entstehen.

Schon bei der ersten Betrachtung des Schädels von vorne fällt auf, dass das Mittelgesicht auffallend schmal und in dem Bereich der Vorderwand beider Kiefer-

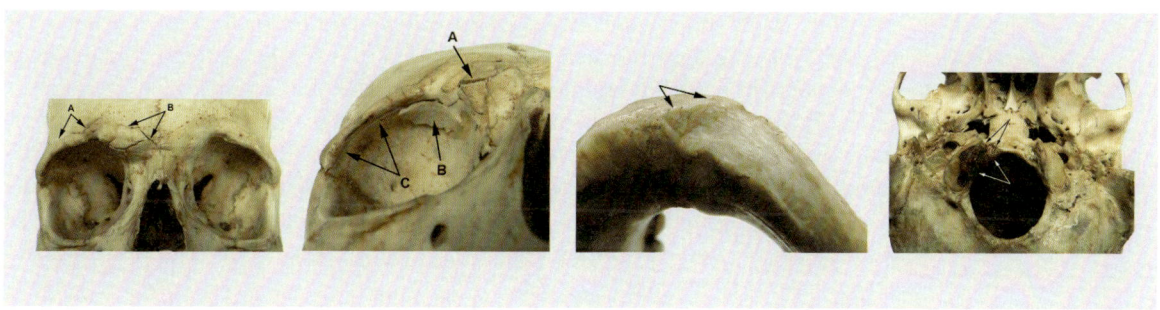

höhlen deutlich eingezogen ist (Abb. 5a, b). Diese Veränderung ist – wie die endoskopische und röntgenologische Untersuchung belegt – keine morphologische Variante, sondern geht auf eine schon in der Kindheit bestehende, chronische Kieferhöhlenentzündung zurück, die eine regelrechte Ausbildung beider Kieferhöhlen im Sinne der Pneumatisation verhindert haben dürfte.

Die ganze äußere Oberfläche des Schädeldaches ist durch eine wulstige, unregelmäßig poröse Oberfläche gekennzeichnet (Abb. 5d), die als das Produkt einer noch nicht ganz ausgeheilten Kopfschwartenentzündung anzusehen ist und auf den ersten Blick den Schädeldachveränderungen ähnelt, die auf eine Anämie zurückzuführen sind (vgl. Fall 3). Die Entstehung einer solchen Kopfschwartenentzündung kann bis in die Frühneuzeit in vielen Fällen auf chronischen Kopflausbefall zurückgeführt werden (begünstigend wirken u. a.: mangelhafte Hygiene, unzureichende Wohnverhältnisse, mangelhafte Ernährung/Schwächung des Immunsystems). Bekanntlich führt Kopflausbefall zu Juckreiz. Wird der Stillung dieses Reizes durch grobes Kratzen mit den Fingernägeln nachgegangen, können Bakterien in die Kratzwunden eingebracht werden; diese rufen eine Entzündung der Kopfschwarte hervor, die – besonders bei geschwächter Abwehrlage – für die zuvor beschriebenen Schädeldachveränderungen verantwortlich ist.

Spuren äußerer Gewalteinwirkungen belegen, dass der Mann eines unnatürlichen Todes gestorben ist. In Höhe der Unterstirn und des rechten Überaugenbogens verläuft quer über das Gesicht eine perimortal entstandene Frakturlinie (Abb. 5e), die sich bis in das rechte Augenhöhlendach ausdehnt (Abb. 5f.). Ursache dieses stumpfen Traumas dürfte ein Schlag (z. B. mit einem Knüppel) gewesen sein, der etwa horizontal auf der Unterstirn auftraf. Am Unterkiefer fehlt linksseitig die Fläche der Unterkante (Abb. 5g). Diese wurde durch den Schlag einer Klingenwaffe abgeschnitten, der – bezogen auf die Körperachse – von hinten links her kommend den Unterkieferrand traf. Derartige Verletzungen werden beobachtet, wenn ein Individuum durch Schwertschlag geköpft wird. Weiterhin fällt in der Mitte des Schädeldaches – kurz hinter dem Kreuzungspunkt der Kranznaht mit der Stirn-Pfeilnaht – ein kreisrundes Loch mit einem Durchmesser von etwa 19 mm auf, das dem einer mit einem Kronentrepan ausgeführten Operationswunde auf den ersten Blick sehr ähnlich ist (Abb. 5d; vgl. Fälle 6-7). Allerdings sind die Außenränder dieses Lochdefektes bei weitem nicht so sorgfältig wie bei einer Operation angelegt, sondern zackenartig ausgebrochen; der Lochrand ist rötlich-braun verfärbt. Eine ganz entsprechende Verfärbung findet sich auf der Schädelbasisaußenfläche auf und neben der rechten Hinterhauptsgelenkrolle des oberen Kopfgelenkes (Abb. 5h). Diese Befunde legen den Schluss nahe, dass der Kopf nach der Hinrichtung am Schädeldach aufgebohrt und auf eine eiserne Stange o.ä. gespießt bzw. mit einem für derartige Fälle angefertigten

Abb. 5 e-h: Schädel eines Mannes aus Lothringen (Nr. 302/414).
e) Augen-Stirnregion: A = Frakturlinie, B = Frakturlinie mit abgeplatztem Knochenstück;
f) rechtes Augenhöhlendach: A-C = Frakturlinien, bei B = größere Knochenabplatzung;
g) linker Unterkieferunterrand, Pfeile: Abbruchkante des abgeschnittenen Knochenstücks;
h) Schädelbasisaußenfläche, Pfeile: Rostspuren an Gelenkrolle.

eisernen Nagel auf einem Pfosten oder einem ähnlichen Gegenstand befestigt wurde. Fälle der Zurschaustellung des Kopfes eines Hingerichteten sind aus dem Gerichtswesen des Mittelalters und sogar noch der Frühneuzeit mehrfach belegt und sollten potentielle Straftäter abschrecken.[13] Die rot-braune Knochenverfärbung am Lochrand und an der Hinterhauptsgelenkrolle dürfte auf Rosteinwirkung zurückgehen. Der Kopf wurde also so lange zur Schau gestellt, dass eine eiserne Stange oder ein Nagel rosten konnte; er verblieb aber nicht so lange in dieser Position, dass der Unterkiefer infolge der Verwesung der Weichteile herunterfiel bzw. verlorengehen konnte.

FALL 6: TREPANIERTER SCHÄDEL EINES IROKESEN, 1823 (NR. 95/715) –
MEDIZINGESCHICHTE

Dieser mit einem Kronentrepan eröffnete Schädel eines Irokesen (Durchmesser des Bohrloches 21 mm) wurde 1823 von Johann Ludwig Tiarks (1789-1837) an Blumenbach überstellt (Abb. 6). Im Spengel-Katalog wird der Fall wie folgt beschrie-

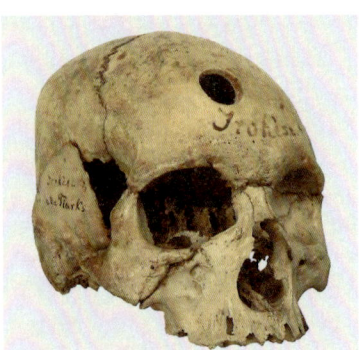

Abb. 6: Trepanierter Schädel eines Irokesen (Nr. 95/715). Bohrloch etwa in Stirnbeinmitte.

ben: »Von Chippeway am Niagara, in einem Gefecht 1814 mit 6 anderen Irokesen gefallen.«[14] Der etwa 20 bis 29 Jahre alte Indianer, der wohl in dem Gefecht am Kopf verletzt worden war, wurde trepaniert, hat aber die Operation – wie der Wundrand belegt – nicht überlebt. Die Operation wurde vermutlich von einem US-Militärarzt durchgeführt, da Irokesen als Kundschafter auf Seiten der USA in der Schlacht von Chippeway am 5. Juli 1814 gegen die Briten kämpften (Britisch-Amerikanischer Krieg von 1812-1814).

FALL 7: TREPANIERTER SCHÄDEL EINES TATAREN, 1789 (NR. 149/577) –
PALÄOPATHOLOGIE, MEDIZINGESCHICHTE, WISSENSCHAFTSGESCHICHTE

Der Schädel eines frühadulten Mannes (Alter 20-25 [29] Jahre) aus dem casanschen Gouvernement, der Spuren einer ausgeprägten hämorrhagischen Erkrankung aufweist (Skorbut, Abb. 7a, b), wurde von Baron von Asch 1789 an Blumenbach übermittelt. Im linken Scheitelbein befindet sich – etwa an der Stelle, an der sich der hintere Ast der mittleren Hirnhautarterie aufzweigt – eine mit einem Kronentrepan angefertigte, kreisrunde Trepanationsöffnung mit einem Durchmesser von 20 mm (Abb. 7a, c). In der Mitte des Bohrloches kreuzen sich rechtwinkelig zwei mit einem scharfen Messer angelegte Schnittspuren, die wohl vor dem Eingriff, bei der Entfernung der Kopfschwarte entstanden sein dürften (Abb. 5c). An ihrem Kreuzungspunkt griff der Führungsdorn des Trepans an. Weitere Schnittspuren sind wohl auf die nachfolgende Präparation zurückzuführen. Alle Schnittspuren zeigen keinerlei Heilung. Äußerst geringgradige Resorptionsspuren im inneren Bereich des Bohrlochrandes deuten daraufhin, dass der Patient vielleicht noch einige Stunden oder gar wenige Tage gelebt haben könnte, ganz sicher diesen Eingriff aber nicht überlebte.

Abb. 7: Trepanierter Schädel eines Tataren (Nr. 149/577).
a) linke Seitenansicht mit Bohrloch; b) rechter Rand der äußeren Nasenöffnung, Pfeile: Areal mit Spuren eines hämorrhagischen Prozesses (Skorbut); c) Bohrloch im linken Scheitelbein, Pfeile weisen auf die kreuzförmig angeordneten Schnittspuren hin (Längen: links 21 mm, oben 18 mm, rechts 19 mm, unten 3 mm).

FALL 8: TROPHÄENSCHÄDEL EINES POLYNESIERS, 1808 (NR. 38/748) – ETHNOLOGIE

Im Spengel-Katalog ist vermerkt, dass Blumenbach diesen Schädel 1808 von Georg Heinrich Langsdorff (1774-1852) erhielt (Abb. 8a). Langsdorff begleitete den russischen Admiral Adam Johann Krusenstern (1770-1846) von 1803-07 auf dessen Weltreise.[15] Es handelt sich um den Schädel eines adulten Mannes (Alter [25] 30-35 Jahre) mit ›künstlicher Nase‹, dessen Basis zur Entnahme des Gehirns (wahrscheinlich im Zusammenhang mit Kannibalismus[16]) erbrochen wurde (Abb. 8b) und dessen Nase mit einem Holzpflock und dessen Mund über ein vermutlich aus Kokosfasern geflochtenes Band verschlossen worden war. Grund dieser Prozedur ist wohl die Vorstellung, dass sich der Besitzer dieses Trophäenschädels die Kraft des Opfers nutzbar machen oder sich vor dieser schützen wollte.

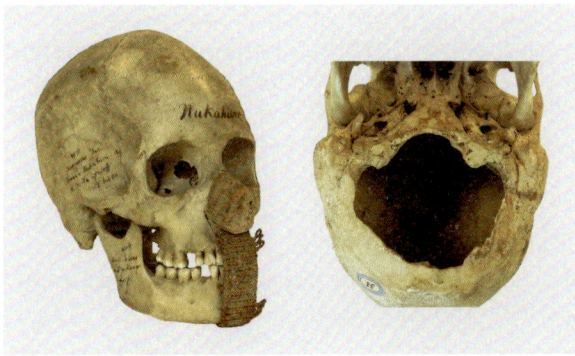
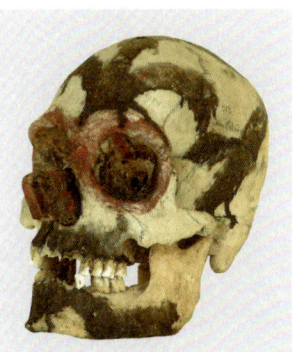

Abb. 8: Trophäenschädel eines Polynesiers aus Nukahiva (Nr. 38/748) mit Nasenpflock und ›verschlossenem Mund‹.
a) rechte schräge Seitenansicht;
b) Schädelbasisaußenfläche mit vergrößertem Hinterhauptsloch zur Gehirnentnahme.

Abb. 9: Ahnenschädel eines Melanesiers (Nr. 523/740) mit hölzerner ›Nase‹

FALL 9: AHNENSCHÄDEL EINES MELANESIERS, 1880 (NR. 523/740) – ETHNOLOGIE

Dieser Schädel eines adult-maturen Mannes (Alter etwa 30-45 Jahre) stammt aus Neu-Kaledonien und kam durch Vermittlung von Dr. Rudolf Schütte (1835-1886) aus Sydney im Jahre 1880 erst vergleichsweise spät in die Sammlung. Er besitzt ebenfalls eine künstliche Nase (Abb. 9). Da es sich hier um einen melanesischen Ahnenschädel handelt, hatte die Anfertigung der hölzernen Nase ein anderes Ziel als bei dem zuvor beschriebenen Fall: Der Schädel sollte möglichst dem vollständigen Bild eines Kopfes entsprechen, um den verstorbenen Ahnen zu repräsentieren.

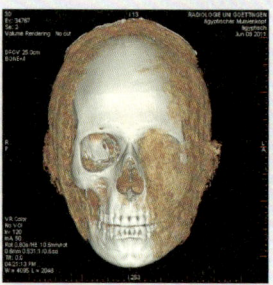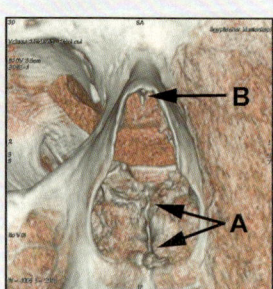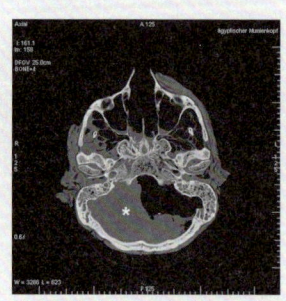

Abb. 10: Ägyptischer Mumienkopf (Nr. 25/641). a) rechte schräge Seitenansicht; b) Rekonstruktion nach Computertomographien, teilweise virtuelle Bindenentfernung; c) Detail aus b): Nasenbereich, A = erhaltenes unteres Drittel der Nasenscheidewand, B = erhaltener oberer Rest der Nasenscheidewand, dazwischen fehlt die Nasenscheidewand und die Siebbeinzellen (rosafarbener Bereich): offener Zugang zum Gehirnschädelinnenraum; d) computertomographische Aufnahme: Querschnitt durch den Kopf etwa in Höhe des mittleren Schädelbasisbereichs, Stern: großflächige Verfüllung des Hirnschädelinnenraums mit Balsamierungsharzen.

FALL 10: ÄGYPTISCHER MUMIENKOPF, 1796 (NR. 25/641) – ARCHÄOLOGIE/ÄGYPTOLOGIE

Im Jahre 1796 erhielt Blumenbach von der Royal Society London über Thomas Turner (1773-1865) den Kopf einer ägyptischen Mumie. Offenbar hat Blumenbach eigenhändig diesen Kopf im Gesichtsbereich anpräpariert, um die Schädeloberfläche freizulegen (Abb. 10a). In den 1980er Jahren wurde dieser Kopf in der Göttinger Anatomie geröntgt und in der Radiologischen Universitätsklinik computertomographiert. Die Computertomographien ließen den Schluss zu, dass im Zuge der Mumifizierung das Gehirn nicht – wie im Alten Ägypten bevorzugt praktiziert – transnasal durch das Siebbein[17], sondern durch das an seinem hinteren Rand scheinbar vergrößerte Hinterhauptloch entfernt worden war. Die im Jahre 2011 in Kooperation mit der Abteilung Diagnostische Radiologie der Universitätsmedizin Göttingen und dem MPI für Experimentelle Medizin durchgeführte computertomographische Untersuchung kam aber aufgrund der heute sehr viel besseren Darstellungsmöglichkeiten bildgebender Verfahren (Abb. 10b) zu einem anderen Schluss: Das Gehirn war sehr wohl transnasal durch das Siebbein entfernt worden (Abb. 10c). Die scheinbar artifizielle Erweiterung des Hinterhauptsloches stellt sich nur als eine zur Zeit des Alten Reiches relativ selten zu findende technische Variante dar. Die Computertomographie belegte auch die ausgiebige Verwendung von Balsamierungsharzen, die transnasal während der Mumifizierung eingebracht worden waren (Abb. 10d).

FALL 11: GALLSCHER SCHÄDEL, AUS DER ALTEN ANATOMISCHEN SAMMLUNG (NR. 3583)[18] – WISSENSCHAFTSGESCHICHTE

Bei diesem Gallschen Schädel (adulter Mann, d. h. 25-39 Jahre) handelt es sich um ein vergleichsweise frühes Phrenologie-Modell (Abb. 11). Der Wiener Arzt Franz Joseph Gall (1758-1828) begründete die Phrenologie, eine Pseudowissenschaft, die davon ausging, dass sich die Hirnrinde aus einer Vielzahl voneinander unabhängiger ›Organe‹ zusammensetzt (z. B. dem ›Freundschaftssinn‹, dem ›Fortpflanzungssinn‹). Er glaubte, dass diese ›Organe‹ der Hirnrinde für charakteristische Ausbauchungen auf der äußeren Schädeloberfläche verantwortlich seien und dass von der Art und der Ausprägung dieser Vorwölbungen auf den Charakter und die Geistesgaben eines Menschen geschlossen werden könne.

Die angeführten Beispiele zeigen, dass Schädel aus vergangenen Zeiten und Kulturperioden interdisziplinär nutzbare biohistorische ›Urkunden‹ darstellen. Für zukünftige Forschung ist geplant, nicht nur neue und innovative Methoden und Techniken der Morphologie einzusetzen, sondern auch solche aus der Biochemie (ECM-Proteine)[19] und der Molekularbiologie (aDNA)[20]. Die Betreuung und Nutzung einer Sammlung, die sich überwiegend menschlichen Schädeln widmet, muss dabei immer mit angemessener Verantwortung und mit Respekt durchgeführt werden.[21]

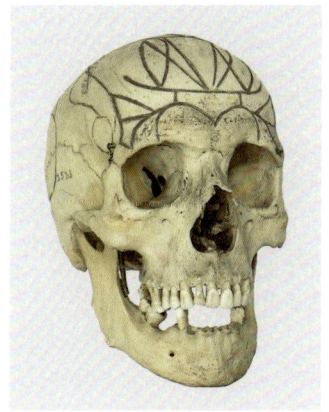

Abb. 11: Gall'scher Schädel (Nr. 3583). Rechte schräge Seitenansicht.

DANKSAGUNG

Der Autor dankt Frau Dr. Jeannine Mißbach-Güntner und Herrn Christian Dullin, beide Abteilung Diagnostische Radiologie der Universitätsmedizin Göttingen (UMG), sowie Frau Prof. Dr. Frauke Alves, Abteilung Hämatologie und Onkologie der UMG, für die Anfertigung der Computertomographien und der daraus erstellten Rekonstruktionen (Abb. 10 b-d), Herrn Präparator Michael Brandt, AG Paläopathologie/Abteilung Anatomie und Embryologie im Zentrum Anatomie der UMG, für die Anfertigung der Knochendünnschliffe, Herrn Wolfgang Böker und Herrn Dr. Heiko Weber, beide Langzeitprojekt »Johann Friedrich Blumenbach – online« im Rahmen des Akademieprogramms der Union der deutschen Akademien der Wissenschaften, sowie Herrn Prof. Dr. Christoph Viebahn, Abteilung Anatomie und Embryologie im Zentrum Anatomie der UMG, für wertvolle Hinweise, und Herrn Dr. Helmut Rohlfing, Abteilung Spezialsammlungen und Bestandserhaltung der Niedersächsischen Staats- und Universitätsbibliothek Göttingen, für die überlassene Literatur.

ANMERKUNGEN

— 1 Vgl. Michael Schultz, The skull collection – Die Schädelsammlung, in: Brigitta Hauser-Schäublin, Gundolf Krüger (Hg.), Siberia and Russian America: Culture and Art from the 1700s – Sibirien und Russisch-Amerika: Kultur und Kunst des 18. Jahrhunderts, München 2007, S. 29-32; ders., Talking Heads – Unearthing the stories behind the skulls in Blumenbach's collection, in: Georgia Augusta 8, 2011, S. 52-56; ders., Hans-Jürg Kuhn, Die Blumenbachsche Schädelsammlung in der Göttinger Anatomie, in: »Ganz für das Studium angelegt«. Die Museen, Sammlungen und Gärten der Universität Göttingen, hg. von Dietrich Hoffmann, Kathrin Maack-Rheinländer, Göttingen 2001, S. 169-172. Vgl. Thomas Junker, Blumenbach's racial geometry, in: Isis 89, 1998, S. 498-501.

— 2 Blumenbachs Dissertation wurde 1775 bei F. A. Rosenbusch in Göttingen verlegt und nochmals 1776 in unveränderter Form, aber in besserer Druckqualität und einer größeren Auflage von A. Vandenhoeck in Göttingen herausgegeben.

— 3 In der zweiten, vermehrten und erweiterten Auflage von 1781 stellt Blumenbach fünf Varietäten vor, allerdings ohne die fünfte Varietät als »malayisch« zu bezeichnen; Abbildungen dieser Schädel fehlen in der zweiten Auflage. Erst in der dritten Auflage von 1795 wird der 1794 von Sir Joseph Banks übermittelte Schädel aus Tahiti mit der alten Sammlungsnummer 36 bzw. der neuen Sammlungsnummer 769 als Beispiel für die fünfte und jetzt als

»malayisch« bezeichnete Varietät beschrieben, vgl. Thomas Nutz, »Varietäten des Menschengeschlechts« – Die Wissenschaften vom Menschen in der Zeit der Aufklärung, Köln u. a. 2009, S. 260-261.

4 Vgl. z. B. Stephen Jay Gould, The Mismeasure of Man, New York, London 1996 und ders., On mental and visual geometry, in: Isis 89, 1998, S., 502-504, vgl. Thomas Junker, Johann Friedrich Blumenbach, Stephen Jay Gould und die natürliche Einheit der Menschen, in: Physische Anthropologie – Biologie des Menschen, Verhandlungen zur Geschichte und Theorie der Biologie, Bd. 13, Berlin 2007.

5 Es werden die alten, also auch die Blumenbachschen Sammlungsnummern vor dem Schrägstrich (/), die neuen, in der 2. Hälfte des 19. Jahrhunderts vergebenen Nummern nach dem Schrägstrich angegeben.

6 Vgl. Schultz (Anm. 1) und ders., Spuren unspezifischer Entzündungen an prähistorischen und historischen Schädeln. Ein Beitrag zur Paläopathologie. – Vestiges of non-specific inflammations in prehistoric and historic skulls. A contribution to palaeopathology, in: Bruno Kaufmann (Hg.), Anthropologische Beiträge 4 A, S. 1-84, 4 B, S. 1-103, Basel 1993.

7 Vgl. z. B. Bernd Herrmann, Gisela Gruppe, Susanne Hummel, Hermann Piepenbrink, Holger Schutkowski, Prähistorische Anthropologie – Leitfaden der Labormethoden, Berlin u. a. 1990; Bernd Herrmann, Roelf-Dietrich Meyer, Südamerikanische Mumien aus vorspanischer Zeit – Eine radiologische Untersuchung, Berlin 1993.

8 Evtl. Carl Dietrich Eberhard König (1774-1851) oder Carl Conrad König, 1783 als Hauptmann im churhannoverschen Dragonerregiment von Estorff nachgewiesen.

9 Johann Wilhelm Spengel, Die von Blumenbach begründete Anthropologische Sammlung der Universität Göttingen, aufgenommen im Jahre 1874, in: Hermann Schaaffhausen (Hg.), Die Anthropologischen Sammlungen Deutschlands, Bd. II, Braunschweig 1877, S. 48.

10 Vgl. Anm. 3.

11 Vgl. Michael Schultz, Paläobiographik, in: Gerd Jüttemann (Hg.), Biographische Diagnostik, Lengerich, Berlin, Bremen 2011, S. 222-236.

12 Spengel (Anm. 9), S. 19.

13 Vgl. Wolfgang Schild, Folter, Pranger, Scheiterhaufen – Rechtsprechung im Mittelalter, München 2010; Michael Schultz, Lasst Knochen sprechen – Was man über Krankheiten und Verletzungen der Piraten noch sagen kann, in: Ralf Wiechmann, Günter Bräuer, Klaus Püschel (Hg.), Klaus Störtebeker – Ein Mythos wird entschlüsselt, München 2003, S. 159-185; vgl. auch Olaf B. Rader, Damnatio corporis – damnatio memoriae. Zur Logik politischer Leichenschändung, in: Thomas Macho, Kristin Marek (Hg.), Die neue Sichtbarkeit des Todes, München 2007, S. 41-57; Gerhard Ries, Damnatio memoriae: Die Vernichtung des Andenkens an Verstorbene in Politik und Strafrecht, in: Markwart Herzog (Hg.), Totengedenken und Trauerkultur. Geschichte und Zukunft des Umgangs mit Verstorbenen, Stuttgart u. a. 2001, S. 237-248.

14 Spengel (Anm. 9), S. 62.

15 Adam J. von Krusenstern, Reise um die Welt in den Jahren 1803, 1804, 1805 und 1806, hg. von Paul W. Lange, Köln, Wien 1986, S. 37.

16 Vgl. z. B. Jörg Orschiedt, Der Fall Krapina – neue Ergebnisse zur Frage von Kannibalismus beim Neandertaler, Quartär 55, 2008, S. 63-81.

17 Vgl. z. B. Renate Germer, Mumien – Zeugen des Pharaonenreiches, Zürich u. a. 1991.

18 Dieser Schädel kam vermutlich erst spät, nach Blumenbachs Tod, in die Sammlung und könnte ursprünglich Teil der Lehrsammlung des Anatomischen Instituts gewesen sein.

19 Vgl. Tyede Helen Schmidt-Schultz, Michael Schultz, Bone protects proteins over thousands of years: Extraction, analysis, and interpretation of extracellular matrix proteins in archaeological skeletal remains, Am. J. Phys. Anthropol. 123, 2004, S. 30-39.

20 Vgl. z. B. Bernd Herrmann, Susanne Hummel (Hg.), Ancient DNA, New York u. a. 1994.

21 Zum Umgang mit menschlichen Präparaten in Sammlungen vgl. Arbeitskreis »Menschliche Präparate in Sammlungen«, Empfehlungen zum Umgang mit Präparaten aus menschlichem Gewebe in Sammlungen, Museen und öffentlichen Räumen, http://www.aerzteblatt.de/archiv/38021, abgerufen am 5.1.2012; vgl. auch Sarah Fründt, Die Menschensammler. Über den Umgang mit menschlichen Überresten im Übersee-Museum Bremen, Marburg 2011.

Silke Glitsch

DIE PAULINERKIRCHE VON DER INAUGURATION
BIS ZUM 275-JÄHRIGEN JUBILÄUM DER
GEORG-AUGUST-UNIVERSITÄT GÖTTINGEN[1]

The Pauliner Church from the inauguration to the 275th anniversary of the University of Göttingen. In 1737, the Pauliner Church, founded originally in 1294 as part of a Dominican monastery, hosted the ceremonial opening of the University of Göttingen. Ever since that time, it has been closely connected with the history of the university and its library. Having served as the central venue for university services and functions throughout the 18th century, its upper storey was transformed into a library hall in 1812. Soon, the so-called Historical Hall went on to be used for exhibitions and functions as well, many of which related to the university's subsequent anniversaries. In 1944, the Pauliner Church was largely destroyed in an air raid. After the Second World War, it was rebuilt, and its upper storey was used mainly as a lecture hall and catalogue room. Following a comprehensive refurbishment in 2000, the Historical Hall was re-openened in its former guise to provide a worthy setting for exhibitions and functions. In 2012, it hosts the central exhibition to mark the university's 275th anniversary.

Am 13. September 1737 brachen die beiden Professoren Johann Wilhelm von Göbel (1683-1745) und Peter Gericke (1693-1750) von Helmstedt nach Göttingen auf, um als Abgesandte ihrer Universität der feierlichen Eröffnung der von Kurfürst Georg August von Braunschweig und Lüneburg, als Georg II. zugleich König von Großbritannien, gegründeten Georg-August-Universität beizuwohnen.[2] In ihrer *Relatio von unserer Deputation nach Göttingen und was sich bey den Inaugurations-Solennitäten zugetragen; nebst einem Anhang von dasiger Stadt und Universität* geben sie einen ausführlichen Bericht von den mehrtägigen Inaugurationsfeierlichkeiten, deren zeremonieller Höhepunkt am 17. September 1737 in der Paulinerkirche stattfand. Bereits früh hatte sich ein gewaltiger Festzug gebildet, der durch die Innenstadt bis zur Paulinerkirche führte, nicht minder gewaltig war der Darstellung der beiden Professoren zufolge das Publikum, das sich hier versammelte, um die Eröffnung der Universität zu verfolgen: »Die Kirche war mit einer überaus großen Menge Menschen, so sich auf 4 bis 5000 belaufen haben soll,[3] angefüllet, so daß die daselbst befindliche Wache genug zu thun hatte, daß sie denen, so auf das Chor oder erhabene Bühne, welche von Brettern zusammengefüget, wolten, Platz machen konte. Damit nun alle und jede die Inaugurations-Solennitäten sehen könten, waren hinten in der Kirche Bäncke, deren eine immer höher, als die andere war, worauf die Zuschauer treten konten, gemacht, und konten also die hintersten über die fodersten hersehen. An beyden Seiten der Kirchen waren Priechen, so von Manns- und Weibes-Persohnen gepfropft voll waren.«[4] Der Eröffnung der Feier durch eine eigens für diesen Anlass komponierte Kantate folgte die Inaugurationspredigt des ersten Hofpredigers und Generalsuperintendenten des Fürstentums Calenberg Balthasar Mentzer (1679-1741), die Einführung des Theologieprofessors Jacob Wilhelm Feuerlein (1689-1766) in sein Amt als Prorektor, die Bestätigung der Dekane und die Proklamation der Professoren. Nach

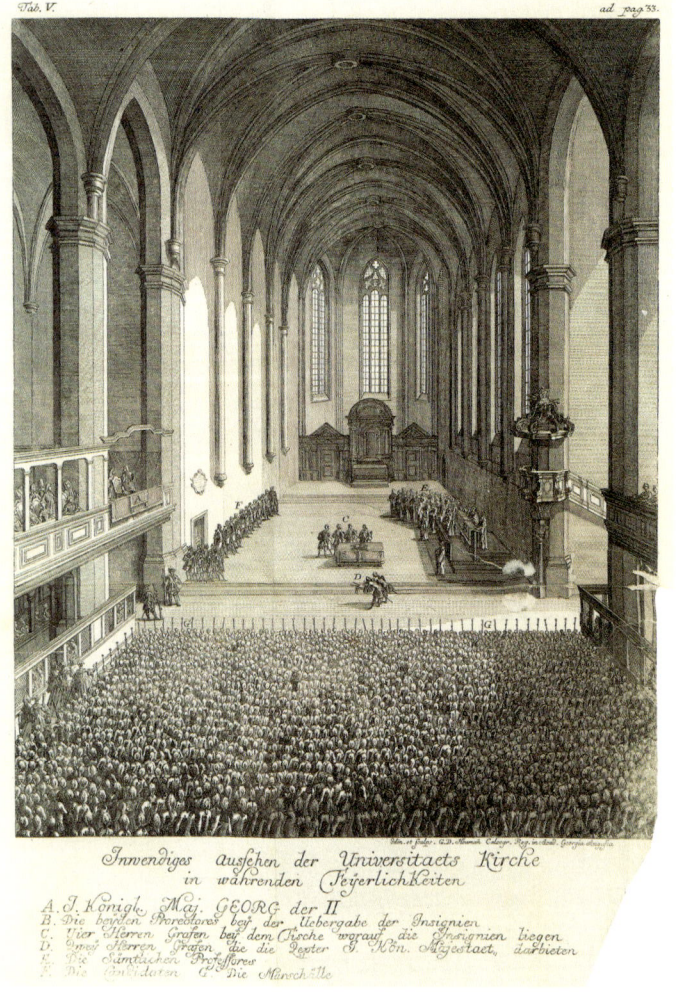

Tab. V.   ad. pag. 33.

Innvendiges ausfehen der Universitaets Kirche in wärenden Feierlichkeiten

A. I. Königl. Maj. GEORG der II
B. Die beyden Prorectores bey der Uebergabe der Insignien.
C. Vier Herren Grafen bey dem Tische worauf die Insignien liegen
D. Zwey Herren Grafen die die Zepter S. Kön. Majestaet, darbieten
E. Die fämtlichen Professores
F. Die Candidaten G. Die Mänschälle

Die Paulinerkirche beim Besuch Georgs II. am 1. August 1748. Kupferstich, Georg Daniel Heumann, SUB Göttingen. Die einzige bekannte Ansicht, die den gotischen Kirchensaal in seiner ganzen Raumhöhe zeigt. Foto: SUB Göttingen

Beschluss der Feier durch das Lob Gottes strömten die Geladenen unter den Gästen in die Rathaushalle, um sich an einem Festessen zu verkösigen.

Die Eröffnung der Universität in der Paulinerkirche ging mit der Einweihung des Gebäudes als Universitätskirche einher und stellte so den Beginn einer Tradition dar, die im Verlauf des 18. Jahrhunderts Bestand haben sollte, indem die Paulinerkirche für universitäre Feierlichkeiten und zugleich für Universitätsgottesdienste genutzt wurde.[5] Ihre Anfänge freilich gehen auf einen viel früheren Zeitraum zurück: 1294 gründete der Bettelorden der Dominikaner in Göttingen an einem »Deich oder Wasser-Grabe, welchen man den Poppendieck oder Papendieck geheissen«,[6] ein Kloster, dessen Kirche, eine gotische Hallenkirche mit einer Länge von 52 m und einer Breite von 19 m, im Jahre 1331 den Aposteln Petrus und Paulus geweiht wurde.[7] Zu Wohlstand kamen Kloster und Kirche nicht zuletzt dadurch, dass 1341 Reliquien des Thomas von Aquin hierhin verbracht wurden,[8] deren (vermeintliche) Wundertätigkeit »am Jahrs-Feste dieses Heiligen volkreiche Wallfahrten«[9] zur Folge hatte. Mit Einzug der Reformation in Göttingen 1529 wurde das Kloster aufgehoben, und am 24. Oktober desselben Jahres fand in der Paulinerkirche der erste evangelische Gottesdienst in Göttingen statt.[10] Von 1542 bis 1545 und von 1586 bis 1734 war in den Räumlichkeiten des ehemaligen Klosters ein Pädagogium von überregionaler Ausstrahlung untergebracht,[11] während die Paulinerkirche zunächst als Münze und kaufmännisches Warenlager,[12] später als Zeughaus und Speicher diente.[13]

Mit der Entscheidung, in Göttingen eine Landesuniversität zu gründen, wurde das Pädagogium aufgelöst, und die von ihm genutzten Räumlichkeiten wurden zusammen mit der Paulinerkirche der Universität übergeben. Dass »das Pauliner-Closter [...] zu den mehresten benöthigten Universitäts-Gebäuden aptiret«[14] werden könne, hatte der Göttinger Gerichtsschulze Friedrich Christoph Neubour (1682-1744) bereits in einem auf den 8. Januar 1733 datierten Gutachten vermerkt, nicht ohne für die Paulinerkirche zugleich eine Fülle von Nutzungen als Universitätskirche, als Ort von Universitätsfeierlichkeiten, als Hörsaal für Vorlesungen und Übungen aus dem Bereich der Naturgeschichte und -lehre, als Ort von Realiensammlungen und schließlich gar als Sternwarte vorzuschlagen.[15] Wenngleich sie nicht in ihrer Gesamtheit realisiert werden konnten – die Einrichtung eines Observatoriums war allein aufgrund der umliegenden Gebäude, die die Sicht behinderten, kaum praktikabel[16] –, wurden zwei von ihnen, wie oben erwähnt, in der Folge umgesetzt. So wurde die Paulinerkirche der Ort, an dem – neben etwa den turnusmäßigen Wechseln im Prorektorat und den alljährlichen Gedächtnisfeiern zur Einrichtung der Universität – die im 18. Jahrhundert wohl größten universitären Feierlichkeiten stattfanden: der Besuch ihres Gründers Georgs II. am 1. August 1748[17] und der Festgottesdienst zu ihrem 50-jährigen Jubiläum am 17. September 1787.[18]

Mit dem Bezug der Räumlichkeiten des ehemaligen Klosters durch die Universität hatte ihre Bibliothek einen Saal im Nordflügel des ersten Geschosses erhalten. Rasch wuchsen die Bestände an: Hatte die Bibliothek bei ihrer Gründung über einen Grundstock von etwa 12.000 Bänden verfügt, so waren es 1780 insbesondere dank großzügiger finanzieller Mittel und der erfolgreichen Erwerbungspolitik ihres langjährigen Direktors Christian Gottlob Heyne (1729-1812) bereits mehr als 85.000 und 1810 mehr als 150.000 Bände.[19] Daher wurde dieser Raum schon bald zu klein, und bereits 1748 begann ein Prozess, »in dessen Verlauf allmählich das gesamte Universitätsgebäude zur Bibliothek wurde.«[20] 1787 stellte der Universitätsbaumeister Georg Heinrich Borheck (1751-1834) einen Erweiterungsbau fertig, mit dem er freilich aus Kostengründen lediglich ein Drittel seiner ursprünglichen Entwürfe umsetzen konnte und der dem notorischen Platzmangel der Bibliothek nur kurzfristig Abhilfe leistete. Schon 1791 bemerkte der ehemalige Göttinger Student Wilhelm Friedrich August Mackensen (1768-1798) nicht ohne Spott: »Ich begreife nicht, wo man zuletzt noch mit den Büchern hin will, wenn man auch noch zwey Flügel anbauet, und ich glaube wahrhaftig, daß am Ende noch der liebe Gott aus der Universitätskirche […] ausziehen, und Minerven mit ihrem Bücherkram Platz machen muß.«[21] Er sollte recht behalten: Weitere Pläne Borhecks zu einer Vergrößerung der Bibliotheksräumlichkeiten – einer von ihnen sah gar den Abriss der Paulinerkirche und ihren Ersatz durch einen klassizistischen Bibliotheksbau vor – lehnte die Regierung in Hannover ab und beauftragte den Baumeister Friedrich Weinbrenner (1766-1826) damit, Entwürfe für einen Ausbau der Paulinerkirche vorzulegen. 1803 stimmte sie einem Plan Weinbrenners zu, der neben der Eingliederung der Paulinerkirche in ein klassizistisches Gebäudeensemble ihre Teilung in zwei Geschosse vorsah. Zu Ostern 1803 fand der letzte Universitätsgottesdienst in der Paulinerkirche statt; danach wurden die Universitätsgottesdienste in die Johanniskirche, schließlich in die Nikolaikirche verlegt.[22] Als Folge der politischen und kriegerischen Auseinandersetzungen jener Jahre setzten die Bauarbeiten freilich erst 1808 ein und gingen trotz der Zusicherung König Jérômes (1784-1860), für ihren Fortgang zu sorgen, nur langsam und unter stark reduzierten finanziellen Rahmenbedingungen voran. So blieb es bei einem Innenausbau der Paulinerkirche, in die eine Zwischendecke eingezogen wurde. Ihr oberes Geschoss wurde als Büchersaal mit Hochregalen zwischen den Bögen des Hauptschiffs und einer umlaufenden Galerie im Chor gestaltet und an der Westseite mit einem großen Fenster versehen; das untere Geschoss wurde zunächst für universitäre Feierlichkeiten genutzt.[23]

Erst im letzten Jahr seiner fast 50-jährigen Amtszeit und nur wenige Monate vor seinem Tod, im März 1812, konnte Heyne die Bibliotheksbeamten Jeremias David Reuß (1750-1837), Georg Friedrich Benecke (1762-1844) und Christian Bunsen (1770-1837) damit beauftragen, die Unterbringung der Buchbestände zum Fach Geschichte im oberen Geschoss der Paulinerkirche zu planen; innerhalb von nur drei Wochen war die Einrichtung des in der Folge »Historischer Saal« genannten Raums abgeschlossen.[24] Der Historiker Arnold Hermann Ludwig Heeren (1760-

DER BIBLIOTHEKSAAL IN GÖTTINGEN.

Druck & Verlag v. G. G. Lange in Darmstadt.

1842), als Schwiegersohn Heynes zugleich sein Biograph, beschreibt den Eindruck, den der neugeschaffene Bibliothekssaal auf den sonst so spröden Biblio-
thekar hinterließ: »Sobald es die Witterung verstattete, und Alles in Ordnung
war, ließ er es sich nicht nehmen, selber hinzugehen; brachte fast einen ganzen
Nachmittag dort zu; untersuchte die neue Ordnung der Fächer, (Er als Bibliothe-
kar müsse dieß ja wissen! wie er sagte;) und ließ es sich nicht verdrießen, selbst
die Gallerieen zu besteigen. Es war das letzte Mal, daß er die Bibliothek betrat.
Still und in sich gekehrt ging er in seine Wohnung zurück. Aber am Abend verbreitete sich über ihn eine seltene Heiterkeit. Die ernsten Bilder der Vergangenheit waren verschwunden; und die Aussicht einer glücklichen und ruhmvollen
Zukunft für die Georgia Augusta schien sich ihm eröffnet zu haben.«[25]

1767 hatte Heyne in seiner Eigenschaft als Altertumswissenschaftler mit ersten Ankäufen von Gipsabgüssen nach berühmten Statuen der Antike mit dem
Aufbau einer universitären Abgusssammlung begonnen, die er auch für seine im
selben Jahr eingerichteten archäologischen Vorlesungen heranzog.[26] Von 1812 bis
1845 wurden der Apoll von Belvedere und die Große Herkulanerin im Historischen Saal aufgestellt und ab 1814 durch Büsten herausragender Gelehrter der
Universität ergänzt.[27] Von Heinrich Heine (1797-1856) im Bibliothekstraum seiner
Harzreise (1826) literarisch verewigt,[28] blieb der Historische Saal lange weitgehend
unverändert, wie zahlreiche zeitgenössische Stiche oder Fotografien belegen.

Bereits im 19. Jahrhundert begann man damit, hier erste, freilich noch kleinere Ausstellungen der Bibliothek zu zeigen.[29] 1937 wurde anlässlich des 200-jäh-
rigen Jubiläums der Universität die Präsentation *Zweihundert Jahre Wissenschaft in
Göttingen* veranstaltet.[30] Im Folgejahr diente eine Spende der Klosterkammer

Hannover dazu, die Regaleinbauten und die Galerie im Chor zu beseitigen sowie den Raum zu restaurieren und zu modernisieren, um einen zeitgemäßen Ausstellungs- und Veranstaltungssaal einzurichten. Freilich sollte dieser bauliche Zustand nicht von langer Dauer sein.

In den letzten Monaten des Zweiten Weltkriegs, am 24. November 1944, traf eine Luftmine, die wohl dem Bahnhof gegolten hatte, das Bibliotheksgebäude, das zu etwa drei Fünfteln zerstört wurde. Schwere Schäden trug dabei insbesondere die Paulinerkirche davon.

Erst 1948 und mit bescheidenen technischen Mitteln wurde mit ihrem angesichts fortschreitender Witterungsschäden dringlich erforderlichen Wiederaufbau begonnen, und am 8. Mai 1953 wurde der obere Kirchensaal feierlich als Ausstellungs- und Veranstaltungssaal eingeweiht. Doch galt diese Zweckbestimmung wiederum für nur wenige Jahre: Aufgrund des in dieser Zeit großen Mangels an Vorlesungsräumlichkeiten wurde der Saal 1960 zum Hörsaal vorrangig für die historisch-philologischen Disziplinen umgewidmet. Nach der Fertigstellung des Zentralen Hörsaalgebäudes hielten 1973 der Realkatalog, große Teile des Systematischen Katalogs und der Niedersächsische Zentralkatalog ihren Einzug. Nur 1987 wurden die Katalogkästen vorübergehend entfernt, um hier anlässlich des 250-jährigen Jubiläums der Universität die Ausstellung *Aus den Schätzen der Bibliothek* zeigen zu können.[31]

1992 erhielt die Bibliothek ihren seit langem dringlich benötigten Neubau am Platz der Göttinger Sieben. Mit dem Umzug auch der Kataloge stand der obere Saal nunmehr wieder regulär für Ausstellungen wie *Wagnis der Aufklärung – Georg Christoph Lichtenberg 1742-1992* (1992/1993) oder *700 Jahre Paulinerkirche – vom Kloster zur Bibliothek* (1994/1995) zur Verfügung. Trotz des großen Erfolgs dieser Präsentationen erwies es sich, dass der Saal für die modernen Erfordernisse an Ausstellungen und auch Veranstaltungen mittlerweile unzulänglich ausgestattet war. Diesen Missstand zu beseitigen und den Saal in seiner historischen Dimension

Die Paulinerkirche nach dem Luftangriff am 24. November 1944. Dachstuhl und Zwischendecke der Paulinerkirche wurden weitgehend zerstört, ihr Kreuzgewölbe durchlöchert, ihre Fenster eingedrückt. Foto: SUB Göttingen.

wieder erlebbar zu machen, bezeichneten Universitätspräsident Prof. Dr. Horst Kern und Bibliotheksdirektor Prof. Dr. Elmar Mittler 1999 als »unser Ziel an der Wende zum nächsten Jahrtausend«.[32] Im Rahmen einer umfassenden Sanierung des gesamten Historischen Gebäudes, die dank des besonderen Engagements des Niedersächsischen Ministeriums für Wissenschaft und Kultur zwischen 2000 und 2006 erfolgen konnte,[33] wurde die Sanierung des Historischen Saals nach nur halbjähriger Bautätigkeit abgeschlossen.

Auf der Grundlage historischer Ansichten wurden die charakteristischen Hochregale zwischen den Pfeilern wieder errichtet und mit historischen Beständen bestückt. Hauptschiff, Seitenschiffe und Chor erhielten moderne Vitrineneinbauten, die im Chor durch ein klimatisiertes Schatzhaus zur Präsentation besonders wertvoller Exponate ergänzt wurden; auch schmücken seither wieder Abgüsse des Apolls von Belvedere sowie der Großen Herkulanerin und Büsten den Raum. Mit der Ausstellung *Gutenberg und seine Wirkung* wurde der Saal am 23. Juni 2000 feierlich als Ausstellungs- und Veranstaltungssaal eröffnet. Weithin beachtete Ausstellungen wie *Das Göttinger Nobelpreiswunder – 100 Jahre Nobelpreis* (2002), *Gutingi – Vom Dorf zur Stadt* (2005) oder zuletzt *Der rote Wunderschirm – Kinderbücher der Sammlung Seifert von der Frühaufklärung bis zum Nationalsozialismus* (2011/2012) sowie zahlreiche Veranstaltungen haben seither hier stattgefunden.

Indem die Paulinerkirche im Jahr des 275-jährigen Jubiläums der Universität mit der Ausstellung *Dinge des Wissens* einer ihrer zentralen Veranstaltungen einen würdigen Rahmen bietet, setzt sie eine Tradition fort, die bereits mit der Inauguration der Universität an eben diesem Ort ihren Anfang nahm und die über die Jahrhunderte in hier abgehaltenen Jubiläumsfeierlichkeiten und -ausstellungen vertieft worden ist. Bemerkenswert erscheint zudem, dass mit der – naturgemäß zeitlich beschränkten – Präsentation zumindest einer Auswahl aus dem Reichtum der universitären Sammlungen einem Vorschlag aus der Gründungszeit der Universität nahegekommen werden kann, der die Paulinerkirche auch als Ort von Realiensammlungen empfahl. Es bleibt zu wünschen, dass es mit der geplanten Einrichtung des Wissenshauses von Universität und Stadt gelingt, diesen Reichtum der Öffentlichkeit dauerhaft zugänglich zu machen.

ANMERKUNGEN

___ 1 Dieser Beitrag kann lediglich einen kurzen Abriss der Geschichte der Paulinerkirche geben. Er fußt wesentlich auf Karl Julius Hartmann, Hans Füchsel (Hg.), Geschichte der Göttinger Universitäts-Bibliothek, Göttingen 1937; Werner Seidel, Baugeschichte der Niedersächsischen Staats- und Universitätsbibliothek in Göttingen 1734-1953 (Hainbergschriften, 11), Göttingen 1953; Christiane Kind-Doerne, Die Niedersächsische Staats- und Universitätsbibliothek Göttingen. Ihre Bestände und Einrichtungen in Geschichte und Gegenwart (Beiträge zum Buch- und Bibliothekswesen, 22), Wiesbaden 1983; Elmar Mittler (Hg.), 700 Jahre Pauliner Kirche. Vom Kloster zur Bibliothek, Göttingen 1994; Paulinerkirche und Forschungsbibliothek. Beiträge zum Historischen Gebäude der Niedersächsischen Staats- und Universitätsbibliothek Göttingen (Sonderdruck aus Bibliothek und Wissenschaft 36, 2003), Wiesbaden 2003 sowie Margo Bargheer, Klaus Ceynowa (Hg.), Tradition und Zukunft. Die Niedersächsische Staats- und Universitätsbibliothek in Göttingen. Eine Leistungsbilanz zum 65. Geburtstag von Elmar Mittler, Göttingen 2005.
___ 2 Zur Gründung der Universität und zu den Inaugurationsfeierlichkeiten vgl. Ulrich Hunger, Die Georg-August-Universität als landesherrliche Gründung. Ein Bericht über ihre Genese, in: »Eine Welt allein ist nicht genug«. Großbritannien, Hannover und Göttingen 1714-1837, hg. von Elmar Mittler (Göttinger Bibliotheksschriften, 31), Göttingen 2005, S. 99-114.

___ 3 Zurecht bezeichnet Hunger (Anm. 2), S. 111 diese Zahl als völlig unglaubwürdig. In den 1950er Jahren standen in der Paulinerkirche für Veranstaltungszwecke etwa 500 Plätze zur Verfügung, vgl. Heinz Fuchs, Die Paulinerkirche als Teil der Universitätsbibliothek (19. und 20. Jahrhundert), in: 700 Jahre Pauliner Kirche (Anm. 1), S. 149-153, hier S. 152. Heute sind hier 200 Plätze zulässig.

___ 4 J[ohann] W[ilhelm von] Göbel, P[eter] Gericke, Relatio von unserer Deputation nach Göttingen und was sich bey den Inaugurations-Solennitäten zugetragen; nebst einem Anhang von dasiger Stadt und Universität, Helmstedt, 30.9.1737, in: Die Gründung der Universität Göttingen. Entwürfe, Berichte und Briefe der Zeitgenossen, hg. von Emil F. Rössler, Göttingen 1855, S. 392-410, hier S. 397.

___ 5 Vgl. Reimer Eck, Vom Pädagogium zur Keimzelle von Universität und Bibliothek. Zur Bau- und Nutzungsgeschichte des Pauliner-Klosters im 18. Jahrhundert, in: 700 Jahre Pauliner Kirche (Anm. 1), S. 145-149, hier S. 145. Zur Paulinerkirche als Universitätskirche vgl. Konrad Hammann, Universitätsgottesdienst und Aufklärungspredigt. Die Göttinger Universitätskirche im 18. Jahrhundert und ihr Ort in der Geschichte des Universitätsgottesdienstes im deutschen Protestantismus (Beiträge zur historischen Theologie, 116), Tübingen 2000.

___ 6 Seidel (Anm. 1), S. 6.

___ 7 Vgl. Theo Weinobst, Göttinger Kirchen. Ein Spiegelbild der Stadtgeschichte, Göttingen 1975, S. 34.

___ 8 Vgl. Wulf Schadendorf, Göttinger Kirchen (Beiträge zur historischen Theologie, 116), Göttingen 1953, S. 4.

___ 9 [Samuel Christian Hollmann,] Die Georg-Augustus-Universität zu Göttingen, in der Wiege, in Ihrer blühenden Jugend, und reifferem Alter. Mit unpartheiischer Feder entworfen von Einem Ihrer Ersten, und nun allein noch übrigem, Academischen Lehrer, [hg. von Johann Beckmann,] Göttingen 1787, S. 76; vgl. Seidel (Anm. 1), S. 7. Hollmanns Bericht nach handelte es sich bei den Wallfahrtenden vor allem um unfruchtbare Frauen. Nicht ohne eine gewisse Bosheit fügt er hinzu: »Da dieses Jahrs-Fest auch über acht Tage gedauret hat; so haben die guten unfruchtbaren Weiber Zeit und Gelegenheit genug finden können, für ihre mitgebrachten reichlichen Opfer von den lebendigen, und in gutem Wohlstande sich befindenden, Mönchen dasjenige zu erhalten, was sie von den todten Gebeinen des Heil. Thomas nimmer erwarten noch erhalten konnten.«

___ 10 Vgl. Weinobst (Anm. 7), S. 35. Zur Auflösung des Klosters vgl. Eva Schlotheuber, Die Auflösung der Bettelordensklöster in der Reformation, in: 700 Jahre Pauliner Kirche (Anm. 1), S. 35-39.

___ 11 Zum Pädagogium vgl. Berthold Michael, Die beiden Pädagogien im Paulinerkloster. 1542-1545 und 1586-1734, in: 700 Jahre Pauliner Kirche (Anm. 1), S. 111-124.

___ 12 Vgl. Schlotheuber (Anm. 10), S. 39.

___ 13 Hollmann (Anm. 9), S. 75 spricht von einer Nutzung der Paulinerkirche »größten Theils zu einem Zeughause«, ein ebenfalls zeitgenössischer Bericht von einem Gebrauch als Holz- und Kornspeicher, vgl. Gutachten des Gerichtsschulzen Fr[iedrich] Chr[istoph] Neubour zu Göttingen, in: Die Gründung der Universität Göttingen (Anm. 4), S. 28-31, hier S. 31.

___ 14 Ebd., S. 28.

___ 15 Vgl. ebd., S. 28f. Im Wortlaut heißt es: »6) Wenn von der Pauliner Kirche noch 2 Pfeiler von dem Nef zu dem Chor gegeben werden, kan solches zu einer zwar nicht allzu großen, dennoch artigen Universitäts-Kirche dienen. 7) Die übrige Navis Templi […] kan ein sehr ansehnliches Auditorium Majus, zu denen Promotionen und andern actibus publicis Academiae, abgeben, 8) Oben darüber könte ein magnifiques Theatrum Anatomicum, ein Theatrum Naturae et Artis, eine Naturalien-Cammer etc. angeleget werden. 9) Neben der Kirche lieget ein artiger Garten-Platz, […] aus welchem […] ein feiner hortus Medicus werden kan. 10) Es könte auch vielleicht auf dieser Kirche ein bequehmes Observatorium aufgerichtet werden.«, vgl. auch Hammann (Anm. 5), S. 26f. Bereits 1736 wurde der Alte Botanische Garten an seinem heutigen Ort errichtet, 1751 nahm die erste Göttinger Sternwarte in einem Turm der südlichen Stadtmauer ihren Betrieb auf. Zu den Anfängen und zur Geschichte des 1773 in den Universitätsräumlichkeiten eingerichteten Academischen Museums vgl. Christine Nawa, Sammeln für die Wissenschaft? Das Academische Museum Göttingen (1733-1840), Göttingen 2010.

___ 16 Vgl. Hollmann (Anm. 9), S. 76f.

___ 17 Zu diesem Besuch vgl. Uta Richter Uhlig, London – Hannover – Göttingen. Die Reisen

Georgs II. nach Hannover und sein Verhältnis zu Göttingen, in: »Eine Welt allein ist nicht genug« (Anm. 2), S. 141-157.

___ 18 Vgl. Hammann (Anm. 5), S. 96-99.

___ 19 Vgl. Kind-Doerne (Anm. 1), S. 147.

___ 20 Ebd., S. 137.

___ 21 [Wilhelm Friedrich August Mackensen,] Letztes Wort über Göttingen und seine Lehrer. Mit unter wird ein Wörtchen raisonnirt, Leipzig 1791, S. 81, vgl. Geschichte der Göttinger Universitäts-Bibliothek (Anm. 1), S. 103. Bereits in den 1760er Jahren hatte Johann David Michaelis eine Nutzung der Paulinerkirche für bibliothekarische Zwecke vorgeschlagen, was jedoch verworfen worden war, vgl. Geschichte der Göttinger Universitäts-Bibliothek (Anm. 1), S. 98.

___ 22 Vgl. Hammann (Anm. 5), S. 109 u. 367.

___ 23 Vgl. Geschichte der Göttinger Universitäts-Bibliothek (Anm. 1), S. 104f. Von 1823 bis 1837 diente es als Antikensaal und archäologischer Hörsaal, 1837 im Rahmen des 100-jährigen Jubiläums der Universität als Speisesaal, danach als (seit 1951 zweigeschossiges) Magazin (ab Anfang der 1980er Jahre bis zum Bezug des Neubaus der SUB Göttingen als Sitz des Bibliotheksrechenzentrums für Niedersachsen), vgl. Fuchs (Anm. 3), S. 151-153.

___ 24 Vgl. Geschichte der Göttinger Universitäts-Bibliothek (Anm. 1), S. 105f.

___ 25 Arn[old] Her[m]ann] L[ud]wig] Heeren, Christian Gottlob Heyne. Biographisch dargestellt, Göttingen 1813, S. 444, vgl. Geschichte der Göttinger Universitäts-Bibliothek (Anm. 1), S. 106. Raumnot blieb freilich ein notorisches Charakteristikum der Bibliothek. 1883 erhielt sie ihr Prinzenstraßengebäude, 1916 einen weiteren Magazinbau, 1992 endlich ihren Neubau am Platz der Göttinger Sieben, der seither als Zentralbibliothek der SUB Göttingen dient. Ihr Historisches Gebäude wird als Ort der wissenschaftshistorischen Sammlungen, der historischen Forschung und der Vermittlung von Forschungsergebnissen an eine breite Öffentlichkeit zugleich genutzt.

___ 26 Zur Bedeutung Heynes für die Archäologie vgl. Daniel Graepler, Joachim Migl (Hg.), Das Studium des schönen Altertums. Christian Gottlob Heyne und die Entstehung der Klassischen Archäologie, Göttingen 2007. Diesem Themenkomplex ist auch ein umfangreiches Forschungsprojekt des Archäologischen Instituts und der SUB Göttingen gewidmet, vgl. SUB Göttingen, Projektdetails ARCHAEO 18, http://www.sub.uni-goettingen.de/projekte-forschung/projektdetails/projekt/archaeo18/, abgerufen am 6.1.2012.

___ 27 Zur Aufstellung von Abgüssen und Büsten im Historischen Saal vgl. Hartmut Döhl, Bücher, Büsten und Skulpturen. Beobachtungen zur Ausstattung der Göttinger Universitätsbibliothek im 18. und 19. Jahrhundert, in: Paulinerkirche und Forschungsbibliothek (Anm. 1), S. 19-51.

___ 28 Zum Bibliothekstraum Heines vgl. Döhl (Anm. 27), S. 41-50 sowie August Ohage, Der Traum von der Göttinger Bibliothek. Heines *Harzreise* von innen gelesen, in: Paulinerkirche und Forschungsbibliothek (Anm. 1), S. 53-70.

___ 29 Zum Ausstellungswesen an der SUB Göttingen vgl. Jan-Jasper Fast, Bibliotheksausstellungen in Göttingen. Öffentlichkeitsarbeit für Universität und Stadt, in: Tradition und Zukunft (Anm. 1), S. 93-115.

___ 30 Vgl. Kind-Doerne (Anm. 1), S. 41. Zu den Ausstellungen der Bibliothek in der Zeit des Nationalsozialismus vgl. Fast (Anm. 29), S. 97f.

___ 31 Vgl. Fuchs (Anm. 3), S. 153.

___ 32 Horst Kern, Elmar Mittler, SUB Göttingen. Sanierung des »Historischen Saals«, in: BuB-Journal, 1999, 10/11, S. 598.

___ 33 Zur Sanierung des Historischen Gebäudes der SUB Göttingen vgl. Elmar Mittler, Tradition mit Zukunft. Zur Baugeschichte des Historischen Gebäudes der Niedersächsischen Staats- und Universitätsbibliothek Göttingen aus Anlass seiner Sanierung, in: Paulinerkirche und Forschungsbibliothek (Anm. 1), S. 71-93, sowie Burkard Ihlenfeldt, Sanierung des Historischen Gebäudes der Niedersächsischen Staats- und Universitätsbibliothek Göttingen (SUB). Baumängelbeseitigung und Nutzungsänderung, in: Tradition und Zukunft (Anm. 1), S. 163-186.

DINGBIOGRAPHIEN

Gundolf Krüger

DEM ›ECHTEN‹ OBJEKT AUF DER SPUR
Die *taunga* der Göttinger Cook/Forster-Sammlung (18. Jahrhundert)

Bei der wissenschaftlichen Erschließung musealer Sammlungen kommt es vor, dass man auf sogenannte ›Phantom-Objekte‹ stößt. Dies geschieht, wenn zu einem vorhandenen Gegenstand fälschlicherweise zwei Erwerbseinträge existieren. Das Gegenteil ist eher selten, lässt sich aber an einem polynesischen Kulturzeugnis der Göttinger Cook/Forster-Sammlung aus dem 18. Jahrhundert belegen: In den Erwerbsakten ist dieser Gegenstand, ein kunstvoll gefertigter Aufhängehaken für Nahrung von der Inselgruppe Tonga, singulär verzeichnet. Im Zuge einer umfassenden Dokumentation der Göttinger Cook/Forster-Sammlung (publiziert 1998) stellte sich aber überraschend heraus, dass es ihn in zweifacher Ausführung gibt. Wie kam es dazu?

Während der zweiten und dritten Südsee-Reise (1772-1775 und 1776-1780) von James Cook (1728-1779) wurden im tonganischen Archipel sechs Aufhänge-Vorrichtungen für Nahrungsmittel (food suspension hooks) erworben. Sie befinden sich heute in Museen und Sammlungen in Stockholm, Genf, Oxford, Wellington, Wien und auch in Göttingen. Bestandteil solcher mit kleinen Haken versehenen Aufhänge-Vorrichtungen ist eine flache Scheibe, die am oberen Ende mit Schnüren locker befestigt wurde, so dass sie nach allen Seiten beweglich ist. Der tonganische Speiseträger *taunga* wurde unter dem Dachbalken aufgehängt und diente dazu, vor allem Fleisch- und Fischportionen an den einzelnen Haken rattensicher aufzubewahren. Von der beweglichen Scheibe rutschten Ratten, die vom Dach her an die Nahrungsmittel gelangen wollten, herunter. Im Katalog zum Erwerb der Cook-Sammlung aus dem Jahr 1782 wird genau diese Funktion bereits angedeutet: »A Meat-Safe, an ingenious contrivance used by the Natives of the Friendly Isles to preserve their Meat from Rats«. Entsprechend ist der Gegenstand seit der Wirkungszeit von Johann Friedrich Blumenbach (1729-1840) als »Rattenfalle von den Freundschaffts-Inseln« (*Inv. Nr. OZ 136a, b*) bekannt geworden.

Bei den Aufhänge-Vorrichtungen, die von den Cook'schen Expeditionen stammen, handelt es sich bis auf eine Ausnahme um Gegenstände, die aus Holz gefertigt worden sind. Ein Exemplar besteht aus Elfenbein (Walzahn) und befindet sich heute im Museum für Völkerkunde in Wien. Eine solche seltene Aufhänge-Vorrichtung hatte innerhalb der stratifizierten Gesellschaft von Tonga zum Haushalt der *kainga* (Verwandtengruppe) eines ›eiki (erblicher Häuptlingstitel) gehört, denn Knochen und Zähne eines Wals gingen in vorkolonialer Zeit automatisch in den Besitz jenes Oberhauptes über, in dessen Herrschaftsgebiet ein Wal verendete.

Das hölzerne Exemplar des Aufhängehakens in Göttingen entspricht dem häufiger vorkommenden Typ eines Gebrauchsgegenstandes und ist nahezu identisch mit einem Exemplar im Landesmuseum Hannover. Als dieses ›Vereins-Museum‹ (später: Provinzial-Museum) gegründet wurde, gab die Göttinger Sammlung um die Jahreswende 1853/1854 auf Bitten König Georgs V. (1819-1878) 55 ethnographische ›Doubletten‹ dorthin ab. Der nach dem Tod Blumenbachs für die Ethnographische

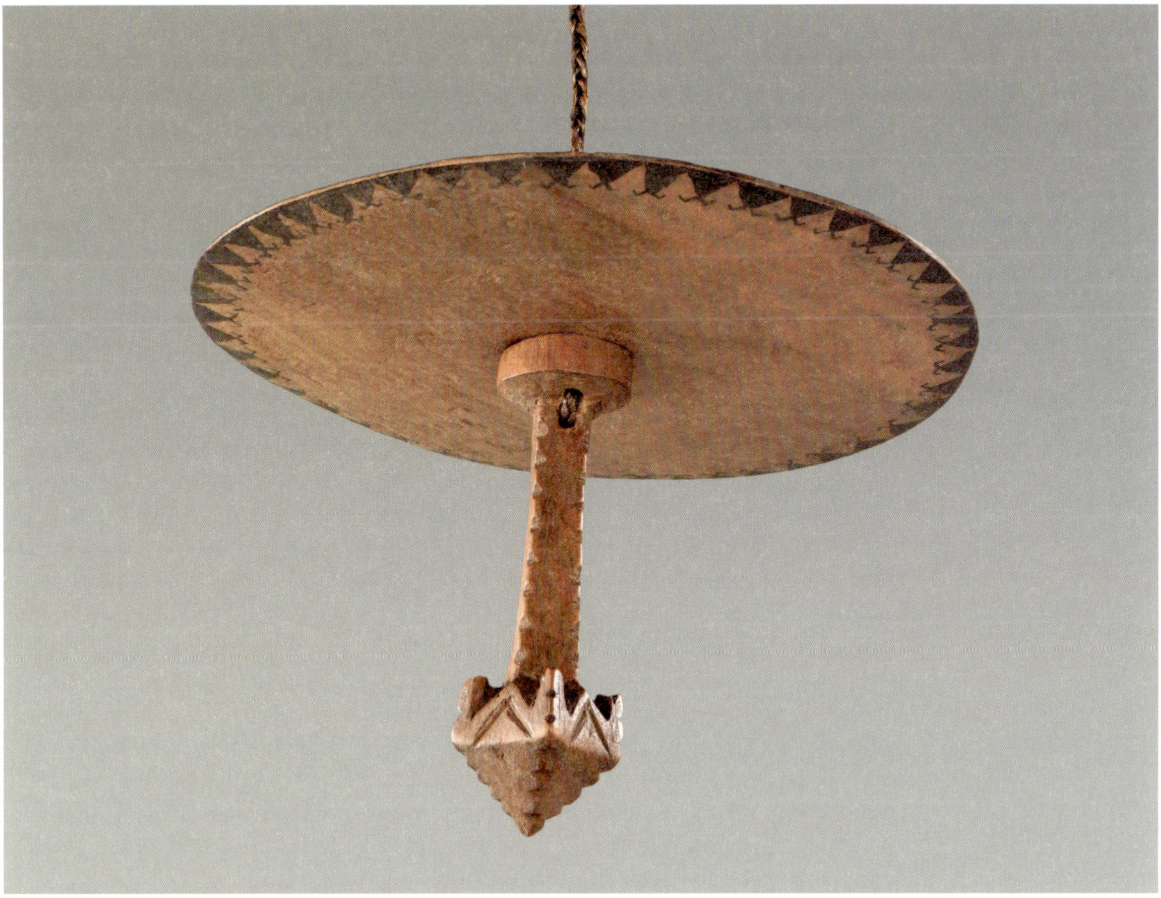

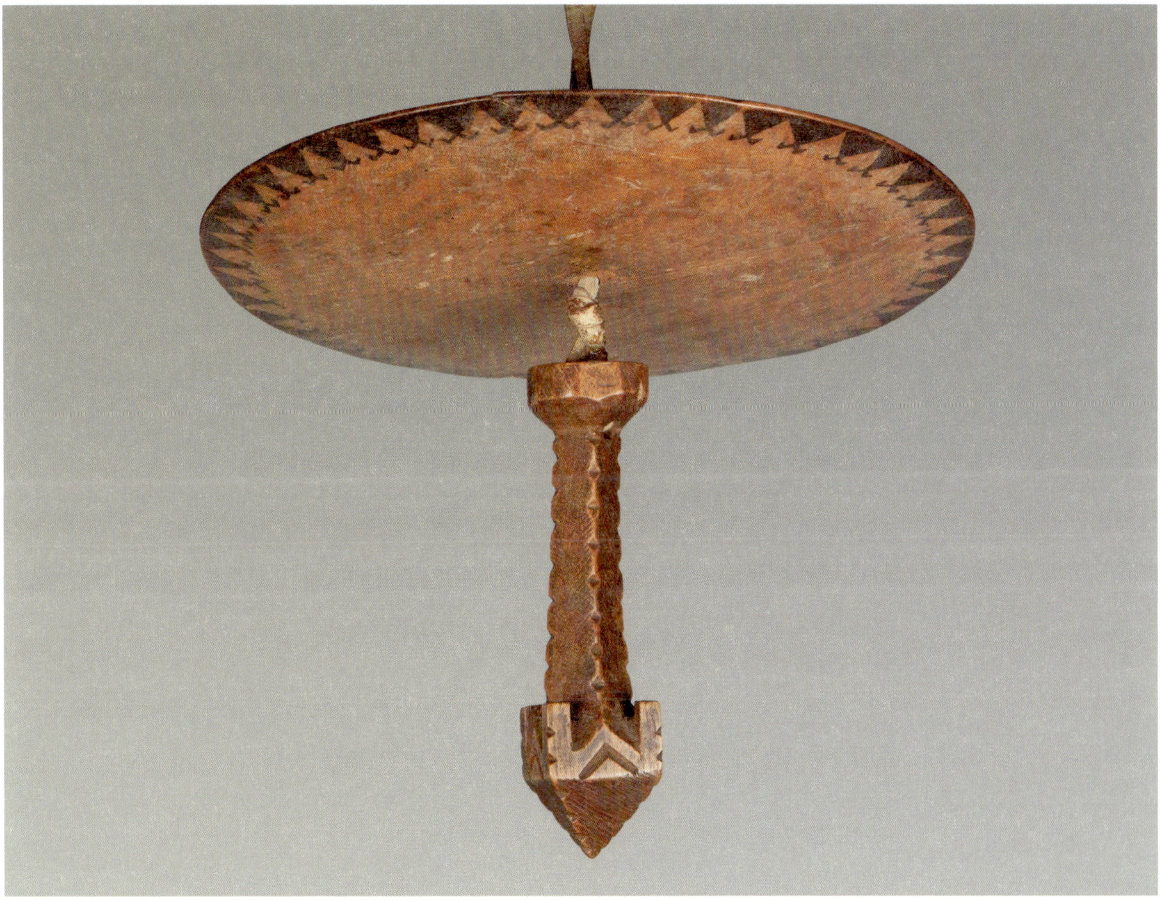

Abteilung des *Academischen Museums* zuständige Mediziner Johann Friedrich Osiander (1787-1855) hatte dabei vermerkt, dass sich unter den ›Doubletten‹ eine solche »Rattenfalle« befand. Zudem hatte er bereits zuvor den Privatnachlass von Blumenbach mit folgenden Worten für das *Academische Museum* vereinnahmt: »Gegenstände zur ethnographischen Sammlung des acad. Museums. Aus der Blumenbach'schen Sammlung 1841« Nr. 15: »Ratten Falle von den Freundschafts Inseln«.[1] Also hatte sich ein zweites Exemplar eines solchen Aufhängehakens im Besitz von Blumenbach befunden. Im Universitätsarchiv fand sich dann eine vielsagende Bestätigung dafür. Manfred Urban stieß dort in der Blumenbach-Akte auf folgenden Vermerk: »Rattenfalle von den Freundschaffts-Inseln der Südsee, genau nach dem Original im academischen Museum verfertigt«.[2]

Nun war klar, es gab eine Nachbildung. Doch welches war das Original? Die mikroskopische Analyse von Holzproben beider Objekte im Institut für Forstbenutzung der Universität Göttingen, durchgeführt von Frantisek Hapla, erbrachte den Beweis:

1. Das Göttinger Exemplar (OZ 136a, b) ist die Nachbildung (»einheimischer Bergahorn *Acer pseudo-platanus L*«. Hapla 17.1.1997);

2. Das hannoversche Exemplar (1854, Nr. 56) ist das Original (»eine tropische Laubholzart, die jedoch anhand der im Institut für Forstbenutzung verfügbaren Holzarten-Vergleichsmuster aus dem Bereich der tropischen Waldregionen nicht näher bestimmt werden konnte«, Hapla 20.3.1997).

Osiander hatte das Original nach Hannover abgegeben, sicherlich hielt er dieses aufgrund des vergleichsweise nicht ganz so ansprechenden äußeren Erscheinungsbildes für die Doublette. Betrachtet man heute im Vergleich zum Göttinger Objekt das ›Hannover-Stück‹, so fällt auf, dass dessen Faserschnürung brüchig ist und die Haken teilweise abgebrochen bzw. beschädigt sind.

Durch einen Hinweis von Wolfgang Böker vom Projekt »Johann Friedrich Blumenbach – online« steht entgegen einer ursprünglichen Vermutung neuerdings fest, dass die Nachbildung des Hakens nicht für die praktische Vorführung im Hochschulunterricht diente, sondern dass Blumenbach sich ein *taunga* durch den Göttinger Tischler Johann Christoph Poppe für die private Nutzung hat anfertigen lassen und dies bereits 20 Tage nach Erhalt der Cook-Sammlung ankündigte: »Die Rattenfalle von den Friendly Isles die ich mir zum würcklichen häuslichen Gebrauch nachmachen laße. Das Original soll [Johann Ludwig] Lorenz wieder ins Mus.[eum] legen« (Brief an Heyne von ca. 4.8.1782; Klatt 2006: 333, Nr. 212).

LITERATUR

___ Brigitta Hauser-Schäublin, Gundolf Krüger (Hg.), James Cook. Gaben und Schätze aus der Südsee. Die Göttinger Sammlung Cook/Forster, (deutsch/englisch), München 1998.
___ Manfred Urban, Die Erwerbungsgeschichte der Göttinger Sammlung, in: ebd., S. 56-85.
___ Adrienne Kaeppler, »Artificial Curiosities« collected on the Three Pacific Voyages of Captain James Cook (R. N. Bernice P. Bishop Museum special Publication 65), Honolulu 1978.
___ Frank William Peter Dougherty, Norbert Klatt, The correspondence of Johann Friedrich Blumenbach, vol. 1: 1773-1782: letters 1-230, Göttingen 2006.

ANMERKUNGEN

___ 1 Wiss. Kulturarchiv, Institut für Ethnologie.
___ 2 SUB Göttingen. Cod. Ms. Blumenbach I/2; Urban (1998), S. 83.

Rolf Callauch

WARTEN AUF DEN THYMIAN
Der längste ökologische Feldversuch in einem botanischen Garten

Mit der Gründung des Experimentellen Botanischen Gartens wurde 1968 ein weg-weisender, ökologischer Feldversuch eingerichtet, der bis heute weiterläuft. Als Prof. Dr. Heinz Ellenberg (1913-1997) damals den Lehrstuhl für Geobotanik in der Göttinger Biologischen Fakultät übernommen hatte, benötigte er für seine ökolo-gischen Versuche neue Flächen im Freiland und unter Glas, die der Alte Botani-sche Garten nicht bieten konnte. Deshalb wurde ein etwa 30 ha großes Gelände im Nordgebiet der Universität diesem Zweck gewidmet und seitdem kontinuier-lich für Forschungsvorhaben ausgebaut. Zu den ersten Versuchsanlagen gehörten die Grundwasserbecken für ökologische Freilandversuche und der Sukzessions-versuch, von dem hier die Rede sein soll. Er steht wie kein anderer für die Konti-nuität der Forschung im Experimentellen Botanischen Garten. Seine wissen-schaftliche Betreuung liegt seit den Anfangsjahren in den Händen von Prof. Dr. Wolfgang Schmidt, einem damals jungen Kollegen Prof. Ellenbergs, der im Laufe der Jahrzehnte eine große Menge Daten aus diesem Dauerversuch gewin-nen konnte und sie in zahlreichen Publikationen niedergelegt hat. Viele Diplo-manden und Doktoranden haben einen oder mehrere Sommer damit zugebracht, die Flächen des Versuchs zu durchstreifen und die Pflanzen in ihrem Verhalten zu beobachten.

Worum geht es bei dem Experiment? »Ziel der Sukzessionsforschung ist es, das zeitliche Nacheinander von verschieden zusammengesetzten Pflanzenbeständen auf demselben Wuchsort zu ergründen.«[1] Es geht also darum herauszufinden, wie sich Pflanzenbestände von einem definierten Ausgangszustand über lange Zeiträume entwickeln und wozu: etwa zu einem Wald, einer Wiese oder einer Hochstaudenflur. Die Antwort auf diese Fragen leitete man bis zum Sukzessions-versuch lediglich aus der Beobachtung räumlich benachbarter Pflanzengesell-schaften ab. Würden diese deduktiven Annahmen einer Überprüfung durch einen langfristigen, empirischen Versuch standhalten, der wirklich bei Null mit einem pflanzenfreien und sogar sterilisierten Boden beginnt? Die Parzellen des Versuchs wurden durch drei Kulturmaßnahmen (Pflügen, Mähen und Düngen) variiert und so in verschiedene Entwicklungsbahnen gelenkt. Nach über 40 Jah-ren sind aus dem ehemaligen Acker unter Mahd vielfältige, artenreiche Rasen geworden, die Äcker sind erwartungsgemäß Äcker geblieben, und aus den Kon-trollparzellen ohne Mahd oder Pflügen sind kleine Wälder entstanden. Über die Jahrzehnte haben sich viele Pflanzenarten eingestellt und später nachrückenden Arten wieder das Feld überlassen. Manche waren eine echte Überraschung, an-dere, viel früher erwartete, ließen sich Zeit, wie etwa die Buche, die überall in der Umgebung anzutreffen ist. Ackerunkräuter bildeten die Vorhut, dann kamen die ausdauernden Kräuter und schließlich die Gehölze.

Der Experimentelle Botanische Garten wurde zum Ort eines jahrzehntelan-gen Forschungsprojekts, welches seinesgleichen in der Welt sucht. Viele Annah-men über die Vegetationsentwicklung aus den Anfangsjahren mussten revidiert werden und erscheinen heute in neuem Licht. Zahlreiche wissenschaftliche Ergebnisse sind in die Lehrbücher der Pflanzenökologie eingeflossen, auch für die praktische Anwendung ergaben sich viele Hinweise. So sind diese Erkenntnisse wichtig für den Naturschutz und können eine sichere Basis für vernünftiges Umweltmanagement bieten. Ein Beispiel: Eine Kommune sieht sich durch öffentlichen Druck genötigt, etwas für den Naturschutz zu tun, was gleichzeitig den Bürger und Besucher optisch erfreut und zum Spazieren einlädt. Was liegt da näher, als ein Stück Acker oder Wiese in eine artenreiche Blumenwiese zu verwandeln? Ein Biotop, das als Lebensraum für Schmetterlinge geeignet ist und schützenswerten Pflanzenarten wie den Orchideen eine Heimat bietet. Doch wie fängt man das an? Klappt das innerhalb einer Wahlperiode? In welchen Zeiträumen kann man ein ›wertvolles Biotop‹ schaffen, und was kostet das? Ist es vielleicht besser, die Fläche einfach der Natur zurückzugeben und darauf zu hoffen, dass in wenigen Jahren ein frischgrüner Buchenwald die Wanderer erfreut? Durch den Göttinger Sukzessionsversuch wissen wir: Ganz entscheidend kommt es auf die Ausgangssituation bei einer Biotopanlage an. Sind die Böden nährstoffreich oder sogar ehemalige Äcker wie im Sukzessionsversuch, so braucht es Jahrzehnte, bis interessante Arten von selbst auftauchen. Auf dem Göttinger Versuchsareal waren es die Zeigerpflanzen für magere Bodenbedingungen wie Walderdbeere und Thymian, die nach über 20 Jahren erstmals auf den Mahdflächen auftauchten und den Weg zu einer artenreichen Blumenwiese andeuteten – eine lange Zeit für ungeduldige Politiker. Für Wissenschaftler war es eine Überraschung, dass die Buche über 30 Jahre benötigte, um präsent zu sein. Bis heute werden die kleinen Wäldchen von Pioniergehölzen wie Esche, Weide und Ahorn dominiert, die Buche ist noch kaum sichtbar.

Eine einmalige Mahd pro Jahr erhöht die Artenvielfalt deutlich, während sie auf unbearbeiteten Flächen abnimmt. Ist es also für viele Organismen besser, wenn der Mensch regelmäßig in die Sukzession eingreift, als wenn er tatenlos alles der Natur überlässt? Schließlich wurde offensichtlich, dass unserer einheimischen Flora keine Übernahme durch fremdländische Invasoren droht, allen Ängsten um Indischem Springkraut und Herkulesstaude zum Trotz. Fast während der gesamten Versuchsdauer wurden etwa 200 Stauden aus Nordamerika und Asien und südeuropäische Arten direkt neben dem Sukzessionversuch kultiviert, ohne dass auch nur eine Art ernsthaft die Pflanzendecke dominieren konnte. Auch nach dem Ende der Ära Schmidt wird der Versuch weitergeführt, denn sein Potential ist im 44. Jahr nach dem Start noch längst nicht ausgeschöpft.

LITERATUR

__ Wolfgang Schmidt, Mahd ohne Düngung – Vegetationskundliche und ökologische Ergebnisse aus Dauerflächenuntersuchungen zur Pflege von Brachflächen, in: Münstersche Geografische Arbeiten 20, 1985, S. 81-99.
__ Wolfgang Schmidt, Biodiversity and Plant Productivity in a Grassland Succession: Effects of Nutrient Levels and Disturbance Regimes, in: Polish Botanical Studies 22, 2006, S. 437-448.

Blühender Thymian (*Thymus pulegioides L.*), Freiland, Experimenteller Botanischer Garten der Universität, Göttingen. Foto: Rolf Callauch.

ANMERKUNGEN

__ 1 Wolfgang Schmidt (Hg.), Sukzessionsforschung. Berichte der Internationalen Symposien der Internationalen Vereinigung für Vegetationskunde, Vaduz 1975.

Jens Schneeweiß

ALTSTEINZEITLICHE HÖHLENKUNST IN SÜDNIEDERSACHSEN
Zur Geschichte der Göttinger Bisonnachbildung aus Altamira

Maßstäbliche Nachbildung einer polychromen Bison-darstellung aus der Alta-mira-Höhle in Kantabrien, Nordspanien (Ausschnitt). Original: ca. 15.000 v. Chr., Rötel, Manganerde, Holzkohle auf Felsgestein; Nachbildung: Wilhelm Reuter, Provinzialmuseum Hannover, um 1935, Gips, bemalt, 164 × 114 × 20 cm (3/4 der Originalgröße), Lehrsammlung des Semi-nars für Ur- und Früh-geschichte, Göttingen. Foto: Stephan Eckardt.

»Nach Altamira ist alles dekadent, wir haben nichts dazugelernt!« Diesen Satz soll Pablo Picasso ausgerufen haben, nachdem er die 15.000 Jahre alten Höhlen-malereien von Altamira besichtigt hatte. Inzwischen ist zwar in einer wissen-schaftlichen Abhandlung gezeigt worden, dass Picasso die Höhle niemals besucht hat, aber allein die Tatsache, dass er es gesagt haben *könnte*, illustriert die enorme Bedeutung, die die eiszeitliche Malerei für unser heutiges Kunstverständnis be-sitzt.[1]

Die Höhle von Altamira in Nordspanien wurde bereits 1868 entdeckt, die da-rin befindlichen Bilder entdeckte ein kleines Mädchen aber erst 1879, als es mit seinem Vater die Höhle besuchte. Es waren die ersten altsteinzeitlichen Male-reien, die bekannt wurden. Damals hielt man es für ausgeschlossen, dass der prä-historische Mensch solche Werke zu schaffen in der Lage war. Die Wissenschaft-ler zweifelten Echtheit und Alter der Malereien an. Emile Cartailhac (1845-1921), ein französischer Prähistoriker, bezeichnete sie sogar als Schmierereien. Erst mit der Entdeckung weiterer Bilderhöhlen in Frankreich seit 1895 wurde die Echtheit von Altamira anerkannt. Cartailhac entschuldigte sich 1902 offiziell für seine frühere Fehleinschätzung in einem Artikel, der beispielhaft für die wissen-schaftliche Redlichkeit wurde.[2] Nun erst erfolgte auch die wissenschaftliche Do-kumentation und Publikation der Altamira-Höhle. Die Malereien zeichnen sich durch eine intensive Farbgebung aus, die mit verschiedenen Ockertönen, Rötel, schwarzer Manganerde und Holzkohle geschaffen wurde. Es sind zahlreiche eis-zeitliche Tiere dargestellt, aber am beeindruckendsten sind die 16 verschiedenen und teilweise polychromen Bisondarstellungen. Nicht nur feine Farbabstufungen verleihen den Tieren eine erstaunliche Plastizität, sondern auch die teilweise ge-schickt einbezogenen natürlichen Vorsprünge der Höhlenwand, die die Male-reien zu Reliefs werden lassen.

Die Auswirkungen dieser sensationellen Entdeckungen auf die Wissenschaft waren enorm, alle geltenden Vorstellungen über die Vorgeschichte der Mensch-heit und die Anfänge der Kunst wurden in Frage gestellt.

Seit ihrer Entdeckung hatte die Höhle durch einen Steinbruch erheblich gelit-ten und war teilweise sogar vom Einstürzen bedroht. Als jedoch ihre Bedeutung erkannt war, wurden bis 1928 mehrere Stützwände eingezogen und die Höhle für die Öffentlichkeit erschlossen. Im Zuge dieser Arbeiten wurde auch die Höhlen-decke systematisch vermessen und dokumentiert. Die Untersuchungen standen 1924-1925 unter der Leitung des Paläolithforschers Hugo Obermaier (1877-1946). Auch Karl Hermann Jacob-Friesen (1886-1960), seit 1922 Direktor des Provinzial-museums Hannover, war an den Arbeiten beteiligt. Das Museum in Hannover unterhielt eine Werkstatt, die Abformungen und Nachbildungen von archäologi-schem Fundgut herstellte. Noch zu Beginn des 20. Jahrhunderts war es üblich, Originale und Nachbildungen aus aller Welt zu sammeln. Der Leiter der Werk-stätten war seinerzeit Wilhelm Reuter. In Spanien vermaß Jacob-Friesen die

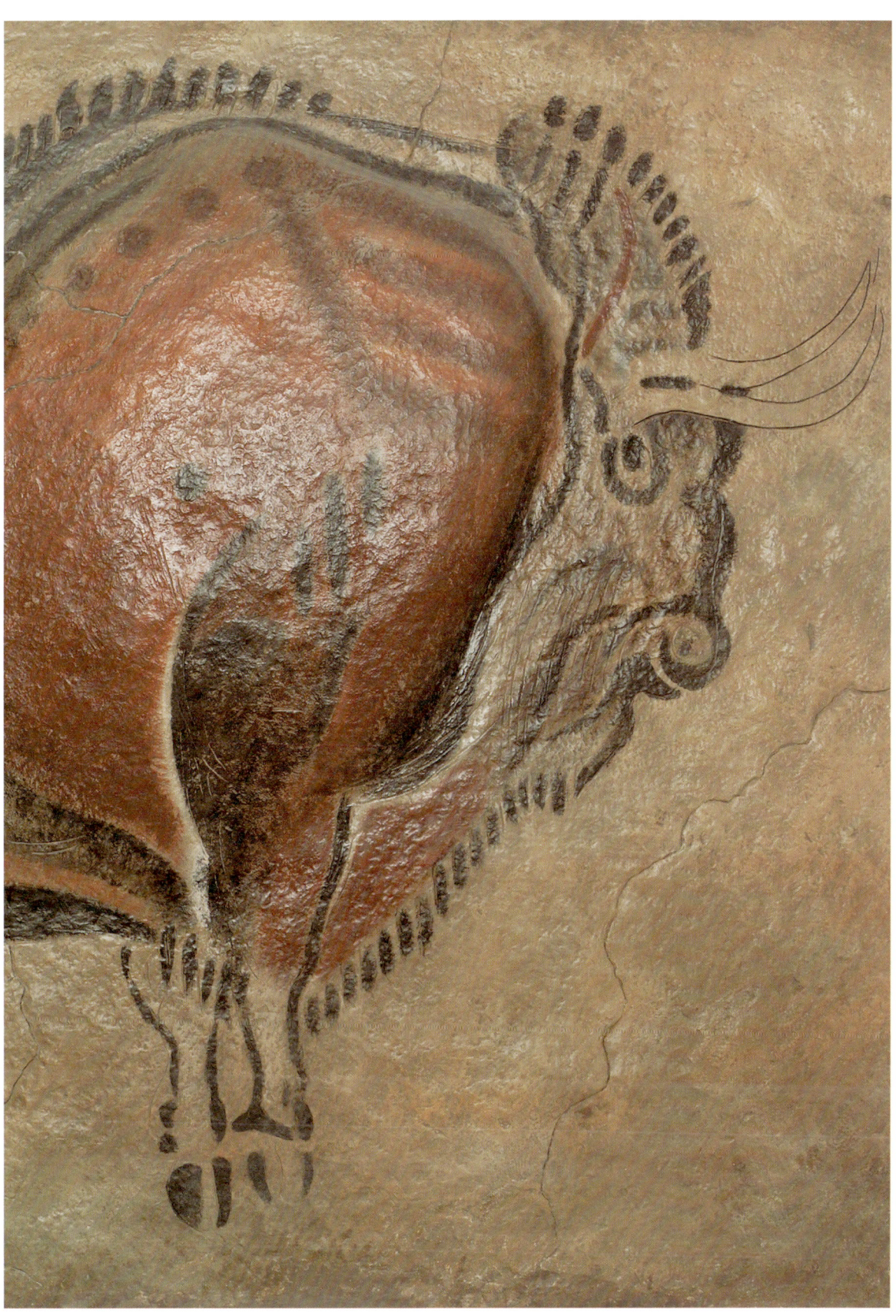

Höhlendecke von Altamira genauestens, denn er plante eine möglichst original-getreue Nachbildung für sein Museum. Nach seiner Rückkehr wurde der Plan in die Tat umgesetzt: Der Altsteinzeitsaal des Provinzial-Museums bekam noch in den 1920er Jahren eine formgetreue »Altamira-Decke«. Grundlage für ihre Herstellung waren die Vermessungen Jacob-Friesens und die Farbabbildungen der ersten Publikation von 1906.[3]

In jenen Jahren wurde die prähistorische Archäologie als akademisches Fach an der Göttinger Universität etabliert. Seit 1928 hielt Jacob-Friesen hier regelmäßig Vorlesungen, 1932 wurde er zum Honorarprofessor ernannt. Die Einrichtung einer Studiensammlung hielt er für unverzichtbar. Seine Position als Direktor des Provinzialmuseums begünstigte dieses Vorhaben. Zahlreiche Objekte nicht-hannoverscher Provenienz kamen als Dauerleihgaben nach Göttingen. Es wurde außerdem beschlossen, kostenlos Duplikate von den dort angefertigten Gipsnach-bildungen für Göttingen herzustellen. Natürlich erhielt das Accouchier-Haus, in dem damals die Vorgeschichtliche Sammlung untergebracht war, keine Altamira-Decke, aber es wurden einige der schönsten Bisondarstellungen im Maßstab 3:4 in die Göttinger Lehrsammlung aufgenommen. Diese führen die besondere Farb-gebung und reliefartige Plastizität Altamiras so anschaulich vor Augen, wie es auch heute noch keine Publikation kann. Man stelle sich die Betrachtung der Tiere beim flackernden Licht einer Flamme vor, mit tanzenden Schatten, die den Eindruck von Bewegung und Leben erwecken! Die großformatige Publikation Obermaiers über die Untersuchungen in Altamira, an denen auch Jacob-Friesen teilgenommen hatte, erschien mit zahlreichen Farbtafeln und Schwarz-Weiß-Fo-tos erst 1935.[4] Große Verbreitung erreichte das Werk nie, da der größte Teil der Auflage 1936 dem spanischen Bürgerkrieg zum Opfer fiel. Der engen Verbunden-heit Jacob-Friesens und Obermaiers ist es jedoch zu verdanken, dass das Göttin-ger Seminar für Ur- und Frühgeschichte noch heute diese Rarität besitzt.

Die Altamira-Decke des Museums in Hannover wurde beim Bombenangriff 1943 zerstört und danach nicht wieder hergerichtet. Bei einem Luftangriff auf Göttingen 1944 wurden etliche Teile der Studiensammlung zerstört, vor allem die Schädelnachbildungen, zahlreiche andere Gipsnachbildungen – darunter auch von Felsbildern – und etliche Originalgefäße. Die beiden Altamira-Bisons entgin-gen knapp der Zerstörung.

In den 1960er Jahren fertigte das Deutsche Museum in München erneut eine Nachbildung der Deckenmalereien von Altamira an, die auch heute noch zu be-trachten ist. Seit 1979 ist die Originalhöhle nicht mehr allgemein zugänglich, im Jahr 2001 wurde sie endgültig geschlossen. Seit 1985 gehört sie zum UNESCO-Welt-kulturerbe. Ähnlich wie die Höhle in Lascaux wurde auch die Altamira-Höhle in-zwischen für die Besucher vor Ort originalgetreu nachgebildet.

ANMERKUNGEN

__ 1 Paul Bahn, A Lot of Bull? Pablo Picasso and Ice Age cave art, in: Homenaje a Jesús Altuna. Munibe (Antropologia–Arkeologia) 57, 2005, S. 217-223.

__ 2 Emile Cartailhac, La grotte d'Altamira. Mea culpa d'un sceptique, in: L'Anthropologie 13, 1902, S. 348-354.

__ 3 Emile Cartailhac, Henri Breuil, La caverne d'Altamira à Santillane, près Santander (Es-pagne), Monaco 1906.

__ 4 Henri Breuil, Hugo Obermaier, The Cave of Altamira at Santillana del Mar, Spain, Madrid 1935.

Maike Lorenz

DELFT, PRAG, CAMBRIDGE, GÖTTINGEN
Die Grünalge *Chlorella vulgaris* in Reinkultur

10. April 1889. Der niederländische Botaniker und Mikrobiologe Martinus Willem Beijerinck (1851-1931) beobachtet in einem nährstoffreichen Teich in der Nähe von Delft eine starke Grünfärbung des Wassers. Er notiert später: »Seit langer Zeit hatte ich gewünscht Reinculturen von niederen Algen zu besitzen, zur Ausführung gewisser Versuche über die Sauerstoffbildung im Chlorophyll. Das grüne Wasser eröffnete augenscheinlich eine viel versprechende Gelegenheit diesen Zweck zu erreichen. Ich täuschte mich darin nicht.«[1] Eine Wasserprobe stellt sich im Labor als Massenentwicklung einer mikroskopisch kleinen Grünalge heraus, welche Beijerinck 1890 als *Chlorella vulgaris* erstmals beschreibt. Wie damals üblich liegt seiner wissenschaftlichen Beschreibung eine farbige Zeichnung bei, zu der Beijerinck anmerkt: »[...] ich werde unten die Algen derart beschreiben, dass jeder dieselben leicht erkennen kann.« Letzteres wird sich später als Fehleinschätzung herausstellen. Die Identifizierung und systematische Einordnung von Algen der Gattung *Chlorella* gehört bis heute zu den schwierigsten Aufgaben der Algensystematik. Glücklicherweise gelingt es Beijerinck, das Untersuchungsobjekt mit Hilfe der von ihm entwickelten Anreicherungskultur und den damals neuartigen Methoden der Mikrobiologie aus dem Freilandmaterial zu isolieren und in Kultur zu nehmen. Da Mikroalgen in der Natur immer vermengt mit anderen Mikroorganismen vorkommen, werden hierzu einzelne Zellen aus der Probe isoliert und auf geeigneten Nährböden in größerer Zahl steril herangezogen. Die weltweit erste Algenreinkultur, der Typusstamm von *Chlorella vulgaris*, bleibt durch die Fortführung der Lebendkultur in Reagenzgläsern erhalten. Sie ermöglicht Beijerinck eine Vielfalt von wegweisenden Arbeiten zu Physiologie und Lebenszyklus eines Mikroorganismus, der bis dato nur vereinzelt und zeitlich begrenzt im Freilandmaterial beobachtet werden konnte.

Beijerinck erlangt später als Professor für Mikrobiologie an der Technischen Universität Delft vor allem mit der Erforschung von Viren, Hefen und der Stickstofffixierung Weltruhm. Er verliert jedoch nie das Interesse an der Botanik und erhält seine kleine Forschungssammlung verschiedener Mikroalgen weiter am Leben. Vermutlich ist es Beijerinck selbst, der den Typusstamm von *Chlorella vulgaris* und andere seiner einzigartigen Algenkulturen schließlich in der weltweit ersten öffentlichen Pilzkultursammlung, dem Centraalbureau Voor Schimmelcultures (CBS), hinterlegt.

In den 1920er Jahren beschäftigt sich an der deutschen Universität in Prag der Direktor des pflanzenphysiologischen Institutes Ernst Georg Pringsheim (1881-1970) intensiv mit der Ernährungsphysiologie von Mikroalgen. Hierzu sind stabile Reinkulturen der untersuchten Organismen unverzichtbar, und so entwickelt Pringsheim die Isolierungs- und Kultivierungsmethodik maßgeblich weiter. Pringsheim schlägt seinem Doktoranden Herbert Meyer eine Arbeit zur morphologischen Flexibilität einzelliger Grünalgen vor. Darauf lässt dieser sich aus der CBS den Typusstamm von *Chlorella vulgaris* schicken. Einmal in Prag, gelangt Beijerincks Stamm, versehen mit der unveränderlichen sogenannten Stammnummer »211/11B«, schließlich in Pringsheims Sammlung von Algenreinkulturen. Diese Kulturen hat er erstmals 1928 der Fachwelt für Vergleichsuntersuchungen angeboten.[2]

Als Pringsheim 1939 vor nationalsozialistischer Verfolgung nach Cambridge flüchten muss, nimmt er Abimpfungen seiner lebenden Algenkulturen mit nach England. Dort überdauert das lebende Vermächtnis Beijerincks unter der Pflege Pringsheims und seiner Frau Olga (geb. Zimmermann [1902-1992]) den Krieg, während die Kulturen in Prag und den Niederlanden verlorengehen. 1954 wird Pringsheim im Alter von 72 Jahren als Honorarprofessor an die Universität Göttingen berufen. Wiederum bringt er Abimpfungen seiner inzwischen auf über 300 Kulturen angewachsenen Forschungssammlung mit an seinen neuen Wirkungsort und stellt sie, wie zuvor in Prag und Cambridge, der Fachwelt zur Verfügung. Die damals von Pringsheim gegründete und seither stetig gewachsene Sammlung von Algenkulturen der Georg-August-Universität Göttingen (SAG) gehört inzwischen zu den weltweit größten Forschungsinfrastrukturen für lebende Mikroalgen.

Die schnellwachsende Grünalge *Chlorella vulgaris* spielt auch in der aktuellen Forschung eine wichtige Rolle als Modell- und Referenzorganismus. Darüber hinaus wird sie beispielsweise als Indikatororganismus in Ökotoxizitätstests und in der Biotechnologie genutzt. Der seit über 120 Jahren lebend erhaltene Typusstamm der Gattung *Chlorella* ist inzwischen hundertfach untersucht und in zahlreichen wissenschaftlichen Fachartikeln behandelt worden. Die botanische Gattung *Chlorella* wurde in den letzten 15 Jahren mehreren Revisionen unterzogen. Ohne das lebendige Typusmaterial wären viele dieser Untersuchungen nicht möglich gewesen. In den letzten 10 Jahren wurden Göttinger Reagenzglaskulturen von *Chlorella vulgaris* SAG 211-11b an fast 400 Lehrende, Forschende und Biotechnologen weltweit versendet.

Mindestens 600-mal wurde diese Algenkultur seit ihrer Isolierung überimpft. Es stellt sich eine berechtigte und für mikrobiologische Sammlungen existenzielle Frage: Ist in den heute existierenden Zellkulturen noch derselbe Organismus enthalten wie in der ersten Petrischale, die Beijerinck im Frühjahr 1889 auf eine Nordfensterbank stellte? Ergebnisse eines Göttinger Forschungsprojektes unterstützen diese These mit molekularen Daten.[3] Die Recherche für den vorliegenden Text ergab darüber hinaus, dass sich in den Niederlanden eventuell noch getrocknetes Material der alten Beijerinck-Stämme befindet, welches für weitere Analysen herangezogen werden kann.

Mikroskopische Aufnahme der Grünalge *Chlorella vulgaris*, M. W. Beijerinck, Delft, NL, 10.4.1889, Zelldurchmesser 5-10 µm, einzelne Zellen mit dünner Zellwand, je einem wandständigen Chloroplasten und seitlichem Pyrenoid, leere Sporangienhüllen, Sammlung von Algenkulturen der Universität Göttingen (SAG), Inv.-Nr. SAG 211-11b. Foto: Maike Lorenz.

ANMERKUNGEN

___ **1** Martinus Willem Beijerinck, Culturversuche mit Zoochlorellen, Lichenengonidien und anderen niederen Algen, in: Botanische Zeitung 45-48, 1890, S. 725-785.

___ **2** Ernst Georg Pringsheim, Algen-Reinkulturen, in: Berichte der Deutschen Botanischen Gesellschaft 46, 1928, S. 216-219.

___ **3** Julia Müller, Thomas Friedl, Dominik Hepperle, Maike Lorenz, John G. Day, Distinction between multiple isolates of *Chlorella vulgaris* (Chlorophyta, Trebouxiophyceae) and testing for conspecificity using Amplified Fragment Length Polymorphism and its rDNA sequences, in: Journal of Phycology 41 (6), 2005, S. 1236-1247.

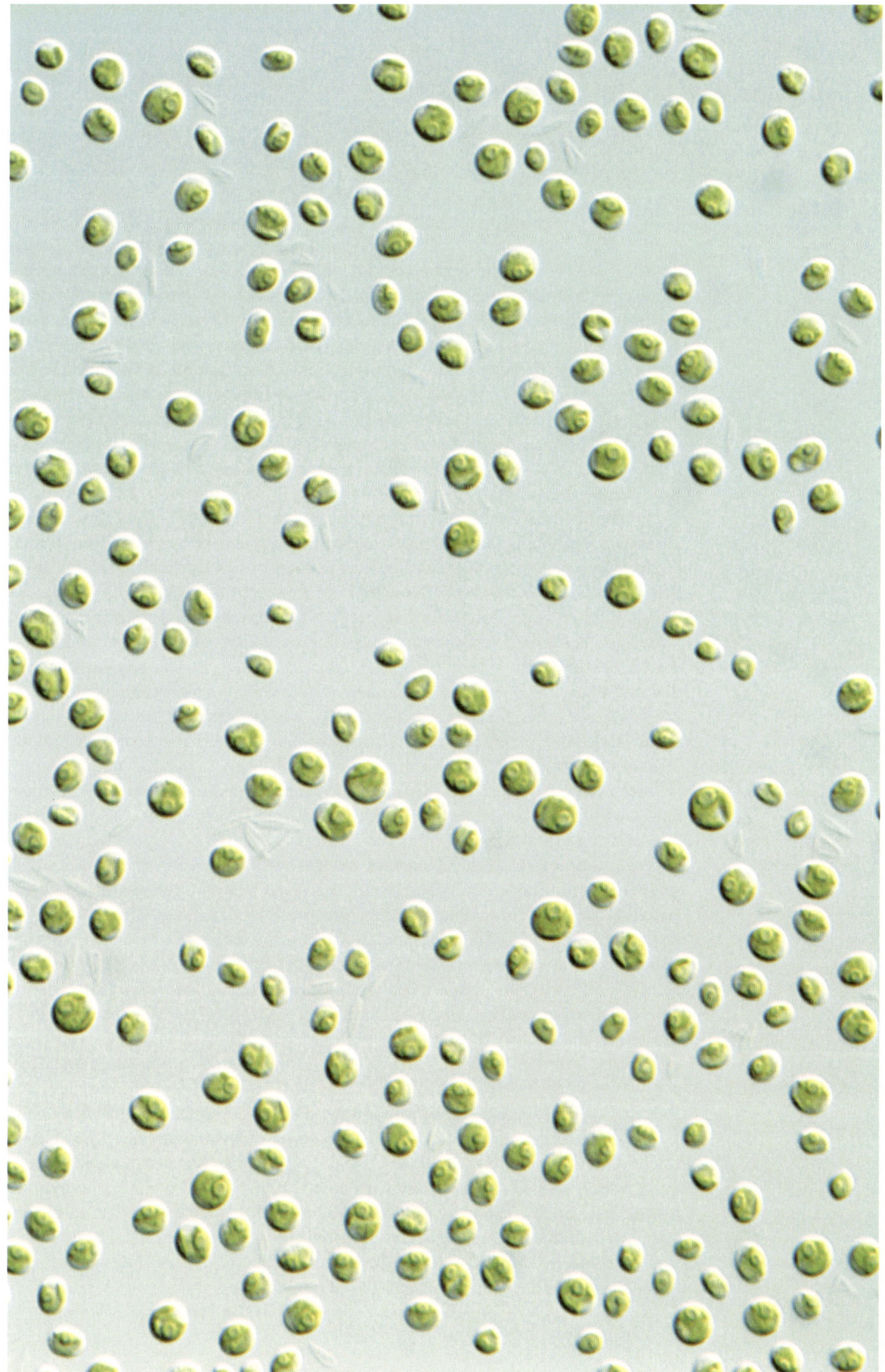

Daniel Graepler

EINE HEIKLE AFFÄRE

Medaille Georg Thomas von Aschs, Befreier von der Pest, 1781

Baron Georg Thomas von Asch (1729-1807) gilt unbestritten als der größte private Wohltäter der Georg-August-Universität in ihrer 275-jährigen Geschichte. 1729 in St. Petersburg als Sohn des aus Schlesien stammenden Kaiserlich-russischen Postmeisters Friedrich Georg von Asch (1683-1773) geboren, 1750 in Göttingen zum Doktor der Medizin promoviert und danach in hoher Position im Gesundheitswesen des Zarenreichs tätig, versorgte er seine ehemalige Alma Mater seit 1771 in einer nicht abreißenden Serie von Schenkungen mit umfassenden Sammlungen von botanischen, mineralogischen, ethnographischen und numismatischen Zeugnissen sowie zahllosen Büchern und Handschriften aus dem ganzen Russischen Reich bis nach Alaska.

In fast 70 seiner mehr als 120 Sendungen nach Göttingen waren Münzen und Medaillen enthalten, darunter seltene antike Prägungen aus den griechischen Städten am Schwarzen Meer, ein breites Spektrum von orientalischen Münzen, Beispiele aus der Frühzeit des russischen Münzwesens und Sonderprägungen aus Sibirien, deren Export eigentlich verboten war. Eine besondere Stellung nehmen umfangreiche Suiten von Bronze- und Silbermedaillen aus der Zeit Katharinas der Großen (reg. 1762-1796) ein. Bei den meisten handelt es sich um Nachprägungen von Medaillen Peters des Großen auf wichtige Siege und Erfolge seiner Regierungszeit oder um Stücke, die auf Geheiß Katharinas zur Vervollständigung dieser Serie oder zur Auszeichnung hochgestellter Persönlichkeiten des Hofes geschaffen wurden.

Auf den ersten Blick scheint sich auch die hier vorgestellte Medaille in diese Serie einzufügen. Ihre Entstehungsgeschichte war jedoch eine ganz andere und, wie sich zeigen sollte, höchst prekäre.

Während des russisch-türkischen Krieges 1768-1774 war zunächst im türkischen Heer im unteren Donaugebiet die Pest ausgebrochen. Durch unkluges Verhalten russischer Befehlshaber hatte sich diese bald auf die eigenen Truppen übertragen und schließlich bis nach Moskau ausgebreitet, wo die Epidemie seit Ende 1770 etwa 60.000 Menschenleben gefordert haben soll. Als Generalstabsarzt der Ersten Russischen Armee hatte von Asch bereits Monate zuvor, im Mai 1770, einen 25-Punkte-Katalog von Gegenmaßnahmen gegen die Seuche entwickelt. Dieser sah die strikte Trennung sowohl der Erkrankten als auch der in irgendeiner Form mit den Kranken in Berührung stehenden Personen von allen Übrigen vor, außerdem verschiedene Maßnahmen zur Desinfektion, aber auch zur Prävention. In welchem Maße diese Vorschriften dazu beitrugen, dass die Epidemie schließlich besiegt werden konnte, ist schwer zu beurteilen, da sogleich zahlreiche Beteiligte dasselbe Verdienst für sich in Anspruch nahmen. Baron von Asch, der 1775 wieder in seine zivilen Ämter in der obersten russischen Medizinalbehörde, dem Medizinischen Kollegium, zurückgekehrt und 1779 zum Ehrenmitglied der Kaiserlichen Akademie der Wissenschaften ernannt worden war, beanspruchte jedenfalls für seine Person, den entscheidenden Beitrag zur Ein-

Medaille des Barons von Asch, Johann Balthasar Gass (1730-1813), um 1780, ∅ 5 cm. Vorderseite mit dem Bildnis von Aschs, Rückseite mit der Darstellung einer Heilgöttin. Oben: Exemplar aus Silber. Mitte: Exemplar aus Bronze. Unten: Prägestempel der Medaille, Eisen, Höhe 5,5 cm, ∅ 7,4 cm. Objekte: Münzkabinett der Universität Göttingen. Fotos: Stephan Eckardt.

dämmung des Übels geleistet zu haben. Um diesen Anspruch möglichst sinnfällig zu dokumentieren, ließ er spätestens 1781 von dem deutschstämmigen Medailleur Johann Balthasar Gass (1730-1813), der am St. Petersburger Münzhof als Stempelschneider tätig war, eine Gedenkmedaille auf sich selbst anfertigen. Sie zeigt auf der Vorderseite, wie es in einer zeitgenössischen Beschreibung heißt, »des Freyherrn linkssehendes, und der Aehnlichkeit wegen sehr gerühmtes Brustbild, dessen gefällige leutselige Mine, den mit Höflichkeit und Güte zuvorkommenden Mann auf den ersten Anblick verräth – die Haare frisirt und hinten gebunden, mit übergeschlagenem Gewande, unter welchem eine auf der Brust hangende goldne Medaille hervorragt, die von den Deputirten bey der Gesetzcommission am Knopfloch getragen wird.«[1] Auf der Rückseite ist hingegen »die Göttinn der Gesundheit« zu sehen, »in der Römischen Stola, die Haare auf dem Haupte zusammengebunden, mit einem langen Staabe in der Linken, und einer Opferschaale in der Rechten, welche sie einer, um den neben ihr in Form eines Dreyfußes stehenden kleinen Altar, sich emporwindenden Schlange vorhält.« Die Beischrift lautet: LIBERATOR A PESTE / IN BELLO TURCICO / AD ISTRUM. / MDCCLXX (Befreier von der Pest / im Türkenkrieg / an der Donau. / 1770).

Leichtsinnigerweise schenkte von Asch die frisch geprägte Medaille der Russischen Akademie der Wissenschaften, wo sie im Mai 1781 bei einer Sitzung vorgestellt wurde. Nun erfuhr auch die Zarin von der Sache und war höchst ungehalten, denn sie hatte ausdrücklich verboten, dass ohne ihre Genehmigung Münzen und Medaillen geprägt würden. Den Vorwurf der Anmaßung versuchte von Asch mit der Behauptung zu entkräften, dass mit dem »Befreier« nicht er selbst, sondern der Heilgott Aesculap gemeint sei. Doch es half nichts: Katharina befahl, alle Exemplare der unerlaubt entstandenen Medaille einschmelzen zu lassen. Ganz konnte sie das Geschehene damit jedoch nicht rückgängig machen, denn von Asch hatte auch der Göttinger Universität bereits je ein Silber- und ein Bronzeexemplar verehrt. Beide befinden sich heute im Münzkabinett der Universität. 1998 kam noch ein weiteres überraschendes Zeugnis der ›Medaillenaffäre‹ ans Tageslicht. In der Handschriftenabteilung der Niedersächsischen Staats- und Universitätsbibliothek Göttingen entdeckte deren Leiter, Dr. Helmut Rohlfing, den Prägestempel für die Vorderseite der inkriminierten Medaille mit dem Porträt des Barons. Offenbar hatte von Asch wenn nicht das anstößige Rückseitenbild, so doch wenigstens sein so wohlgelungenes Bildnis vor der definitiven Vernichtung bewahren wollen.

LITERATUR

__ Heinz E. Müller-Dietz, Ärzte im Russland des achtzehnten Jahrhunderts, Esslingen 1973, S. 80-91.
__ Christof Boehringer, Die Asch-Sammlungen der Universität Göttingen. Die Schenkungen an Münzen und Medaillen – Bestände und Arbeitsaufgaben, in: Bertha Hauser-Schäublin, Gundolf Krüger (Hg.), Siberia and Russian America: Culture and Art from the 1700s. The Asch Collection, Göttingen, München u. a. 2007, S. 18-24.

ANMERKUNGEN

__ **1** Carl Benjamin Lengnich, Neue Nachrichten zur Bücher- und Münzkunde, Bd. 1 (1782) Teil 2, S. 204-206, zitiert nach Müller-Dietz 1973, S. 90.

Jürgen Schlumbohm

DAS INSTRUMENT, DURCH DAS SICH DER GEBURTSHELFER VON DER HEBAMME UNTERSCHIED

Die Zange (lat. *forceps*) war von großer praktischer und symbolischer Bedeutung für die Umwandlung der Geburtshilfe in einen Teil der ärztlich-chirurgischen ›Kunst‹. Auch im Entbindungshospital der Universität Göttingen spielte dieses Instrument zeitweilig eine hervorragende Rolle.

Im frühneuzeitlichen Europa war die Geburtshilfe eine Sache der Frauen. Weibliche Verwandte oder Nachbarinnen standen der Gebärenden bei, und eine Hebamme leitete das Geschehen. Ein männlicher Experte wurde nur gerufen, wenn Mutter und Kind in höchster Gefahr waren. In einer solchen Situation versuchte der Chirurg, das Kind mit Hilfe scharfer Instrumente zu extrahieren und so die Gebärende zu retten. Denn ein Kaiserschnitt verlief in der Regel tödlich für die Frau, meist auch für das Kind.

Im 17. Jahrhundert erfanden Mitglieder der Londoner Chirurgen- und Ärzte-Dynastie der Chamberlens die geburtshilfliche Zange. Sie eröffnete die Chance, in bestimmten problematischen Konstellationen, etwa bei engem Becken der Frau, ein lebendes Kind zur Welt zu befördern, ohne die Gebärende zu gefährden. Das Instrument bestand aus zwei Blättern, die der Geburtshelfer nacheinander entlang zwei Fingern seiner Hand in den Geburtskanal einführte, um den Kopf des Kindes legte und mit Hilfe des ›Schlosses‹ verband. So konnte er, wenn nötig, den noch formbaren Schädel des Kindes komprimieren und samt dem Körper hervorziehen. Lange bewahrten die Chamberlens ihre Erfindung als Familiengeheimnis; erst im frühen 18. Jahrhundert wurde die Zange in ihrer Bau- und Funktionsweise öffentlich bekannt gemacht. Seitdem entwickelten zahlreiche Geburtshelfer eigene Modelle. Der Gebrauch von Instrumenten war weitgehend auf Ärzte und Chirurgen begrenzt. Dass sie durch die Zange in manchen schwierigen Fällen das Leben von Mutter und Kind erhalten konnten, trug wesentlich zu ihrem Aufstieg bei. So wurden die Instrumente, vor allem die Zange, zum Kennzeichen des ›accoucheurs‹ (von frz. *accoucher* = entbinden). Als jedoch männliche Geburtshelfer in England seit der Mitte des 18. Jahrhunderts häufiger auch zu normalen Geburten bei zahlungskräftigen Klientinnen gerufen wurden, begannen sie, die Indikation für die Zange auf relativ seltene Fälle (z. B. enges Becken) zu begrenzen.

An der Göttinger Universität, die 1751 als erste eine Entbindungsanstalt eingerichtet und 1785 bis 1791 mit einem Neubau (dem ›Accouchierhaus‹) ausgestattet hatte, wirkte von 1792 bis 1822 Friedrich Benjamin Osiander (1759-1822) als Kliniksdirektor und Professor der Geburtshilfe, ein entschiedener Befürworter operativer Methoden. Durch die Zange wollte er alle Instrumente entbehrlich machen, die für das Kind tödlich wirkten. Nach langjähriger Praxis entwarf er 1797 ein eigenes Modell, das er eineinhalb Jahre erprobte und 1799 samt einer genauen Zeichnung veröffentlichte.

Osianders Zange ist länger (insgesamt 43 cm) und stärker nach oben gekrümmt als andere Modelle. So kann auch ein »noch auf dem Eingang in das

Becken stehender Kopf« gefasst und »durch die gebogene Beckenhöhle« geleitet werden. Alles ist für die dabei erforderliche große Kraftanwendung eingerichtet. Das Instrument besteht ganz aus Stahl. Die Handgriffe lassen sich durch einen Federhaken feststellen; dabei zeigt eine Skala den Durchmesser des Kopfes an. Dank dieser Verriegelung muss der Geburtshelfer beim Ziehen die Griffe nicht zusammendrücken, sondern kann »seine ganze Kraft [...] auf die Traktionen wenden«. Osiander empfahl, nach jedem Zug die Verriegelung für »einige Augenblicke« zu öffnen, um den Kopf des Kindes nicht zu lange einem ununterbrochenen Druck auszusetzen. Die Flügel am unteren Ende der Griffe sind für kraftvolles Ziehen gebaut. Die kleineren »Flügel« weiter oben sollen die Führung der Löffel beim Einbringen erleichtern. Im Unterschied zu den meisten Zangen sind bei Osiander die Blätter nicht »gefenstert«; dadurch soll der Druck auf den Kopf gleichmäßiger verteilt werden. An ihrer Spitze können die Blätter bis auf 7 mm, bei ihrer größten Ausbuchtung bis auf 6 cm geschlossen werden, so dass auch ein sehr kleiner Kopf zu fassen ist und ein Abgleiten vermieden wird. Das ›Schloss‹ gestaltete Osiander verriegelbar. Stand der Kopf noch über dem Beckeneingang, verrichtete er die Züge meist im Stehen; er nannte sie »stehende Traktionen«, »eine Erfindung von mir«. Bei der Publikation wies er darauf hin, dass der Göttinger »Instrumentenmacher Herr Ziehe« diese Zange für 10 Taler »recht gut gearbeitet« liefere. Doch ließ er sie auch von anderen Göttinger Handwerkern herstellen; das abgebildete Exemplar wurde von Heinzel angefertigt.

In den großenteils erhaltenen klinischen Tagebüchern dokumentierte Osiander den Verlauf aller Entbindungen und beschrieb, wie er seine Studenten im rechten Gebrauch der Instrumente, insbesondere der Zange, unterwies. Die Hebammenschülerinnen hingegen lernten nur den Beistand bei ›natürlichen‹ Geburten, nicht den Gebrauch von Instrumenten. Während Osianders Amtszeit wurden in der Geburtsklinik 40 % aller Entbindungen mit der Zange durchgeführt. Der Professor wollte seine Studenten durch praktische Übung darauf vorbereiten, dass sie in ihrer späteren Praxis vermutlich eher zu komplizierten Fällen als zu normalen Geburten gerufen würden.

Vereinzelt kam es im Göttinger Hospital – wie anderwärts – vor, dass mit der Zange der Schädel eines Kindes eingedrückt wurde und dieses starb. Auch das wurde im Tagebuch notiert, und einige solche Knochenpräparate nahm Osiander in sein ›Museum‹ auf. Noch heute liegen sie – neben einer Vielzahl unterschiedlicher Zangen und Instrumente – in der historischen Sammlung zur Geburtsmedizin, die in einer Dauerausstellung der Abteilung Ethik und Geschichte der Medizin gezeigt wird.

Friedrich Benjamin Osianders Geburtszange, Heinzel, um 1800, Sammlung Friedrich Benjamin Osiander (Göttingen), Stahl, 43 × 12 cm, Medizinhistorische Sammlungen der Abteilung Ethik und Geschichte der Medizin (Sammlung zur Geschichte der Geburtsmedizin), Göttingen, Inv.-Nr. 55. Foto: Stephan Eckardt.

LITERATUR

___ Jürgen Schlumbohm, Lebendige Phantome. Ein Entbindungshospital und seine Patientinnen 1751-1830, Göttingen 2012.
___ Walther Kuhn, Ulrich Tröhler (Hg.), Armamentarium obstetricium Gottingense. Eine historische Sammlung zur Geburtsmedizin, Göttingen 1987.
___ Johann-Markus Deinhard, Die Göttinger Sammlung zur Geschichte der Geburtshilfe und Frauenheilkunde. Mit einem Katalog der geburtshilflichen Zangen der Sammlung. Med. Diss. (maschinenschriflich), Göttingen 1986.

Susanne Ude-Koeller, Thomas Fuchs

MOULAGE NR. 26: »SYPHILIS III GUMMATA ULCEROSA CUTIS«

Moulagen sind in Größe, Form und Farbe detailgetreue Wachsabformungen krankhaft veränderter Körperregionen und Hautpartien, die in der ersten Hälfte des 20. Jahrhunderts vorrangig als medizinische Lehr- und Studienmittel eingesetzt wurden. In der langen Tradition der dermatologischen Abbildungen stehend sind Moulagen somit das Dokumentationsmittel einer Zeit, die ohne die Möglichkeiten der Fotografie auskommen und Befunde dennoch exakt und möglichst originalgetreu abbilden musste.

In besonders hohem Maße machten sich die Dermatologie und Venerologie die Möglichkeit der naturgetreuen Wachsabformungen am lebenden Patienten für ihr aufstrebendes Fach nutzbar. Die Moulagen wirkten als »plastische Erinnerungsbilder« überaus »lebenswahr«, urteilte 1899 der deutsche Dermatologe Oscar Lassar (1849-1907). Und der Dermatologe Paul Unna (1883-1943) urteilt im Laufe einer Fallvorstellung im Jahre 1930: »Besser, als ich es beschreiben könnte, ist die Erkrankung auf der gut gelungenen Moulage zu sehen.«[1]

Die Moulage Nr. 26 bildet ein großflächiges Geschwür am Ellenbogen einer Patientin mit Syphilis im dritten Stadium ab. Die Diagnose lautet: *Syphilis III gummata ulcerosa cutis*. Ellenbogen. Die Moulage wurde am 14. März 1933 von dem Mouleur der Göttinger Hautklinik, August Leonhardt (1891-1954), angefertigt.[2] Die Patientin war zum Zeitpunkt ihrer Erkrankung 31 Jahre alt.[3]

Wer war die ›unbekannte‹ Patientin, die im März 1933 in der Göttinger Hautklinik behandelt wurde? Was bedeutete es, im ersten Drittel des 20. Jahrhunderts an einer Geschlechtskrankheit zu leiden? Haut- und Geschlechtskrankheiten galten zu dieser Zeit vielen noch als ›selbst verschuldet‹ und durch einen ›sittsamen Lebenswandel‹ vermeidbar. Der äußere Makel galt als Hinweis auf den inneren Makel. Zwangsasylierung sollte die Gesellschaft vor der bestehenden Ansteckungsgefahr schützen. Nur langsam ersetzte die ärztliche Aufklärung durch sachliche Information die oft wirkungslosen ›Moralpredigten‹, häufiger begegnete die Gesellschaft den Patienten mit kaum verhohlener Geringschätzung. Auch der Patientin mit der Diagnose *Syphilis III gummata ulcerosa cutis*?

Hinter dem Objekt Moulage Nr. 26, einer dreidimensionalen Krankengeschichte aus Wachs, stehen eine historische Patientin und eine Leidensgeschichte, die nicht mehr erzählt werden kann.[4]

Moulage *Syphilis III gummata ulcerosa cutis* [Syphilis, Stadium III, Geschwür, Ellenbogen einer 31-jährigen Frau], August Leonhardt, 14.3.1933, Wachs, 16 × 27,5 × 8 cm, Medizinhistorische Sammlungen der Abteilung Ethik und Geschichte der Medizin (Moulagensammlung), Göttingen, Inv.-Nr. S26/13. Foto: Stephan Eckardt.

ANMERKUNGEN

___ **1** http://www.springerlink.com/content/u5102r542q1662 × 6/?p=5de2613a52624c44873 f., abgerufen am 22.1.2012. ___ **2** Viele Kliniken, so auch die 1917 in Göttingen gegründete Poliklinik für Haut- und Geschlechtskrankheiten, bauten umfangreiche Sammlungen auf. Die Göttinger Moulagensammlung wird als Dauerausstellung in der Abteilung Ethik und Geschichte der Medizin präsentiert. ___ **3** In der Regel wurde die fertige Moulage mit einem Diagnoseeintrag sowie den Initialen und dem Geburtsdatum des Patienten versehen. ___ **4** Wachs Bild Körper: Moulagen in der Medizin; Begleitband zur Ausstellung im Städtischen Museum Göttingen, vom 16.9. bis 16.12.2007, hg. von Susanne Ude-Koeller, Thomas Fuchs, Ernst Böhme, Göttingen 2007.

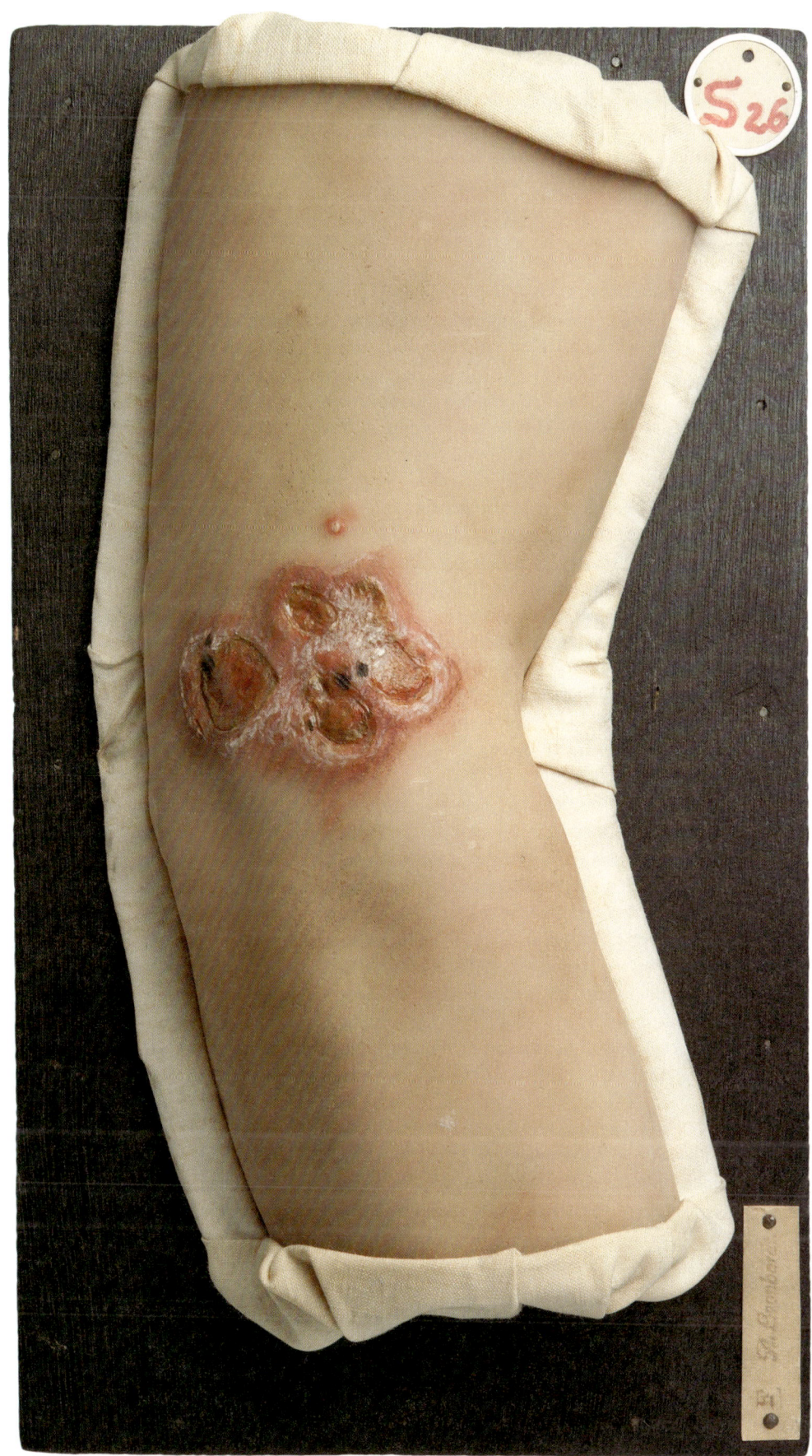

Stefan Schütz[1]

»MANCHE MÖGEN'S HEISS«

Von feuerliebenden Insekten zu technischen Brandsensoren

Wälder sind komplexe, langlebige Ökosysteme, die unterschiedliche Entwicklungszustände von der Entstehung bis zum Zerfall durchlaufen. Die wesentlich kurzlebigeren Insekten spielen bei dieser Entwicklung eine wichtige Rolle und sind oftmals hochspezifisch an bestimmte Entwicklungszustände angepasst. In sämtlichen Klimaten ist der Waldbrand ein wichtiger Übergang zwischen spezifischen Entwicklungszuständen des Waldökosystems, das Vorkommen mancher Pflanzen- und Tierarten hängt sogar vom regelmäßigen Auftreten von Waldbränden ab. *Pyrophile*, d. h. »Feuer liebende«, Insekten sind ein Beispiel für eine solche Spezialisierung. Als mobile Organismen mit hoher Vermehrungsrate besiedeln sie unmittelbar nach dem Waldbrand die verbliebene Biomasse und leisten so einen wichtigen Beitrag zur Aufrechterhaltung der Stoffkreisläufe. Da Waldbrände jedoch räumlich und zeitlich unregelmäßig verteilt auftreten, stellt sich die Frage, wie pyrophile Insekten diese aus großer Entfernung auffinden können. Zur Untersuchung dieser Fragestellung werden pyrophile Insekten aus den verschiedenen »Feuerlandschaften« der Welt zusammengetragen und auf ihre morphologischen und physiologischen Spezialisierungen hin untersucht. Weisen die solchermaßen unabhängig voneinander entwickelten Mechanismen Ähnlichkeiten auf? Gibt es also eine evolutionär optimierte Form einer Waldbrandfernerkennung?

Der heimische Schwarze Kiefernprachtkäfer (*Melanophila acuminata*) war schon als historisches Exemplar aus dem Jahr 1875 in der Forstzoologischen und Wildbiologischen Sammlung vorhanden und wurde erneut 1999 und 2000 bei Waldbränden in Brandenburg gefangen. Beide Geschlechter treffen unmittelbar an der Flammenfront zusammen, wo man es als Mensch kaum noch aushält. Häufig kommt es schon zu Paarungen, wenn die Flammen noch lodern. Ist das Feuer verloschen, legen die Weibchen ihre Eier unter die Rinde der verbrannten Bäume. Nach dem Schlüpfen fressen die Larven zunächst in der nahrhaften Bastschicht, um dann später tief ins Holz vorzustoßen. Die Larven können sich ausschließlich auf brandgeschädigten Bäumen, die keine funktionierende Abwehr mehr besitzen, entwickeln und brauchen ein bis drei Jahre bis zum ausgewachsenen Insekt.

Wie unsere Untersuchungen zeigen konnten, erfolgt das Auffinden von Waldbränden mittels ihres Geruchssinns für brandspezifische Duftstoffe in Kombination mit Infrarot-Grubenorganen am Thorax. Die Antennen von *M. acuminata* können Guaiakol-Verbindungen im Rauchgas besonders empfindlich nachweisen (bis ein Milliardstel Gramm pro Milliliter). D. h., dass ein auf 2 m Höhe angekohlter Kiefernstamm bei schwachem Wind noch in über 1 km Entfernung von dem Käfer zu riechen ist.

Der Australische Feuerkäfer (*Merimna atrata*) ist ein entfernter Verwandter des heimischen Kiefernprachtkäfers und hat im fernen Australien unabhängig eine Vorliebe für verkohltes Eukalyptusholz entwickelt. Der abgebildete Käfer wurde auf einer Expeditionsreise nach Australien nahe der Flammenfront, auf den

Australischer Feuer-Prachtkäfer (*Merimna atrata*), Fundort: Yanchep National Park, Joondalup, Westaustralien, 2008, 2 × 3 × 1 cm, Forstzoologische und Wildbiologische Sammlungen, Göttingen. Die Insektensammlung der Abteilung Forstzoologie umfasst vor allem heimische Arten. Foto: Jan Henning Seelig.

schwelenden Überresten von brennenden Eukalyptuswäldern gefangen. Da sie sonst scheu und gut getarnt sind, ist dies die einzige Möglichkeit, sie zu fangen – was aufgrund der als ›Witwenmacher‹ verschrienen Eukalyptusbäume besonders gefährlich ist: Nach einem Waldbrand schwelen diese häufig in ihrem Inneren weiter, so dass von scheinbar nur leicht geschädigten Baumriesen unvermittelt mannsdicke Äste abbrechen können, gegen die auch der obligatorische Schutzhelm nichts mehr nützt.

Der australische Käfer zeigt deutliche Ähnlichkeiten in Verhalten und Morphologie, weist jedoch grundsätzlich anders gebaute Infrarotorgane am Hinterleib auf. Obwohl der Käfer auf verbrannte Laubbäume und nicht, wie sein europäisches Gegenstück, auf verbrannte Nadelhölzer spezialisiert ist, nutzt er ebenfalls Abkömmlinge des Guajakols zum geruchlichen Nachweis von Rauchgas. Durch Experimente mit unserem Biosensor auf der Basis intakter Insektenantennen[2] konnten wir nachweisen, dass er einen kleinen Waldbrand (15 ha) noch aus über 20 km Entfernung ›riechen‹ kann.

Beide auf die Wahrnehmung von Waldbränden angewiesenen Käfer haben nach Millionen Jahren der Evolution Guajakole als wichtigste Leitsubstanzen für Waldbrände identifiziert. Im Sinne der Bionik wurde daher ein technischer Festkörpersensor entwickelt, der Guajakolverbindungen besonders empfindlich und selektiv nachweisen kann. Dieser bionische Sensor hat gegenüber konventionellen Rauchgassensoren den Vorteil, dass er Substanzen zur Branddetektion nutzt, die nicht von Verbrennungsmotoren produziert werden. Er ist deshalb weniger anfällig für Fehlalarme. Darüber hinaus ist er zur Steuerung und Optimierung großtechnischer Prozesse bei der Holzverarbeitung (zum Beispiel Holztrocknung) einsetzbar.

Insektensammlungen sind Speicher für ökologische, morphologische, physiologische und genetische Informationen, die ökologischen Forschungen ebenso dienen, wie sie wichtige Impulse zu technologischen Entwicklungen geben können. Die Nutzung der ›Erfindungen‹ der Insekten für die Technik führt in das Feld der Bionik und wird derzeit vorwiegend in der Sensorik und der Robotik angewendet.

LITERATUR

__ Stefan Schütz, Bernd Weißbecker, Hans E. Hummel, Karl-Heinz Apel, Helmut Schmitz, Horst Bleckmann, Insect antennae as a smoke detector, in: Nature 398, 1999, S. 298-299.
__ Helmut Schmitz, Stefan Schütz, Waldbrandortung durch *Melanophila acuminata*. Die spezialisierten Sinnesorgane des »Feuerkäfers«, in: Biologie in unserer Zeit 30, issue 5, 2000, S. 266-273.
__ Sebastian Paczkowski, Tilman Sauerwald, Alexander Weiß, Marco Bauer, Dieter Kohl, Stefan Schütz, Biomimetic gas sensors for large-scale drying of wood particles, in: Proceedings of SPIE 7975, 2011, 797051-7975058.

ANMERKUNGEN

__ 1 Kooperationspartner: Helmut Schmitz, Universität Bonn; Dieter Kohl, Universität Gießen; U. Koch, Universität Kaiserslautern; Karl-Heinz Apel, LFE Eberswalde; J. Kelleter, Meßtechnik und Sensorik GTE GmbH Viersen; N. Burrows, DEC Western Australia.
__ 2 Stefan Schütz, Michael J. Schöning, Bernd Weißbecker, A. Riemer, M. Thust, P. Kordos, A. Schwarz, C. D. Kohl, H. Lüth, Hans E. Hummel (2000), Biosensor system for detecting organic trace compounds produced by smouldering fires. Patent US-6,024,924.

Jörg Bölling

PÄPSTLICHES PERGAMENT MIT KRIEGSGEKRITZEL
Die Nr. 1 des Diplomatischen Apparates

Das Papsttum bildete im mittelalterlichen Europa die einzige Institution, die über politische Grenzen hinweg allgemeine Anerkennung fand. Kurie, Kapelle und Kanzlei erlebten seit der Kirchenreform des 11. und frühen 12. Jahrhunderts eine beispiellose Entwicklung. Wegen der Effizienz ihrer Urkunden wurde die kuriale Verwaltung später sogar zum Vorbild weltlicher Gewalten. Die Diplomatik (Lehre von den Urkunden) stellt daher bis heute ein zentrales Gebiet verschiedener Disziplinen dar. Der nach einer Vorgängerinstitution 1802 neu begründete, derzeit von Prof. Dr. Hedwig Röckelein geleitete Diplomatische Apparat der Universität Göttingen hält dafür bedeutende Objekte bereit, die die Lehre in den geschichtswissenschaftlichen und benachbarten Studiengängen auf einmalige Weise bereichern. Daraus und aus der Konsultation durch auswärtige Expertinnen und Experten resultieren auch neue Methoden und Erkenntnisse der Forschung.

Sammlungsobjekt Nr. 1 des Diplomatischen Apparates von 1139 lässt auf den ersten Blick die drei zentralen Elemente einer jeglichen mittelalterlichen Urkunde erkennen: Die erste Zeile in verlängerter Auszierungsschrift bildet das »Protokoll« mit Nennung des ausstellenden Papstes, hier Innozenz' II. (1130-1143), und seines Empfängers, des Stiftes Riechenberg bei Goslar. Der zweite, größte Abschnitt stellt den »Kontext« dar. Hier wird nach einführenden und nachfolgenden sichernden Formulierungen der eigentliche Rechtsinhalt mitgeteilt und verfügt. Es folgt abschließend das »Eschatokoll« mit den Beglaubigungsmitteln und der Angabe des »Datum« (lat. »Gegeben«). Die Beglaubigungsmittel fallen direkt ins Auge: Das kreisrunde Zeichen des Papstes auf der linken Seite ist die sogenannte »Rota«, ein offenbar aus einem päpstlichen Kreuz entwickeltes Gebilde, das einen Kreis in vier Quadranten teilt, in deren oberen die Namen der Apostelfürsten Petrus und Paulus als historische Fundamente wie himmlische Bezugspersonen des Papsttums sichtbar sind, darunter der jeweilige Papstname, im äußeren Kreis dessen persönliche Devise, hier: *Adiuva nos, Deus, salutaris noster* – »Hilf uns, Gott, unser Heil«, Psalm 78 (79), Vers 9. Rechts daneben ist die monogrammatische, d.h. zu einem graphischen Zeichen zusammengezogene abschließende Grußformel *Bene valete* – »Lebt wohl!« – erkennbar. Zwischen Rota und Monogramm findet sich die Unterschrift des Papstes mit dem abschließenden Kürzel *SS* für *Subscripsi* – »Ich habe unterschrieben«. Darunter sind die Unterschriften seiner als Zeugen fungierenden Kardinäle erkennbar, die statt der Rota ein Kreuz vor ihren Namen setzen. Das Datum ganz unten in der Zeile (»Gegeben« am ...) ist später begriffsbildend für unser heute allgemein gebräuchliches Wort zur Angabe eines genauen Tages geworden. Unterhalb des Umbugs (Plica) wurden später weitere Vermerke hinterlassen – ebenso an den verschiedenen Rändern der Urkunde. Zur Beglaubigung angehängt ist ein Bleisiegel, das auf der einen Seite die Köpfe der bereits in der Rota genannten Apostelfürsten zeigt (*SPASPE* überschrieben, für *Sanctus PAulus – Sanctus PEtrus*), auf der anderen Seite den Namen des amtierenden Papstes. Da es sich hier um ein feierliches Privileg handelt, ist die Bleibulle mit rot-gelben Seidenfäden angebracht (*cum serico*). Bei einfachen Weisungen (Mandaten) wäre hier ein einfacher Hanffaden verwendet worden (*cum filo canapis*).

Manche der in der Urkunde verwendeten bildhaften Zeichen geben bis heute Rätsel auf. So ist die Rota als eine Art stilisierte Erdscheibe gedeutet worden, jüngst die Apostelhäupter auf dem Bleisiegel als Darstellungen der in der Kapelle Sancta Sanctorum neben der päpstlichen Kanzlei im Lateranspalast in Rom verwahrten Apostelschädel, die rot-gelben Seidenfäden als Darstellung von kaiserlich-päpstlichem Purpur und römischem oder himmlischem Gold.

Die hier zu sehende Urkunde Nr. 1 weist einige interessante Tintenspuren, Rasuren, d. h. Korrekturen durch Abschaben der Tinte, und Schmutzflecken auf. In der Rota wurden verschiedene Buchstaben der Devise bearbeitet: das a und d des Wortes *adiuva nos*, das u im Wort *deus* und das s in *noster*. Unterhalb der Abkürzung *pp.* für *papa* (Papst) zeigt sich ein ebenfalls hinzugefügter Tintenstrich. Der Name *Paulus* ist von energischer Hand durchgestrichen. Die neben der Rota ausgeführte Unterschrift des Papstes ist ebenfalls bearbeitet, ebenso die des Kardinalbischofs von Sabina (*Conradus Sabinensis ep[iscopu]s*). Im »Kontext« sind einige Wörter auf diese Weise verunstaltet worden, etwa in Zeile 8. Rasuren zeigen sich unterhalb des genannten Kardinalsnamens, aber auch unter den Zeilen 5, 7 und 9. Die Göttinger Historiker Hermann Heimpel (1901-1988) und Percy Ernst Schramm (1894-1970) erklären diese Spuren in einem gemeinsamen Gutachten vom 23. Mai 1950:

»Wann diese Veränderungen an dieser Urkunde vorgenommen wurden, läßt sich nicht mehr feststellen, es muß aber erwähnt werden, daß bei den zahlreichen Umzügen des Dipl. App. als Folge der Zerstörungen eines Teiles der Gebäude der Universitätsbibliothek im Jahre 1944/1945 wie auch augenblicklich noch bei der behelfsmäßigen Unterbringung im Erdgeschoß des Michaelishauses eine wirkliche Sicherung für die Urkunden nicht gewährleistet [handschriftlich ergänzt: war und] ist. Aus diesen Gründen liegt es nahe, daß die oben angeführten Veränderungen in dieser Zeit angebracht wurden.«

Bis heute findet diese Urkunde regelmäßig in Lehrveranstaltungen Verwendung: Neben dem an literarische Briefmuster anknüpfenden Urkundenaufbau, der besonderen Schrift, den für Fragen der Zeitrechnung (Chronologie) interessanten Details und dem besonderen Material des Pergaments lassen sich etwa anhand der Unterschriften auch Fragen der kirchlichen Hierarchie im Allgemeinen und der prosopographischen (personenkundlichen) Organisation und Netzwerkbildung im Besonderen darstellen. Darüber hinaus vermitteln Objekte wie dieses im Urteil der Studierenden verschiedenster Kurse immer wieder etwas, das kein anderes didaktisches Mittel aufzuwiegen vermag: die Aura des Originals.

Feierliches Privileg Papst Innozenz' II. für das Stift Riechenberg bei Goslar, 1139, Diplomatischer Apparat (Apparatus diplomaticus), Urk. Nr. 1. Foto: Martin Liebetruth.

LITERATUR

___ Wolfgang Petke, Aus der Geschichte des Diplomatischen Apparats, in: Göttinger Jahrbuch 50, 2002, S. 123-148.
___ Jörg Bölling, Die zwei Körper des Apostelfürsten. Der heilige Petrus im Rom des Reformpapsttums, in: Römische Quartalschrift 106, 2011, S. 215-252.

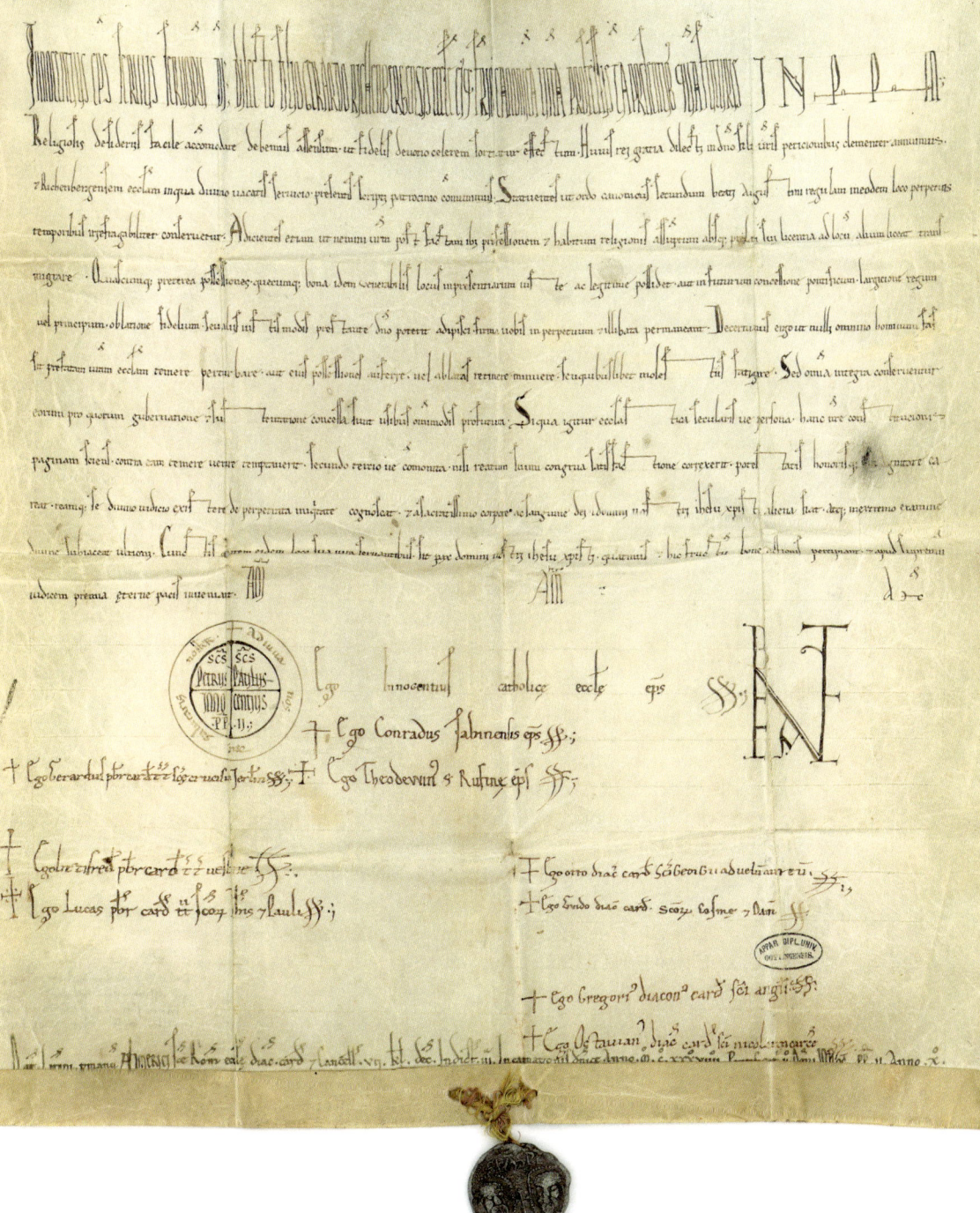

Markus Münzenberg

VERMESSUNGSTECHNIK BEIM SONNENKÖNIG

Der Vizeheliotrop ist der Vorläufer moderner Vermessungsgeräte, die auf der Anpeilung mittels Lichtstrahl beruhen. Zur Vermessung langer Strecken wurden ausgehend von einer genau vermessenen kleinen Ausgangsstrecke über Dreiecke die großen Teilstrecken berechnet (Triangulation). Landesvermessung und Navigation auf See waren damals wichtige Forschungsthemen: präzise Navigation in der Seefahrt überlebenswichtig. Präzise Karten entschieden auch die militärische Taktik, wenn man wie Napoleon in der Schlacht von Waterloo einkalkulieren musste, wann die gegnerischen Truppen am Schlachtfeld eintrafen. Bei Waterloo hat es Napoleon allerdings nicht geholfen, dass Frankreich damals führend in der Vermessungstechnik (Geodäsie) war. Große Vermessungskampagnen lieferten im 18. Jh. erstmals genauere Karten von Europa. Winkelmessung über weite Strecken wurde mittels präziser Mechanik und Peilfernrohr durchgeführt, erschwert durch unwegsames Gelände und dichten Baumbestand. Vorherige Karten waren so schlecht, dass nach einer neuen Landvermessungskampagne von Louis XIV. (1638-1717), dem Sonnenkönig, die Aussage überliefert ist, dass die Geodäten ihm größere Verluste beigebracht hätten als jeder Krieg, den er zuvor geführt hatte. Frankreich war durch exakte Messungen erheblich geschrumpft.

Die Revolution und das Meter

Ein zusätzliches Problem war das Fehlen eines einheitlichen Systems der Längenmaße. Zwanzig Ellen Tuch von Göttingens Leinwebern gefertigt waren beim Verschiffen in Hamburg schon etwas weniger lang, und in England kam nur noch die Hälfte an Ellen an, da die lokalen Maße sich von den jeweiligen Körperproportionen der Herrschenden ableiteten. Mit der Französischen Revolution sollte erstmals eine Längeneinheit nach den Konstanten der Natur geschaffen werden, das Meter. Eintausend Meter sollte 1/40.000 des Erdumfangs sein. Die Vermessung einer Strecke zwischen Dünkirchen und Barcelona lieferte dann das Urmeter des *Système international d'unités* (SI).

Das Königreich Hannover und die Vermessungskampagne des Hofraths Carl Friedrich Gauß

Die Vermessung der königlich hannoverschen Territorien war schon Georg Christoph Lichtenberg (1742-1799) aufgegeben. Er orientierte sich an Fixsternen, um Positionen genau zu bestimmen. Vielleicht brachte dies Carl Friedrich Gauß (1777-1855) auf die Idee, Lichtquellen zur Peilung zu nutzen – als »künstliche Sterne«. Bei einer Reise durch Lüneburg beobachtete er einen Reflex der Sonne über eine Entfernung von 44 km. Die Reflexion kam von Hamburgs großer Kirche St. Michael. Die Entfernung der Sonne sorgt dafür, dass Lichtstrahlen quasi parallel laufen. Abgelenkt über einen Spiegel liefern sie eine Lichtquelle, die als Zeiger über hunderte Kilometer die Positionsbestimmung eines wenige Zentimeter großen Objektes ermöglicht.

Höchstpräzision und mathematische Kopfnüsse

Dass Gauß genialer Mathematiker und Astronom war, ist allgemein bekannt –

Vizeheliotrop von Troughton, London 1810, modifiziert 1821 von Carl Friedrich Gauß mit zusätzlichen Spiegeln und Blenden, Breite ca. 30 cm, Sammlung historischer physikalischer Apparate »Physicalisches Cabinet«, Göttingen. Foto: Stephan Eckardt.

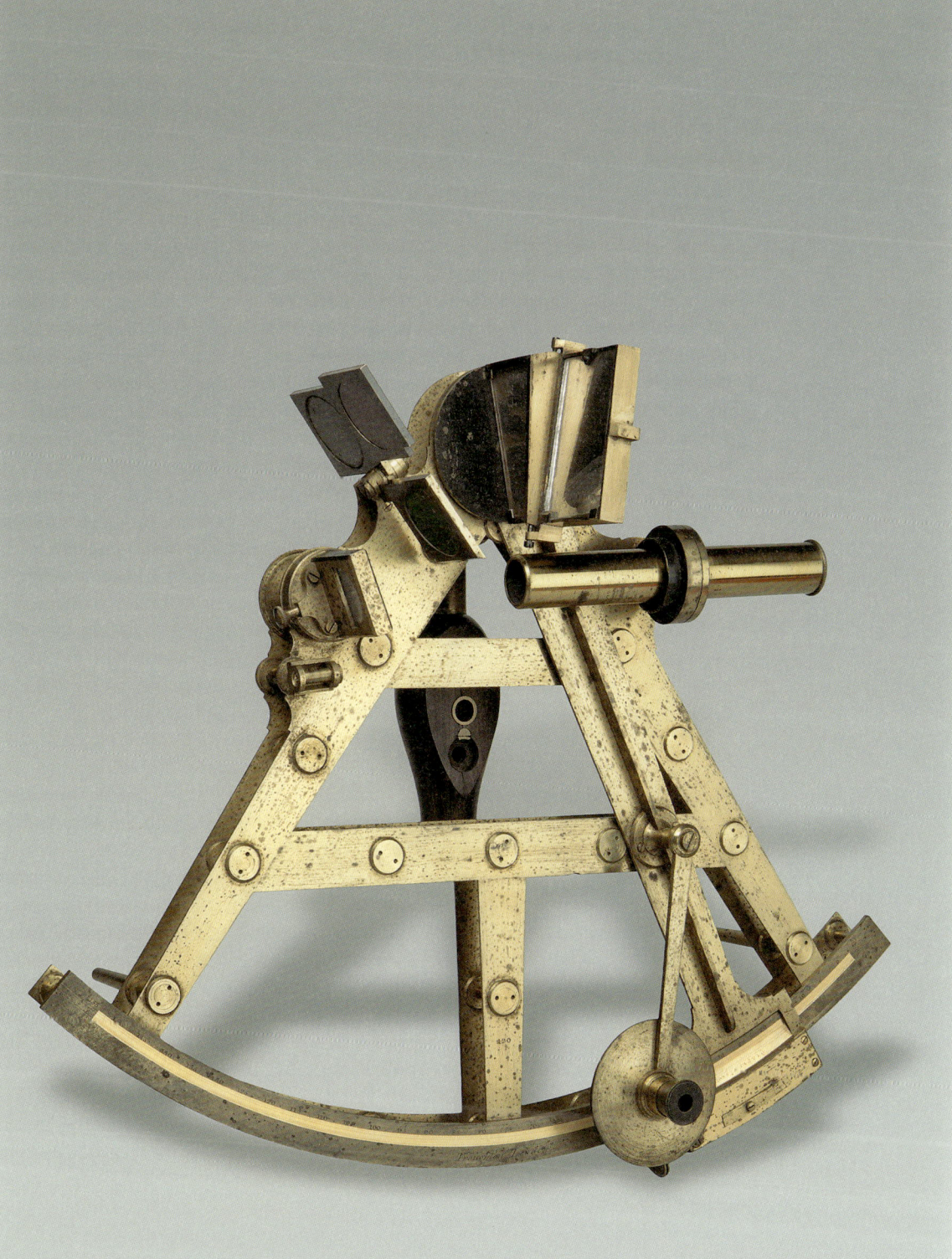

weniger dagegen, dass er auch genialer Experimentator war. Die Entwicklungs-schritte seines Heliotropen (griech. *Helio* = Sonne, griech. *trop* = Wender) lassen sich an verschiedenen Geräten studieren.[1] Basierend auf einem nautischen Sextant (hergestellt von Edward Troughton (1753-1853) in London 1800) besitzt der abgebil-dete Gauß'sche Vizeheliotrop zusätzliche Spiegel und Blenden. Weiterentwickelte Heliotropen stammen aus Göttinger Werkstätten des Mechanikers Johann Philip Rumpf (1791-1833): Nach Anpeilung des Beobachters konnte durch Drehen des Fernrohrs zur Sonne automatisch der korrekte Winkel eingestellt werden. Zusätz-lich zu Problemen der Kommunikation über die langen Distanzen, und manch-mal fehlender Sonne, war auch das Schlagen von langen Schneisen in der flachen Norddeutschen Tiefebene schwierig. Von 1821 bis 1824 legte Gauß ein Dreiecksnetz von Göttingen bis nach Altona als nördlichstem Punkt. In Kombination mit den neuen Geräten erlaubte die Anwendung der Gauß'schen Fehlerquadrate auf die Triangulation Messungen mit höchster Präzision. Mindestens ebenso bedeutend wie die Messtechnik sind Gauß' theoretische Arbeiten zu konformen Abbildun-gen, d. h. zum sphärischen Exzess in einem Dreieck auf einer gekrümmten Ober-fläche, einer Kugel oder einem Geoid. Diese Überlegungen zur Flächentheorie wurden vom fünfzig Jahre jüngeren Bernhard Riemann (1826-1866) weiterver-folgt und führten zu den Riemann'schen Mannigfaltigkeiten, einem Grundstein der modernen Geometrie. Sie leiten aber auch hin zur modernen Physik, zu den Mathematikern David Hilbert (1862-1943) und Hermann Minkowski (1864-1909) und nicht zuletzt zu Einsteins Relativitätstheorie. Dies trieb Gauß bei seinen Ver-messungen zu höchster Präzision: Er wollte Abweichungen zur euklidischen Geo-metrie in seinen Vermessungen aufspüren – zum Beispiel, wie wir heute wissen, eine Raumkrümmung durch das Gravitationsfeld, allerdings auf der Erde viel zu klein, um messbare Effekte zu erzeugen.[2]

Gauß, der 10-DM-Schein und die Deutsche Bundesbank

Besonderen Ruhm erlangten Gauß, Göttingen und der Vizeheliotrop durch die Verewigung auf dem 10-DM-Schein. Beinahe jedoch wäre es zu Fehldrucken ge-kommen. Prof. Gustav Beuermann, damaliger Kurator der Sammlung, erkannte, dass der angebliche Vizeheliotrop, der zur Abbildung auf der Banknote vorgese-hen war, ein ordinärer Sextant war. Im Kontakt mit der Bundesbank konnte Schlimmeres verhindert werde – das Original der Göttinger Sammlung wurde durch deren Grafiker detailgetreu verewigt und mit einem Ausschnitt der dama-ligen Landvermessungskampagne millionenfach gedruckt. Wer heute auf dem Brocken steht, steht auf einem der Vermessungspunkte eines Dreiecks. Auf dem Boden verewigt ist das Dreieck Hoher Hagen (Göttingens Hausberg), der Inselberg im Thüringer Wald und der Brocken im Harz. Die präzise vermessene Ausgangs-strecke bei Göttingen, Startpunkt der Triangulation, ist heute noch zu begehen. Versteckt im Wald, 1,5 km östlich von Friedland, befindet sich der Endpunkt der damaligen Vermessungsstrecke von 1819.

ANMERKUNGEN

___ 1 Dieter Kertscher, Carl Friedrich Gauß und die Geodäsie, in: Wie der Blitz einschlägt, hat sich das Räthsel gelöst. Carl Friedrich Gauß in Göttingen, hg. von E. Mittler (Göttinger Biblio-theksschriften, 30), Göttingen 2005, S. 150-168.
___ 2 Katharina Habermann, Von Gauß über Riemann zu Einstein – die mathematischen Grundlagen der allgemeinen Relativitätstheorie, ebd., S. 118-129.

Mike Reich

DAS »SCHWÄBISCHE MEDUSENHAUPT« IM ZEICHEN DER »SÜNDFLUT«

Zeugnisse vergangenen Lebens unserer Erdgeschichte – Fossilien bzw. Versteinerungen oder Petrefakten genannt – stellen wichtige Argumente für die Evolutionstheorie dar; Leitfossilien dienen geologischen Altersbestimmungen, außerdem können fossile Formen wichtige Hinweise für die Rekonstruktion der ehemaligen Umwelt liefern. Bis Fossilien jedoch als solche ›Zeugnisse‹ anerkannt wurden, mussten erst zahlreiche Jahrhunderte vergehen. Seit der Antike wurden Versteinerungen zumeist als *lusus naturae*, als Naturspiele, gedeutet, die durch eine *vis plastica*, eine unbestimmte schöpferische Kraft, entstanden sind. In Europa wurden erst mit Beginn der Aufklärung zahlreiche Stimmen laut, die Fossilien ›richtig‹ als Reste einstiger Lebewesen deuteten.[1]

Um das Jahr 1700 wurde bei Boll in Württemberg eine Schieferplatte mit Versteinerungen gefunden, die 1724 der Stuttgarter Hofprediger und Doktor der Theologie, Eberhard Friedrich Hiemer (1682-1727), als »Schwäbisches Medusenhaupt« bzw. »Schwabens Medusenhaupt« (*Caput Medusæ*) beschrieb. Hiemer deutete dieses Stück richtungsweisend als zu den Tieren gehörig und verglich es mit dem erst 1705 bekannt gewordenen *Caput Medusæ*, dem zu den Stachelhäutern gehörenden Medusenhaupt (Echinodermata: Ophiuroidea) aus dem Indischen Ozean. Den sehr weit vom Meer entfernten Fundort der Versteinerung in Württemberg erklärte er, nach Korrespondenz mit dem Züricher Arzt und Naturforscher Johann Jacob Scheuchzer (1672-1733), mit der »Sündflut, deren Schwall ihm für die Überbrückung jeglicher Entfernung groß genug erschien«.[2] Mit der Deutung von Fossilien und Gesteinen als Überbleibsel der in der biblischen Überlieferung begründeten Sintflut argumentierten die sogenannten Diluvianer, eine von der Kirche stark unterstützte Gemeinschaft, deren geistiges Oberhaupt Scheuchzer war. Auch deutsche Vertreter, wie Gottfried Wilhelm Leibniz (1646-1716) und David Sigismund Büttner (1660-1725), sorgten für eine weite Verbreitung und Akzeptanz dieser Sintflut-Lehre, die in der zweiten Hälfte des 17. wie auch im gesamten 18. Jahrhundert stark in den Vordergrund rückte, da sich »der biblische Bericht und der erdgeschichtliche Befund zu decken und im Sinne der Aufklärung vernunftgemäß zu stützen schien.«[3] Als letzter Anhänger der Sintflut These gilt gemeinhin der Engländer William Buckland (1784-1856), der eine »universale Flut« anhand der sehr genauen Beschreibung der Höhle von Kirkdale in Yorkshire, »deren Lehm von Wirbeltierknochen erfüllt ist« annimmt.[4]

Das von Hiemer beschriebene »Schwäbische Medusenhaupt« wurde weit über die Landesgrenzen hinaus berühmt. Zahlreiche Naturforscher jener Zeit, wie auch der schwedische Naturforscher Carl von Linné (1707-1778), beschäftigten sich mit Hiemers Fund und bildeten diesen in ihren Werken ab.

Nach dem Tod Hiemers gelangte die berühmte Fossilienplatte zunächst in die Sammlung des Reiseschriftstellers Johann Georg Keyssler (1689-1743), später wurde sie in der markgräflichen Sammlung von Bayreuth und im Naturalienkabinett der Universität Erlangen vermutet, galt dann aber als verschollen.

Der Tübinger Friedrich August Quenstedt (1809-1889) beschrieb 1868 in seiner Monographie *Schwabens Medusenhaupt* in Ermangelung der verschollenen Original-platte eine »Ersatzplatte«. In Arbeiten des 20. Jahrhunderts über diese »Medusen-häupter« wurde immer wieder auf die nicht mehr vorhandene Originalplatte Hiemers verwiesen.

Heute wissen wir, welchen Weg Hiemers Original nach dem Tod Keysslers nahm. Es war im Besitz von August Johann von Hugo (1686-1760), Hofrat und Leibarzt König Georgs II. von Großbritannien, (1683-1760), der auch Kurfürst von Hannover war und 1734/1737 die Universität Göttingen gründete. Nach dem Tod von Hugos gelangte sie zu Georg August Ebell (1745-1824), ebenfalls Hofrat in Han-nover. Ebell war ein Studienfreund Georg Christoph Lichtenbergs (1742-1799) und später Postmeister von Bremen, wo er eine umfangreiche Sammlung an Fossi-lien, Gesteinen und Mineralien besaß. Kurz nach Ebells Tod gelangte die Fossili-enplatte schließlich 1827 nach Göttingen. Treibende Kraft hinter diesem Erwerb war Johann Friedrich Blumenbach (1752-1840) – Professor für Medizin und Natur-geschichte und zugleich »Erster Aufseher« des *Königlich Academischen Museums* der Universität Göttingen. Schon zwischen 1791 und 1803 hatte er in seinem *Handbuch der Naturgeschichte* – in verschiedenen Auflagen – mehrfach auf dieses bekannte und berühmte Einzelstück hingewiesen.

Seit jener Zeit blieb Hiemers Platte jedoch eher ›unbeachtet‹ in den Sammlun-gen der Georgia Augusta liegen. 1936 wurde die wohl stark beschädigte, etwas über 1 m² große Posidonienschiefer-Platte laut einer kurzen Notiz von Othenio Abel (1875-1946), der von 1935 bis 1940 Ordinarius für Paläontologie in Göttingen war, neu präpariert und konserviert. Erstmals wieder öffentlich ausgestellt wurde das »Schwäbische Medusenhaupt« in einer paläobiologischen Dauerаus-stellung in den 1930er bis 1940er Jahren, eröffnet anlässlich der Jahrestagung der *Paläontologischen Gesellschaft* in Göttingen 1937. Nach einem weiteren kurzen öffent-lichen Intermezzo im Rahmen der Sonderausstellung zum 250-jährigen Bestehen der Göttinger Universität 1987 wurde dieses wissenschaftshistorische Kleinod zum wiederholten Male im Keller ›eingemottet‹. Seit der Neukonzeption und Auf-stellung der geologisch-paläontologischen Dauerausstellung im Geowissenschaft-lichen Museum im Jahre 2004 ist es nun ständig ausgestellt und öffentlich zu-gänglich.

LITERATUR

__ Helmut Hölder, E. F. Hiemers Traktat über das »Medusenhaupt« Schwabens (*Seirocrinus sub-angularis*) aus dem Jahr 1724, in: Stuttgarter Beiträge zur Naturkunde, Serie B 213, 1994, S. 1-29.
__ Mike Reich, Joachim Reitner, Ans Licht geholt – »Schwabens Medusenhaupt« (Crinoidea; Unter-Jura), in: Stachelhäuter 2004, Göttingen 2004, S. 42-46.
__ Mike Reich, The ›Swabian Caput Medusae‹ (Jurassic Crinoidea, Germany), in: Echino-derms: Durham. Proceedings of the 12th International Echinoderm Conference, Durham, New Hampshire, USA, 7-11 August 2006, London u. a. 2010, S. 61-65.

ANMERKUNGEN

__ **1** Karl Alfred von Zittel, Geschichte der Geologie und Paläontologie bis Ende des 19. Jahr-hunderts, München, Leipzig 1899, S. 15 f.
__ **2** Helmut Hölder, 1994, siehe Lit., S. 2.
__ **3** Helmut Hölder, Geologie und Paläontologie in Texten und ihrer Geschichte, Freiburg, München 1960, S. 130 ff.
__ **4** Ebd., S. 137.

Originalplatte des »Schwä-bischen Medusenhauptes« mit fossilen Seelilien der Art *Seirocrinus subangularis*, Unter-Jura (Toarcium), ca. 180 Millionen Jahre alt, Fundort: Ohmden bei Boll in Württemberg, Deutsch-land, um 1700, Posidonien-schiefer, 96 × 116 cm, Geowissenschaftliches Museum, Göttingen, Inv.-Nr. GZG.HST.4999. Foto: GZG Museum.

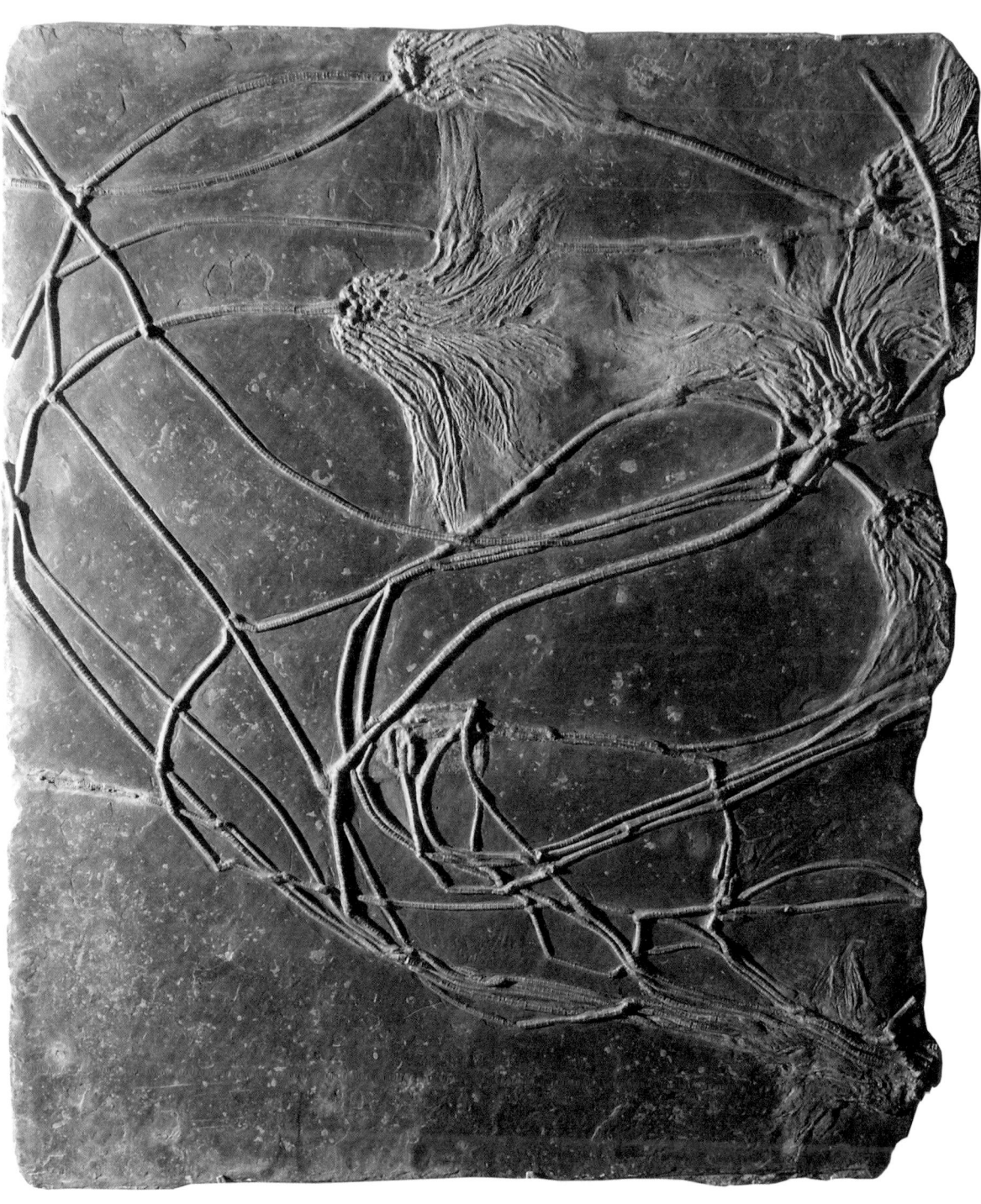

Birgit Großkopf

EIN TURMSCHÄDEL – VON MENSCHEN GEFORMT

In der anthropologischen Sammlung der Universität Göttingen befindet sich unter vielen anderen ein Schädel, dessen äußere Form deutlich von der Regelanatomie abweicht. Der Schädel ist nach hinten turmartig-lang ausgezogen.

In verschiedenen Kulturen und zu unterschiedlichen Zeitepochen lassen sich intentional – also absichtlich – verformte Schädel beobachten. Ganz besonders in Nord- und vor allem Südamerika lassen sich veränderte Schädelformen finden, aber auch in Europa treten sie auf, wobei sie vor allem aus der Völkerwanderungszeit stammen. Ob es möglicherweise als Schönheitsideal galt oder aus kultischen Gründen erstrebenswert war, eine bestimmte Schädelform zu haben, ist dabei nicht bekannt.

Wie können solche Deformationen entstehen? Die einzelnen Schädelknochen eines Kindes können unter der Geburt zusammen- oder gar übereinandergeschoben werden. Ermöglicht wird diese natürliche Deformation, welche sich in der Regel recht kurzfristig zurückbildet, durch die nicht knöchernen Bereiche zwischen den einzelnen Schädelknochen. Diese sogenannten Fontanellen schließen sich im Verlauf der ersten Lebensjahre.

Während dieser Phase kann ein Schädel intentional verformt werden, indem durch fixierte Brettchen oder fest gewickelte Bandagen dem Schädel die Wuchsrichtung vorgegeben wird. Die Hirnentwicklung wird in der Regel durch eine derartige Verformung nicht negativ beeinflusst, solange dem Gehirn genügend Raum zum Wachsen bleibt. Schädeldeformationen können auch aus natürlichen Ursachen auftreten, wenn eine der Schädelnähte, die üblicherweise im erwachsenen Alter beginnen zu verknöchern, vorzeitig obliteriert. Diese sogenannte Kraniosynostose führt zu einem asymmetrischen Wachstum des Schädels oder, wenn die Sagittalnaht auf der Schädelmitte betroffen ist, zu einem Lang- bzw. Kahnschädel.

Die Techniken für intentionale Verformungen sind sehr vielfältig und variieren in unterschiedlichen Ethnien. Wie für alle Objekte in Sammlungen oder Museen ist es daher auch bei den verformten Schädeln wichtig, den Kontext, etwa ihre regionale Herkunft und Zeitstellung, zu kennen. Ist ein Objekt aus dem Kontext gerissen, ist es häufig nur noch von eingeschränktem Wert. Dies geschah mit zahlreichen Schädeln aus dem Völkerkundemuseum Hamburg, für die, teils kriegsbedingt, kaum noch Informationen vorliegen. Mitte der 1950er Jahre kamen diese Schädel nach Göttingen, wo sie seitdem eine der wesentlichen Grundlagen für die Anthropologische Sammlung darstellen. Auch zu dem hier vorgestellten Schädel aus der Hamburger Sammlung gibt es nur wenige gesicherte Daten.

Für eine ethnologische Sammlung ist ein solches Objekt somit weitgehend wertlos. Anders hingegen für eine anthropologische Sammlung. Auch hier wäre natürlich der Kontext, in dem ein Skelett oder Schädel gefunden wurde, von basalem Interesse, vor allem, wenn es um die Interpretation verschiedener Merk-

Intentional verformter Schädel, Fundort: Südamerika, Anthropologische Sammlung der Abteilung Historische Anthropologie und Humanökologie, Göttingen. Foto: Stephan Eckardt.

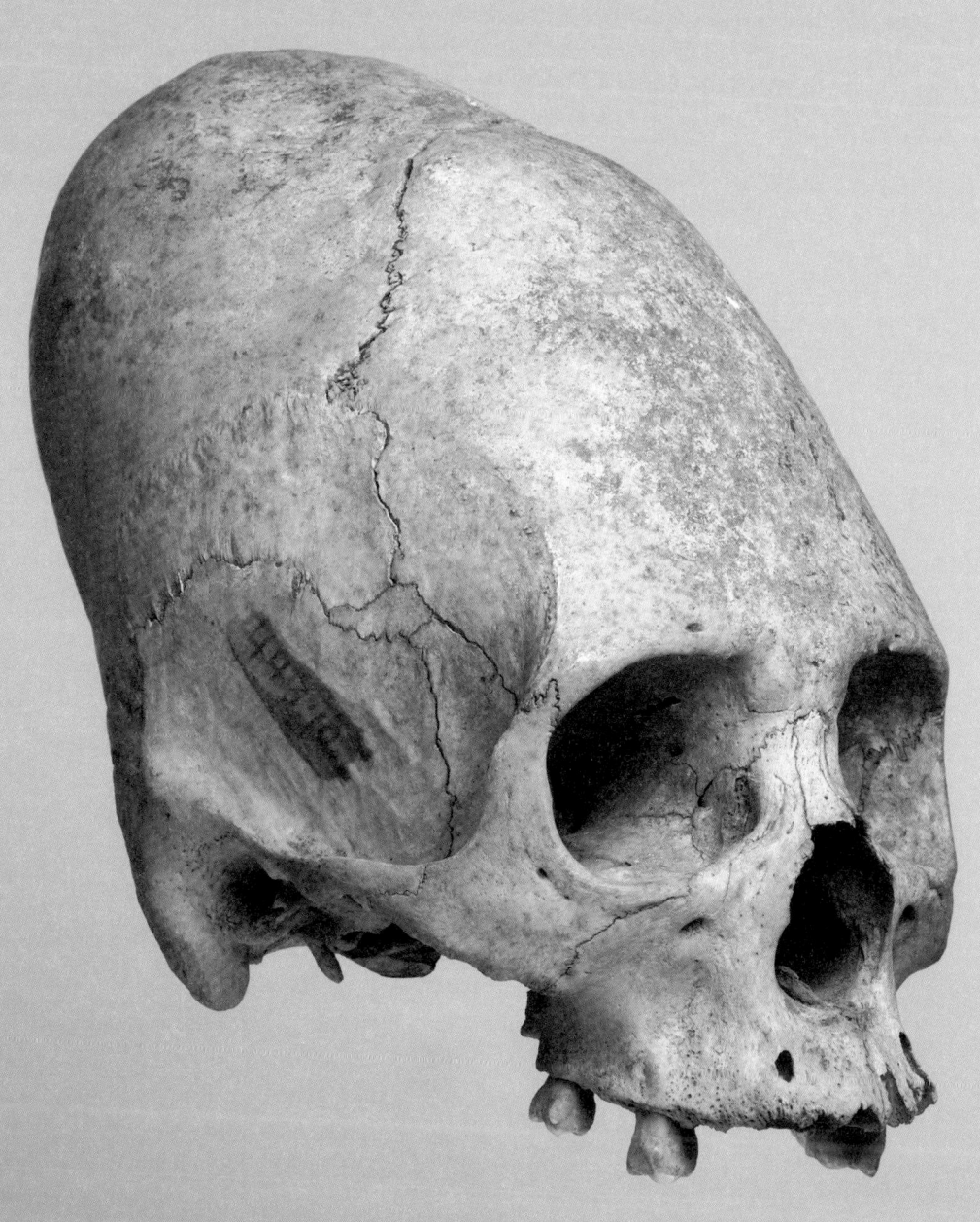

male geht. So sind z. B. stark abgenutzte Zähne bei Individuen aus dem Neolithikum, aufgrund des hohen mineralischen Anteils in der Nahrung, auch in jungen Lebensjahren regelmäßig anzutreffen. Hingegen würde ein vergleichbarer Abrasionsgrad des Zahnschmelzes bei zeitlich jüngeren Individuen auf eine Nutzung der Zähne als Werkzeug hindeuten (wie z. B. bei Inuitfrauen, die Leder weichkauen). Der Fundkontext kann somit ganz wesentlich sein.

Aber auch ohne solche Einordnungsmöglichkeiten besitzen diese Schädel einen unschätzbaren Wert für die anthropologische Ausbildung und Forschung. Durch die Vielzahl anatomischer Varianten, pathologischer Veränderungen, Spuren operativer Eingriffe (wie künstliche Schädelöffnungen) und eben auch ethnischer Deformierungen zeigen sie, in welch hohem Maße Knochen plastisch auf äußere Einflüsse, wie z. B. Eisenmangel, Verletzungen oder eben auch intentionale Veränderungen zu reagieren vermag.

LITERATUR

___ Otto Vyslozil, Rudolf Slavicek, Vergleichsuntersuchung an künstlich deformierten und undeformierten Schädeln, in: Annalen des Naturhistorischen Museums Wien 102a, 2001, S. 245-274.

Julia Hoffmann, Judith Wassiltschenko

»DER GIFTPILZ«

Ein antisemitisches Kinderbuch aus der Sammlung Seifert

Ernst Hiemers *Der Giftpilz. Ein Stürmerbuch für Jung u. Alt* ist eines der perfidesten Kinderbücher überhaupt. In der einleitenden Erzählung werden Juden mit Giftpilzen gleichgesetzt, wodurch sie als grundsätzlich gefährlich und andersartig stigmatisiert werden. Parabelhaft erklärt eine Mutter ihrem bereits gut über vermeintliche Rassenunterschiede informierten Sohn, dass es gute und schlechte Pilze gäbe und es bei den Menschen ebenso sei: »Die Juden sind schlechte Menschen. Sie sind wie Giftpilze. Und wie Giftpilze oft schwer von den guten Pilzen zu unterscheiden sind, so ist es oft schwer, die Juden als Gauner und Verbrecher zu erkennen [...].«[1]

Die Dämonisierung wird in 16 weiteren sogenannten Lehrstücken vertieft, indem auf vielfältige Weise Juden meist in Alltagsbegegnungen mit Nichtjuden klischeehaft als Betrüger, Tierquäler, Kinderschänder und Mörder diffamiert werden. Inhaltlich steht das Buch im Kontext der Nürnberger Rassengesetze von 1936. Viele Passagen hierin sprechen in dieser Hinsicht eine deutliche Sprache und nehmen dabei die Shoah vorweg: »Die deutsche Jugend muß den jüdischen Giftpilz kennenlernen. Sie muß wissen, welche Gefahr der Jude für das deutsche Volk und die ganze Welt bedeutet. Sie muß wissen, daß die Judenfrage eine Schicksalsfrage für uns alle ist.«[2] Jede der Kurzgeschichten wird mit einem ganzseitigen Bild von Fips (d. i. Philipp Rupprecht [1900-1975]) illustriert. Die kräftigen, einheitlich flächig aufgetragenen Farben und schwarze Umrandungslinien erinnern an zeitgenössische Plakatgestaltung.

Der Giftpilz erschien 1938 in dem einflussreichen antisemitischen Stürmer-Verlag und erreichte binnen kurzer Zeit hohe 10.000er Auflagen.[3] Der Verlag setzte sich besonders für die Popularisierung dieses Kinderbuches ein; so wurde es »nicht nur verkauft, sondern über Parteiorganisationen auch kostenlos verbreitet«.[4] Darüber hinaus begleitete eine umfassende internationale Werbekampagne die Veröffentlichung. Die Publikationen dieses Verlags prägten nationalsozialistische Stereotype von Juden in Wort und Bild maßgeblich mit.

Auch wenn das öffentliche und wissenschaftliche Interesse für genuin nationalsozialistische Kinder- und Jugendliteratur[5] nach 1945 gering war, beschäftigte sich einer ganz besonders mit diesen Büchern: der Hannoveraner Politikwissenschaftler und links-demokratische Staats- und Bürgerrechtler Jürgen Seifert (1928-2005). In seiner Freizeit sammelte Seifert Kinder- und Jugendbücher sowie -zeitschriften. Die von ihm zusammengetragenen Bestände bilden nicht nur eine Beispielsammlung der Geschichte der Kinder- und Jugendliteratur; sie sind ein Spiegel der politischen und gesellschaftlichen Verhältnisse Europas über drei Jahrhunderte. »Ich bin einer, der die Zeit ordnen will«[6], erklärte Seifert in einem Interview, in dem er zu seiner Sammeltätigkeit befragt wurde, und berief sich dabei auch auf sein Vorbild, den bekannten Philosophen und Kritiker Walter Benjamin (1892-1940), der ebenfalls Kinder- und Jugendbücher sammelte.

Seifert erkannte, dass man mit Kinder- und Jugendliteratur als Material auch im Unterricht gut arbeiten konnte. So gab er Hochschulseminare zum Thema Rechtsradikalismus, in denen er neben dem *Giftpilz* auch zahlreiche NS-Fibeln und Bücher wie *Polizei greift ein. Kriegsberichte aus Ost, West und Nord* sowie Elvira Bauers *Trau keinem Fuchs auf grüner Heid und keinem Jud bei seinem Eid!* verwendet hat. Kinder- und Jugendmedien dienten ihm als historische Quelle, mit Hilfe derer er zu politischer Propaganda forschte und lehrte.

Die meisten seiner Bücher und Hefte erwarb Seifert auf Flohmärkten und in Antiquariaten – wahrscheinlich ist auch Hiemers *Der Giftpilz* auf diese Weise in seinen Besitz gelangt. Anders als bibliophile Sammler, die sich ausschließlich für teure, schöne und gut erhaltene Bücher interessieren, suchte er gezielt auch populäre Massenliteratur. Dieser Schwerpunkt macht die Sammlung innerhalb der Kinder- und Jugendbuchsammlungen einzigartig und für die Forschung besonders interessant. Denn diese Bücher und Hefte wurden von Sammlern, Bibliothekaren und Universitäten lange vernachlässigt. Dabei wurden gerade diese Texte von breiteren Bevölkerungsschichten rezipiert und erst mit ihrer Einbeziehung ergibt sich ein vollständiges Bild von Kinder- und Jugendkultur.

2008, drei Jahre nach dem Tode Seiferts, gelang es dem Seminar für Deutsche Philologie mit Unterstützung des Niedersächsischen Ministeriums für Wissenschaft und Kultur, der Stiftung Niedersachsen, des Universitätsbunds Göttingen e. V. und der Studienkommission Lehramt (ZeUS) und durch das besondere Engagement von Dr. Wolfgang Wangerin und Prof. Heinrich Detering, die wertvolle Sammlung Seifert (SamS) anzukaufen. Die SamS erweitert den bereits vorhandenen Bestand von Kinder- und Jugendliteratur der Georg-August-Universität Göttingen, so dass die Kinder- und Jugendbuchsammlungen der hiesigen Universität heute zu den umfangreichsten und bedeutendsten ihrer Art in Deutschland gehören. Die SamS ist zudem in einer Teaching Library untergebracht, so dass direkt vor Ort am Buch gearbeitet werden kann. Das ermöglicht Forschenden, Lehrenden, Studierenden und anderen Interessierten sich auch mit nicht mehr zugänglicher Kinder- und Jugendliteratur und ihren politischen und historischen Dimensionen auseinanderzusetzen. Somit wird die Sammlung heute ganz im Sinne Jürgen Seiferts genutzt.

LITERATUR

__ Wolfgang Wangerin (Hg.), Der rote Wunderschirm. Kinderliteratur der Sammlung Seifert von der Frühaufklärung bis zum Nationalsozialismus, Göttingen 2011.

ANMERKUNGEN

Ernst Hiemer, *Der Giftpilz*, Nürnberg 1938, Einband, 27 × 2 × 14,5 cm, Sammlungen Historischer Kinder- und Jugendbücher (Slg. Jürgen Seifert), Göttingen, Inv.-Nr. S17bj 111. Ein antisemitisches Kinderbuch mit diffamierenden Geschichten und Illustrationen. Foto: Martin Liebetruth.

__ 1 Ernst Hiemer, Der Giftpilz. Ein Stürmerbuch für Jung u. Alt, Nürnberg 1938, S. 4.
__ 2 Hiemer (Anm. 1), S. 7. An anderer Stelle heißt es auch: »Die Welt, ja die erholt sich bloß / Wenn sie den Jud für immer los!« (Ebd., S. 33).
__ 3 Torsten Hoffmann, Der Giftpilz. Vortrag am 1.12.2011 in der Paulinerkirche Göttingen im Rahmen der öffentlichen Vortragsreihe »Klassiker der Kinderliteratur«.
__ 4 Heinrich Pleticha, Das Bild des Juden in der Volks- und Jugendliteratur vom 18. Jahrhundert bis 1945, Würzburg 1985, S. 106.
__ 5 Ulrich Nassen, Jugend, Buch und Konjunktur: 1933-1945; Studien zum Ideologiepotential d. genuin nationalsozialistischen und des konjunkturellen »Jugendschrifttums«, München 1987.
__ 6 Das Tolle an Frau Holle, HAZ, 27.2.1999, S. 7.

Der Giftpilz

Erzählungen von Ernst Hiemer

Bilder von Fips

Anita Schmidt-Jochheim

GEBURT UND TOD

Die enthauptete Mutterschaftsfigur aus Sawankhalok in Nord-Thailand

Schwangerschaft und Geburt sind interdisziplinäre Forschungsfelder u. a. der Medizin-, Sozial- und Kulturgeschichte. Fruchtbarkeit und Nachkommenschaft haben in allen Kulturen einen wichtigen, wenn nicht sogar zentralen Stellenwert. Die Fähigkeit von Frauen, Leben zu schenken, löst bei den Mitmenschen vielfältigste Emotionen aus: liebevolle Zuwendung, Faszination, Bewunderung und Ehrfurcht genauso wie Angst, Neid und Ablehnung.

Die Sammlung Heinz Kirchhoff »Symbole des Weiblichen« befasst sich mit dieser Thematik sehr ausführlich, war doch der Sammler Prof. Dr. Heinz Kirchhoff (1905-1997) als Ordinarius der Göttinger Universitätsfrauenklinik ein bekannter Frauenarzt, Wissenschaftler und Hochschullehrer, der sich tagtäglich mit diesen Fragestellungen auseinandersetzte. Ein Ziel seiner Sammelleidenschaft war, auf die Bedeutung der Frau hinzuweisen:

»Weit im Vordergrund stand und steht die Absicht, durch die Ausstellung von Zeichen und Figuren auf die ungewöhnlich große Bedeutung der Frau als Ursymbol der Fruchtbarkeit im Leben der gesamten Menschheit hinzuweisen, ohne ihre Fähigkeiten und Aufgaben auf diese Schwerpunkte begrenzen zu wollen. Damit ist der Wunsch verbunden, durch die Vielfalt historischer und globaler Beispiele von Wertschätzung oder Verehrung des Weiblichen einen Beitrag zu leisten, die trotz aller Wandlungsansätze unleugbar gegenwärtig noch bestehende Unterbewertung der Frau gegenüber dem Mann nicht nur zu mindern, sondern gänzlich zu überwinden. Durch die Würdigung der Stellung der Frau in der Kulturgeschichte der Menschheit können Gleichachtung und Gleichstellung erreicht und die Partnerschaft vorbereitet werden, der die Zukunft gehört.«[1]

Kirchhoffs Sammlung zeigt viele Exponate aus allen Kulturen der Welt zum Thema Fruchtbarkeit, Schwangerschaft und Geburt: Ob als Fruchtbarkeitspuppe der afrikanischen Ethnie Turkana oder als Goldstaubgewicht der Ashanti mit der Abbildung einer Geburtsszene, das in Ghana als Zahlungsmittel benutzt wurde, ob als Gebäckmodel mit der Abbildung einer Hebamme aus Süddeutschland oder als ägyptischer Skarabäus.

Besonders eindrucksvoll verkörpern die Sawankhalok-Figuren die Faszination, aber auch die reale Gefahr von Schwangerschaft und Geburt. Müttersterblichkeit war und ist zu allen Zeiten und in allen Kulturen bis heute eine ernstzunehmende Bedrohung für die Menschheit; auch in unserer zivilisierten Welt spielt sie eine Rolle, allem medizinischen Fortschritt zum Trotz. Entsprechend häufig finden sich Rituale, religiöse und mystische Handlungen, um für die Schwangere oder Gebärende einen guten Ausgang für sie selbst und die Geburt eines gesunden Kindes zu erbitten.

Die nicht näher datierten Figuren wurden von Kirchhoff 1975 über einen Händler erworben. Die glasierten Keramik-Figuren stammen aus der Stadt Sawankhalok in Nord-Thailand. Sie stellen Frauen dar, die ein oder zwei Kinder in den Armen halten. Die Figuren besaßen bei Ritualen im Rahmen einer Geburt

Enthauptete Figur *Frau mit Kind*, nicht datiert, Sawankhalok, Nord-Thailand, Erwerb 1975, Terrakotta, glasiert, 5,1 × 4,9 × 11,5 cm, Kulturhistorische Sammlung Heinz Kirchhoff »Symbole des Weiblichen«, Göttingen, Inv.-Nr. K 209. Foto: Stephan Eckardt.

eine besondere Funktion: »Ein symbolhafter Tod von Mutterschaftsfiguren mit Kindern in den Armen oder an der Brust wurde durch ›Enthauptung‹ in rituellen Fruchtbarkeitszeremonien vollzogen. Durch dieses Ritual soll etwas anderes ›fruchtbar‹ gemacht und die vom Sterben Bedrohten ins gesunde Leben zurückgebracht werden. Die enthaupteten Figuren wurden zur Dämonenabwehr ins Wochenbett gelegt. Nach komplikationslosem Verlauf von Geburt und Wochenbett wurde der abgeschlagene Kopf der Mutterstatuette wieder aufgesetzt.«[2]

Die hier abgebildete 11,5 cm große unbekleidete Figur sitzt mit eingeschlagenen Beinen auf ihrem Gesäß. Das Haar ist zu einem Knoten zusammengefasst, um den ein Ring gelegt ist. Das etwas grob geschnittene Gesicht mit großen Ohren, knolliger Nase, dicken Lippen und eingeritzten mandelförmigen Augen scheint zu lächeln. Vor ihrem Körper hält die Frau ein Kind, das sich mit seinen Armen auf ihren Brüsten abstützt. Deutlich erkennbar weist eine Reparaturstelle am Hals darauf hin, dass der Kopf der Frauenfigur abgeschlagen und wieder angeklebt wurde.

Insgesamt fünf Exponate dieser Art befinden sich in der Sammlung und werden in der Dauerausstellung im Göttinger Universitätsklinikum gezeigt.

LITERATUR

___ Norbert Kohnen, Ein und dasselbe ist Lebendiges und Totes. – Die enthaupteten Mutterschaftsfiguren aus Sawankhalok, in: Deutsches Ärzteblatt 79, H. 44, 1982, S. 83-87.
___ Jacques Gélis, Die Geburt. Volksglaube, Rituale und Praktiken. Von 1500-1900, München 1989.
___ Clare Hanson, A cultural history of pregnancy: pregnancy, medicine and culture 1750-2000, Basingstoke 2004.
___ Eva Labouvie, Andere Umstände: eine Kulturgeschichte der Geburt, Köln 1998.
___ Ulrike Plentz, Die Sammlung Heinz Kirchhoff: Symbole des Weiblichen, in: Deutsches Ärzteblatt, 97, H. 20, 2000, S. A-1398.

ANMERKUNGEN

___ 1 Heinz Kirchhoff, Ulrike Plentz, Anita Schmidt-Jochheim, Symbole des Weiblichen. Die kulturgeschichtliche Sammlung Heinz Kirchhoff, in: »Ganz für das Studium angelegt«: Die Museen, Sammlungen und Gärten der Universität Göttingen, hg. von Dietrich Hoffmann, Kathrin Maack-Rheinländer, Göttingen 2001, S. 155-159, hier S. 155.
___ 2 Norbert Kohnen (1982).

Daniel Graepler

FÜR DIE LEHRE ZU PIKANT?

Daktyliothek von James Tassie, 1786/1787

Das kostbare Kabinettschränkchen ist ein eindrucksvolles Zeugnis für die zentrale Rolle, die die Beschäftigung mit Gemmen für das Antikenstudium im 18. und beginnenden 19. Jahrhundert in ganz Europa spielte. Man publizierte die mit vertieften oder erhabenen Bildern versehenen Steine nicht nur in Form von Kupferstichen, sondern reproduzierte sie dreidimensional in Gips, Schwefel und anderen formbaren Materialien. Systematische Sammlungen solcher Abdrücke, sogenannte Daktyliotheken, erhielten in der Mitte des 18. Jahrhunderts den Rang einer eigenständigen Publikationsform: In festen Sets zusammengefasst, wurden sie wie Bücher ediert.

Die erste und berühmteste dieser Editionen wurde ab 1753 von dem Dresdner Künstler Philipp Daniel Lippert (1702-1785) herausgebracht. An seiner *Dactyliotheca Universalis*, einem in ganz Europa Aufsehen erregenden Publikationsunternehmen, wirkte der junge Altertumsforscher Christian Gottlob Heyne (1729-1812) mit, der bald darauf (1763) nach Göttingen berufen wurde und hier fast ein halbes Jahrhundert lang eine Schlüsselrolle im Leben der Universität spielte.

Heyne führte 1767 in Göttingen die Archäologie in das reguläre Lehrprogramm der Universität ein und begann zugleich mit der Erwerbung von Gipsabgüssen antiker Büsten und Statuen. Schon zuvor hatte er mit dem Ankauf von Lipperts Werk den Grundstein zu einer beachtlichen Sammlung von Daktyliotheken gelegt, wie ihn heute wohl nur wenige Universitäten weltweit ihr Eigen nennen können. Dieser fast in Vergessenheit geratene Bestand wurde in einem kombinierten Forschungs-, Restaurierungs- und Ausstellungsprojekt 2006/2007 wieder nutzbar gemacht.

Unter den Göttinger Daktyliotheken ragt das hier gezeigte Schränkchen durch sein prachtvolles Äußeres hervor: Die Oberfläche ist in mindestens fünf verschiedenen Edelholzarten furniert, die Türen sind mit ovalen Reliefmedaillons aus weißer Gussmasse verziert. Sie zeigen antike Dichter-, Philosophen- und Kaiserköpfe und in der Mitte einen antiken und einen neuzeitlichen weiblichen Porträtkopf. Zwei Reihen von Schubladen mit Messingknöpfen, nummeriert von 1-32, beherbergen 1.381 Gemmenabdrücke in rotem Schwefel und über 50 Gemmennachbildungen in verschiedenfarbigem Glas sowie ein handgeschriebenes Katalogbuch in edlem roten Maroquinleder.

Das Schränkchen kam vermutlich schon zu Heynes Zeiten, spätestens aber 1838, nach Göttingen. Hier fristete es jedoch ein Schattendasein, denn anders als die meisten anderen Göttinger Daktyliotheken war es für den akademischen Unterricht kaum einsetzbar. Es enthielt kaum Abdrücke von originalen antiken Gemmen, sondern vor allem von ›antikisierenden‹ Arbeiten neuerer Zeit, daneben aber auch Stücke mit ganz unantiken Darstellungen, z. B. dem Bild eines Heißluftballons. Besonders pikant und für eine höhere Lehranstalt denkbar ungeeignet waren zwei Geheimschubladen mit z. T. sehr deftigen pornographischen Darstellungen.

Offensichtlich gehörte diese Sammlung einem vermögenden Gemmenliebhaber, dessen Identität noch unklar ist, während die genaueren Umstände der Entstehung der Daktyliothek kürzlich rekonstruiert werden konnten: Sie wurde im Winter 1786/1787 in der Londoner Werkstatt des damals sehr bekannten schottischen Abformers James Tassie (1735-1799) gefertigt. Dieser produzierte in den 1780er Jahren die größte jemals realisierte Daktyliothek mit etwa 15.000 Abdrücken. Auftraggeberin war die russische Zarin Katharina II., eine leidenschaftliche Sammlerin, die sich selbst scherzhaft als »gemmenkrank« bezeichnete.

Tassies wissenschaftlicher Berater und Mitarbeiter war Rudolf Erich Raspe (1736-1794), eine der faszinierendsten Gelehrtenfiguren des späten 18. Jahrhunderts. 1736 in Hannover geboren und u. a. an der Universität Göttingen ausgebildet, tat er sich schon früh durch wissenschaftliche Veröffentlichungen hervor. So publizierte er für den Grafen Wallmoden – einen illegitimen Sohn des Göttinger Universitätsgründers Georg II. August – den Katalog zu dessen bedeutender Sammlung antiker Marmorskulpturen, die sich seit 1979 als Leihgabe des Welfenhauses im Archäologischen Institut der Göttinger Universität befindet. Raspe stand in engem Kontakt mit Heyne und wurde 1767 Aufseher der landgräflichen Antikensammlungen in Kassel. Hier leistete er Bedeutendes, veruntreute aber Münzen aus der Sammlung des Landgrafen und musste 1775, steckbrieflich gesucht, bei Nacht und Nebel nach England fliehen. Mit verschiedensten Gelegenheitsarbeiten fristete er in London sein Dasein. Am erfolgreichsten waren die Geschichten des Barons von Münchhausen, die er 1785 anonym und in englischer Sprache publizierte, bevor Gottfried August Bürger (1747-1794) sie in Göttingen ins Deutsche übertrug und allgemein bekannt machte. Damals arbeitete Raspe bereits mit Tassie zusammen, organisierte dessen Abdruckunternehmen für Katharina II. und schrieb dazu einen ausführlichen handschriftlichen Katalog, der 1791 gedruckt wurde.

Das Göttinger Schränkchen konnte als ›Exzerpt‹ aus der großen Daktyliothek der Zarin identifiziert werden. Deren in St. Petersburg aufbewahrte Inventare sind z. T. von Raspe selbst handgeschrieben, z. T. aber auch von einem anonymen Schreiber, von dessen Hand auch das Inventarbuch des Göttinger Schränkchens stammt. Diese Auswahl ist ein höchst aufschlussreiches Zeugnis für die Interessen eines privaten Gemmenliebhabers in der Blütezeit einer im besten Sinne ›dilettantischen‹ Beschäftigung mit der Antike. Diese Epoche fand schon wenig später durch die Verwissenschaftlichung und Akademisierung der Archäologie ihr Ende – ein Prozess, der ganz wesentlich durch Heyne vorangetrieben wurde. Dass es vermutlich gerade Heyne war, durch den diese Liebhabersammlung in die Göttinger Universität gelangte, darf man als eine besondere Ironie der Wissenschaftsgeschichte betrachten.

Daktyliothek von James Tassie, 1786/1787, Schrank aus Holz und anderen Materialien, Gemmenabdrücke aus rotem Schwefel und farbigem Glas, 47 × 52 × 35 cm, Sammlung der Gipsabgüsse antiker Skulpturen, Göttingen, Inv.-Nr. A 1358. Detail: Geheimschublade mit erotischen Darstellungen Fotos: Stephan Eckardt.

LITERATUR

___ Daniel Graepler, Eine verkannte Kostbarkeit: Der ›Göttinger Tassie‹, in: Valentin Kockel, Daniel Graepler (Hg.), Daktyliotheken. Götter & Caesaren aus der Schublade. Antike Gemmen in Abdrucksammlungen des 18. und 19. Jahrhunderts, München 2006, S. 82-94 u. S. 164-166.
___ Ders., A dactyliotheca by James Tassie and other collections of gem impressions at the University of Göttingen, in: Rune Frederiksen, Eckart Marchand (Hg.), Plaster casts: making, collecting and displaying from classical antiquity to the present, Berlin 2010, S. 435-450.

Michael Schwerdtfeger

DIE ANANAS IM KÖNIGREICH HANNOVER UND DIE SAMMLUNG EXOTISCHER PFLANZEN IM BOTANISCHEN GARTEN

1736, in den Anfangsjahren der Göttinger Universität, gründete Albrecht von Haller den Botanischen Garten als »hortus medicus, worin allerhand exotica gezogen werden müssen«.[1] Was die ›Exotica‹ betrifft, war die Welt zu jener Zeit noch groß und gefährlich, und bereits Pflanzen aus Südeuropa wie Orangen, Lorbeer, Myrte und Zwergpalme waren vielbestaunte, ›exotische‹ Raritäten. Mit jedem Segelschiff kamen neue, fremdländische Pflanzen – mit und ohne Heilwirkung – nach Europa und fanden Aufnahme in den botanischen Gärten. Sieben Jahre nach der Gründung des Gartens veröffentlichte Haller bereits einen Pflanzenkatalog mit 1.500 Arten, und sein berühmter Zeitgenosse Carl von Linné (1707-1778) schrieb ihm voller Bewunderung »ich wundere mich, wie du in so kurzer Zeit so viele Pflanzenarten zusammengebracht hast«.[2]

In Hallers Katalog ist auch die Ananas aufgeführt. Ananas hatte im damaligen Kurfürstentum und späteren Königreich Hannover eine ganz besondere Bedeutung: Könige und Fürsten setzten kleine Vermögen dafür ein, die köstliche Tropenfrucht, die als ›Königin unter den Früchten‹ galt, ihren Staatsgästen vorsetzen zu können. Dieses Prestigedenken um die Ananas trieb kuriose Blüten: In den Gewächshäusern der königlichen Gärten in Hannover-Herrenhausen waren zeitweise tausende von Ananaspflanzen in Kultur, die jährlich bis zu 800 Früchte bester Qualität brachten. Vorläufer dieser hannoverschen Erfolgsgeschichte waren die Pflanzensammlungen von Freiherr Otto II. von Münchhausen auf Gut Schwöbber bei Hameln, von wo auch Haller seine Ananaspflanzen, Zitrusgewächse und andere ›Exotica‹ bekam.

Nach Linnés Veröffentlichung seiner *Species Plantarum* 1753, der ersten Inventur aller damals bekannten Pflanzenarten, lag das ›Pflanzenentdecken‹ in der Luft, und die botanischen Gärten versuchten, an den spannenden Entwicklungen teilzuhaben, indem sie umfangreiche Sammlungen exotischer Pflanzen aufbauten – der mittlerweile perfektionierte Gewächshausbau machte dies möglich.

In gebildeten und wohlhabenden Kreisen war ein breites Interesse an ›Naturgeschichte‹ vorhanden. Die Gewächshäuser botanischer Gärten waren nicht nur Orte wissenschaftlicher Forschung, sondern auch Ausflugsziele, Orte für repräsentative gesellschaftliche ›Events‹ und Prestigeobjekte: Die Universitäten definierten sich damals auch über Reichtum und Schönheit ihres botanischen Gartens!

Von 1900 bis 1931 stand Gartenbauinspektor Carl Bonstedt (1866-1953) dem Göttinger Botanischen Garten vor. Bonstedt bescherte dem Garten Teich und Alpinum, Farnanlage, Farnhaus und Viktoriahaus, machte dem Garten mit hervorragenden Kulturen von Aronstabgewächsen, Fuchsien, Fleischfressenden Pflanzen, Farnen etc. einen Namen und betätigte sich als Pflanzenzüchter: Die beliebte Fuchsiensorte *Gartenmeister Bonstedt* erinnert noch heute an ihn. Diese Glanzzeit des Botanischen Gartens und die umfassende Expertise seines Gartenmeisters gipfelte in der Herausgabe der zweibändigen Enzyklopädie *Pareys Blumengärtnerei*, die zu einem der gärtnerisch-botanischen Standardwerke des 20. Jahrhunderts wurde.

Alkoholpräparat Ananas, Standglas, um 1900, ca. 50 cm hoch, Alter Botanischer Garten, Göttingen. Im Institut finden sich viele, teils über hundert Jahre alte Präparate, die im botanischen Unterricht zum Einsatz kamen. Foto: Stephan Eckardt.

Botanisches Museum Göttingen   18/61

Ananas sativus Schult. fil.

Bromeliaceæ   Am. trop

2900

Botanisches Museum Göttingen   52,56

Ananas sativus Schult. fil.

Bromeliaceæ   Am. trop

Eine weitere Gärtnerpersönlichkeit bestimmte die Geschicke der Sammlungen tropischer Pflanzen von 1967 bis 2009: Gärtnermeister Jürgen Lautner mehrte die Sammlungen durch Austausch mit Gärten und Privatleuten in ganz Europa, er entdeckte in schwer zugänglichen Gebieten Mittelamerikas neue, noch unbekannte Pflanzenarten bzw. solche wieder, die seit hundert Jahren als verschollen und ausgestorben gegolten hatten. Von europaweiter Bedeutung ist die Sammlung von Ananasgewächsen (Bromelien), die derzeit ca. 3.000 Arten, Formen und Herkünfte umfasst. Mit der deutschen Bromeliengesellschaft und führenden Sammlungen in In- und Ausland steht die Sammlung in partnerschaftlichem Austausch, und auch für Fachkollegen aus den USA und Australien führt auf ihrer Europareise kein Weg an Göttingen vorbei.

Der Großteil der Bromelien lebt im tropischen Mittel- und Südamerika als Aufsitzerpflanzen (Epiphyten) in den Baumkroner. Eine Fülle morphologischer und physiologischer Anpassungen an die epiphytische Lebensweise bietet reiches Forschungspotential. Zudem sind Bromelien in blüten- und verbreitungsökologischer Hinsicht äußerst divers, stellen oft *keystone species* ihrer jeweiligen Lebensräume dar und sind daher wichtig für das Verständnis der Diversität neotropischer epiphytischer Ökosysteme. Die Göttinger Sammlung, die in Bezug auf Vollständigkeit und Dokumentation vorbildlich ist, bietet daher ausgezeichnete Bedingungen für die Forschung. Über ihren wissenschaftlichen Wert hinaus sind die Pflanzen nach allgemeinem Expertenurteil auch in einem beeindruckenden Kulturzustand, und die Gärtner des Botanischen Gartens verstehen sich meisterhaft auf die Kultur dieser ökologisch hochspezialisierten Pflanzen.

Dank des hervorragenden Dokumentationszustandes der Sammlung wissen wir, dass viele Arten teilweise an ihren natürlichen Standorten nicht mehr existieren und die Sammlung in unseren Gewächshäusern eine bisher dramatisch unterschätzte Rolle in der *ex-situ-conservation* spielt. Plakativ formuliert: Unsere Pflanzen dürften in nicht wenigen Fällen ›die letzten ihrer Art‹ sein, und uns kommt die Aufgabe zu, sie wenigstens in Menschenobhut zu erhalten, zu vermehren, mit anderen botanischen Gärten zu teilen und so vor ihrem völligen Aussterben zu bewahren.

LITERATUR

__ Carl Bonstedt (Hg.), Pareys Blumengärtnerei. Beschreibung, Kultur und Verwendung der gesamten gärtnerischen Schmuckpflanzen, Berlin 1931-1932.
__ Albrecht von Haller, Brevis Enumeratio Stirpium Horti Gottingensis, Göttingen 1743.
__ Frank Klingenstein, Marliese von den Driesch, Wolfram Lobin, Pflanzensammlungen in Deutschland, Österreich und der Schweiz, Bonn-Bad Godesberg 2002.
__ Albert Peter, Geschichte der Gründung und Entwicklung des Botanischen Gartens zu Göttingen, in: Festschrift zur Feier des 150jährigen Bestehens der Königlichen Gesellschaft der Wissenschaften zu Göttingen. Beiträge zur Gelehrtengeschichte Göttingens, Berlin 1901, S. 263-389.

ANMERKUNGEN

__ 1 Zit. nach Albert Peter (1901), S. 263.
__ 2 Von Linné, Uppsala, 29.5.1744, an von Haller, übersetzt nach: *Epistolae ab eruditis viris ad Alb. Hallerum scriptae.* Bd. 2: Epistolae 195 ad 404, Scriptae Ab Anno MDCCXL. Ad Annum MDCCXLVIII. Bernae 1773, Brief Nr. 274, S. 154-156; hier S. 155.

Anne-Katrin Sors

JOHANN HEINRICH TISCHBEIN D. J.: ABRAHAM GOTTHELF KÄSTNER

Das Porträt des Abraham Gotthelf Kästner ist aufgrund verschiedener Aspekte spannend: erstens aufgrund des Dargestellten, der neben seiner Professur für Mathematik und Physik auch als Schriftsteller Furore machte, zweitens ist die Provenienz und Ankaufsgeschichte gut dokumentiert, drittens verlief die Zuschreibungsdiskussion recht divergent und viertens verbirgt sich eine außergewöhnliche Geschichte hinter dem ›Riss‹ am unteren rechten Bildrand.

1. Abraham Gotthelf Kästner, geboren 1719 in Leipzig, gestorben 1800 in Göttingen, besuchte ab dem 10. Lebensjahr die juristischen Vorlesungen seines Vaters an der Universität Leipzig. Selbst 1746 zum Professor für Mathematik und Physik in Leipzig, 1756 in Göttingen ernannt, erhielt er hier 1765 den Hofratstitel.[1] Bekannt ist Kästner in erster Linie als Lehrer Lichtenbergs, Lessings und anderer sowie als Epigrammatiker, doch hat er durch seine rege, jedoch anonyme Rezensionstätigkeit in der damals prominentesten gelehrten Zeitung Deutschlands, den *Göttingischen Gelehrten Anzeigen*, maßgeblich auf die zeitgenössische Öffentlichkeit Einfluss genommen.[2] Als Beispiel für sein epigrammatisches Talent soll hier das Gedicht zum besprochenen Werk dienen, das sogar auf dem Gemälde selbst zu lesen ist.[3] In seiner Linken hält Kästner ein beschriebenes Blatt Papier mit folgendem, vermutlich eigens für dieses Porträt gedichteten Epigramm:

»Sorgt ja, daß auch von euren Zügen
Ein gutes Bild der Nachwelt übrig ist:
So sieht sie euch, Autoren, ! mit Vergnügen,
Wenn sie euch lange nicht mehr liest.«

2. Das Porträt konnte 1973 für die Kunstsammlung der Universität erworben werden. Durch schriftliche Notizen von Hartmut Pätzke, Geschäftsführer der Firma Wahl Antiquitäten in Dresden, in deren Besitz sich das Gemälde zuletzt befand, können wir die Provenienz bis ins 19. Jahrhundert zurückverfolgen: Alwine Kirsten (1837-1929) und Emmy Kirsten (1841-1915), beide Göttingen, Karl Kirsten (1871-1955), Berlin und Ilmenau, alle direkte Nachkommen von Kästner. Von Letzterem ging bereits 1950 ein Angebot zum Verkauf des Gemäldes an den Rektor der Universität Göttingen ein.[4] Obgleich der Briefwechsel Interesse seitens der Universität erkennen lässt, scheint das Gemälde nach dem Tod Karl Kirstens in den Besitz der Firma Wahl Antiquitäten gelangt zu sein.

3. Das Gemälde wurde angekauft als Werk des Johann Heinrich Wilhelm Tischbein d. J. (1751-1829), des sogenannten Goethe-Tischbein.[5] Gerd Unverfehrt schreibt das Porträt ohne weitere Begründung Johann Heinrich Tischbein d. Ä. (1722-1789), Hofmaler in Kassel, zu.[6] Diese Zuschreibung übernimmt Anna-Charlotte Flohr unkritisch in ihrer Dissertation über Tischbein d. Ä. als Porträtmaler.[7] Sowohl im Porträt-Katalog der Universität 1994 als auch im Ausstellungskatalog von 1999 schreibt Annette Kanzenbach das Gemälde dagegen Johann Heinrich Tischbein d. J. (1742-1808), Galerieinspektor in Kassel, zu,[8] denn in

Kaestners *Vermischten Schriften* wird in der Ausgabe von 1783 dieser als Maler des Bildes angegeben.[9] Da das zu Rate gezogene Exemplar in der Universitätsbibliothek Göttingen in seiner revidierten Form vom Verfasser selbst an die Bibliothek geschenkt wurde, darf man davon ausgehen, dass diese Angabe stimmt, denn Kästner wird an der Revision beteiligt gewesen sein und auch 1783 noch gewusst haben, welcher Tischbein ihn 1770 gemalt hat. Damit darf die Zuschreibungsfrage als geklärt gelten. Interessant ist, dass Kaestner 1769 in einem Brief an Johann Wilhelm Gustav Casparson, Professor für Historische und Schöne Wissenschaften am Collegium Carolinum in Kassel schreibt, er selbst habe »die Stellung« für das Gemälde angegeben, die Attribute bestimmt und dem »HE.Tischbeinen« einige Male für das sehr sorgfältig ausgeführte Gemälde gesessen.[10]

4. Als »Sonderheit« bezeichnet der Vorbesitzer Carl Kirsten den rechts unten im Bild befindlichen ca. 5 cm langen Riss: »Der letzte König von Württemberg wohnte von 1866-1868 als Prinz Wilhelm bei meinen Großeltern in Göttingen als Student. Er war aktiv beim Corps Bremensia. Als er eine Ehrenmensur schlagen mußte, übte er in der Wohnung und verletzte das Bild. Der Prinz wollte das Bild zur Renovierung nach Stuttgart schicken, aber mein Großvater wünschte das nicht, es sollte ihm ein Andenken an den späteren König von Württemberg sein. Im Jahre 1921 feierte das Corps Bremensia sein Stiftungsfest und der König kam dazu nach Göttingen. Da machte er auch einen einstündigen Besuch in unserer Familie, um alte Jugenderinnerungen auszutauschen.«[11] Das Gemälde wurde kurz nach seinem Ankauf von dem Restaurator Mannig für die Lichtenberg-Ausstellung im Städtischen Museum restauriert. Bei dieser Restaurierung dürfte der Zettel auf der Rückseite des Keilrahmens in Höhe des zwar geschlossenen, jedoch weiter sichtbaren Risses angebracht worden sein, auf dem zu lesen ist: »Historischer Einhieb belassen.«

ANMERKUNGEN

__ **1** Ausführlich zur Person: Rainer Baasner, Abraham Gotthelf Kästner, Aufklärer (1719-1800), Tübingen 1991.

__ **2** Wolfgang Schimpf, Kästners Literaturkritik, Göttingen 1990, S. 7 f.

__ **3** Abraham Gotthelf Kästner, Vermischte Schriften, 2. Theil, Altenburg 1783, Nr. CXV.

__ **4** Akte Sammlung Voit unter Kästner, SUB Göttingen.

__ **5** Briefwechsel zum Ankauf in den unverzeichneten Akten der Universitätskunstsammlung.

__ **6** Gerd Unverfehrt, Die niederländischen Gemälde mit einem Verzeichnis der Bilder anderer Schulen, Göttingen 1987, S. 191, Kat. Nr. A 79.

__ **7** Anna-Charlotte Flohr, Johann Heinrich Tischbein d. Ä. (1722-1789) als Porträtmaler mit einem kritischen Werkverzeichnis, München 1997, S. 225, G 130.

__ **8** Karl Arndt (Hg.), Katalog der Bildnisse im Besitz der Georg-August-Universität Göttingen, Göttingen 1994, S. 81, Kat. Nr. 113; »Der gute Kopf leuchtet überall hervor«. Goethe, Göttingen und die Wissenschaft, hg. von Elmar Mittler, Göttingen 1999, S. 115 f., Kat. Nr. E.41.

__ **9** In der Ausgabe von 1773 findet man auf S. 271 die Angabe »Von Hr. G. Tischbein gemahlt, 1770«, diese Angabe wurde für die Ausgabe von 1783 verbessert: Kästner (Anm. 3), S. 500: »Von Hrn. Joh. Heinr. Tischbein dem Jüngeren.«

__ **10** Abraham Gotthelf Kaestner, Briefe aus sechs Jahrzehnten 1745-1800, Berlin 1912, S. 81 ff., Nr. 52.

__ **11** Notiz in der Akte Sammlung Voit unter Kästner, SUB Göttingen. In den Akten der Universitätskunstsammlung findet sich eine Notiz, die besagt, dass die Großeltern Weenderstraße 80 wohnhaft waren.

Porträt Abraham Gotthelf Kästner, Johann Heinrich Tischbein d. J., Öl auf Leinwand, 90 × 68 cm, Kunstsammlung, Göttingen, Inv.-Nr. GG 186. Foto: Birgit Arnu.

Klaus-Peter Brenner

DIE GÖTTINGER TAGORE-»TAMBURA« UND DER BEGINN DES MUSIKWISSENSCHAFTLICHEN AUSTAUSCHS ZWISCHEN INDIEN UND DEM WESTEN IM SPÄTEREN 19. JAHRHUNDERT[1]

Aufgrund ihres ungewöhnlich reichen Dekors sticht unter den südasiatischen Beständen der Musikinstrumentensammlung die *Tambura* Inv.-Nr. 608 besonders hervor. Dem Typus nach handelt es sich um eine entwicklungsgeschichtlich mit dem *Sitar* verschwisterte, im Gegensatz zu diesem aber bundlose Langhalslaute, die in nahezu allen Gattungen der klassischen Musikstile Indiens als bordunales Begleitinstrument fungiert. Das vorliegende, recht kleine nordindische Exemplar ist durch dichte polychrome Bemalungen floraler und figürlicher Art auf leuchtend gelbem bzw. dunkel-holzsichtigem Grund gekennzeichnet, wobei Letztere überwiegend der hinduistischen Ikonographie entstammen und hier wiederum die Gottheit Vishnu in Gestalt des mythischen Volkshelden Krishna in den Mittelpunkt stellen. Beinerne Intarsien und ebensolche An- und Aufbauten ergänzen das elegante Gesamtbild stilistisch schlüssig. Die dysfunktionale Gestaltung von Sattel und Steg belegt indes, dass das Instrument schon bei seiner Herstellung als reines Exponat konzipiert war.

Die Entdeckung dreier Parallelstücke in Wien, London und Italien brachte uns Mitte der 1980er Jahre auf die Spur, die die Herkunft dieses eigentümlichen Exemplars entscheidend einzugrenzen erlaubte. Es ist demnach zweifelsfrei dem Kreis jener schätzungsweise 1.000 Instrumente zuzuschreiben, die der prominente bengalische Musikgelehrte Raja Sir Sourindro Mohun Tagore (1840-1914) im späteren 19. Jahrhundert bei bengalischen Werkstätten in Auftrag gab, um sie als Bestandteil kulturdiplomatisch motivierter Schenkungen Monarchen und anderen politische Würdenträgern sowie Museen und Gelehrten in aller Welt zu übereignen. Das Wiener Parallelstück beispielsweise hatte Erzherzog Franz-Ferdinand von Österreich-Este (1863-1914) von seinem Indienaufenthalt im Jahre 1893 mitgebracht, in dessen Verlauf er auch zu einer musikalischen Soirée im Palast Raja Sourindro Mohun Tagores in Kalkutta geladen gewesen war. Auf welchem Wege freilich das Göttinger Exemplar in den vormals Moeck'schen Sammlungsbestand gelangte, ist zwar nicht überliefert, doch scheint diesbezüglich ein besonderer Umstand nach Bergedorf bei Hamburg zu deuten. Einerseits korrespondierte Tagore nämlich u. a. mit dem deutschen Händelforscher und Brahmsfreund Friedrich Chrysander (1826-1901), der sich seinerseits in nicht weniger als sechs Aufsätzen intensiv mit den Schriften und kulturpolitischen Aktivitäten Tagores auseinandersetzte, und andererseits erwarb Hermann Johannes Moeck (1896-1982) 1956 den Chrysanderschen Nachlass, der auch mehrere Musikinstrumente einschloss. Diese Koinzidenz legt die Vermutung nahe, dass das Stück auf eben diesem Wege, nämlich von Tagore über Chrysander, in die Moeck'sche Sammlung gelangt sein könnte.

Neuere Forschungen zeichnen ein facettenreiches Bild des von der kolonialen Situation und den Kräften der ›bengalischen Renaissance‹ durchdrungenen politischen und kulturellen Kontextes, der die aus heutiger Sicht ausgesprochen ambivalent anmutende kulturpolitische Agenda Sourindro Mohun Tagores prägte.

Bordun-Langhalslaute *Tambura*, nicht identifizierte Werkstatt, Ende 19. Jh., Bengalen, Indien, Holz, Kalebasse, polychrome Bemalung, Bein, Stahlsaiten, 95 × 24,3 × 22,5 cm (mit Steg), Musikinstrumentensammlung des Musikwissenschaftlichen Seminars, Göttingen, Inv.-Nr. 608 (ex Sammlung Chrysander?, ex Sammlung Moeck). Fotos: Stephan Eckardt.

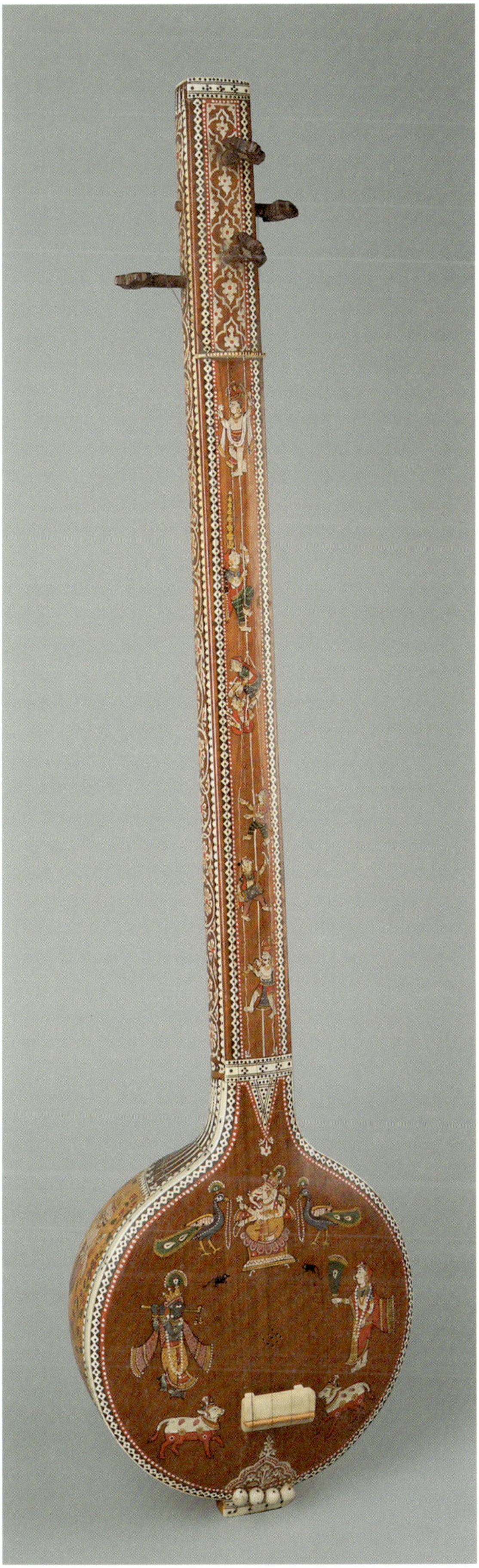
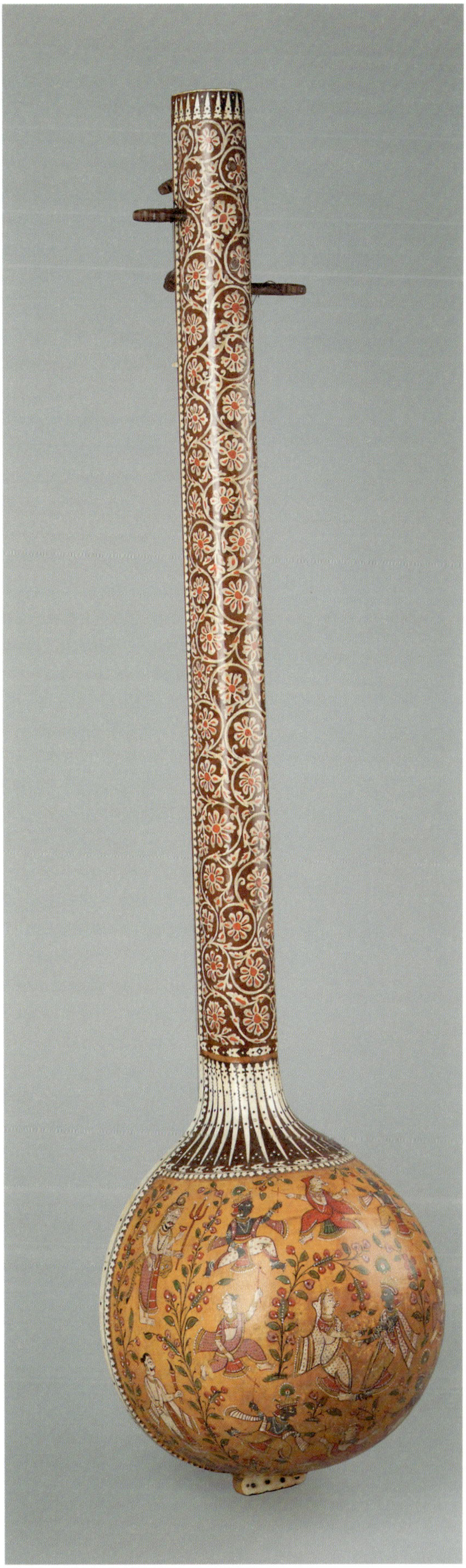

Als entfernter älterer Verwandter des Komponisten, Dichters, Literaturnobelpreisträgers und Sozialreformers Rabindranath Tagore (1861-1941) gehörte er einer der wohlhabendsten, gebildetsten und seit mindestens drei Generationen dem Kunstmäzenatentum verpflichteten Brahmanen-Familien im Kalkutta des 19. Jahrhunderts an. Dieses Erbe mit Sanskrit-Gelehrsamkeit, britischer Bildung und intensiven indischen sowie europäischen Musikstudien verknüpfend, sollte Sourindro Mohun Tagore Zeit seines Lebens mit zahlreichen musikwissenschaftlichen Publikationen sowohl bei der gebildeten bengalischen Mittelschicht als auch im Westen für die Anerkennung der klassischen indischen Musik und ihrer Theoriebildung als einer der abendländischen Musik ästhetisch und akademisch ebenbürtigen Tonkunst werben. In Bengalen gründete er ab 1871 die ersten modernen Musikschulen mit dem Ziel, auch die bürgerliche Mittelschicht für die Erhaltung und Fortführung der klassischen indischen Musik zu begeistern, deren praktische Ausübung auf hohem Niveau bis dahin den sprichwörtlichen ›Prinzen und Fakiren‹ vorbehalten gewesen war. Andererseits machte er es sich zur Lebensaufgabe, die indische Musik und ihre 2000-jährige Theoriegeschichte im Westen zu propagieren, und er führte eine umfangreiche Korrespondenz mit wissenschaftlichen Gesellschaften, Museen, Gelehrten und Monarchen in Europa und den Vereinigten Staaten, aber auch China und Japan. Seine auf eigene Kosten gedruckten Publikationen verbreitete er weltweit im Rahmen großzügiger Schenkungen, denen er mit den beigegebenen Prunkinstrumenten würdevollen Nachdruck verlieh. Bedeutende Museumsbestände aus dieser Quelle befinden sich heute u.a. in Oxford, London, Paris, Brüssel, Wien, New York und Melbourne. Wie wenig die in all dem sich bekundenden (hindu-)nationalistischen Aspirationen für Sourindro Mohun Tagore im Widerspruch zu seinem politischen Selbstverständnis als loyaler Untertan des Britischen Empire standen, bezeugen etwa die blumigen Dedikationsschriften, die er für Königin Victoria (1819-1901) und für den Prince of Wales (1841-1910) verfasste, oder sein in einer überraschenden Volte kulminierender Beitrag zum kolonialen Diskurs über die Nationalhymne. Durch seinen unermüdlichen Eifer wurde er nicht nur zum frühen Wegbereiter einer breiten und anhaltenden Rezeption klassischer indischer Musik im Westen, sondern mit ihm setzte auch auf dem Gebiet der Musikwissenschaft ein west-östlicher Austausch ein, wobei er die Entwicklung einiger Ideen, die insbesondere in der Vergleichenden Musikwissenschaft und der Instrumentenkunde zentrale Bedeutung erlangen sollten, durch entscheidende Impulse auslöste: so die auf den altindischen Dramaturgietraktat *Natyashastra* zurückgehende moderne Einteilung der Musikinstrumente in die vier Hauptklassen der Idio-, Membrano-, Chordo- und Aerophone und das durch das altindische Intervallmaßsystem der 22 *Shruti* angeregte moderne logarithmische Cent-System.

ANMERKUNGEN

___ 1 Eine ausführlichere und sämtliche Quellenverweise enthaltende Version dieses Textes ist auf der Homepage der Musikinstrumentensammlung (www.uni-goettingen.de/de/71170.html) abrufbar.

Daniel Graepler

INTERDISZIPLINÄRE FORSCHUNG IM 18. JAHRHUNDERT
C. G. Heyne und die ›dänische‹ Mumie in Göttingen

Ägyptische Mumien waren seit dem 17. Jahrhundert ein fester Bestandteil fürstlicher und privater Kunst- und Naturalienkabinette, wo man sie als Kuriositäten bestaunte. Zu Pulver zerrieben, waren sie in Apotheken als Wunderheilmittel erhältlich. Erst im Laufe des 18. Jahrhunderts begann man sich auch wissenschaftlich mit ihnen zu beschäftigen. Die 1781 aus Kopenhagen nach Göttingen gelangte Mumie bildet einen Markstein auf diesem Weg. Sie stammt aus der ersten großen europäischen Forschungs-Expedition nach Arabien, die 1761 vom König von Dänemark auf Initiative und unter wissenschaftlicher Anleitung des Göttinger Orientalisten Johann David Michaelis (1717-1791) in den Jemen entsandt worden war und die nur einer der sechs Teilnehmer, Carsten Niebuhr (1733-1815), überlebte. Sein ausführlicher Bericht von dieser abenteuerlichen Reise zählt zu den bekanntesten Dokumenten der Reiseliteratur des 18. Jahrhunderts.

Die internationale Forschergruppe ließ aus Kairo eine ganze Reihe von Mumien nach Kopenhagen versenden. 1781 erhielt die Königliche Sozietät der Wissenschaften in Göttingen eine dieser Mumien als Geschenk. Ausschlaggebend dafür dürfte neben der Rolle Göttinger Professoren bei der Planung der Expedition ein Vortrag über Probleme der Mumifizierungstechnik gewesen sein, den Christian Gottlob Heyne (1729-1812) im Jahr 1780 in der Sozietät gehalten hatte. In sehr modern anmutender Weise hatte Heyne darin eine interdisziplinäre Herangehensweise gefordert, die einerseits eine »chemische Untersuchung« der in verschiedenen Sammlungen in Europa vorhandenen Mumien beinhalten und andererseits die Fundkontexte systematisch erforschen sollte. Es »müßten die Begräbnißgrüfte in Aegypten auf der Stelle, und zwar mehrere, und an mehrern Orten, besucht und von sachkundigen Forschern untersucht werden«.[1] Schon ein Jahr später konnte Heyne zumindest den ersten Teil seines Forschungsprogramms in die Tat umsetzen. Voller Freude erstattete er dem Königlichen Universitätskuratorium in Hannover Bericht: »Die von Ihro Maj. dem Könige von Dänemark anher geschenkte Mumie ist nunmehro glücklich hier angelangt. [...] Von der Zeit, und von der Gewaltsamkeit der Araber hat diese Mumie allerdings gelitten; doch läßt sich noch alles daran erkennen, was sie vorhin war. Da sie hieher geschickt worden, damit daran etwas Genaueres gelernt und erforscht werden soll, so wird man sie zwar nicht ganz unberührt lassen können aber es wird doch billig seyn, daß sie soviel geschonet wird, als sie geschonet werden kan.«[2]

Die Tischvitrine, die Heyne zu diesem Zweck anfertigen ließ, ist noch heute samt der zugehörigen Handwerkerrechnungen erhalten. Eine farbige Zeichnung wurde 1782 zusammen mit einem ausführlichen Bericht über die Untersuchung der Mumie in den Abhandlungen der Sozietät der Wissenschaften veröffentlicht.[3] An dieser Untersuchung nahmen außer Heyne drei weitere Professoren teil, nämlich der Chemiker Johann Friedrich Gmelin (1739-1808) und die Mediziner Heinrich August Wrisberg (1739-1808) und Johann Friedrich Blumenbach (1752-1840). Besonders Blumenbach war an Mumien außerordentlich interessiert und publizierte später eine ganze Reihe von Untersuchungen zu diesem Thema.

Im Inneren der Mumie, das man von der Rückseite aus untersuchte, um das Äußere nicht zu sehr zu beschädigen, wurde ein großes Durcheinander von losen Wirbelknochen, Rippen und sogar Zähnen gefunden. An verschiedenen Skelettmerkmalen, u. a. »an der Beugung des Hüftbeins gegen das Schambein zu« erkannte man, »daß es ein weiblicher Körper war; den Maassen des Beckens zufolge, in den ersten Jahren der Mannbarkeit«. [4] Zum großen Erstaunen der Forscher fand sich jedoch »nicht die geringste Spur von Fleische, Muskel, Membranen: von allem nichts; auch kein deutliches Ueberbleibsel von der Materie der Einbalsamirung; keine Spur von Harz, weder Cedrium, noch Asphalt«. Heyne und seine Kollegen folgerten daraus, dass der Körper der Verstorbenen erst vollständig skelettiert wurde, wohl durch Abschaben des Fleisches von den Knochen. Anschließend »füllte man die Brust- und Bauchhöhle mit zerstossenen Pflanzenblüthen, Blättern, Rinden, Früchten, welche eine aromatische, zusammenziehende, der Fäulniß widerstehende, Kraft haben«.

Heyne erscheint diese Vorgehensweise paradox: »Die ganze Balsamirung zielte auf die Erhaltung des Körpers ab, und gieng von der Ehrfurcht für die Todten aus: gleichwohl ließ man es sich mit der Zeit gefallen, daß der nackte Körper von der Hand eines Fremden so schändlich zermetzelt ward. So führt ein religiöser Gebrauch, dessen Sinn verlohren geht, zum Gegentheil; nun kömmt der Europäische moderne Gelehrte, der von jenem allen nichts weiß, und philosophirt drüber so, daß er von dem lezten Punkte, wo der Gebrauch stehen blieb, ausgeht und über die Dummheit und Blindheit der Nationen sehr viel Erbauliches beybringt.«

1810 erhielt Blumenbach vom Herzog von Gotha eine Mumie samt hölzernem Sarg zum Geschenk. Wie die ›dänische‹ Mumie stellte er sie in dem von ihm geleiteten *Academischen Museum* aus. Bei der Auflösung des Museums kam es zu einer charakteristischen Aufsplitterung des ursprünglich Zusammengehörigen: Während der bemalte Sarg der ›Gothaer‹ Mumie in die archäologischen Sammlungen der Universität gelangte, wurde die Mumie dem anthropologischen Institut überwiesen, wo sie noch heute zusammen mit ihrem aus Kopenhagen stammenden Pendant aufbewahrt wird.

LITERATUR

—— Daniel Graepler, Archäologische Forschungsthemen Heynes, in: Das Studium des schönen Altertums. Christian Gottlob Heyne und die Entstehung der Klassischen Archäologie, hg. von Daniel Graepler, Joachim Migl, Göttingen 2007, S. 44-72 (speziell S. 52-56).

ANMERKUNGEN

—— 1 Christian Gottlob Heyne, Spicilegium antiquitatis mumiarum, in: Commentationes Soc. Reg. Scient. Gott. III, 1781, S. 69-98 (zitiert nach der deutschen Zusammenfassung in Göttingische Anzeigen von gelehrten Sachen [GAgS] 1780, S. 1211-1218, hier S. 1212).
—— 2 Universitäts-Archiv, Kuratoriumsakten 4.V.g 8, Bl. 1.
—— 3 Christian Gottlob Heyne, Mumiae, quae ex regis Daniae liberalitate in Museo academico servatur, accuratior notitia cum observationibus, Commentationes Soc. Reg. Scient. Gott. IV, 1782, S. 3-19
—— 4 GAgS 1781, S. 985-992, dieses und die weiteren Zitate S. 990-992.

Kolorierte Abbildung der vom dänischen König nach Göttingen geschenkten Mumie aus der Societäts-Abhandlung Heynes 1782. Foto: Martin Liebetruth.

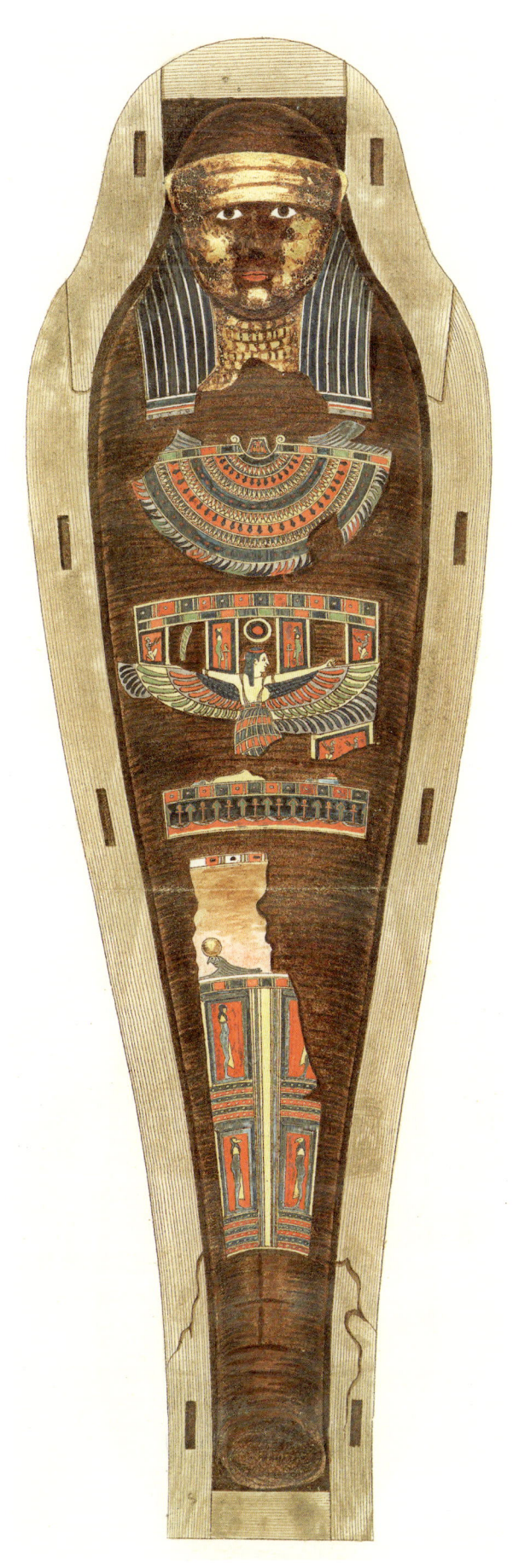

»ICH, FLÄCHE DRITTER ORDNUNG«

»Im Anfang war das Wort.« Ganz falsch, sage ich. Wörter sind Namen für Dinge und kommen deshalb nach ihnen. Ja, mehr noch: Vor den Dingen kommen die Ideen. Ich erinnere mich genau, wie ich zuerst als Idee auftauchte. Als Idee einer Fläche, im Geist des Mathematikers Clebsch. Ich bin sicher, er war überwältigt von meiner Schönheit, meiner strahlenden Symmetrie, der großen Regelmäßigkeit meiner Erscheinung. Selbst jetzt, wo ich einen Körper mein Eigen nenne, habe ich das irritierende Gefühl, dass meine Vollkommenheit kaum zu verkraften ist.

Erlauben Sie, dass ich von mir erzähle. Ich bin eine kubische Oberfläche. Das heißt, ich werde durch eine Gleichung dritten Grades definiert. Und das ist sie:

$$w^3 + x^3 + y^3 + z^3 = (w + x + y + z)^3$$

Wo lebt diese Gleichung, höre ich Sie fragen. Nun, überall und nirgends. Erinnern Sie sich: aus dieser Gleichung bin ich geboren, eine sichtbare Gestalt hatte ich bisher ja nicht.

Setzen Sie $w = 1$; $x = y = 2$; $z = 3$, und rechnen Sie bitte mit Zahlen modulo 13, dann finden Sie eine Lösung zu meiner Gleichung und so einen Punkt auf mir. Aber ich bin mir sicher, dass mein Meister in reellen Parametern dachte und dass meine Oberfläche genau deshalb so glatt ist. (Ich hoffe übrigens, Sie mögen Gleichungen. Steiner, einer meiner Entdecker, sagte: »Wenn ich Formeln sehe, werde ich stumpfsinning.«)

Wahrscheinlich fragen Sie sich auch: »Wofür stehen diese vier Parameter w; x; y und z?« Denn wenn ich in unserem normalen Raum leben soll, müsste es genau drei Parameter geben, für jede Richtung einen. Aber ich bevorzuge vier Parameter, sie machen mich homogener: Ich kann einzelne Punkte auf mir fühlen, wie zum Beispiel $(1,-1,0,0)$. Wenn ein Punkt auf mir liegt, dann tun das auch alle seine Vielfachen $(w,-w,0,0)$, so dass ich am Ende tatsächlich Geraden spüre, die durch den Ursprungspunkt verlaufen – und nicht nur Punkte. Diese Geraden leben in einem dreidimensionalen Raum. Man könnte, wenn nötig, $w = 1$ setzen und dadurch zurück in den gewohnten dreidimensionalen Raum gelangen. Aber das würde meine Symmetrie ruinieren – und ich empfehle es Ihnen daher nicht. Ich besitze übrigens wesentlich mehr Symmetrien, als das Modell von mir zeigt; aber die sind nur für das Auge eines Kenners sichtbar.

Clebsch'sche Diagonalfläche mit ihren 27 Geraden, Gips, 16,7 × 15,2 × 23,7 cm, Sammlung der Mathematischen Modelle und Instrumente, Göttingen, Inv.-Nr. MI 135. Foto: Stephan Eckardt.

Wir sprachen von Geraden …, ja genau, Geraden. In meiner 4-dimensionalen Welt zählt erst eine Ebene als Gerade. Ihretwegen waren meine Meister so begeistert von mir und ich glaube, ihretwegen habe ich das Licht der Welt erblickt. Im Jahre 1849 haben Salmon und Cayley bewiesen, dass kubische Oberflächen nur eine endliche Anzahl Geraden haben können, und zwar höchstens 27. Auch Steiner entdeckte das ungefähr in dieser Zeit. Dann fand Clebsch heraus, dass diese Geraden tatsächlich auf einigen kubischen Oberflächen auftauchten – und die erste, die er fand, war ich.

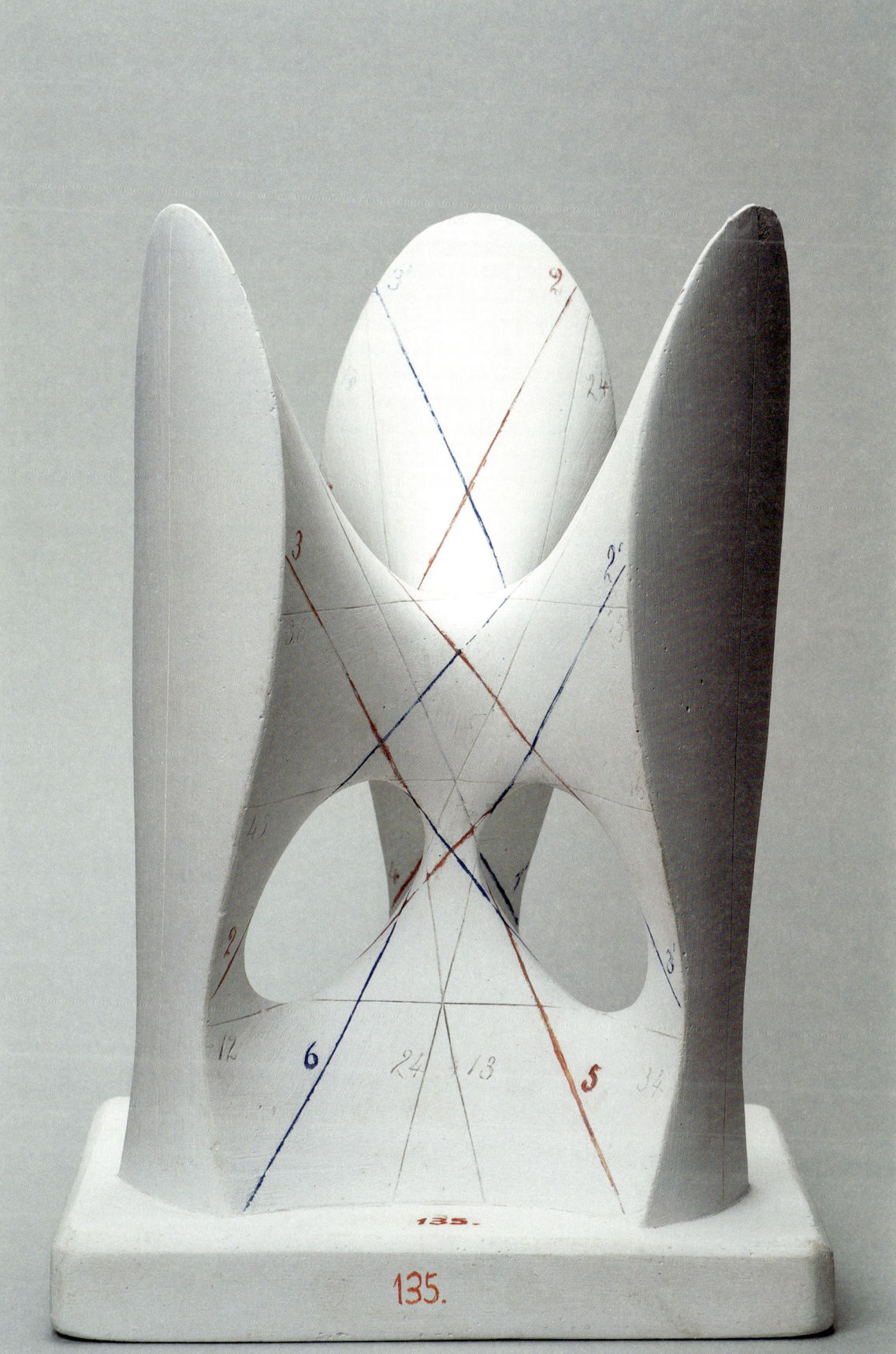

135.

Ich darf wohl sagen, dass Clebsch beeindruckt war, als er mich zum ersten Mal sah – nicht lange, nachdem er überhaupt beschlossen hatte, mir einen Körper zu geben. Mein Körper wurde aus feinstem Stuck geformt, die 27 Geraden sorgfältig eingraviert.

Von nun an ging ich auf Reisen. Kopien wurden gefertigt und überall zur Schau gestellt. Und ich sollte noch viel mehr von der Welt sehen: Auf der Weltausstellung in Chicago, 1893, war ich der Star. Klein selbst nannte mich einen Botschafter der Mathematik:

»Sammlungen mathematischer Modelle und Zeichencurse sind bestimmt, wenigstens einen Theil der Vorwürfe, die man gegen die zu grosse Abstractheit des Universitätsunterrichts erhoben hat, zu entkräften.«

Leider sind meine ruhmreichen Tage vorbei. Heute stehe ich in einer Vitrine – gut behütet. Noch immer bestaunen mich die Besucher, aber ich ziehe längst keine Menschenmassen mehr an. Meine jüngeren Geschwister haben kein Interesse mehr an einer sichtbaren Gestalt: Ihnen genügt es, als Formeln zu existieren. Sie bewohnen Computer und wissen nichts von Freud und Leid einer körperlichen Existenz.

Trotz meiner außergewöhnlichen Symmetrie bin ich ein Archetyp für alle kubischen Oberflächen. Auch heute noch kann man eine Menge lernen, wenn man über mich nachdenkt. Viele gehen vorbei und werfen einen kurzen Blick auf mich – aber es ist lange her, dass ich die Herzen entflammt habe …

DIE GESCHICHTE HINTER DEN DINGEN – DIE GIRAFFE

Im August 2011 erreichte uns die Nachricht, dass in einem Zoo eine Giraffe verendet war, die nach einer abschließenden Untersuchung durch die Tierärzte freigegeben und abgeholt werden könne. Selbstverständlich denkt nicht jeder Zookustos gleich an das Zoologische Museum in Göttingen, wenn eines seiner Tiere stirbt. Zufällig jedoch absolvierte in diesem Zoo eine Göttinger Studentin der Biologie ihr Praktikum. Diese junge Frau wusste aus zahlreichen Schilderungen um die Vorliebe der Verantwortlichen der Zoologischen Sammlungen für jegliche Art von Tieren, die bislang im Sammlungsinventar unterrepräsentiert sind – vor allem für große. Sie zögerte nicht lange und informierte die verantwortliche Tierärztin im Zoo über unser Interesse.

Tags darauf erteilten die Veterinäre die Unbedenklichkeitsbestätigung, dass von der toten Giraffe keine Ansteckungsgefahr ausgehe und sie demnach zu unserer Verfügung stehe.

Im Laufe mehrerer vorbereitender Telefonate stellte sich dann die ganze Dramatik um den Tod des Tieres heraus. *Majanga* war die Lieblingsgiraffe von Besuchern und Mitarbeitern der ZOOM Erlebniswelt in Gelsenkirchen. Sie war im Begriff, ihr fünftes Kalb zu bekommen, als dieses auf ungeklärte Weise kurz vor der Geburt verstarb. Alle Bemühungen, das verendete Tier auf dem Geburtsweg aus dem Muttertier zu entfernen, scheiterten. Völlig überraschend war für mich, dass bei Giraffen ein Kaiserschnitt, der eine nahezu problemlose Entfernung des toten Kalbes ermöglicht hätte, nicht durchgeführt werden kann. Giraffen überleben einen solchen Eingriff nicht, da die Wunde nicht dauerhaft verschlossen werden kann. Durch das hohe Gewicht der Eingeweide reißt diese immer wieder auf. So also mussten die Tierpfleger und -ärzte hilflos mit ansehen, wie ihre Giraffe, durch das tote Kalb von Infektionen geplagt, immer schwächer wurde und trotz Einsatzes aller vorhandenen tierärztlichen Mittel am Ende nicht zu retten war. Fast ein halbes Jahr nachdem das Kalb kurz vor der Geburt gestorben war, verendete schließlich auch die Giraffenkuh.

Wir machten uns am 15. August 2011 von Göttingen aus auf den Weg, um die Giraffe abzuholen. Im Gepäck alle notwendigen Utensilien, um so ein großes Tier fachgerecht für den Transport zu zerlegen: Messer in allen Größen, Schürzen, Handschuhe, Wannen und Planen, um das Fahrzeug auszukleiden und es dadurch vor größerer Verunreinigung zu bewahren. Im Zoo angekommen, mussten wir feststellen, dass das Fell beim Transport des Tieres mit einem Gabelstapler großflächig zerstört und nicht weiter zu verwenden war. Wir verständigten uns sofort darauf, statt einer Dermoplastik, so nennt man ein ›ausgestopftes‹ Tier, ein Skelettpräparat herzustellen. Bei der Zerlegung der Giraffe verwendeten wir deshalb alle Umsicht darauf, die Knochen unversehrt zu lassen. Das Fleisch musste zunächst grob abgeschnitten und entfernt werden. Dann wurden Beine, Kopf und Wirbelsäule vorsichtig an den Gelenken vom Rumpf getrennt und soweit möglich für den Transport in kleine Teilstücke zerlegt. Aufgrund der großen

Hitze im August musste die Arbeit zügig vorangetrieben werden, da eine erhebliche Geruchsbelästigung durch die beginnende Verwesung entstand. Nach etwa vier Stunden lag schließlich das Skelett der Giraffenkuh grob zerlegt und zum Transport bereit im Auto. Das ungeborene Kalb war durch die lange Zeit im Mutterleib schon z. T. skelettiert.

Zurück in Göttingen verbrachten wir den nächsten Tag damit, die Giraffe für die Mazeration (Ausbluten und Aufweichen des Gewebes in Flüssigkeit) vorzubereiten. Rippen mussten von der Wirbelsäule abgetrennt werden, Beine und Wirbelsäule wurden zerlegt und z. T. in Gazesäckchen verpackt. Mehrere Becken wurden mit Wasser gefüllt und bei 35°C Wassertemperatur begann der erste Teil der Reinigung der Knochen. Spezielle Hilfsmittel im Wasser bereiteten das Fleisch optimal für den zweiten Schritt, die eigentliche Mazeration, vor. Nach einem Wasserwechsel und der Zugabe von Enzymen zersetzte sich das Fleisch auf den Knochen vollständig. Dabei lösten sich auch die letzten noch zusammenhängenden Knochen voneinander, und das Skelett zerfiel vollends in seine Einzelteile. Die Gazesäckchen sorgten dafür, dass die Knochen nicht durcheinander gerieten, was den späteren Zusammenbau erheblich erleichtert. Nach dem Auflösen von Fleisch und Bindegewebe musste nun das Fett aus den Knochen entfernt werden, um sie vor einer späteren Beschädigung zu bewahren. Bei moderaten Temperaturen und durch Zusatz von Enzymen, wie sie auch in Haushaltswaschmitteln enthalten sind, wird das Fett in einer wochenlangen Prozedur aus den Knochen gewaschen. Besonders dicke Knochen werden dazu angebohrt, damit die Waschlauge besser ins Innere der Knochen vordringen kann. Nach dem Ausspülen der Waschlauge mit klarem Wasser trocknen die Knochen an der Luft. Erst danach ist zu sehen, ob die Reinigung erfolgreich war und das Skelett zusammengesetzt werden kann.

Der Aufbau des Skeletts beginnt mit der Überlegung, welche Materialien dem Zusammenhalt der Knochen dienen sollen und wie sie eingearbeitet werden. Bei einem Skelett dieser Größe kommt als Korsettmaterial nur Stahl als Rohr, Vierkant oder Stab in Betracht. Zudem ist zu entscheiden, ob die Stützen innerhalb der Knochen oder außerhalb angebracht werden und wie viele zusätzlich Stützen notwendig sind, um dem Skelett einen sicheren Stand zu verleihen. Wir entschieden uns dafür, die Stützen weitestgehend in die Knochen zu verlegen. Dies ist einerseits schön, da weniger von ihnen zu sehen ist, aber anderseits sehr viel anspruchsvoller in der Umsetzung, da die Knochen durchbohrt und hinterher auf die Stützen aufgefädelt werden müssen. Die spätere Körperhaltung der Giraffe muss vorher genau festgelegt und die Stahlstangen müssen an den richtigen Stellen gebogen werden. Letztlich kommt als besondere Herausforderung hinzu, das Skelett so zusammenzufügen, dass es zum Transport in mehrere Teile zerlegt werden kann.

Das Skelett wird als Attraktion in Ausstellungen des Zoologischen Museums zu sehen sein. Seine Hauptaufgabe wird aber in der Nutzung für die Lehre bestehen. Der Skelettbau zeigt sehr anschaulich die speziellen Anpassungen von savannenbewohnenden Huftieren.

Die Giraffe *Majanga* mit ihrem etwa einen Monat alten Sohn Luke in der ZOOM Erlebniswelt Gelsenkirchen. Foto: Pia Krawinkel, Stephan Eckardt.

LITERATUR

___ Jean-Baptiste de Panafieu, Patrick Gries, Evolution in action. Natural History through spectacular skeletons, London ²2011.

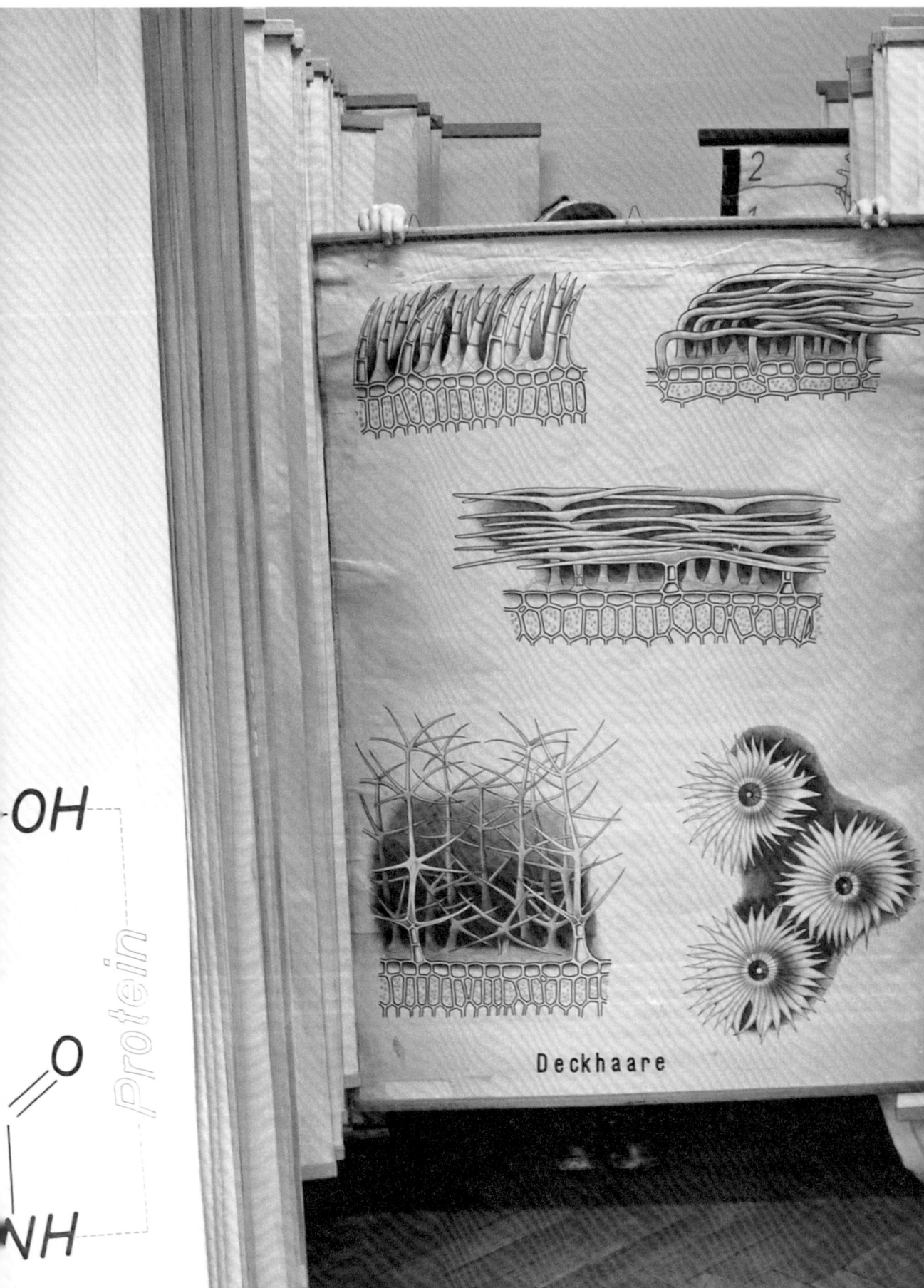

Deckhaare

DEPOTRÄUME

ICH WILL NICHT ZEIGEN, ICH LASSE SEHEN

>»Es ist beim Sammeln das Entscheidende, dass
der Gegenstand aus allen ursprünglichen Funktionen gelöst wird, um in die denkbar engste
Beziehung zu seinesgleichen zu treten.«
Walter Benjamin, Der Sammler

In Sammlungen stecken unsere Erinnerungen, wir lesen in ihnen die Zeit, unsere Geschichte. Sammlungsstücke speichern nicht nur Wissen, sie berühren
auch unsere Sinne. Sie wecken ein Bedürfnis nach Echtheit, Authentizität und
Originalität. Aus der Konfrontation mit den Dingen erfahren wir eine Verdichtung unseres Seins.

Das Fotografieprojekt »Depoträume« zeigt die Magie der Dinge, ihre Aura und
Ausstrahlung. Ich möchte dem Zufall als gestalterisches Element aufspüren;
denn die Wirkung vom Ding und dem Ort, an dem es sich befindet, stehen immer
im Dialog zueinander.

Isi Kunath

S. 190: Sammlung von handgezeichneten historischen Lehr- und Schautafeln, die bis heute in den
Vorlesungen der Systematischen Botanik verwendet werden. Foto: Isi Kunath.

Falco rusticolus, Gerfalke

Rosaceae

Alchemilla mollis

Weicher Frauenmantel

Rumänien, Weißrussland,
N-Türkei, Kaukasus, N-Iran

Cupressaceae

Juniperus tibetica

...et-Wacholder

...W-China

Cupressaceae

Chamaecyparis lawsoniana

Lawsons Scheinzypresse

USA; S-Oregon, N-Kalifornien

61jährige Frau, Tod durch Erfrieren. Eigentümliche Verknöcherungen des Fettgewebes im Bereich beider Unterschenkel als Nebenbefund.

Menschl. Embryo

13.7.58

V̱

quer

19,2mm

Versilberung (Rogers)

Objekttr: 886 – 1124

Der große
Befehl

Gleit / Ein ganzes Mädel

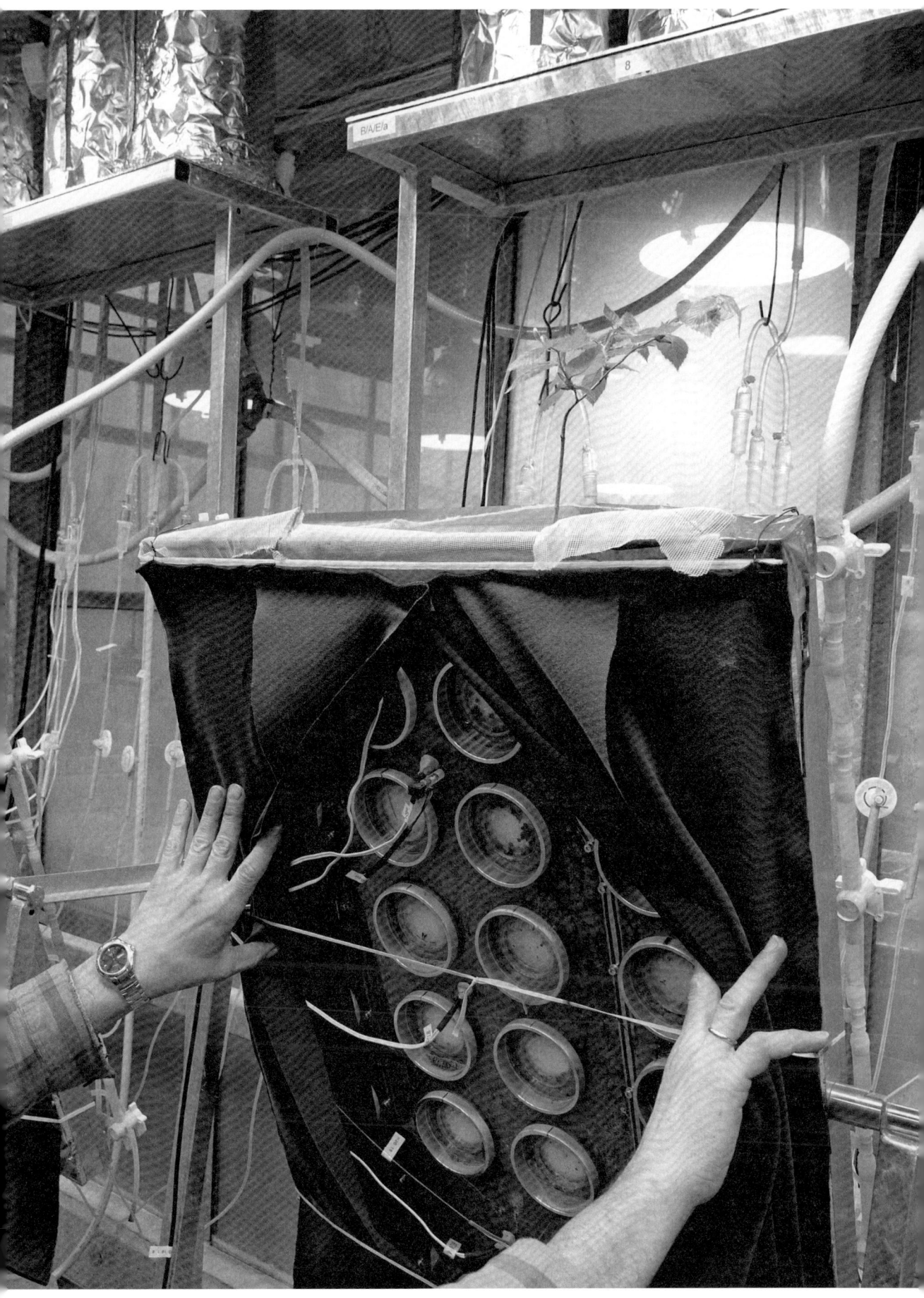

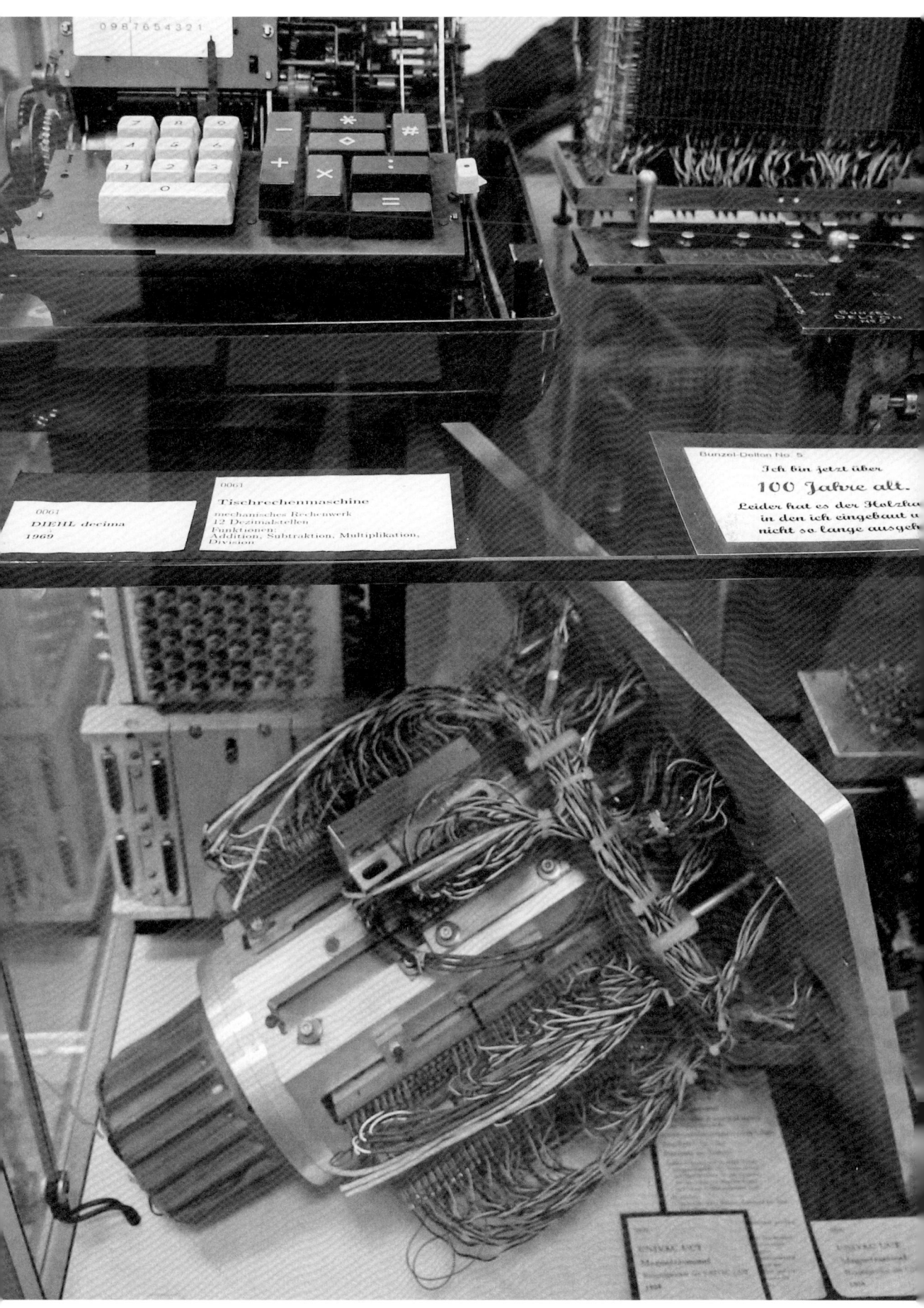

0987654321

0061

0061
DIEHL decima
1969

Tischrechenmaschine

mechanisches Rechenwerk
12 Dezimalstellen
Funktionen:
Addition, Subtraktion, Multiplikation,
Division

Bunzel-Delton No. 5

Ich bin jetzt über

100 Jahre alt.

Leider hat es der Holz...
in den ich eingebaut u...
nicht so lange ausge...

QUERSCHNITTE

Daniel Graepler mit Beiträgen von Jörg Bölling,
Klaus-Peter Brenner, Gundolf Krüger, Jörg Männer,
Anne-Katrin Sors, Gert Tröster, Gabriele G. Weis

WAS DIE DINGE LEHREN

What objects can teach us. Academic collections have an important function not only for research, but also for teaching. They supply seminars and lectures with original items as well as with models and replications designed for didactical purposes. These media have various qualities that printed or electronic material is lacking, e. g. spatial, three-dimensional presence and original size and materiality, which in some cases offer experiences ›with all senses‹, including that of taste and smell. Moreover, autopsy – the witnessing of original evidence with one's own eyes – is an essential element of professional training in many fields of the humanities and the sciences: In art history and diplomatics, e. g., it is from original material that students learn how to tell if a charter or a painting is authentic. In disciplines as different as zoology and archaeology, tutorials in specimen designation and in comparative visual analysis, based on original items, are highly important. The collections also provide students with various opportunities to gather experience in practical museum work and to conduct independent research.

S. 226: Reagenzglaskulturen verschiedener Mikroalgen am Nordfenster des 18°-C-Kulturraumes der Sammlung von Algenkulturen der Universität Göttingen (SAG). Foto: Sascha Bubner.

Seit ihren frühesten Anfängen im 18. Jahrhundert dienten die Sammlungen der Göttinger Universität nicht nur der Forschung, sondern auch der Lehre. Objekte aus den Sammlungen wurden schon zu Unterrichtszwecken benutzt, lange bevor sich die entsprechenden Fächer konstituierten, ja man kann sogar sagen, dass das Vorhandensein von Sammlungen an der Georg-August-Universität und deren Verwendung im akademischen Unterricht zur Entstehung einzelner Fachdisziplinen beigetragen haben. So gilt Johann Friedrich Blumenbach (1752-1840), der die Bestände des von ihm geleiteten *Academischen Museums*, darunter seine legendäre Schädelsammlung, intensiv für Lehrzwecke nutzte, als Begründer der Physischen Anthropologie. Schon der erste Direktor des Museums, Christian Gottlob Heyne (1729-1812), hatte gleich nach seiner Berufung nach Göttingen 1763 die berühmte Lippert'sche Daktyliothek, eine große Sammlung von Abdrücken antiker Gemmen, für die Universität anschaffen lassen und Vorlesungen über antike Gemmen und Münzen angekündigt, die sich seit 1767, als er auch noch Gipsabgüsse antiker Skulpturen erwarb, zu einer innovativen Vorlesung über die Kunst der Antike ausweiteten. Damit wurden sie zur Keimzelle des universitären Lehrfachs Archäologie.[1] Ähnlich legte Johann Christoph Gatterer (1727-1799) bei seiner Berufung 1759 durch seine private Sammlung den Grundstock eines ersten Göttinger Diplomatischen Apparates und begründete damit das Fach der Historischen Hilfswissenschaften – 1764 gefolgt von der Gründung des ersten historischen Instituts in Deutschland.[2] Sammeltätigkeit und Fachgenese gingen auch im Falle der Kunstgeschichte Hand in Hand. Der 1784 mit der Aufsicht über die große Kupferstich-, Zeichnungs- und Gemäldesammlung der Universität beauftragte Johann Dominik Fiorillo (1748-1821) hielt unter Benutzung dieser Sammlungsbestände die ersten Vorlesungen über die Geschichte der neuzeitlichen Kunst und wurde damit zum Begründer des Universitätsfaches Kunstgeschichte.[3]

   Manche Wissensbereiche wurden erst viele Jahrzehnte, nachdem in Göttin-

gen bereits Vorlesungen über entsprechende Sammlungsgegenstände gehalten worden waren, zu eigenständigen Fächern. Ein herausragendes Beispiel ist die Ethnologie. Ihre Institutionalisierung vollzog sich an den Universitäten in der zweiten Hälfte des 19. Jahrhunderts, als die koloniale Expansion zu einem erklärten Ziel europäischer Außenpolitik wurde. Die ca. 2.000 Objekte umfassenden Bestände der Ethnographischen Sammlung des *Academischen Museums* in Göttingen wurden aber bereits viel früher, nämlich während Blumenbachs Wirkungszeit zwischen 1776 und 1840 systematisch sowohl für die Forschung als auch für den Unterricht genutzt. Blumenbach präsentierte in seinen Vorlesungen zur Naturgeschichte ab 1776 bereits fremde Kulturzeugnisse bzw. Zeichnungen ethnographischer Gegenstände als didaktisches Anschauungsmaterial. Eingesetzt wurden Ethnographica für den Hochschulunterricht auch durch den Historiker und Geographen Arnold Hermann Ludwig Heeren (1760-1842), der ab dem Jahr 1803 regelmäßig und sehr erfolgreich Vorlesungen unter dem Titel *Allgemeine Länder- und Völkerkunde* hielt.[4]

Modell eines doppelten Baggerwerks (»Paternosterwerk«), Nicolaus Bogislaus von Ciechanski (1737-1828), 1773, Holz, aus der früheren Modellkammer der Universität. Dieses Holzmodell von 1773 wurde von Johann Beckmann in seinen Vorlesungen über den Bergbau im Harz benutzt. I. Physikalisches Institut. Foto: Stephan Eckardt.

LERNEN AM MODELL

Seinen Ruhm verdankte das Göttinger *Academische Museum* in erster Linie den ethnographischen, naturgeschichtlichen und künstlerischen Originalexponaten. Die didaktische Zielsetzung kam jedoch besonders deutlich in der Modellkammer zum Ausdruck, die innerhalb des Museumsgebäudes eine eigene Abteilung bildete. Sie enthielt verkleinerte Nachbildungen von Bergwerken, Mühlen und verschiedensten technischen Geräten, die der Göttinger Professor Johann Beckmann (1739-1811) – ebenfalls Begründer einer neuen Disziplin, der Technologie – zusammengetragen hatte.

Auch heute noch spielen Modelle in einer ganzen Reihe von Göttinger Universitätssammlungen eine Rolle, auch wenn sie nicht mehr durchgehend in der Lehre eingesetzt werden. Zu erwähnen sind hier z. B. die umfangreiche Samm-

Vergrößerte Replik eines 3 mm großen menschlichen Embryos mit Plazenta, Höhe ca. 75 cm, Breite ca. 65 cm. Der Embryo (mit eröffneter Amnionhülle) und der mit ihm verbundene Dottersack liegen innerhalb der eröffneten Chorionhöhle. Humanembryologische Dokumentationssammlung Blechschmidt, Göttingen. Foto: Gabriele G. Weis.

lung von Gipsmodellen im Mathematischen Institut, die komplizierte geometrische Sachverhalte räumlich vorstellbar machen sollen, die Modelle prähistorischer Häuser und Siedlungen in der Lehrsammlung des Seminars für Ur- und Frühgeschichte oder Exponate der Musikinstrumentensammlung, die modellhaft die Funktionsweise wichtiger Instrumententypen veranschaulichen.

Einen der größten und geschlossensten Komplexe solcher didaktischer Modelle, der nach wie vor intensiv für die Lehre genutzt wird, bildet die Humanembryologische Dokumentationssammlung Blechschmidt, die zwischen 1950 und 1972 vom damaligen Direktor des Anatomischen Instituts Erich Blechschmidt (1904-1992) geschaffen wurde. Anhand von 64 stark vergrößerten Kopien von echten menschlichen Embryonen – jede ein Unikat, das nach der sogenannten Born'schen Plattenmodelliermethode in der Göttinger Anatomie gefertigt wurde – wird die Gestaltentwicklung des Embryos während der ersten acht Schwangerschaftswochen dokumentiert. Während die Studierenden der Human- und Zahnmedizin die Anatomie des voll ausgebildeten menschlichen Körpers im Präparierkurs an der Leiche im wahrsten Sinne des Wortes ›begreifen‹ können, macht es die Kleinheit und Unzugänglichkeit von menschlichen Embryonen schwer, sich ein Bild von ihrer Anatomie zu verschaffen. Aufgrund ihrer Größe – jedes Modell ist etwa 85 cm hoch – ermöglichen es die Exponate der Blechschmidt-Sammlung, die Anatomie menschlicher Embryonen mit bloßem Auge räumlich zu erfahren, was in der Vorlesung und im Eigenstudium von Lehrbüchern nicht möglich ist. Führungen durch die Ausstellung sind daher fester und beliebter Bestandteil der anatomischen Ausbildung von Studierenden der Human-, Zahn- und Molekularmedizin in Göttingen. Die Sammlungsräume liegen direkt neben dem Dozenteneingang zum großen Hörsaal, so dass die Embryologievorlesung für die angehenden Ärzte und Ärztinnen spontan um eine ›Visite beim Embryo‹ bereichert werden kann.

DREIDIMENSIONALITÄT UND MASSSTÄBLICHKEIT

Die Erfahrung der Dreidimensionalität ist ein zentrales Element im didaktischen Einsatz von Lehrsammlungen. Handle es sich nun um plastische Modelle wie in der Sammlung Blechschmidt oder in der mathematischen Sammlung oder um Originalobjekte: Das Begreifen des Gegenstands in seiner körperlich-räumlichen Dimension ist ein entscheidender Mehrwert, den Lehrsammlungen gegenüber anderen didaktischen Medien, z. B. Abbildungen in Lehrbüchern, Filmen oder Computerschaubildern bieten können. In vielen Fällen tritt noch das Kriterium der Maßstäblichkeit hinzu. Während der Vorteil der Embryonachbildungen gerade in ihrer extremen Vergrößerung besteht, die mit bloßem Auge nicht Sichtbares anschaulich macht, liegt der Erkenntniswert vieler anderer Objekte gerade darin, dass sie den Gegenstand in seiner originalen Größe vor Augen führen. Für Originalobjekte gilt dieses Kriterium ganz automatisch, es kann aber auch für die Gestaltung von Nachbildungen ausschlaggebend sein. Hier stellt die Sammlung der Gipsabgüsse antiker Skulpturen ein gutes Beispiel dar: Für die Interpretation einer antiken Statue kann es entscheidend darauf ankommen, ob ihr Format miniaturhaft, lebensgroß oder kolossal ist. Diese Angaben kann man zwar in Katalogen nachlesen, es ist jedoch etwas ganz anderes, wenn man verschiedene Ob-

jekte, die man nur aus ungefähr gleich
großen Abbildungen kannte, in einer
Abguss-Sammlung in ihrer wahren, oft
ganz unterschiedlichen Größe erlebt.

Das Nebeneinander zahlreicher sogenannter Kuroi, nackter griechischer
Jünglingsfiguren aus dem 6. Jahrhundert
v. Chr., in der Göttinger Abguss-Sammlung ist ein sinnfälliges Beispiel für den
elementaren didaktischen Effekt, den die
Konfrontation mit der realen Größenerstreckung eines Studienobjekts mit sich
bringt. Ähnliches lässt sich selbstverständlich auch in vielen anderen Sammlungen konstatieren, von den Insekten
der Zoologischen Sammlung bis hin zu
den Papsturkunden des Diplomatischen
Apparates. Wer solche Objekte nur aus
Büchern oder vom Bildschirm kannte,
gewinnt durch die Möglichkeit, sie in
ihrer originalen Größe (oder auch Kleinheit) zu erleben, eine entscheidende Er-
fahrungsdimension hinzu.

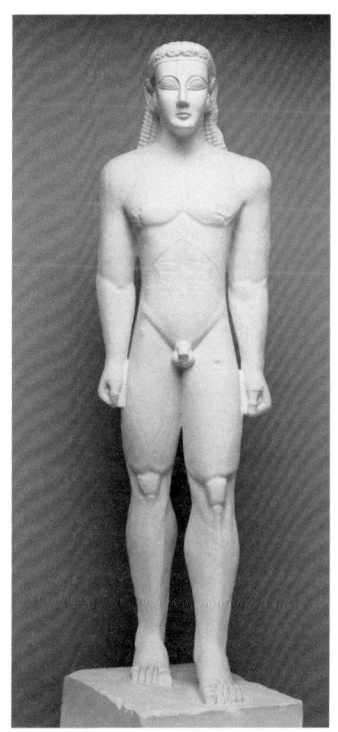 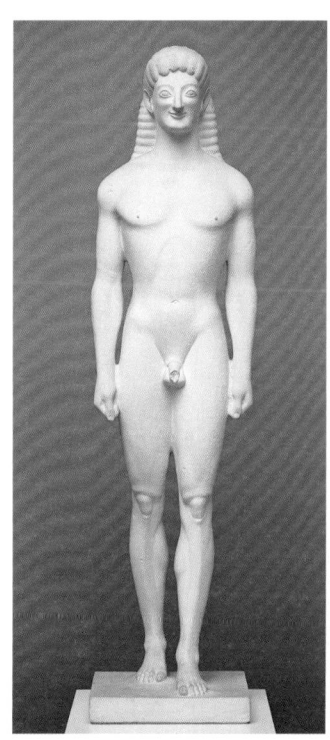

MATERIALITÄT

Bei Originalobjekten ist es jedoch nicht nur die Maßstäblichkeit, sondern vor
allem die Materialität des Gegenstandes, die den entscheidenden Vorzug einer
Lehrsammlung gegenüber allen anderen didaktischen Vermittlungsformen aus-
macht. Wieder kann der Diplomatische Apparat als Beispiel dienen. Nur am
Original können die Studierenden die verschiedenen haptischen und visuellen
Qualitäten der verwendeten Schreibmaterialien kennenlernen – wie etwa Perga-
ment- und Papierarten, Tintensorten, Falttechniken, Material und Anbringung
der Siegel: Wachs, Oblate, Papier, Blei oder Gold, am Dokument auf- und durchge-
drückt oder angebracht mit Pergament, Hanf oder farbiger Seide. Erst Wissen
und Urteilsvermögen in diesem Bereich ermöglichen zuverlässige Expertisen:
Neben den sogenannten inneren Kriterien, die den Text auf der Grundlage gel-
tender Formulare betreffen, bilden eben diese ›äußeren Kriterien‹ die entscheidenden Maßgaben zur Klärung der Echtheit von Urkunden. Bei verschiedenen
Textträgern werden unter ultraviolettem Licht auch frühere Schichten sichtbar,
die durch Abbildungen nur unzureichend wiedergegeben werden können. Auf
allen didaktischen Ebenen, vom Anfangsunterricht bis zum Abschlussexamen,
erweist sich der Umgang mit den Originalen als sicheres Fundament für die kompetente Beurteilung der Quellenüberlieferung in ihrer materiellen Konkretheit.
Moderne Fragestellungen, etwa zur Kommunikationsleistung von Urkunden,
sind mit diesem Vorwissen gegen die Gefahr unangemessen quellenferner Formen von Thesenbildung aus bloßer Tertiärliteratur gefeit.

Fragen von Echtheit und Fälschung spielen auch in der Archäologie und den
Kunstwissenschaften eine wichtige Rolle. Die Studierenden möglichst früh mit

Getrennte Abbildungen in
einer gedruckten Publika-
tion lassen den erheb-
lichen Größenunterschied
zwischen dem Kuros von
Sunion links (Höhe 3,05 m)
und dem sog. Apoll von
Tenea rechts (Höhe 1,55 m)
nicht erkennen. Er wird
erst im unmittelbaren
räumlichen Nebeneinander
der beiden Statuen in
einer Gipsabgusssammlung
deutlich. Beide Statuen:
Sammlung der Gipsabgüsse
antiker Skulpturen, Göttingen. Fotos: Stephan
Eckardt.

dem erforderlichen Handwerkszeug auszurüsten, damit sie sich eigenständig ein Urteil in solchen Fragen bilden können oder zumindest für die Probleme auf diesem Gebiet und die Methoden, die für ihre Lösung zur Verfügung stehen, sensibilisiert sind: Dies ist eine wichtige Funktion der Originalsammlungen. In der Archäologie bietet die als Leihgabe des Welfenhauses seit 1979 in Göttingen befindliche Skulpturensammlung Wallmoden besonders instruktives Studienmaterial, um Fragen der Authentizität im Unterricht praktisch zu veranschaulichen. Zahlreiche Objekte dieser bedeutenden, 1765 von dem hannoverschen Grafen Wallmoden in Rom erworbenen Sammlung römischer Skulpturen wurden damals den Konventionen der Zeit entsprechend ergänzt, vorwiegend in der Werkstatt des bekannten italienischen Bildhauers Bartolomeo Cavaceppi (ca. 1716-1799).[5] Bei manchen Stücken wurde dabei auch die Originalsubstanz sehr stark überarbeitet, einige wenige wurden komplett neu geschaffen, sind also – zumindest nach heutigen Kriterien – Fälschungen, während wieder andere bewusst als moderne Kopien gekennzeichnet wurden. Dieses komplizierte Gemisch aus Ergänzung, Überarbeitung, Nachbildung und Fälschung differenzieren zu lernen, ist ein Hauptziel der regelmäßig in der Sammlung Wallmoden abgehaltenen Lehrveranstaltungen.

Auch die Graphische Sammlung – mit ca. 2.500 Zeichnungen sowie 15.000 Blatt Druckgraphik vom 15. Jahrhundert bis zur Gegenwart der sowohl quantitativ als auch qualitativ herausragende Teil der Kunstsammlung – ermöglicht eine Lehre, die ohne Originalblätter nicht durchführbar wäre, d. h. an vielen anderen Universitäten in Ermangelung einer eigenen Sammlung unterbleibt. Druckgraphische Techniken wie Holzschnitt, Kupferstich, Radierung, Aquatinta oder Lithographie zu erkennen, zu unterscheiden, ja sogar verschiedene Techniken auf einem Blatt angewendet identifizieren zu können, ist anhand von Fotos in Powerpoint-Präsentationen schlechterdings unmöglich. Am Originaldruck lässt sich jedoch nicht nur lehren, wie die druckgraphische Technik zu erkennen ist, die Struktur des Papieres gibt ebenso wie ein Wasserzeichen Aufschluss über das Alter des Druckes, eventuell vorhandene Stempel erzählen die Sammlergeschichte eines Blattes, der häufig nicht zu sehende, aber zu erfühlende, in die Blattstruktur eingedrückte Plattenrand unterscheidet den Originaldruck von fotoreproduzierten Nachahmungen. So sind von einigen Drucken zwei Exemplare vorhanden, die erkennen lassen, in welchem Zustand die Druckplatte war, d. h. ob es sich um ein früh abgezogenes ›frisches und klares‹ Exemplar oder um einen späteren Abzug handelt – Oberflächenwerte, die sich in der Reproduktion nicht erkennen lassen.

WAHRNEHMUNG MIT ALLEN SINNEN

Eine ganz besondere Rolle spielt die materielle Präsenz des originalen Studienobjekts in den Botanischen Gärten. Schon dem Begründer des Göttinger Gartens, Albrecht von Haller (1708-1777), war bewusst, dass weder Herbarbelege, also getrocknete und gepresste Pflanzen, noch perfekt gezeichnete Gewächse in Büchern das Betrachten, ja das Begreifen der lebenden Flora ersetzen könnten. Und diese Einsicht hat sich – trotz aller technischen Fortschritte bis hin zu 3-D-Projektionen am Computerbildschirm – erhalten. Zum Studium der Natur benötigt man alle Sinne und die Lehrobjekte in den verschiedensten Präsentationsformen. Die Wissensvermittlung geschieht vor Ort sowohl mit lebenden Pflanzen, die sich in permanenter Entwicklung und damit auch optischer Veränderung befinden, als

auch mit frischen und konservierten Pflanzenteilen, die in einem Botanischen Garten für die Lehre herangezogen und flexibel bereitgestellt werden. Um vergleichen zu können, dürfen dabei nicht nur die kursrelevanten Pflanzen vorhanden sein. Dies geschieht mit nahe verwandten Pflanzenarten, aber auch mit Gewächsen, die unter verschiedenen Bedingungen kultiviert werden. Auf Abbildungen erhält man immer nur einen Teil der Information, denn zum Studium der Pflanzen gehören auch die Haptik und besonders der Duft. Diese kann man nicht einfach abbilden.

Botanische Gärten beherbergen lebendige Sammlungsobjekte, die sich in der Lehre durch moderne Mittel der digitalen Repräsentation und Simulation nicht wirklich adäquat ersetzen lassen. Deshalb müssen die Studierenden auch heute wie zu Hallers und Humboldts Zeiten die Gewächse als lebendige Organismen in ihrem Umfeld studieren und in die Hände nehmen, um zu begreifen, dass Pflanzen mehr sind als die Summe ihrer Teile.

Handgezeichnete Lehrtafel mit Anweisungen zum Pflücken von Tee und Rückschnitt von (hier vereinfacht dargestellten) Teepflanzen in China, Pharmakognostische Sammlung, Göttingen. Fotos: Martin Liebetruth.

SEHEN UND VERGLEICHEN LERNEN

Es sind natürlich nicht nur die Materialität und die reale Größenerstreckung des Studienobjekts, die durch Lehrsammlungen vermittelt werden. Ebenso wichtige Lernziele, die am besten mit großen Serien originalen oder originalgetreu nachgebildeten Studienmaterials erreicht werden können, sind das analytische Sehen und das systematische Vergleichen.

In der noch nicht – wie im Lehrbuch und ähnlichen Medien – didaktisch vorstrukturierten und aufbereiteten Fülle des Studienmaterials die Merkmale sehen und beschreiben zu lernen, auf die es für eine weiterführende wissenschaftliche Analyse ankommt, dies kann am besten anhand der Bestände großer Lehrsammlungen eingeübt werden. Eine ungeordnete Kiste mit Scherbenfragmenten in der archäologischen oder mit Gesteinsproben in der geologischen Sammlung ist hervorragend geeignet, zum präzisen Beobachten und Beschreiben des Beobachteten anzuleiten.

Als besonders gutes Beispiel können hier zwei Themen dienen, die bei Lehrveranstaltungen in der Zoologischen Sammlung behandelt werden: die Evolution der Spinnentiere und Anpassungsstrategien in der Fortbewegung der Säugetiere.

Vorbereitungsseminar zur Ausstellung *Bunte Götter. Die Farbigkeit antiker Skulptur* in der Sammlung der Gipsabgüsse. Studierende erstellen Exponate für die Ausstellung. Foto: Jorun Ruppel.

Die Spinnentiere sind im Laufe ihrer Entwicklung vom Wasser- zum Landleben übergegangen. Dabei mussten sich ihre Atemorgane den veränderten Bedingungen anpassen. Am besten erkennt man diese Veränderungen, wenn man die marinen Pfeilschwanzkrebse mit den landlebenden Skorpionen vergleicht. Dazu müssen die Studierenden die Anatomie beider Tiergruppen genauestens untersuchen und sich anhand dieser morphologischen Gegebenheiten das evolutive Szenarium überlegen, das den einen Zustand mit dem anderen verbindet. Durch solche Übungen erlangen sie die Vorstellungskraft, die notwendig ist, um Abläufe während der Evolution der Organismen zu erfassen und selber erforschen zu können.

Bei den Säugetieren gibt es unter vielen anderen auch differenzierte Anpassungsstrategien an die Fortbewegungen. So unterscheiden sich die verschiedenen Gruppen sehr stark im Bau der Füße und Beine. Dies kann sehr eindrücklich am Bau der Knochen und Gelenke nachvollzogen werden. Hier besteht die Aufgabe der Studierenden darin, die Beine von unterschiedlichen Säugetiergruppen genau zu betrachten, daraus gewonnene Erkenntnisse mit der bekannten Fortbewegungsweise der Tiere zu vergleichen und Aussagen über die Entwicklungsgeschichte der unterschiedlichen Anpassungsstrategien zu treffen. Für derartige Übungen sind reale Objekte, die in der Hand gehalten werden können, unentbehrlich. Sie schärfen den Studierenden den Blick für den Zusammenhang zwischen baulichen Konstruktionen und Verhaltensweisen, eine notwendige Voraussetzung, um beispielsweise bei fossilen Formen Rückschlüsse auf die Lebensweise zu ziehen.

Auch in geisteswissenschaftlichen Studiengängen spielen Veranstaltungen zum vergleichenden Sehen in den Lehrsammlungen eine wichtige Rolle, wie bereits die oben angeführten Beispiele aus der Kunstgeschichte und der Archäologie gezeigt haben.

MUSEOLOGISCHE PRAXIS

Viele Göttinger Universitätssammlungen können den Studierenden über den fachwissenschaftlichen Unterricht hinaus auch einen guten Einblick in Fragen der Museumspraxis geben. Lehrveranstaltungen auf diesem Gebiet sind in vielen Sammlungen Teil des Curriculums geworden. So nutzt das Archäologische Institut den Umstand, dass es mit einer eigenen Restaurierungswerkstatt und einer zugehörigen Restauratorenstelle ausgestattet ist, seit langem für praxisbezogene Übungen, die im Rahmen der modularisierten Studiengänge noch deutlich an Bedeutung gewonnen haben. Regelmäßig werden Kurse im Herstellen von Gipsabgüssen angeboten, die den Studierenden ein erweitertes Verständnis für die Möglichkeiten und Grenzen der Abgusstechnik und damit für eine fachkundigere Beurteilung des nach wie vor grundlegenden archäologischen Dokumentationsmediums Gipsabguss ermöglichen. In die Vorbereitung und Durchführung von archäologischen Sonderausstellungen werden stets auch Studierende einbezogen, so z. B. in die im Sommer 2011 gezeigte Sonderausstellung *Bunte Götter*. Sie wurde nicht nur in zwei Seminaren zusammen mit Studierenden theoretisch und praktisch vorbereitet, wobei diese sogar an der Herstellung einiger der in der Ausstellung gezeigten farbigen Rekonstruktionen antiker Skulpturen mitwirkten, sondern auch bei der Erstellung eines Begleitbuches und bei der Durchführung verschiedener museumspädagogischer Maßnahmen waren Studierende maßgeblich beteiligt.

Ähnliches lässt sich aus anderen Sammlungen berichten, etwa der des Instituts für Ethnologie. Auch sie wird intensiv für den Hochschulunterricht bzw. im Rahmen von Praktika und Ausstellungsprojekten genutzt. In Verzahnung mit Bibliothek und Schrift-/Bildarchiv bietet die Sammlung ein breites Spektrum für museumsrelevante Arbeiten. Zum einen stehen den Studierenden wertvolle Primärquellen (frühe Reisewerke, Tagebücher, Bilder und Inventare) im Zusammenhang mit der historischen Rekonstruktion von Sammlungsbeständen zur Verfügung, und zum anderen liefert die Bibliothek mit ihrer aktuellen ethnologischen Literatur die Basis für die kulturelle Kontextualisierung von Objekten und ihre identitätsstiftende Funktion bzw. auch für ihre Deutung im Sinne von Kunst. Grundständige Themen der Lehre sind *Ethnologische Museen, Wissenstransfair und internationaler Dialog*, die Vorlesung *Objekt – Kultur – Identität* und *Museum Studies* (mit Gastdozenten). Hinzu kommen wahlweise Veranstaltungen zur *Ausstellungspraxis, Museumspädagogischen Praxis, Technologie und Ergologie* sowie zu den Themen *Maritime Anthropology* und *Cultural Property*.

Einen sehr praxisnahen Einblick in Probleme der Gemälderestaurierung erhalten Studierende der Kunstgeschichte dank einer seit 2003 bestehenden Kooperation mit der Fachrichtung *Gefasste Holzobjekte und Gemälde* der Hochschule für angewandte Wissenschaft und Kunst (HAWK) in Hildesheim. Während ein- oder zweiwöchiger Blockseminare lernen einerseits die Göttinger Studierenden laufende Projekte der HAWK kennen. Im Gegenzug kommen Hildesheimer Studierende und Dozenten in die Gemälde- und Skulpturengalerie in Göttingen, die sich während dieser Zeit in eine provisorische Werkstatt verwandelt. In interdisziplinär zusammengesetzten Zweierteams kümmern sich Studierende beider Fachrichtungen um jeweils ein Originalobjekt, d. h. die Kunsthistoriker/innen bekommen direkten Einblick in die Arbeit, Methodik, Sichtweise und Terminologie der Restauratoren und Restauratorinnen und umgekehrt.

Die Studierenden der Konservierung/Restaurierung nehmen die Materialität des Objektes genauestens unter die Lupe, d. h. sowohl Rahmen als auch Gemälde werden eingehend untersucht und so zunächst der technologische Aufbau und damit die Herstellungsweise des Kunstwerks festgestellt. Die so gewonnenen Erkennt-

Untersuchung eines Tafelgemäldes im Rahmen eines gemeinsamen Seminars mit Studierenden der Kunstgeschichte der Universität Göttingen und der HAWK Hildesheim. Foto: Katharina Haase.

nisse im Sinne einer »Technological Art History« können dann mit den kunsthistorischen Erkenntnissen abgeglichen werden und als Grundlage für die gemeinsame Erarbeitung eines Konservierungs- und Restaurierungskonzepts dienen.

FORSCHEN LERNEN IN DEN SAMMLUNGEN

Die kunsthistorische Arbeit am Originalobjekt unterscheidet sich deutlich von der üblichen Art der Lehre in Seminaren, denn in der Regel findet diese an hochrangigen, gut publizierten Kunstwerken statt. Die Objekte der Kunstsammlung jedoch sind zum großen Teil noch gar nicht publiziert – eine alltägliche Situation in jedem Museum, denn der größte Teil der Kunstwerke befindet sich in Depots und ist wissenschaftlich noch nicht bearbeitet. Der Ausgangspunkt ist also einerseits das Objekt selbst, andererseits sind es die Akten und Inventare der Kunstsammlung. Allerdings ist die Identifikation eines immer wieder anderen Künstlern zugeschriebenen Gemäldes in den alten Katalogen und Inventaren oft eine sehr schwierige Aufgabe, zumal wenn es sich um bisher kaum oder gar nicht erforschte Künstler handelt.

Die in Kooperation mit der HAWK durchgeführten Praxisseminare verlangen den Studierenden also erhebliche Eigeninitiative ab, und zwar in zwei ganz unterschiedlichen Arbeitsbereichen, die in der Regel erst während des Berufslebens im Museumsalltag aufeinandertreffen. Der interdisziplinäre Ansatz bietet den Studierenden die Gelegenheit, die unterschiedlichen Sicht- und Herangehensweisen bereits während des Studiums intensiv in Theorie und Praxis kennenzulernen, und erleichtert damit den Einstieg in das Berufsleben.

Bislang unbearbeitete Sammlungsobjekte können sich auch gut als Ausgangspunkt für akademische Abschlussarbeiten eignen. Aus vielen Sammlungen ließen sich Beispiele dafür anführen. Etwas näher beleuchtet sei hier der Fall der Musikinstrumentensammlung, die durch ein fest in das Curriculum integriertes Museumsseminar Studierende zu eigenen Forschungsprojekten anregt.

Anschauungs- und Studienobjekte aus der Musikinstrumentensammlung kommen am Musikwissenschaftlichen Seminar seit jeher in der ganzen Breite des Lehrangebots zum Einsatz. Am intensivsten geschieht dies heute in dem zweisemestrigen Modul *Musikinstrumentenkunde im Museum*, das sammlungsspezifische Forschungs-, museumspraktische Präsentations- und museumstheoretische Reflexionsanteile beinhaltet. Zunächst befassen sich die Studierenden dort unter morphologischen, bautechnischen, funktionalen, dekorbezogenen und individualgeschichtlichen Gesichtspunkten sowie unter Einbeziehung der betreffenden Archivalien beschreibend mit ausgewählten Einzelobjekten aus der Sammlung. Dies schult das analytische Sehen und macht es zugleich erforderlich, sich die organologische Fachterminologie anzueignen. In einem zweiten Schritt wenden die Studierenden sich den in den Objekten repräsentierten Typen zu, die es anhand einschlägiger Fachpublikationen und unter Einbeziehung neuer Medien in ihren jeweiligen – rezenten oder historischen, europäischen oder außereuropäischen, ruralen oder urbanen, sakralen oder profanen – kulturellen Kontext zu stellen gilt. Hierbei rücken auch typische Spieltechniken, Ensemblebildung sowie die Musik selbst und der Aspekt visueller und klingender Symbolik ins Blickfeld. In einem dritten Arbeitsschritt vergleichen die Studierenden historisch verwandte, aber kulturgeographisch getrennte Typen im Kontext inter- und transkultureller Prozesse der Diffusion. Im Laufe des zweiten Modulsemesters erhalten die Studierenden Gelegenheit, die Ergebnisse ihrer Museumsforschungsprojekte dem Museumspublikum – etwa eigens eingeladenen gymnasialen Schulklassen – zu präsentieren und dabei auch erste Erfahrungen mit eigentlichen Museumsführungen zu sammeln. Eine theoretisch reflektierende Studieneinheit, die zur Auseinandersetzung mit der ideologischen Dimension musealer Präsentationen historischer und ethnologischer Musikinstrumente anregen möchte, rundet das Modul ab.

Nachdem dieses Modul das erste Mal erprobt worden war, hat eine Gruppe von Studierenden aus eigener Initiative das studentische Forschungsprojekt *Tradition im Spannungsfeld China–Japan–USA: Die identitätsstiftende Funktion von Sanshinmusik auf den Ryukyu-Inseln* entwickelt und durchgeführt. Den Rahmen dafür bot das Programm *Forschungsorientiertes Lehren und Lernen.* Untersucht wird der Zusammenhang zwischen der chinesischen Kastenlanghalslaute *sanxian* und ihrem japanischen Ableger, dem *shamisen* bzw. dem auf Okinawa heimischen Bindeglied zwischen beiden Formen, dem *sanshin,* sowie der ihrer typologischen Verwandtschaft zugrundeliegende historische Übertragungs- und Modifikationsprozess. Das Projekt sieht eine Vorbereitungs-, eine mehrwöchige Feldforschungs- und eine Auswertungsphase vor. Als Ergebnisse werden u. a. ein Dokumentarfilm und eine Webseite erstellt.

Bestandteil des Projekts ist außerdem der Erwerb eines *sanshin*-Exemplars für die Musikinstrumentensammlung, die somit – hier schließt sich der Kreis – am Ende von ihren in der Lehre ausgesandten Impulsen profitiert und mit dieser – eine typologische Lücke füllenden – Bereicherung ihres Bestandes eine wunderbare Rückkopplung erfährt.

Das interdisziplinäre Potential der Universitätssammlungen wird ein Seminar nutzen, das im Sommersemester 2012 Studierende der Geschichte und der Musikwissenschaft zusammenführen wird. Im Rahmen des Masterstudiengangs »Mittelalter- und Renaissancestudien« werden bislang unbearbeitete Fragmente des 12. bis 15. Jahrhunderts mit musikalischer Notation aus den Beständen des Diplomatischen Apparats analysiert. Im Anschluss daran werden die Seminarteilnehmer die rekonstruierten Stücke gemeinsam aufführen und auf diese Weise ihre Erkenntnisse einem breiteren Publikum bekannt machen. Besser lässt sich die enge Verschränkung von Forschung, Lehre und Öffentlichkeitsarbeit in den Sammlungen der Universität Göttingen wohl kaum zum Ausdruck bringen.

ANMERKUNGEN

___ 1 Daniel Graepler, Joachim Migl (Hg.), Das Studium des schönen Altertums. Christian Gottlob Heyne und die Entstehung der Klassischen Archäologie, Göttingen 2007.

___ 2 Wolfgang Petke, Diplomatischer Apparat, in: »Ganz für das Studium angelegt«. Die Museen, Sammlungen und Gärten der Universität Göttingen, hg. von Dietrich Hoffmann, Kathrin Maack-Rheinländer, Göttingen 2001, S. 82-90.

___ 3 Antje Middeldorf Kosegarten (Hg.), Johann Dominicus Fiorillo. Kunstgeschichte und die romantische Bewegung um 1800, Göttingen 1997.

___ 4 Vgl. Göttingische Anzeigen von gelehrten Sachen 1803, S. 501.

___ 5 Vgl. S. 307 in diesem Band, Abb. unten links.

Christoph Viebahn mit Beiträgen von Wolfgang Böker, Klaus-Peter Brenner, Daniel Graepler, Brigitta Hauser-Schäublin, Jochen Heinrichs, Elvira Hörandl, Jörg Männer, Mike Reich, Michael Schwerdtfeger, Susanne Ude-Koeller, Wolfgang Wangerin, Heiko Weber, Claudia Wiesemann

FORSCHEN UND SAMMELN

Researching and Collecting. Collecting data forms the basis of all scientific knowledge, the type of data varying in accordance with the collector's research methodology and objectives. Opening with a brief reference to philosophical typologies of collecting, this chapter highlights selected epistemic objects from the wealth of Göttingen University's collections and its 18th century *Academische Museum* to show how new knowledge can emerge when modern approaches are applied to sets of specimens, collected from near and far, and over long periods. Research activities include: (1) analysing DNA from typus herbs, (2) detecting fleas in ancient amber, (3) digital microscopy of serial histological sections, (4) matching medical instruments with the first systematic patient records, (5) analysing the educational role of historical children's books, (6) describing the changing practice of Asian shadow theatre in competitive culture politics, (7) comparing musical practice with emerging instrument-building technology, (8) locating ancient coins as signs of early international trade, and (9) digitally cross-linking historical collection items with original and present-day references. These widely diverging examples indicate that academic collecting can perform on a par with hypothesis-driven experimental research. Clearly, ›stockpiling collections‹ and ›experimental tinkering‹ need to be kept at bay if collecting data is to be rewarded with epistemological success.

EINLEITUNG

Jeder menschlichen Erkenntnis folgt mehr oder minder mittelbar das Bedürfnis, diese Erkenntnis durch eine weitere gleichartige Erkenntnis zu überprüfen, unversehens entstehen Sammlungen von Erkenntnissen. Forschen, als »Jagd nach Erkenntnis«, kommt also ohne Sammeln nicht aus, dabei können beide Aktivitäten als Grundkonstanten menschlichen Handelns aufgefasst werden. Erst in der zweiten Hälfte des 20. Jahrhunderts entstanden vermehrt grundsätzliche Beobachtungen zum Sammeln als kulturellem oder wissenschaftlichem Phänomen.[1] Angesichts eines mittlerweile auch forschungspolitisch entdeckten Interesses am wissenschaftlichen Sammeln[2] werden hier zunächst einige der gerade für die »Aufklärungsuniversität« Göttingen bedeutsamen allgemeinen Vorstellungen über Sammler und ihre Sammlungen zusammengetragen, danach ein Dutzend aktueller Forschungsprojekte als Beispiele für die Fortsetzung der Geschichte[3] und der wissenschaftlichen Praxis[4] der Göttinger Universitätssammlungen vorgestellt und daraus Schlussfolgerungen zur epistemischen Bedeutung des wissenschaftlichen Sammelns abgeleitet.

Beim philosophischen Versuch[5] einer »Typologie des Sammelns«[6] wird man feststellen, dass ein breites Spektrum von Motivationen, Arten und Zwecken des Sammelns besteht.[7] In Jäger- und Sammlergesellschaften[8] haben sich Jagen und Sammeln ergänzt und dienten der Nahrungsversorgung der Gemeinschaft. So verschieden Jagen und Sammeln sein mögen, sie gehören zusammen[9] und lassen gemeinsame Anforderungen erkennen: Beobachtungsgabe, Erfahrung, ein spezifisches Wissen und Sorgfalt. Dies trifft auch auf moderne Sammler zu, wenn auch unter anderen Bedingungen: Um eine natur- oder kulturwissenschaftliche Sammlung anzulegen, braucht es ebenfalls Spürsinn und die Fähigkeit, eine »Fährte« zu erkennen. Moderne Sammler sind in diesem Sinn immer auch »Jäger«, jedoch unterschiedlichen Gepräges, je nachdem zu welchem Typ sie neigen.[10] Der eine Typus mag eine »ergebnisoffene« Sammlung von Kuriositäten oder Spitzenleistungen anlegen; der »leidenschaftliche« Typus ist derjenige, der vorausschauend die Zusammenstellung einer systematischen Sammlung verfolgt, aber auch in die Nähe der Vorratshaltung zu geraten droht.[11] Einem Forscher kann solches Sammeln dazu dienen, die Systematik eines Gegenstandes zu finden, Beweise zu führen oder Irrtümer aufzudecken. Die Art der Erkenntnis wird durch die Art der Sammlung jedoch nicht unbedingt vorherbestimmt: Trotz sorgfältiger Planung können neue Erkenntnisse Anlass zur Strategieänderung bieten, d. h. der Vorrang der praktischen Nützlichkeit oder der theoretischen Bedeutung einer Sammlung[12] kann sich mit der Zeit umkehren. Zugleich gibt es in allen Sammlungen das eingangs erwähnte Binnenverhältnis: Forschen braucht Sammeln (von weiteren Erkenntnissen) und Sammeln braucht Forschen (nach weiteren Sammlungsstücken).

Sammlungen werden landläufig an ihrer Dinglichkeit erkannt,[13] obwohl die Spanne von Sammlungsgegenständen natürlich bis zu Schriften über Sinneswahrnehmungen oder theoretischen Überlegungen reicht und gerade textbezogene Sammlungen eine starke Anziehungskraft ausüben, ein dynamisches Eigenleben führen können. Der vorliegende Beitrag will die forschende Tätigkeit vorwiegend anhand einiger objektbezogener Sammlungen der Universität Göttingen beleuchten, da die Behandlung ihrer »Textsammlungen« (als Nationalbibliothek des 18. Jahrhunderts[14]) vom umfassenden Wesen des Sammelns möglicherweise ablenken würde. Es soll deutlich werden, wie objektorientierte Sammlungen den Brückenschlag für fachübergreifendes Verständnis und Forschen ermöglichen, weil sie mehrere Sinne gleichzeitig ansprechen. Auch haben objektbezogene Sammlungen an der Universität Göttingen mit ihrem 1773 gegründeten *Academischen Museum* eine lange Tradition: Nach dem durch Ankauf der Bülow'schen Bibliothek begonnenen Aufbau der Universitätsbibliothek[15] spielte dies neben seiner Funktion als »Publikumsmagnet« für die meist adligen Studenten eine wesentliche Rolle im Sinne des Objektivierungsbedürfnisses der Aufklärung.[16] Schließlich soll gezeigt werden, wie das Forschen mit Sammlungen zu unterscheiden ist vom Forschen über Sammlungen und wie Sammlungen – abhängig von Naturell, Begabung, Neigung und Abfolge der Sammler – epistemisches Potential generieren, Inspiration für wissenschaftliche Fragestellungen bieten und einen Beitrag zu Ansehen und Sichtbarkeit der Universität leisten können.

In Bolivien gesammelter Typus-Beleg des Farns *Megalastrum alticola*, M. Kessler & A. R. Smith, Universitätsherbarium, Göttingen. Foto: Elena Reiner-Drehwald.

DAS GÖTTINGER UNIVERSITÄTSHERBARIUM
(JOCHEN HEINRICHS, ELVIRA HÖRANDL)

Als Sammlung getrockneter und archivierter Pflanzen, die Informationen zu Aussehen, Herkunft, Sammler und Sammeldatum liefern, ist das Göttinger Herbarium mit seinen etwa 800.000 Proben eine international bedeutende Informationsquelle für die Erstellung von

Bestimmungsfloren. Seine Aufsammlungen decken mehrere Jahrhunderte ab und ermöglichen so die Rekonstruktion von Verbreitungsgebieten und Florenveränderungen und der Einwanderungswege von »Neubürgern«. Göttinger »Typus-Belege« (Erstbeschreibungen) stellen für etwa 12.000 Pflanzennamen gewissermaßen das »Urmeter« dar. Auch in seiner Funktion als Archiv von Referenzmaterial, das Forschungsleistungen dauerhaft dokumentiert und anhand dessen auch noch nach Jahrhunderten die Richtigkeit einer Bestimmung überprüft werden kann, wurden im Rahmen mehrerer Drittmittelprojekte bereits umfangreiche Teile des Göttinger Universitätsherbariums digitalisiert.[17]

Im letzten Jahrzehnt wurden überwiegend Sporenpflanzen beforscht, insbesondere Lebermoose und Farne. Hierzu wurden Herbarbelege einerseits morphologisch untersucht, andererseits wurde aus den Belegen DNA extrahiert und zur phylogenetischen Analyse genutzt. Die Sequenzunterschiede der einzelnen Arten erlaubten umfangreiche Stammbaumrekonstruktionen, die zu weitreichenden Änderungen der bisherigen Klassifikationssysteme geführt haben: Die lebenden Arten der Farne und Lebermoose sind offenbar deutlich jünger als ihre Stammlinien, die bis in das Erdaltertum zurückreichen, und Evolutionslinien machen Phasen mit verstärkter Artbildung bzw. verstärktem Aussterben durch, wobei die lebenden Arten Nachkommen der wenigen Überlebenden früherer Aussterbeereignisse sind. Weiterhin konnte eine hohe Dynamik bei der Entstehung von Verbreitungsgebieten dokumentiert werden.[18]

ALTER BOTANISCHER GARTEN DER UNIVERSITÄT GÖTTINGEN (ELVIRA HÖRANDL, MICHAEL SCHWERDTFEGER)

Tillandsia ionantha gehört zu den außerordentlich formenreichen »grauen Tillandsien«, die in ihrer Heimat auf Zweigen und Felsen wachsen und scheinbar ›von Luft und Liebe‹ leben. Sammler Jürgen Lautner, Mexiko, Tehuantepec-Oaxaca, 1985. Abb. 2b: *Aechmea veitchii*. Ananasgewächse (Bromelien) gehören zu den Sammlungs- und Forschungsschwerpunkten im Alten Botanischen Garten, Göttingen. Fotos: Michael Schwerdtfeger.

Die Kultur lebender Pflanzen des 1736 von Albrecht von Haller (1708-1777) gegründeten Botanischen Gartens ermöglicht die Erforschung evolutionärer Fragestellungen auch mittels reproduktionsbiologischer, blütenbiologischer und experimenteller Methoden. Paradoxerweise sind asexuelle Pflanzen sehr häufig und weit verbreitet. Durch vergleichende Kultur und genetische, zytologische und experimentelle Forschungsarbeit an sexuellen und asexuellen Populationen der Gattung *Ranunculus* (Ranunculaceae) stellte sich heraus, dass der »Verzicht auf Sex« und die Bildung asexueller Samen nur durch Hybridisierung und gleichzeitige Genom-Verdoppelung (Polyploidie) zustande kommen können.[19] Die Mechanismen dieser Prozesse erwiesen sich als komplex und beruhen möglicherweise lediglich auf Unterschieden im Expressionsmuster der Fortpflanzungsgene.[20] Um diese Hypothese zu testen und mögliche Anwendungen in der Pflanzenzüchtung zu entwickeln, wird derzeit Gen-Expression von sexuellen und asexuellen Pflanzen vergleichend untersucht (comparative transcriptomics). Daneben ist die reguläre sexuelle Fortpflanzung bei Blütenpflanzen (darunter die mit ca. 3.000 Akzessionen umfangreiche Sukkulenten-Sammlung von Cactaceae, Crassulaceae, Aizoaceae) durch die vielfältigen Anpassungen von Blüten an ihre Bestäuber von wissenschaftlichem Interesse für blütenökologische Untersuchungen von Pflanzen in Trockengebieten. Zahlreiche weitere, kleinere Pflanzengruppen mit blütenbiologischer Diversifizierung (Acanthaceae, Gesneriaceae, Euphorbiaceae, Araceae, etc.) und die umfangreiche Bromeliensammlung (Bromeliaceae) dienen als Material für blütenökologische und reproduktionsbiologische Untersuchungen.

GÖTTINGER BERNSTEINSAMMLUNGEN (MIKE REICH)

Die Göttinger Bernsteinsammlungen umfassen derzeit mehr als 30.000 Stücke, vor allem von Baltischem und Bitterfelder Bernstein (ca. 45 Mio. Jahre alt).[21] Neben kunsthistorischen, archäologischen und ur- und frühgeschichtlichen Bernsteinobjekten sind Einschlüsse (Inklusen) von fossilen Pflanzen und Tieren (zwei Drittel der Sammlungen) für Forschungen hinsichtlich Biodiversität, Evolution und Phylogenie relevant und stark nachgefragt. Dies betrifft insbesondere Original-, Typen- und Belegmaterial zu mehr als 500 wissenschaftlichen Publikationen (7.000 Objekte) seit dem späten 18. Jahrhundert, darunter auch viele Unikate.

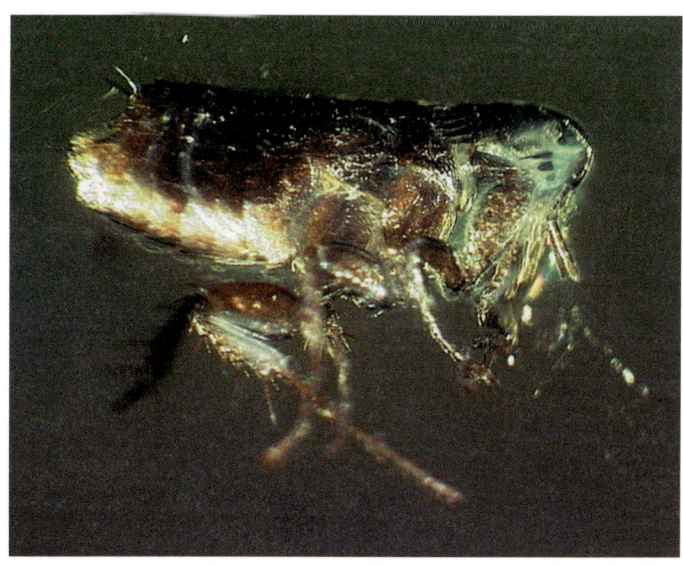

Typus des fossilen Flohs *Palaeopsylla klebsiana* Dampf in Baltischem Bernstein, Geowissenschaftliches Museum, Göttingen, Inv.-Nr. GZG.BST.20004. Foto: GZG Museum.

DIE GÖTTINGER HUMANEMBRYOLOGISCHE SAMMLUNG (JÖRG MÄNNER, CHRISTOPH VIEBAHN)

Das Forschungspotential der Göttinger Humanembryologischen Sammlung[22] liegt in der einzigartigen Kombination von hervorragender Gewebserhaltung, hoher Qualität und Vollständigkeit der histologischen Schnittserien von menschlichen Embryonen. Dabei ist die Erforschung der frühen menschlichen Gestaltentwicklung prinzipiell auf Sammlungen von seltenen Zufallsfunden, z. B. Fehlgeburten während der Frühschwangerschaft, angewiesen, die zur mikroskopischen Untersuchung in histologischen Schnittserien archiviert wurden.

Während die von Blechschmidt auf der Grundlage dieser Schnittserien hergestellten stark vergrößerten plastischen Rekonstruktionen heute vorwiegend in der akademischen Lehre eingesetzt werden,[23] ermöglicht es moderne Computer-

Objektträger mit gefärbten Gewebeschnitten durch den Kopf eines 13 mm langen menschlichen Embryos (Ende der 8. Entwicklungswoche), Göttinger Humanembryologische Sammlung. Foto: Hans-Georg Sydow.

technik, diese seltenen – oft weltweit versprengten – Originaldokumente der embrionalen Entwicklung in hoher Bildauflösung zu scannen, digital zu archivieren und aus diesen Daten digitale 3-D-Rekonstruktionen anzufertigen. Schnitte und Rekonstruktionen können dann mittels virtueller Mikroskopie online untersucht werden. Nach Digitalisierung und zeitgemäßer wissenschaftlicher Aufarbeitung der hauseigenen humanembryologischen Schnittserien wird in der Göttinger Anatomie eine Forschungsdatenbank aufgebaut, die über Hyperlinks mit anderen nationalen und internationalen Forschungsdatenbanken wie z. B. der HUDSEN *Human Spatial Gene Expression Database* in Newcastle (UK),[24] der *Carnegie Collection* in Washington D. C. oder dem klinisch ausgerichteten *Congenital Anomaly Research Centre* der Kyoto University vernetzt ist. Auf diese Weise soll erstmals die nötige kritische Masse für valide Forschungsergebnisse an den auch international raren Gewebeproben aus der menschlichen Entwicklung erreicht werden. Konkrete Projekte mit dieser Forschungsinfrastruktur betreffen die embryonalen Keimzellen, die Entwicklung des Herzens und der herznahen Gefäße, die dreidimensional hochkomplexe Entwicklung des Magen-Darm-Traktes und die Entwicklung des zentralen Nervensystems. Aufgrund der großen Fortschritte in der Entwicklung bildgebender Techniken (z. B. 3-D-Ultraschall) bereits in der frühen Schwangerschaft kann die Sammlung bald auch zu einem wesentlichen Pfeiler eines internationalen Referenzzentrums für bildgebende Pränataldiagnostik werden.[25]

SAMMLUNG ZUR GESCHICHTE DER GEBURTSMEDIZIN (CLAUDIA WIESEMANN, SUSANNE UDE-KOELLER)

Tagebuch des »Königlichen Entbindungshospitals zu Göttingen« von Friedrich Benjamin Osiander, 1812, Sammlung zur Geschichte der Geburtsmedizin, Göttingen. Foto: Martin Liebetruth.

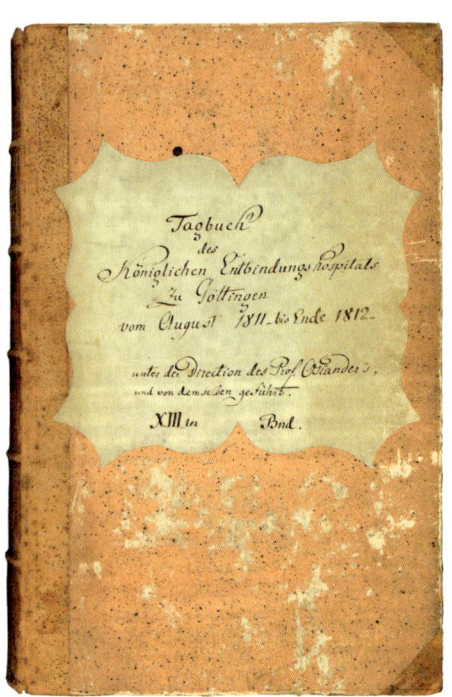

Die Sammlung stellt die materiale Basis des medizingeschichtlich bedeutsamen Prozesses der Verwissenschaftlichung der Geburtshilfe seit der Mitte des 18. Jahrhunderts dar, in dem die Göttinger Universitätsklinik weltweit eine Vorreiterstellung einnahm.[26] In ihrer Originalität, Materialität und Vielfalt bietet sie zahlreiche Ansatzpunkte für wissenschaftliche Forschung zur Körpergeschichte, zur Geschichte der Materialität der Geburt, zu Repräsentationen sowie zur Popularisierung des Gebärens in Schaustücken und Präparaten. Ein besonderer wissenschaftlicher Reiz liegt in der Verknüpfung der materiellen Objekte mit der zeitgenössischen Archivdokumentation, insbesondere den von Benjamin Friedrich Osiander (1759-1822) um 1800 eingeführten Geburtsbüchern, deren Eintragungen auf diese Weise besonders plastisch werden.

Durch eine digitale Darstellung der an klinischer Dokumentation, Forschung und Lehre der akademischen Geburtshilfe des 18. und 19. Jahrhunderts ausgerichteten dreidimensionalen Objekte und ihrer wissenschaftlich relevanten Spezifika soll die Sammlung international verfügbar und damit für eine vergleichende Forschung zur Materialität der Geburtshilfe zugänglich gemacht werden.

Illustration aus Daniel Chodowieckis Kupferstichsammlung zu Basedows Elementarwerk, 1774, 26 × 29 × 4 cm, Sammlungen Historischer Kinder- und Jugendbücher (Sammlung Seifert), Göttingen, Inv.-Nr. 51d15. Foto: Martin Liebetruth.

SAMMLUNGEN HISTORISCHER KINDER- UND JUGENDBÜCHER (WOLFGANG WANGERIN)

Die Illustration aus Daniel Chodowieckis (1726-1801) berühmter *Kupfersammlung zu Basedows Elementarwerk* (1774) zeigt Kinderspiele »auf dem Lande«: »Wer einen solchen Drachen haben will, muss ihn selbst machen lernen. Denn es ist ein Vergnügen, sich sein Spielzeug selbst zu verfertigen«,[27] heißt es bei Johan Bernhard Basedow (1724-1790). Die Technik des »Kräusel«-Spielens wird erläutert, und besonders der »Brummkräusel«. »Wer kann erraten, warum er in dem schnellen Herumdrehen so brumme?«[28] Hier geht es in einem durchaus modernen Sinn um Lernen und Wissen, aber nicht um Paukerei und Drill, sondern um entdeckendes, eigenverantwortliches und selbstgestaltetes Lernen, das an den eigenen Erfahrungen ansetzt und auf *angewandtes*, nicht auf totes Wissen zielt.

Das Werk von Basedow/Chodowiecki ist Teil der wertvollen *Sammlung Seifert*, deren ca. 12.000 historische Kinderbücher von der Frühaufklärung bis zur NS-Zeit gemeinsam mit der Vordemann-Sammlung in der Bibliothek für Kinder- und Jugendliteratur des Seminars für Deutsche Philologie stehen. Nimmt man den hochbedeutenden Bestand an philanthropischer Kinderliteratur der Staats- und Universitätsbibliothek dazu, so gehört die Universität Göttingen zu den wichtigsten Standorten historischer Kinderliteratur. Historische Kinderbücher sind selten an Universitäten zu finden, obwohl sie ein weites Forschungsfeld verschiedener, keineswegs nur literaturwissenschaftlich ausgerichteter Disziplinen eröffnen. Sie sind hervorragende Quellen kultur- und sozialhistorischer Forschung, im Blick auf die Geschichte der Kindheitsbilder, die Entwicklung von Erziehung und Familie ebenso wie im Blick auf die Natur- und Technikgeschichte und auf die Buchgeschichte.[29] Didaktische Fragen der Vermittlung an junge Leserinnen und Leser liegen auf der Hand. Jeder Historiker und jeder Geschichtsdidaktiker findet eine große Fülle an Text- und Bildquellen. Darüber hinaus ist Kinder- und Jugendliteraturforschung ein vorzügliches Feld der Komparatistik.

ETHNOLOGISCHE SAMMLUNG: »WENN LOKALE TRADITIONEN INTERNATIONALISIERT WERDEN ...« (BRIGITTA HAUSER-SCHÄUBLIN)

Jedes Objekt, sei es ein Bild, ein Alltagsgerät oder ein Schmuckstück, hat seine besondere Biographie: Es wurde zu einem bestimmten Zeitpunkt von einem Handwerker oder Künstler geschaffen und dann von einem ersten Besitzer verwendet. Museumsexponate haben meistens eine lange Geschichte, einen Lebenslauf, der von Jahr zu Jahr fortschreitet. Aktuelle Forschungen an ethnologischen Museumssammlungen befassen sich sowohl mit dem ursprünglichen Lebenszusammenhang der Objekte als auch mit Fragen nach den gegenwärtigen Bedeutungen, die den Gegenständen zugeschrieben werden. So haben inzwischen viele der damals an ein einzelnes Dorf oder eine regionale Bevölkerungsgruppe gebundenen Objekte ihre ehemals beschränkte Räumlichkeit verlassen und sind zu globalen Gütern geworden. Dies geschieht beispielsweise, wenn die UNESCO hervorragende Beispiele materieller und immaterieller Kultur (etwa Monumente wie Tempelanlagen oder handwerkliche Techniken und künstlerische Ausdrucksweisen) zum *Welterbe der Menschheit* ernennt. Oft sind es kulturelle Praktiken, wie etwa das indonesische Puppentheater (*wayang*), die eine solche Auszeichnung erfahren, weil sie durch gewandelte Ansprüche des Publikums vom Untergang bedroht sind.

Schattenspielfigur des *Wayang*-Puppentheaters, 19./Anfang 20. Jh., Java, Indonesien, bemaltes Leder, Horn, Figur: 55 cm, Ethnologische Sammlung des Instituts für Ethnologie, Göttingen, Inv.-Nr. As 1885. Foto: Stephan Eckardt.

Im Jahre 2008 hat die UNESCO die Kunst des indonesischen Puppentheaters (*wayang*) – Puppenspiele mit dreidimensionalen Figuren oder zweidimensionalen Schattenspielfiguren aus bemaltem Leder – zum Meisterwerk des mündlichen und immateriellen Erbes der Menschheit ernannt.[30] Mit dieser prestigereichen Auszeichnung soll der Fortbestand des zu *wayang* gehörenden Geschichtenerzählens und Singens des *dalang* (Schattenspielmeisters), das begleitende Spielen des Gongorchesters und die Kunst der Figurenherstellung, also die Kunstgattung des Figurenspiels insgesamt, gesichert werden. Umgekehrt hat sich Indonesien gegenüber der UNESCO dazu verpflichtet, bestimmte Förderungsmaßnahmen für das Puppenspiel zu ergreifen, wie etwa Ausbildungszentren und Lehrgänge für den Nachwuchs einzurichten sowie die Vereinigung der Puppenspieler mit Kunstinstituten und entsprechenden Abteilungen an Universitäten zu vernetzen. Das Puppentheater hat sich durch die entsprechenden Verhandlungen auf internationaler Ebene mehrfach verändert: *Wayang* ist nicht mehr eine lokale Angelegenheit, die Pflege dieses Erbes wurde durch das UNESCO-Label zur Staatsaufgabe Indonesiens. Damit verbunden sind Prozesse der Standardisierung des Schattenspiels, d. h. die Festlegung dessen, was richtig ist und gefördert werden soll – und was nicht. Neue Kontrollorgane sollen die Qualität und die Tradition des Schattenspiels – dazu gehören auch die Form und Herstellungstechnik der Figuren, die begleitende Musik, das Geschichtenerzählen, die Aufführung und die dazu notwendigen Requisiten – gewährleisten.

Standardisierung bedeutet meistens auch Uniformierung und »Einfrieren« der ehemals vielfältigen kulturellen Ausdrucksformen. Im Rahmen eines Forschungsprojektes der Göttinger interdisziplinären Forschergruppe zu *Cultural Property* wird nun untersucht, wie sich diese Prozesse des Herauslösens von einzelnen Ob-

jekten oder ganzen Objektgattungen aus ihrem lokalen Zusammenhang und deren Überführung in globale Zusammenhange – als sogenanntes Erbe der Menschheit – gestalten und welcher Bedeutungswandel damit verbunden ist: Auf der internationalen Ebene stehen Güter und Praktiken wie das indonesische Puppenspiel plötzlich auf Augenhöhe mit anderen von der UNESCO zertifizierten Puppenspielen, etwa denjenigen von China oder Kambodscha. Auch politische Auseinandersetzungen zwischen benachbarten Staaten entzünden sich durch die Internationalisierung ehemals lokaler Traditionen, etwa wenn Malaysia kritisiert, dass Indonesien kulturelle Praktiken für sich zu monopolisieren versuche, die ehemals grenzüberschreitend waren.[31]

Lampe für das Schattenspiel des *Wayang*-Puppentheaters, 19./Anfang 20. Jh., Java, Indonesien, Goldbronze, 75 × 45 cm, Ethnologische Sammlung des Instituts für Ethnologie, Göttingen, Inv.-Nr. As 1881. Foto: Stephan Eckardt.

MUSIKINSTRUMENTENSAMMLUNG (KLAUS-PETER BRENNER)

Dem musikalischen Idiom der Shona in Zimbabwe liegt ein stilprägendes System vielgliedriger zyklischer Akkordfolgen zugrunde, die die Musik von innen heraus strukturieren und ihr eine außergewöhnliche harmonische Farbigkeit und Bewegtheit verleihen. Besonders deutlich tritt dies in der Instrumentalmusik der zahlreichen großen, zumeist mit dem Ahnenkult assoziierten, regionalen Lamellophon(*mbira*)-Typen des Zimbabwe-Zambezi-Kulturraums in Erscheinung.

An umfangreichem Feldforschungsmaterial wurden ethnomathematische Eigenschaften dieser Akkordfolgen entdeckt und die Strategien ihrer tonräumlichen und zeitlichen Permutation untersucht.[32] Ferner konnte eine evolutionäre Embryonalform dieses Systems in der – ebenfalls polyphonen (!) – Musik des höchst ausgeklügelten einsaitigen Mundbogens *chipendani* nachgewiesen und eines der drei physikalisch-akustischen Prinzipien, auf deren kombinierter Ausnutzung diese Musik beruht, erstmals beschrieben werden: das Prinzip des eindimensionalen Saitenteilers.

Unter Einbeziehung einer älteren Theorie zur Evolution der Lamellophon-Stimmpläne des Zimbabwe-Zambezi-Kulturraumes ließ sich der Entfaltungs- und Differenzierungsprozess überzeugend rekonstruieren. Die an *chipendani* und *mbira* vergleichend untersuchte Wechselbeziehung zwischen Musikinstrument, Spieltechnik und Repertoire gewährte somit einen Blick auf die weit in präkoloniale

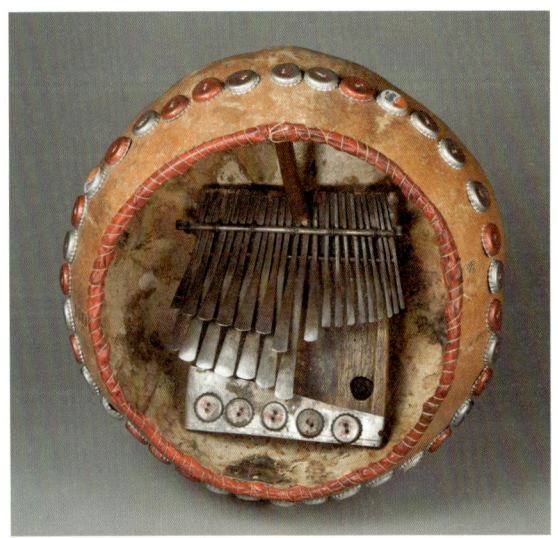

Lamellophon Mbira dzaVadzimu mit Resonator, Rinos Nyavudzi Mukuwurirwa Simboti, ca. 1980, Harare/Mufakose Township, Zimbabwe, trop. Holz, Eisen, Eisendraht, Aluminiumblech, Kronkorken, Kalebasse, rote Kunststoff-Folie, ⌀ 42 cm, Tiefe 28 cm, Musikinstrumentensammlung des Musikwissenschaftlichen Seminars, Göttingen, Inv.-Nr. 1303 (ex Slg. Brenner). Foto: Stephan Eckardt.

Zeiten – und damit über den ethnohistorischen Schriftquellenhorizont – zurückreichende Entstehungsgeschichte der klangstrukturellen Fundamente einer der faszinierendsten Musiktraditionen des bantusprachigen Afrika.[33]

Die europäische Pedalharfe mit einfacher Rückung, um 1700 von Jakob Hochbrucker (1673-1763) in Donauwörth durch Hinzufügung der Pedalmechanik aus der barocken Hakenharfe entwickelt, avancierte in der zweiten Hälfte des 18. Jahrhunderts zum Modeinstrument der Aristokratie in Frankreich, wo ihr nicht zuletzt eine vom Möbelbau her inspirierte standesgemäße dekorative Ausstattung zuteil wurde. Die diatonisch gestimmte Rahmenharfe erlangte durch das System pedalgesteuerter Umstimmvorrichtungen eine gewisse tonartlich-modulatorische Beweglichkeit. Diesem Typus widmete sich, ausgehend von der detaillierten Untersuchung und Erfassung des 1774 von Marie-Antoinettes *maître luthier* Jean-Henri Naderman (1735-1799) in Paris gefertigten Exemplars, ein Forschungsprojekt, das darauf abzielte, die Fülle seiner technik-, kunst-, sozial- und musikgeschichtlichen Bezüge zu einem Gesamtbild zu vernetzen.[34] Zu den dabei untersuchten Aspekten gehörte auch hier die strukturelle Interdependenz zwischen Instrument und Musik, wie sie in diesem Falle besonders sinnfällig in dem tonartlich-modulatorischen Potential des Pedalsystems zutage tritt. Dessen – als Binärzahlen von 0 bis 127 lesbare – Stellungskombinationen wurden systematisiert und anhand des einschlägigen Repertoires zu den sich wandelnden zeitgenössischen musikalischen Postulaten in Beziehung gesetzt. Der von Letzteren ausgehende Anpassungsdruck nahm gegen Ende des 18. Jahrhunderts zu und sollte wenig später zur endgültigen Ablösung der Einfachpedalharfe durch die Érard'sche Doppelpedalharfe führen.

Eine wesentliche Gemeinsamkeit der in ländlichen Traditionen Nordostzimbabwes sowie im höfisch-urbanen Paris des späteren 18. Jahrhunderts, mithin in vollkommen unterschiedlichen kulturellen und historischen Kontexten angesiedelten Themenbeispiele besteht in der koevolutionären Wechselbeziehung zwischen Musikinstrument und Instrumentalmusik. In beiden Fällen waren die untersuchten Sammlungsobjekte zunächst selbst Erkenntnisquelle und dienen seither als Belegstücke zur Evidenzherstellung.

Mundbogen mit eindimensionalem Saitenteiler Chipendani, John Hakurotwi Mude, vor 1995, Mhondoro Communal Land, Chegutu District, Zimbabwe, trop. Holz, Kupferdraht, Faden, 78,6 × 21,1 × 3 cm, ⌀ Griff 2,6 cm, Musikinstrumentensammlung des Musikwissenschaftlichen Seminars, Göttingen, Inv.-Nr. L-89 (Leihgabe Slg. Brenner). Foto: Stephan Eckardt.

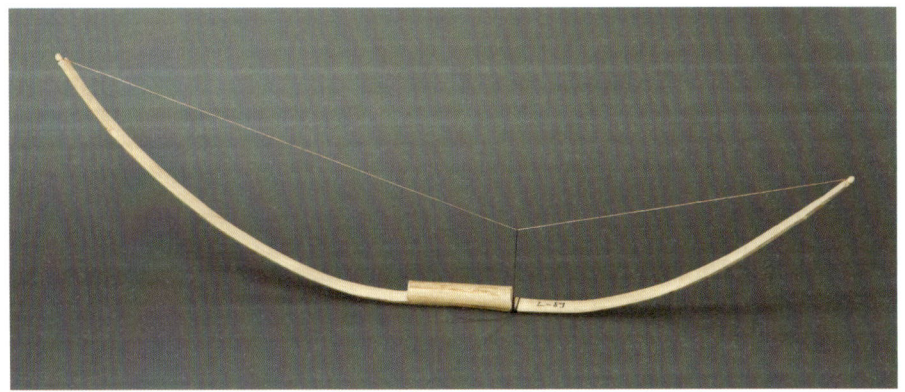

MÜNZKABINETT DER UNIVERSITÄT GÖTTINGEN
(DANIEL GRAEPLER)

Das Münzkabinett der Universität Göttingen beinhaltet u. a. verschiedene große ehemalige Privatsammlungen, die im Laufe seiner 240-jährigen Geschichte von der Universität angekauft wurden. Dazu gehört auch die große Sammlung griechischer Münzen des Altphilologen Wilhelm Crönert (1874-1942). In diese Sammlung sind etwa 600 Münzen eingeflossen, die der deutsche Archäologe Rudolf Herzog (1871-1953) um 1905 bei seinen Ausgrabungen im berühmten Asklepiosheiligtum von Kos gefunden hat. Die auf den ersten Blick unscheinbaren, z. T. sehr abgegriffenen Bronzemünzen haben sich in jüngster Zeit als höchst bedeutsame historische Quelle erwiesen. Nach Aussage von Numismatikern aus Frankreich, Griechenland und Großbritannien, die 2011 das Göttinger Material intensiv studiert haben, gibt es nirgendwo anders einen so umfangreichen geschlossenen Komplex von Fundmünzen aus Kos. Wegen seiner »kritischen Masse« erlaubt dieser Komplex Untersuchungen zum Münzumlauf, zur Chronologie des Heiligtums, zu den Inschriften und zur Ikonographie der koischen Prägungen, ja sogar zum Export von Münzen aus Kos nach Unteritalien, wie man sie an den zerstreuten Einzelstücken in anderen Sammlungen nicht durchführen kann.

DIE SAMMLUNGEN JOHANN FRIEDRICH BLUMENBACHS
(WOLFGANG BÖKER)

Ein gut belegtes Beispiel für das Ineinander-Greifen von Forschen, musealer Präsentation und wissenschaftlichem Publizieren sind die Sammlungen des von Johann Friedrich Blumenbach (1752-1840) aufgebauten und geleiteten *Academischen Museums*, dessen Exponate zumindest zeitweise nach der Struktur von Blumenbachs erfolgreichem Handbuch der Naturgeschichte angeordnet waren.[35] In Blumenbachs Werken lässt sich auch verfolgen, wie das Wachsen seiner Sammlungen seine wissenschaftlichen Interessen und Erkenntnisse beeinflusste. So kamen im Jahr 1782 hunderte Objekte, die durch James Cooks (1728-1779) dritte Weltumsegelung aus dem Pazifikraum nach London gelangt waren, in das Göttinger Museum. Es handelte sich jedoch nicht um die von dem Naturforscher Blumenbach erhofften Muscheln, Gesteins- und Pflanzenproben, sondern zumeist um Alltags- und Kunstgegenstände aus den Südseekulturen. In Auseinandersetzung mit diesem wertvollen, aber unerwarteten Material entwickelte Blumenbach neue Konzeptionen zur Verknüpfung von Anthropologie und Naturgeschichte, die schließlich zu den Anfängen der wissenschaftlichen Ethnographie führten.[36] Ein anderes Beispiel für die Wechselwirkung zwischen Sammlung und Forschung bei Blumenbach ist die Revision seines »Systems der Säugetiere«: Ein ehemaliger Student, der US-Amerikaner Philip Tidyman (1776-1850), schickte ihm 1800 aus South Carolina ein lebendes weibliches Opossum. Als es 18 Monate

Pedalharfe mit einfacher Rückung, Jean Henri Naderman, Mechanik: Monogrammist LTA, 1774, Paris, Ahorn, Fichte, Eisen, Stahl, Darmsaiten, 76,6 × 58,9 × 160,2 cm, Musikinstrumentensammlung des Musikwissenschaftlichen Seminars, Göttingen, Inv.-Nr. 383 (ex Slg. Schäffer, ex Slg. Offenbach a. M., ex Slg. Moeck). Foto: Stephan Eckardt.

Elektronische Aufbereitung von Digitalisaten im Projekt »Johann Friedrich Blumenbach – online«. Oben: Historische Bild- und Textseiten. Unten: elektronischer Volltext der Publikation mit TEI/XML-kodierten Zusatzinformationen z. B. zu Textgestalt und -struktur, Textverständnis und mit Hyperlinks zu Zusatzangeboten. Abb.: »Blumenbach – online«.

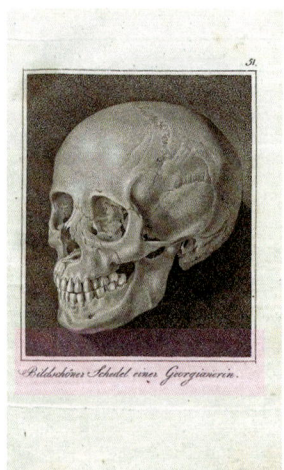

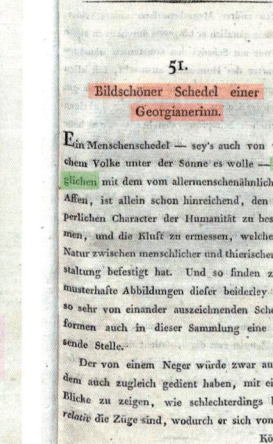

Verknüpfung von Text-Digitalisat, zugehörigem Volltext; ggf. Link zu Sammlungsobjekt
Kennzeichnung einer Überschrift
originale Worttrennung (im elektron. Volltext ggf. ausblendbar)
Personennamen und Verknüpfung mit einer Personen-Datenbank
Information über die Verwendung von Kapitälchen im Originaltext
Original-Fußnote und Verweis auf eine Literaturdatenbank; ggf. Hyperlink zu externer online-Bibliothek

später einging, sezierte Blumenbach das Beuteltier und untersuchte dessen Fortpflanzungsapparat. Seine Beobachtungen publizierte er u. a. 1802 in einem Aufsatz über ein »verbessertes System der Säugetiere«.[37] Forschungsfortschritte wurden hier in erheblichem Maße durch die Möglichkeit induziert, ein exotisches Sammlungsobjekt mit eigenen Augen zu untersuchen und nicht durch die Auswertung fremder Forschungsliteratur.

»JOHANN FRIEDRICH BLUMENBACH – ONLINE« (HEIKO WEBER)

Das Göttinger Editionsprojekt »Johann Friedrich Blumenbach – online«[38] hat u. a. das Ziel, Beispiele für die Interdependenz von Sammlungs- und Forschungsdynamik aufzuzeigen. Es wird die mehr als 1.000 Publikationen Blumenbachs in elektronischer Form zugänglich machen und die darin erwähnten Objekte aus Blumenbachs Sammlungen identifizieren und digital zur Verfügung stellen. Die Quellensituation dafür ist wegen der Kontinuität des universitären Sammelns in

Göttingen besonders günstig: Vieles von dem, was Blumenbach zusammengetragen und untersucht hat, ist – wenn auch zerstreut – bis heute nachweisbar und Bestandteil unterschiedlicher Sammlungen der Universität Göttingen. Auch die Dokumente zu Herkunft und Geschichte der Objekte sind in vielen Fällen noch vorhanden. Die Online-Edition der Schriften und Sammlungsobjekte wird hochauflösende Fotografien, stereoskopische Aufnahmen und 3-D-Animationen der Objekte enthalten. So entsteht eine Textedition mit Bildmaterial in einem Umfang und einer Qualität, die in gedruckten Werkausgaben nicht erreichbar wären.

Zu den Objekten werden Identifikationen, Metadaten, Daten zu Provenienz und Besitzgeschichte geliefert, die auch unabhängig von den Texten nach Herkunftsgebiet, Donatoren, Zeiträumen und naturwissenschaftlichen Klassifikationen durchsuchbar sind. Sie schaffen so einen neuartigen Zugang zu Blumenbachs Gedankenwelt von der Seite der konkreten Sammlungsobjekte her. Durch den Abgleich der von Blumenbach erwähnten Objekte mit dem – entsprechend erschlossenen – übrigen Sammlungsmaterial aus seiner Zeit wird sich auch analysieren lassen, wie Blumenbach das ihm zur Verfügung stehende Material nutzte, welche Auswahl er traf, was er wegließ, was er für auffällig hielt und was er vernachlässigte.

SCHLUSSFOLGERUNGEN

Die Sammlungen der Universität Göttingen fügen sich mit ihrer inhaltlichen Breite zwanglos in das Konzept des *Academischen Museums* aus dem Jahr 1773, das vom Naturalienkabinett ausgehend unter der Leitung Blumenbachs bahnbrechende Analysen der *conditio humana* in ihren verschiedenen Ausprägungen hervorbrachte: Naturwissenschaftliche, geisteswissenschaftliche und medizinische Forschungsvorhaben nutzen diese Sammlungen bis heute, um einerseits nach Grundregeln von biologischer Diversität und Kohärenz der Lebensformen und ihrer äußeren Bedingungen auf der Erde zu suchen; dabei befassen sie sich – weiterhin im Darwin'schen Kontext – bevorzugt mit der (ontogenetischen) Individualentwicklung oder der (phylogenetischen) epochenübergreifenden Stammesentwicklung. Andererseits dienen die kulturwissenschaftlichen Sammlungen dazu, Verschiedenheiten und Gemeinsamkeiten menschlichen Lebens und kulturelle Bedeutungszusammenhänge gerade auch im Wandel der Zeit zu studieren. Hier manifestieren sich auch methodische und theoretische Unterschiede der Disziplinen, die sich seit der Entstehung des Büttner'schen Naturalienkabinetts und des *Academischen Museums* entwickelt haben.[39]

Die ausgewählten Sammlungsbeispiele zeigen eher indirekt, dass am Rande der Forschungsarbeiten – und meist wesentlich für den Forschungserfolg – Bewahrung und Nutzung der Sammlung einen bedeutenden zeitlichen und finanziellen Aufwand bedingen. Im Zentrum aller Universitätssammlungen stehen jedoch spezielle Interessen und wissenschaftliche Neugier der Forscher. Im Unterschied zu früheren Jahrhunderten werden heute immer stärken ethische Überlegungen über Herkunft der Objekte sowie Eigentums- und Persönlichkeitsrechte berücksichtigt, die mit dem Sammeln verbunden sind und verletzt werden könnten. Da gerade in den Naturwissenschaften auf das erfolgreiche Hinzufügen eines Sammlungsstückes meist eine vermeintlich ›deskriptive‹ Forschungstätigkeit folgt und der Wissenschaftsbetrieb hier gegenwärtig durch den häufigen Gebrauch des Schlagwortes »hypothesis-driven experimental research« geprägt ist,[40] mag es naheliegen, diese beiden scheinbar gegensätzlichen Strategien jeweils den eingangs entwickelten Extremen in der »Typologie des Sammelns« – offene Sammlungstätigkeit vs. systematisches Anlegen einer Sammlung – miteinander gleichzusetzen. Bei näherer Betrachtung wird jedoch deutlich, dass beim Sammeln die Hypothese mindestens genauso wichtig ist wie bei einem Experiment: Gerade der Sammler folgt einer Hypothese, indem er sich fragt, was in der Sammlung noch fehlt; dabei wird es durch die kontinuierlich verbesserte Datengrundlage vielfach überhaupt erst möglich, Hypothesen umfassend zu überprüfen. Analog zur Sammelleidenschaft kann beim naturwissenschaftlichen Experiment der Spieltrieb in den Vordergrund treten und eine ausformulierte Hypothese in den Hintergrund drängen. So, wie der tatsächliche epistemische Nutzen einer Sammlung schwer vorhersehbar sein mag, ist auch der Ausgang eines Experimentes zwischen Falsifikation und Verifizierung im Prinzip unvorhersehbar, und nicht für alle Eventualitäten bei einer Justage des experimentellen Systems kann gleich eine Hypothese entwickelt werden; die epistemische Bedeutung liegt selbstverständlich in dieser Unvorhersehbarkeit, das experimentelle System neigt jedoch dazu, in sich geschlossen und damit prinzipiell beschränkt zu sein.[41] Das Experiment birgt sogar die Gefahr eines epistemischen Irrwegs, weil der Erkenntnisgewinn nur das Experiment betrifft, aber nicht den natürlichen Kontext, aus dem das Experiment herausgerissen wurde.[42]

Grundvoraussetzung für forschungsorientiertes Sammeln ist dabei eine kritisch begleitete (Sammel-)Leidenschaft, die nicht zum Selbstzweck verkommt; analog bedarf das Experiment einer Methodologie, die sich nicht in der Optimierung erschöpft und das Experiment damit vollständig in sich abschließt. Forschung über naturwissenschaftliche Sammlungen könnte ermitteln, ob die Forderung nach »hypothesis-driven experiments« überhaupt ein Widerspruch zu (sammlungsorientierter) »deskriptiver« Forschung ist und ob sie nicht das Sammeln ergänzen könnte, so wie sich das »Jagen« und »Sammeln« als menschliche Grundkonstanten von jeher ergänzt haben.[43]

Bei den kulturwissenschaftlichen Sammlungen steht dagegen die Wertschätzung des Objekts als Zeugnis kultureller Hervorbringung und das Bemühen im Vordergrund, die Artefakte in ihrer historischen und gesellschaftlichen Situiertheit zu verstehen und zu interpretieren. Der Zugang zu kulturhistorischen Sammlungen ist deshalb grundsätzlich ein hermeneutischer. Jedoch spielt Kontextualität bei jeder wissenschaftlichen Sammlung eine wichtige Rolle, wie der Vergleich von so unterschiedlicher Sammlungen wie etwa des Universitätsherbars, der geburtshilflichen, der musikinstrumentenkundlichen und der Blumenbachschen Sammlungen zeigt. Dabei muss in vielen Fällen der historische Kontext erst ermittelt werden, und zwar in einer Einheit von Theorie und praktischem Umgang mit den Dingen zu einer bestimmten Zeit und der heutigen epistemischen Bedeutung der Dinge.[44] So unterschiedlich diese Sammlungen sein mögen: hier werden mit einem bestimmten Ziel »Fährten« leidenschaftlich verfolgt, um Sammlungen zu erweitern. Und jede Generation von Forschern trägt neue Fragen an diese ›alten‹ Sammlungen heran, um neue Erkenntnisse zu gewinnen.

ANMERKUNGEN

___ 1 Vgl. Aleida Assmann, Monika Gomille, Gabriele Rippl, Sammler – Bibliophile – Exzentriker, Tübingen 1998; Manfred Sommer, Sammeln – ein philosophischer Versuch, Frankfurt a. M., 1999; Peter Strohschneider, Faszinationskraft der Dinge. Über Sammlung, Forschung und Universität, in: Denkströme. Journal der Sächsischen Akademie der Wissenschaften 8, 2012, S. 9-26.

___ 2 Vgl. Wissenschaftsrat Drucksache 10464-11, Empfehlung zu wissenschaftlichen Sammlungen als Forschungsinfrastrukturen. Berlin, 2011, http://www.wissenschaftsrat.de/download/archiv/10464-11.pdf, aufgerufen am 23.2.2012.

___ 3 Vgl. Marian Füssel, Die Universität der Dinge. Zur universitätshistorischen Verortung des Sammlungswesens (in diesem Band).

___ 4 Vgl. Dominik Collet, Wissenspraktiken im Akademischen Museum (in diesem Band).

___ 5 Vgl. Sommer (Anm. 1).

___ 6 Vgl. Justin Stagl, Homo Collector: Zur Anthropologie und Soziologie des Sammelns, in: Assmann (Anm. 1), S. 37-54; Alois Hahn, Soziologie des Sammlers, in: ders. (Hg.), Konstruktionen des Selbst, der Welt und der Geschichte. Aufsätze zur Kultursoziologie, Frankfurt a. M. 2000, S. 440-462.

___ 7 Vgl. Robert L. Kelly, The foraging spectrum. Diversity in hunter-gatherer lifeways, Washington 1995.

___ 8 Die Verwendung des grammatikalischen Geschlechtes bei den Typus-Bezeichnungen ›Jäger‹ und ›Sammler‹ ist der Lesbarkeit geschuldet und beschränkt sich auf den philosophischen Versuch (vgl. Sommer [Anm. 1]). Bei diesen Typusbezeichnungen sind also – anders als in frühen Kulturen, die man wegen der geschlechtsspezifischen Rollenverteilung auch als Kulturen von Jägern und Sammlerinnen bezeichnen kann (s. jedoch Kelly [Anm. 7], S. 261 ff.; Sommer [Anm. 1], S. 91) – auch ausdrücklich Frauen als wissenschaftliche Akteure gemeint.

___ 9 Vgl. Stagl (Anm. 6), S. 38.

___ 10 Vgl. Kelly (Anm. 7).

___ 11 Vgl. Strohschneider (Anm. 1), S. 8.

___ 12 Vgl. Krzysztof Pomian, Der Ursprung des Museums. Vom Sammeln, Berlin 1998, S. 46 ff.

___ 13 Vgl. Strohschneider (Anm. 1), S. 7.

___ 14 Vgl. Gerd-Josef Bötte u. a., Der Historische Bibliothekssaal in der Paulinerkirche, in: »Ganz für das Studium angelegt«: Die Sammlungen, Museen und Gärten der Universität Göttingen, hg. von Dietrich Hoffmann, Kathrin Maack-Rheinländer, Göttingen 2001, S. 32-48, hier S. 36 f.

___ 15 Vgl. Christiane Kind-Doerne, Die Niedersächsische Staats- und Universitätsbibliothek Göttingen, Wiesbaden 1986.

___ 16 Vgl. Christine Nawa, Zum »öffentlichen Gebrauche« bestimmt: Das Academische Museum Göttingen, in: Göttinger Jahrbuch 58, 2010, S. 23-62; Füssel (Anm. 3).

___ 17 Vgl. die Website http://www.uni-goettingen.de/de/herbarium-goet/157034.html, abgerufen am 7.2.2012.

___ 18 Jörn Hentschel, Matt von Konrat, Tamás Pócs u. a., Molecular insights into the phylogeny and subgeneric classification of Frullania Raddi (Frullaniaceae, Porellales), in: Molecular Phylogenetics and Evolution 52, 2009, S. 142-156.

___ 19 Vgl. Elvira Hörandl, Johann Greilhuber, Katja Klimova u. a., Reticulate evolution and taxonomic concepts in the Ranunculus auricomus complex (Ranunculaceae): insights from morphological, karyological and molecular data, in: Taxon 58, 2009, S. 1194-1215.

___ 20 Vgl. Elvira Hörandl, A combinational theory for maintenance of sex, in: Heredity 103, 2009, S. 445-457. Daniel Grimanelli, Epigenetic regulation of reproductive development and the emergence of apomixis in angiosperms, in: Current Opinion in Plant Biology 15, 2012, S. 57-62.

___ 21 Vgl. Mike Reich, Joachim Reitner, Vanessa Julie Roden, Tanja Stegemann, The Geoscientific Collections of the Göttingen University, Göttingen, Geowissenschaftliches Museum, 2009.

___ 22 Vgl. Erich Blechschmidt, Rekonstruktionsverfahren mit Verwendung von Kunststoffen. Ein Verfahren zur Ermittlung und Demonstration von Entwicklungsbewegungen, in: Zeitschrift für Anatomie und Entwicklungsgeschichte 118, 1954, S. 170-174.

___ 23 Vgl. Daniel Graepler u. a., Was die Dinge lehren (in diesem Band).

__ **24** Vgl. Janet Kerwin, Yiya Yang, Paloma Merchan, u.a., The HUDSEN Atlas: a three-dimensional (3D) spatial framework for studying gene expression in the developing human brain, in: Journal of Anatomie 217, 2010, S. 289-299.

__ **25** Vgl. Beate Brand-Saberi, Edgar Wingender, Otto Rienhoff, Christoph Viebahn, Presenting Human Embryology in an International Open-Access Reference Centre (HERC), in: S. Yamada, T. Takakuwa, The human embryo. InTech Online book 2012, http://www.intechopen.com/books/the-human-embryo/presenting-human-embryology-in-an-international-open-access-reference-centre-herc-.pdf, aufgerufen am 2.3.2012.

__ **26** Vgl. Jürgen Schlumbohm, Claudia Wiesemann (Hg.), Die Entstehung der Geburtsklinik in Deutschland 1751-1850, Göttingen 2001.

__ **27** Johann Bernhard Basedow, Des Elemantarwerks Erster – Vierter Band. Ein geordneter Vorrath aller nöthigen Erkenntniß. Zum Unterrichte der Jugend, von Anfang, bis ins academische Alter, zur Belehrung der Eltern, Schullehrer und Hofmeister, zum Nutzen eines jeden Lesers, die Erkenntniß zu vervollkommnen. In Verbindung mit einer Sammlung von Kupferstichen, und mit französischer und lateinischer Übersetzung des Werks. Mit Chursächsischem gnädigsten Privilegio. Dessau, 1774. Bey C. L. Crusius in Leipzig, auch bey dem Verfasser und seinen Freunden. Johann Bernhard Basedow. Illustrationen von Daniel Chodowiecki, Johann David Schleunen und Schuster, 1774.

__ **28** Ebd.

__ **29** Vgl. Wolfgang Wangerin (Hg.), Der rote Wunderschirm. Kinderbücher der Sammlung Seifert von der Frühaufklärung bis zum Nationalsozialismus, Göttingen 2011.

__ **30** Vgl. http://www.unesco.org/culture/ich/RL/00063, aufgerufen am 4.3.2012.

__ **31** Vgl. Brigitta Hauser-Schäublin (Hg.), World Heritag. Angkor and Beyond. Circumstances and Implications of UNESCO Listings in Cambodia (Goettingen Studies in Cultural Property, Bd. 2), Göttingen 2011.

__ **32** Vgl. Klaus-Peter Brenner, Chipendani und Mbira. Musikinstrumente, nicht-begriffliche Mathematik und die Evolution der harmonischen Progressionen in der Musik der Shona in Zimbabwe (= Abhandlungen der Akademie der Wissenschaften in Göttingen, Philologisch-Historische Klasse, Dritte Folge, Bd. 221), Göttingen 1997.

__ **33** Anknüpfend an diese Forschungen findet im Rahmen des 15. Internationalen Kongresses der Gesellschaft für Musikforschung (Göttingen, 4.-8. September 2012) unter dem Titel *Mbira Music | Musics. Structures and Processes* ein eintägiges internationales Symposium statt.

__ **34** Vgl. Klaus-Peter Brenner, Die Naderman-Harfe in der Musikinstrumentensammlung der Universität Göttingen. Ein französisches Instrument des 18. Jahrhunderts als Maschine, Skulptur, Möbel, Prestigefetisch, Ware und Klangwerkzeug. Im Auftrag der Herausgeber sowie unter Verwendung des Restaurierungsberichtes und der Photodokumentation von Sabina Kerkhoff (= Orbis musicarum, hg. von Rudolf M. Brandl, Bd. 14, hg. von Martin Staehelin), Göttingen 1998.

__ **35** Vgl. Johann Stephan Pütter, Versuch einer academischen Gelehrtengeschichte der Georg-Augustus-Universtät zu Göttingen. Zweyter Theil, Göttingen 1788, S. 233.

__ **36** Vgl. Thomas Nutz, »Varietäten des Menschengeschlechts«. Die Wissenschaft vom Menschen in der Zeit der Aufklärung, Köln, Weimar, Wien 2005, S. 278ff.

__ **37** Johann Friedrich Blumenbach, Verbessertes System der Säugethiere, in: Magazin für den neuesten Zustand der Naturkunde, mit Rücksicht auf die dazu gehörigen Hülfswissenschaften 3, 4. Stück, 1802, S. 678-682; vgl. Blumenbachs Brief an Tidyman vom 10.4.1803 in: Frank William Peter Dougherty, Commercium epistolicum J. F. Blumenbachii. Aus einem Briefwechsel des klassischen Zeitalters der Naturgeschichte, Göttingen 1984, S. 181f.

__ **38** Vgl. die Website http://www.blumenbach-online.de, abgerufen am 8.3.2012.

__ **39** Vgl. Collet (Anm. 4).

__ **40** Vgl. Douglas B. Kell, Stephen G. Oliver, Here is the evidence, now what is the hypothesis? The complementary roles of inductive and hypothesis-driven science in the postgenomic era, in: BioEssays 26, 2004, S. 99-105.

__ **41** Vgl. Hans-Jörg Rheinberger, Experimentalsysteme und epistemische Dinge. Eine Geschichte der Proteinsynthese im Reagenzglas, Göttingen 2002.

__ **42** Vgl. Rheinberger (Anm. 41).

__ **43** Vgl. Stagl (Anm. 6), S. 38.

__ **44** Vgl. Olaf Breidbach, Peter Heering, Matthias Müller, Heiko Weber (Hg.), Experimentelle Wissenschaftsgeschichte, München 2010.

Anne-Katrin Sors mit Beiträgen von Bettina Achsel, Thomas Fuchs,
Daniel Graepler, Mike Reich, Jorun Ruppel, Michael Schwerdtfeger,
Gert Tröster, Susanne Ude-Koeller, Carsten Wortmann

HINTER DEN KULISSEN
Erhaltung – Probleme und Lösungen

Behind the Scenes: Preservation – Problems and Solutions. The university collections contain astonishing treasures that do not always receive the conservatory attention they deserve. Often, this is due to the lack of personel and financial resources. One of the biggest problems is inadequate storage. Proper safekeeping should attempt to reduce decomposition as much as possible or, ideally, completely halt further decay. In addition, every restoration represents an interference with the object's history, which should be avoided. This article discusses historical as well as current difficulties of preservation occurring in different collections, which have resulted in the collections' various states of preservation. Some of these collections include objects so damaged that they cannot be saved or, at least, can no longer be used for research or teaching, much less be publicly exhibited. Other objects could still be saved but are already in an alarming condition and urgently need conservation and restoration. The article concludes with examples of successful restorations, offering a positive perspective for the future of the preservation of the university collections.

Nahezu alle deutschen Universitäten besitzen wissenschaftliche Sammlungen und Museen unterschiedlicher Fachrichtungen. Ihre Rolle ist vielfältig: Sie bilden eine Basis für Forschung und Lehre und dienen oftmals als Vermittler von Wissenschaft für eine breitere Öffentlichkeit – vor allem können und sollten sie seit dem vereinheitlichenden Bologna-Prozess Hort wissenschaftlicher und kultureller Identität der jeweiligen Universität sein.[1] In Universitätssammlungen finden sich die erstaunlichsten Kuriositäten und Schätze, eine adäquate Aufbewahrung ist jedoch oft durch die knappen personellen und materiellen Ressourcen nicht gegeben. In manchen Fällen fristen Sammlungen ein kümmerliches Dasein und können kaum in angemessener Weise erhalten und entsprechend aufgearbeitet werden.[2] Allerdings ist zu bedenken, dass sich auch die Möglichkeiten zur Konservierung/Restaurierung solcher Sammlungen erst in den vergangenen Jahren wesentlich verbessert haben.

Im Folgenden werden historische und aktuelle Problematiken der Erhaltung und der räumlichen, personellen sowie finanziellen Situation dargelegt. Es werden Objekte und Situationen aus verschiedenen Sammlungen vorgestellt, die unterschiedliche Stadien der Erhaltung von Sammlungen und Objekten vor Augen führen. In manchen Fällen werden restauratorische Lösungen vorgeschlagen, oder sie wurden bereits angewendet. Jedoch bedeutet jede Restaurierung einen Eingriff in die historische Substanz, der im Idealfall im Vorfeld vermieden werden sollte. Außerdem altern Objekt- und Restaurierungsmaterialien auf verschiedene Weise, so dass es zu erneuten Eingriffen kommen muss.

Die geschilderten Fallbeispiele beginnen mit Objekten, die kaum mehr zu retten bzw. bereits so zerstört sind, dass sie weder ausgestellt noch für Forschung und Lehre genutzt werden können. Im Anschluss werden recht bedenkliche Zustände von Objekten und Objektgruppen erläutert, die dringend konservatorischrestauratorische Maßnahmen benötigen, jedoch noch zu retten sind. Zum Schluss bieten einige Fälle erfolgreich durchgeführter Restaurierungen einen positiven Blick in die Zukunft.

DAS FETTSÄUREZERFRESSENE BEUTELTEUFELFELL (GERT TRÖSTER, CARSTEN WORTMANN)

Das Zoologische Museum erhielt vor mehr als 30 Jahren das Fell eines Beutelteufels (*Sarcophilus harrisii*) als Geschenk von der Universität Heidelberg. Das Fell stammt von einem Zootier. Über den Zustand des Fells bei der Übergabe gibt es keine Unterlagen. In den vergangenen Jahren wurde es bei einer Revision der Tiefkühltruhen des Museums entdeckt. Zur Klärung seines Zustandes wurde es aufgetaut. Es stellte sich heraus, dass das Fell nicht gegerbt war und als einzige Konservierungsmaßnahme das Einstreuen von Salz vorgenommen worden war. Das Fett in der Haut war ranzig, Fettsäuren hatten sich gebildet und das Gewebe war teilweise zerstört. Eine sofort durchgeführte Notgerbung hatte nur mäßigen Erfolg. Zwar konnte die weitere Zerstörung der Haut weitgehend gestoppt werden, jedoch stellte sich nach der Gerbung heraus, dass das Hautgewebe schon so stark angegriffen war, dass an eine Weiterverwendung des Fells nicht zu denken war. Jede weitere Beanspruchung würde es vollends zerstören.

»RETTEN, WAS NOCH ZU RETTEN IST« – VON BERNSTEIN UND KNOCHEN (MIKE REICH)

Chinesische Buddha-Figur (spätes 18. Jh.) aus wahrscheinlich burmesischem Bernstein mit deutlich sichtbarer Craquelé-Struktur, Geowissenschaftliches Museum, Göttingen. Foto: Geowissenschaftliches Museum.

Wer kennt das nicht, die Bernsteinkette der Großmutter – ein Erbstück – ist rissig, stark nachgedunkelt und damit völlig unansehnlich geworden. Kaum noch etwas erinnert an das strahlend helle »Gold der Ostsee«, wie der ca. 45 Millionen Jahre alte Baltische Bernstein (*Succinit*) auch genannt wird. Bereits seit vorgeschichtlichen Zeiten wird Bernstein zur Herstellung von Schmuck, Amuletten und Kunstgegenständen genutzt. Jedoch geht die Zeit nicht völlig spurlos an diesem fossilen Baumharz vorüber. Die meisten Bernsteinarten verwittern – dabei dunkeln zuerst die äußeren Schichten nach und nehmen eine tiefrote Farbe an. Für diese Verfärbung wird die Oxidation aromatischer Verbindungen (z. B. *p*-Kresol, C_7H_9O) verantwortlich gemacht. Auch versprödet der Bernstein und bildet, bedingt durch Volumenschwund und auftretende Spannungen, eine craquelierte Oberflächenstruktur aus, in deren Folge das gesamte Stück zerfallen kann.

Gut erhaltenes (oben) sowie beschädigtes (unten) mikroskopisches Inklusenpräparat aus der ehemaligen Königsberger Bernsteinsammlung (Baltischer Bernstein; GZG.BST). Bei Letzterem fortschreitende Zerstörung aufgrund der zerbrochenen Glasabdeckung. Geowissenschaftliches Museum, Göttingen. Foto: Geowissenschaftliches Museum.

Unzweifelhaft sind Alterungs- und Zerfallserscheinungen von Bernstein auf solche Entgasungs- und Oxidationsprozesse und Lichteinwirkungen zurückzuführen. Die craquelierten und damit offenen Oberflächen müssen somit geschlossen werden, um das Sublimieren der Weichmacher zu verlangsamen und den »Angriff« der atmosphärischen Reagenzien zu reduzieren. Bis heute sind keine Methoden bekannt, mit denen dieser Alterungsprozess völlig unterbunden werden könnte. Alle notwendigen Konservierungsmethoden dienen mithin dem Zweck, den Verwitterungsprozess (Oxidation) zu verlangsamen.

In den Sammlungen des Geowissenschaftlichen Zentrums der Universität Göttingen werden seit 1958 für die Stiftung Preußischer Kulturbesitz Teile der ehemals größten, mehr als 100.000 Stücke umfassenden Bernsteinsammlung des Geologisch-Paläontologischen Instituts der Albertus-Universität Königsberg i. Pr. treuhänderisch aufbewahrt und verwaltet. Diese wurden im Herbst 1944, nach Verhandlungen zwischen den Kuratoren der beiden Partneruniversitäten, in die Obhut der Georgia Augusta gegeben. Heute besteht die Sammlung aus annähernd 20.000 Einzelstücken: darunter mehr als 14.200 Inklusen (Einschlüsse fossiler Tiere und Pflanzen), 2.500 Rohbernsteine (Varietäten und Naturformen) sowie ca. 1.300 ur- und frühgeschichtliche, kunstgeschichtliche und neuzeitliche Bernsteinobjekte. Diese haben leider, vor allem durch unsachgemäße Aufbewahrung wie auch mangelnde Kenntnisse hinsichtlich Konservierung und Restaurierung, im letzten halben Jahrhundert stark gelitten.

Einige Teile der geretteten Bernsteine müssen leider als unwiederbringlich zerstört gelten. In einem vom Niedersächsischen Ministerium für Wissenschaft und Kultur zwischen 2003 und 2004 geförderten Projekt wurden Konservierungsvorschläge für die Königsberger Bernsteinsammlung erarbeitet, die jedoch aufgrund fehlender finanzieller Mittel bisher nur zu einem geringen Teil umgesetzt werden konnten. Auch im Rahmen eines im Juni 2008 eingeführten Patenschaftsprogramms konnten bisher nur einige wenige Objekte konserviert werden. Als reversible konservatorische Behandlung sollten die Bernstein-Gegenstände (ur- und frühgeschichtliche Artefakte, kunsthistorische und neuzeitliche Objekte sowie die Varietäten und Naturformen des Baltischen Bernsteins) dünn mit Klucel G (Hydroxypropylcellulose in wässriger Lösung, ein Derivat der Cellulose) überzogen werden. Für die Bernsteininklusen kann (nach dem erneuten Schleifen und Polieren) ein Eingießen der Stücke in Kanadabalsam (das transparent austrocknende Baumharz der kanadischen Balsamtanne), nebst Einschweißen (²/₃)-Vakuum) in UV-undurchlässiger Plastikfolie, Abhilfe schaffen. Alle Sammlungsobjekte müssen zudem in Räumlichkeiten oder Schränken mit konstanter Temperatur (18-22°C) und einer Luftfeuchtigkeit zwischen 50 und 60 % aufbewahrt werden. Vergleichbare Bedingungen sind auch für fossiles Knochenmaterial unabdingbar, da dieses anderenfalls bei zu trockener Aufbewahrung und fehlender Konservierung (Lacktränkung und Stabilisierung sowie Oberflächenversiegelung) zu »Staub zerfällt«.

KONSERVIERUNGSPROBLEME IM MÜNZKABINETT (DANIEL GRAEPLER)

Das Münzkabinett der Universität Göttingen verfügt über einen spezifischen Sammlungsbestand, dessen wissenschaftsgeschichtliche Bedeutung lange nicht erkannt wurde: eine Kollektion von über 1.000 Abgüssen antiker Münzen, die von dem französischen Numismatiker Théodore Edme Mionnet (1770-1842) um 1800 ediert wurde. Hergestellt wurden sie aus flüssigem Schwefel, gemischt mit Graphitpulver, um den Abgüssen ein silbrig-graues, metallähnliches Erscheinungsbild zu verleihen. Die Edition, die einen systematischen Überblick über die bedeutendsten Münztypen vor allem der griechischen Welt gab, war von einem

A

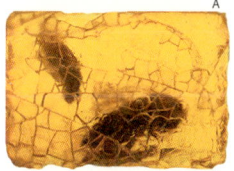

B

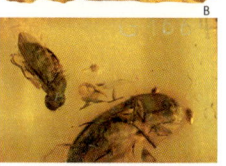

C

D

(A) Aufgrund langjähriger unzureichender Aufbewahrung und fehlender konservatorischer Behandlung unbrauchbar gewordenes Bernsteininklusen-Präparat mit großflächig zerstörter Oberfläche.

(B-C) Tierischer Bernsteineinschluss mit versprödeter Oberfläche (Craquelé-Struktur; B) sowie nach konservatorischer Behandlung (Neu-Schleifen und Polieren des Stückes; C) [alle ehemalige Königsberger Bernsteinsammlung; Baltischer Bernstein; GZG.BST].

(D) Stark beschädigtes Ende eines halb zerfallenen eiszeitlichen Mammut-Stoßzahns als Beispiel für unsachgemäße Aufbewahrung [GZG.V]. Geowissenschaftliches Museum, Göttingen. Foto: Geowissenschaftliches Museum.

kurzen gedruckten Verzeichnis begleitet.[3] Auch Goethe erwarb gleich nach Erscheinen ein Exemplar dieser Edition für seine Sammlung. Der Altertumswissenschaftler Karl Otfried Müller (1797-1840), der seit 1837 neben der Göttinger Sammlung der Gipsabgüsse auch das Münzkabinett der Universität beaufsichtigte, ließ für die »Mionnet'schen Pasten« einen Holzschrank mit Schubladen anfertigen, die er eigenhändig beschriftete. Dieser Schrank hat sich bis heute erhalten, allerdings ohne Inhalt. Die Abgüsse wurden nämlich zu einem unbekannten Zeitpunkt (vermutlich nach dem Zweiten Weltkrieg) achtlos aus den Schubladen in eine Kiste geschüttet. Dabei zerbrachen die meisten von ihnen in z. T. mikroskopisch kleine Fragmente. In diesem Zustand wurden sie vom damaligen Kustos PD Dr. Christian Boehringer vor etwa 20 Jahren wiederentdeckt und provisorisch gesichert und geordnet. Seit einigen Jahren haben verschiedene Praktikanten und Hilfskräfte des Archäologischen Instituts bereits wertvolle Beiträge zur Ordnung und Wiederzusammenfügung der Fragmente geleistet. Die Universität Frankfurt a. M. bereitet zur Zeit ein Forschungsprojekt zu Mionnet und seiner Abguss-Edition vor, in dessen Rahmen auch die Göttinger Bestände systematisch erforscht und restauriert werden sollen.

EMPFINDLICHES WACHS – DIE MOULAGENSAMMLUNG
(THOMAS FUCHS, SUSANNE UDE-KOELLER)

Moulagen sind in Größe, Form und Farbe detailgetreue Wachsabformungen krankhaft veränderter Körperregionen und Hautpartien, die in der ersten Hälfte des 20. Jahrhunderts vorrangig als medizinische Lehr- und Studienmittel eingesetzt wurden.[4] Naturgetreu modelliert und realistisch eingefärbt, wirkten die dreidimensionalen Nachbildungen vor allem durch ihre Plastizität und vermittelten einen in ihrer Wirkung unvergleichlichen Eindruck von den erkrankten Körperteilen. Vor allem in Zürich,[5] aber auch an deutschen Universitäten ist der wegen ihrer Realitätsnähe unerreicht hohe didaktische Wert der Wachsmodelle für den medizinischen Unterricht wieder erkannt und ihre Wiedereinführung in die studentische Lehre und Prüfung diskutiert worden. Auch die 80 Objekte umfassende Göttinger Moulagensammlung wird inzwischen wieder zunehmend in der Lehre benutzt. Denn auch mit der digitalen Fotografie gelingen zumindest bislang keine dreidimensionalen wirklichkeitsnahen (»an der Praxis ausgerichteten«) Darstellungen von zumindest in Europa selten gewordenen Hautkrankheiten. Die 2007 im Städtischen Museum erstmals öffentlich gezeigte Moulagensammlung der Abteilung Ethik und Geschichte der Medizin ist seit 2010 in einer neu konzipierten Dauerausstellung in der Abteilung Ethik und Geschichte der Medizin zu sehen.[6] Dem dadurch möglichen innovativen Methodenansatz, moderne Lehre mit historischen Objekten durchzuführen, steht allerdings die Tatsache gegenüber, dass Moulagen alterungsbedingt ihre ursprüngliche, naturgetreue Farbgebung verlieren und darüber hinaus fragile Objekte sind, die auf unsachgemäße Lagerung und Licht- und Temperaturschwankungen empfindlich reagieren.

Auf der größtmöglichen Detailtreue der Hautfarbe und des Befundes auch in Nuancen basierend,

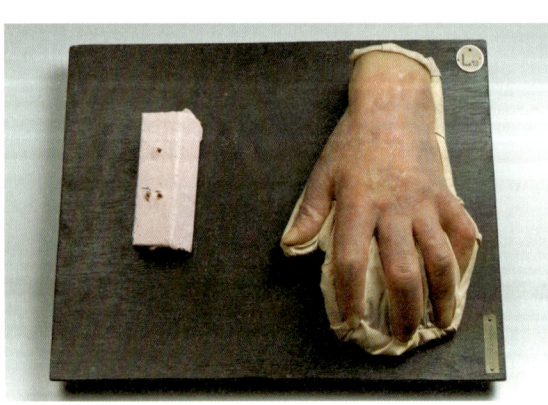

Moulage L 13 Leukämie der Hände mit Carcinom auf Leukämie, Wachs, 36 × 28 × 8 cm. Die Moulage der zweiten Hand ist zerstört. Medizinhistorische Sammlungen der Abteilung Ethik und Geschichte der Medizin (Moulagensammlung), Göttingen, Inv.-Nr. L 13 (45). Foto: Stephan Eckardt.

laufen Moulagen Gefahr, ihr gerade erneut unter Beweis gestelltes didaktisches Potential zu verlieren. Rechtzeitige Konservierungs- und Restaurierungsmaßnahmen sind daher dringend geboten.[7] Dies gilt umso mehr, als die Moulagen in der Dauerausstellung ausführlich in ihren sozial- und medizinhistorischen Kontext eingebettet sind und somit einen objektbasierten, fächerübergreifenden interdisziplinären Ansatz in der modularen Lehre ermöglichen.

ZARTE PFLÄNZCHEN – LEBENDSAMMLUNGEN IN BOTANISCHEN GÄRTEN (MICHAEL SCHWERDTFEGER)

Sammlungen lebender Pflanzen oder Tiere unterscheiden sich grundsätzlich von Sammlungen von Münzen, Kunstwerken, Büchern, Herbarbelegen oder Tierpräparaten. Während Letztere statisch sind und man durch geeignete Lagerungsbedingungen bemüht sein muss, jede Veränderung zu verhindern, gibt es bei lebenden Pflanzen keine Stagnation. Ihr Erhalt erfordert regelmäßige Betreuung und äußert sich in Gedeihen, Entwicklung und Vermehrung; das Ausbleiben von Entwicklung führt zu Kränkeln und Absterben. Pflege und Erhalt, Betreuung und Vermehrung von Pflanzen bedeutet den kontinuierlichen Kampf gegen ihren Verlust.[8] Im Vergleich zu Sammlungen unbelebter Objekte sind Lebendsammlungen ungleich personalintensiver. Große botanische Gärten haben i. d. R. zwischen 10.000 und 20.000 Pflanzenarten in Kultur, zu ihrer Pflege sind oft 20-30 (teilweise bis zu 80) Gärtnerinnen und Gärtner tätig. Die Gartenleitung hat in Gärtnermeistern und Reviergärtnern kompetente Ansprechpartner; die qualifizierten Gärtner werden unterstützt durch Auszubildende, Praktikanten sowie durch Gartenarbeiter, die für einen ordentlichen Zustand der Anlage und der Infrastruktur sorgen.

Viel extremer als in anderen Sammlungen gilt in botanischen Gärten: Die Leitung entwickelt wissenschaftliche Forschungsprojekte und didaktische Konzepte; deren Erfolg steht und fällt jedoch mit der technischen Betreuung durch qualifiziertes gärtnerisches Personal. Im 19. Jahrhundert unterhielt der »Königlich Botanische Garten« Göttingen fruchtbare Beziehungen zu den Wendlands in Hannover-Herrenhausen und über das hannoversche Königshaus zu Kew Gardens und verfügte dadurch über einzigartig kostbare Bestände. Hieran konnte ab 1901 der Gartenmeister – nicht Botaniker – Carl Bonstedt (1866-1953) anknüpfen, der mit Sachverstand und Enthusiasmus zur Erweiterung des Gartens und seiner andauernden »Medienpräsenz« beitrug und mit der Herausgabe der Enzyklopädie »Pareys Blumengärtnerei« (1931) ein Nachschlagewerk veröffentlichte, das jahrzehntelang (2. Auflage 1964) Standardwerk botanischer Gärten war. Der Zustand der Kulturen im Göttinger Botanischen Garten zur Zeit des Jugendstils wurde von Bonstedt auf hunderten charmanter Fotoplatten dokumentiert, sie sind bis heute erhalten. Von diesem Kulturzustand der Orchideen, fleischfressenden Pflanzen, Farne und anderer Spezialkulturen der Ära Bonstedt ist der botanische Garten heute, hundert Jahre später, weit entfernt. Massiver universitätsweiter Personalabbau machte in der Vergangenheit auch vor dem Botanischen Garten nicht

Kalthausgärtner Jörg Siegel bei der Schädlingskontrolle und Pflege eines sehr alten Ölbaumes (*Olea europaea* L.) im Überwinterungshaus (Orangerie) des Alten Botanischen Gartens, Göttingen. Bei Sammlungen mit lebenden Pflanzen ist tägliche Kontrolle und Pflege durch spezialisierte Gärtner unerlässlich. Foto: Gabriele G. Weis.

Halt; qualifizierte Gärtnermeister gibt es – wohl einzig innerhalb botanischer Gärten – im Botanischen Garten der Universität Göttingen nicht mehr, und eine viel zu kleine Zahl von Gärtnerinnen und Gärtnern arbeitet seit Jahren jenseits der Belastungsgrenze. Eine im Laufe der letzten fünf Jahre durchgeführte vollständige Aufnahme des Artenbestandes hat erwiesen, dass der Reichtum der Göttinger Sammlung immer noch mit ca. 20.000 Akzessionen unter hundert deutschen botanischen Gärten allein vom Botanischen Garten und Botanischen Museum Berlin-Dahlem (mit einem Achtfachen an Personal!) übertroffen wird; zeitgleich beginnt jedoch der Abbau der Sammlungen, da Verluste unwiederbringlicher Pflanzen aufgrund technischer, besonders aber aus personeller Unzulänglichkeiten nicht länger aufzuhalten sind. Viele botanische Gärten haben unter dem Druck der Personaleinsparungen Sammlungen reduziert oder aufgegeben, und häufig zeigt sich, dass die Bestände in botanischen Gärten in vergangenen Jahrzehnten reicher und qualitativ interessanter waren und heute viele Arten nicht mehr in Menschenobhut existieren. Besonders bei tropischen Pflanzen wird jedoch in naher Zukunft in vielen Fällen evident werden, dass die Arten auch *in situ* nicht mehr aufzufinden sind, da die natürlichen Standorte längst vollständig zerstört sind und daher der Erhaltung *ex situ* größte Bedeutung zukommt. Es ist abzusehen, dass vor dem Hintergrund der Umsetzung des Ex-situ-Gedankens der Convention on Biological Diversity (Rio 1992) in Zukunft Bedarf an ›Kompetenzzentren‹ für die Kultur, Erhaltung und Vermehrung der diversesten Pflanzengruppen entstehen wird, und es ist zu hoffen, dass botanische Gärten dann an ihre über Jahrhunderte gewachsene Tradition und Expertise anknüpfen können.

SCHIMMELIGE DAKTYLIOTHEKEN UND IHRE RETTUNG
(DANIEL GRAEPLER, JORUN RUPPEL)

Die Sammlung der Gipsabgüsse der Universität Göttingen verfügt über einen ungewöhnlich großen Bestand an sogenannten Daktyliotheken. Es handelt sich dabei um z. T. sehr umfangreiche Sammlungen von Abdrücken antiker und neuzeitlicher Gemmenbilder in verschiedenen Materialien, besonders Schwefel und Gips. Im 18. Jahrhundert waren Daktyliotheken eines der wichtigsten Medien der Antikenrezeption. Seit der Mitte des 19. Jahrhunderts verloren sie rasch an Bedeutung und gerieten schließlich weitgehend in Vergessenheit. Dieser Wandel spiegelt sich auch in der unterschiedlichen Aufmerksamkeit, die ihnen in Göttingen seitens der verantwortlichen Sammlungsleiter und -betreuer gewidmet wurde: Standen sie zunächst im Mittelpunkt von Lehre und Forschung, so wurden sie in späterer Zeit so vernachlässigt, dass sie z. T. erheblichen Schaden nahmen. So wanderten zwei umfangreiche Komplexe von Abdrücken nach Gemmen des Florentiner Museums bzw. der Berliner Museen im 20. Jahrhundert in die Kellermagazine des Archäologischen Instituts und erlitten dort zu einem unbekannten Zeitpunkt einen schweren Wasserschaden. Dieser hatte zur Folge, dass sich die Papierrähmchen, mittels derer die Abdrücke in ihren Holzschubladen fixiert waren, öffneten. Sowohl die Abdrücke als auch das Trägerpapier begannen zu schimmeln, begünstigt durch den tierischen Leim, mit dem die Papierrähmchen aufgeklebt worden waren. Der Staub, dem die Abdrücke schon zuvor schutzlos ausgesetzt gewesen waren, bildete einen zusätzlichen Nährboden für die Schimmelentwicklung. In diesem desolaten Zustand befanden sich die besagten Daktyliotheken bis zum Jahre 2006, als im Rahmen eines umfassenden Forschungs- und Ausstellungsprojekts in Kooperation mit der Universität Augsburg der gesamte Göttinger Bestand systematisch aufgenommen, restauriert und publiziert wurde.[9] Zunächst wurden lose Staubauflagerungen mit Pinsel und Staubsauger entfernt und die Oberflächen je nach Material mit Groom Stick (modifizierter Naturkautschuk) oder mit Lösungsmitteln gereinigt. Der Schimmelbefall wurde mit verdünntem Wasserstoffperoxid bzw. mit 70-prozentigem Alkohol beseitigt. Anschließend erfolgte eine Neuverklebung der Papierrähmchen mit Paraloid B 72. Für weitere Konservierungsexperimente wurde eine Auswahl von besonders schwer befallenen Exemplaren zurückbehalten. Sie sollen demnächst versuchsweise einer Behandlung mit Gammastrahlen unterzogen werden, um Möglichkeiten der Schimmelabtötung ohne den Einsatz von Flüssigkeiten zu erproben.

NEUPRÄPARATION EINES ARAKANGA ODER HELLROTER ARA (*ARA MACAO* L.) (GERT TRÖSTER, CARSTEN WORTMANN)

In der Zoologischen Sammlung sind (durch die vorhandene Präparatorenstelle) bereits einige Aktionen zur Erhaltung der Bestände bzw. Aufarbeitung von Neuzugängen geglückt, von denen im Folgenden zwei spannende Fälle geschildert werden.

Tierpräparate sind Kulturgüter und spiegeln die Sichtweise ihrer Epoche auf die Tierwelt wider. Während der Präparator heute versucht, Tiere möglichst vollkommen naturgetreu zu präparieren, wurden sie früher gerne in möglichst dramatischer Pose dargestellt. Dadurch sollte z. B. ihre Gefährlichkeit oder ihre Schönheit besonders hervorgehoben werden. Ein altes Tierpräparat ist grundsätzlich als historisches Zeugnis zu bewerten, und die Umarbeitung oder Neupräparation ist deshalb kritisch zu sehen. Neben den erwähnten Eigenschaften gehen auch wertvolle Informationen über die bei der Präparation verwendeten Materialien oder angewendeten Arbeitstechniken unwiederbringlich verloren. Der präparierte Arakanga (*Ara macao* L.) erreichte das Zoologische Museum in einem recht erbärmlichen Zustand. Das Gefieder war stark verstaubt, die ursprünglich leuchtenden roten und blauen Farben waren stumpf unter einem Grauschleier verborgen. Die Körperhaltung des Vogels entsprach in keinster Weise dem lebenden Vorbild. Der Hals war unnatürlich verbogen und die Flügel ungleichmäßig an der falschen Position am Körper montiert. Alter, Herkunft und Hersteller des Präparates sind unbekannt. Aufgrund dieser fehlenden Daten und der schlechten Darstellung des Vogels wurde beschlossen, den Arakanga neu zu präparieren und in ein ansehnliches Schaustück für das Zoologische Museum zu verwandeln. Zur Neupräparation musste das Präparat zunächst in seinen ›Rohzustand‹ zurückversetzt werden. Dazu wurde es von seinem Podest genommen und alle sichtbaren

Eine Lade aus der Daktyliothek der Berliner Gemmensammlung (um 1845) in unrestauriertem Zustand, Sammlung der Gipsabgüsse antiker Skulpturen, Göttingen, Inv.-Nr. A 883. Foto: Stephan Eckardt.

Drähte entfernt. Der zugenähte Schnitt in der Bauchhaut wurde geöffnet und der Vogel in eine 10-prozentige Kochsalzlösung eingelegt. Dieser sogenannten Flotte wurde zusätzlich ein Bakterizid zugesetzt und mit Ameisensäure bis pH 5 angesäuert. Nach 24 Stunden konnte die Haut so weit geöffnet werden, dass der eingesetzte künstliche, aus Schnitztorf hergestellte Körper entfernt werden konnte. Nach weiteren 24 Stunden war die Haut fast vollständig geweicht und konnte nun auf der Innenseite gesäubert werden. An den Knochen und besonders am Schädel waren noch Gewebereste, welche bei der Erstpräparation nur unzureichend entfernt wurden. Im Weichbad war auch ein großer Teil des anhaftenden Staubes vom Gefieder gewaschen worden. Der Rest wurde nun noch mit handelsüblichem Haarwaschmittel entfernt. Anschließend wurde das Gefieder mit einem Schutz vor Insektenfraß ausgerüstet. Der Neubau eines künstlichen Körpers erfolgte aus gewickelter Holzwolle. Erwartungsgemäß war die alte Haut aber nicht zu vergleichen mit der Haut eines frischen Vogels. Trotz ausgiebiger Weiche blieb sie vergleichsweise sperrig und unflexibel. Es war nur bedingt möglich, dem Vogel eine andere Körperhaltung zu geben. So behielt das neue Präparat eine gewisse Ähnlichkeit zum alten Präparat, doch lassen die Verbesserungen der anatomischen Verhältnisse den Vogel wesentlich natürlicher auf seinem Podest erscheinen.

Blick in die Präparatorenwerkstatt des Zoologischen Museums, Göttingen, am 15.12.2011. Foto: Gabriele G. Weis.

REINIGEN UND WIEDERAUFARBEITEN EINES NAGELROCHENS (GERT TRÖSTER, CARSTEN WORTMANN)

Das Rochenpräparat stammt aus einer teilaufgelösten Sammlung, die dem Zoologischen Museum überlassen wurde. Der Nagelrochen (*Raja navata*) wurde ursprünglich in Alkohol aufbewahrt und war im Laufe der Jahre vertrocknet, der Alkohol war verdunstet bzw. ausgelaufen. Der Rochen zeigte starke Schrumpfungen und Schimmelbefall. Als erste konservatorische Maßnahme wurde der Schimmel mit Alkohol abgewaschen. Danach mussten die Schrumpfungen wieder rückgängig gemacht werden. Dazu war es notwendig, das harte, ausgetrocknete Gewebe zunächst wieder zu erweichen. Einlegen in Wasser wurde verworfen, da wegen der mutmaßlich langen Dauer der Weiche Fäulnisschäden befürchtet wurden. Stattdessen wurde der Rochen zusammen mit kleingeschnittenen Blättern vom Kirschlorbeer (*Prunus laurocerasus* L.) in das originale Präparateglas gelegt und im verschlossenen Glas über mehrere Tage aufbewahrt. Die (giftigen!) Blätter des Kirschlorbeers enthalten ätherische Öle, welche ein schadensfreies Weichen von getrockneten tierischen und pflanzlichen Geweben ermöglichen.[10] Der erweichte, aber immer noch geschrumpfte Fisch wurde anschließend für mehrere Wochen in eine 1-prozentige Natriumphosphatlösung überführt.[11] Dabei kam es zu einer deutlichen Quellung des vertrockneten Gewebes. Der hohe pH-Wert der Lösung von ca. 12,0 verhindert in diesem Fall das Einsetzen von

Fäulnisprozessen. Anschließend erfolgte eine kurze Wässerung, um die Natrium-phosphatlösung aus dem Präparat zu spülen. Nach der Überführung in 75-prozentiges Ethanol als Konservierungsmittel konnte der Nagelrochen in die Sammlungen des Zoologischen Museums eingereiht werden.

MÖGLICHKEITEN DER ERHALTUNG DURCH ZUSAMMENARBEIT MIT RESTAURIERUNGSFACHHOCHSCHULEN

Mit der HAWK Hildesheim wurden in den vergangenen Jahren verschiedenste gemeinsame Projekte sowie Kooperationen durchgeführt, auch Sammlungsobjekte aus Göttingen werden durch Hildesheimer Examenskandidaten in BA- und MA-Arbeiten bearbeitet. So entstanden in der Ethnologischen Sammlung bereits Un-

Restaurierungsarbeiten im Rahmen eines gemeinsamen Seminars mit Studierenden der Kunstgeschichte der Universität Göttingen und der HAWK Hildesheim. Foto: Katharina Haase.

tersuchungen zu Federarbeiten südamerikanischer Indianer (v. a. der Erigbaktsa) aus der Tolksdorf-Sammlung, zu Holzmasken aus Neuguinea sowie zu Brustpanzern aus pflanzlichen Materialien von der Inselgruppe Kiribati (ehemals Gilbertinseln), Mikronesien. In der Musikinstrumentensammlung wurde über zwei Gemälde auf dem Deckel eines Hackbretts geforscht[12] und in der Kunstsammlung der Schimmelbefall eines Pastells auf Pergament (Bildnis des Gemäldestifters Johann Wilhelm Zschorn, 1714-1795) untersucht und behandelt.[13]

RESTAURIERUNGSPATENSCHAFTEN IN DER KUNSTSAMMLUNG (ANNE-KATRIN SORS, BETTINA ACHSEL)

Von Juli 2008 bis Oktober 2010 ergab sich aufgrund einer Baumaßnahme die Notwendigkeit, den gesamten Gemäldebestand der Kunstsammlung auszulagern. Die Gemälde wurden in einem Zwischendepot im Altbau der Universitätsbibliothek untergebracht und vor dem Rücktransport musste eine professionelle restauratorisch-konservatorische Durchsicht sämtlicher Gemälde erfolgen. Das Ergebnis war erschütternd. Aufgrund des hohen Alters der sehr wertvollen Gemäldesammlung und der Kunstwerke selbst und infolge des Fehlens einer Restaurierung zur Pflege des Bestandes liegen in der Göttinger Universitätskunstsammlung bei vielen Werkstoffen oder Malmaterialien inzwischen mittlere bis stärker fortgeschrittene Degradationen und Schäden vor. Gemeinsam mit den an der Wiedereröffnung der Kunstsammlung beteiligten Studierenden wurde das Projekt »Bild sucht Paten!« ins Leben gerufen: Flyer zur Patenschaftseinwerbung wurden erarbeitet und gedruckt, eine eigene Ausstellung konzipiert sowie Führungen angeboten. Nach anfänglicher Skepsis, ob man die »kaputten Bilder« öffentlich präsentieren könne, zeigte sich schnell Interesse und Verständnis der Öffentlichkeit. Innerhalb des ersten Jahres konnten für ca. 15 Gemälde und Skulpturen Paten gewonnen werden. Bei einem Bestand von 300 Gemälden, einigen Skulpturen, 2.500 Zeichnungen und 15.000 Blatt Druckgraphik ist dies eine

Vor und nach der Restaurierung: Anton Raphael Mengs, Selbstporträt, um 1774, Öl auf Leinwand, 90 × 70 cm, Kunstsammlung, Göttingen, Inv.-Nr. GG 235. Fotos: Katharina Haase, Stephan Eckardt.

›never-ending story‹. Das erste Gemälde, welches restauriert wurde, ist das Selbstporträt des überaus bedeutenden Malers Anton Raphael Mengs (1728-1779)[14], das 1996 aus dem Besitz Herbert von Einems – vor seiner langjährigen Professur in Bonn Assistent am kunstgeschichtlichen Seminar in Göttingen – in die Sammlung gelangte. Über die Zeit war der alte Restaurierungsfirnis stumpf und gelbgrau geworden, was dem Gemälde einen untypischen zweidimensionalen Eindruck verlieh. Durch die Abnahme und Erneuerung des Firnisses kommt der »echte Mengs« wieder zum Vorschein: plastisch, dreidimensional, räumlich, hell, leuchtend in den Farben, das Kolorit ist prägnant und nicht diffus. Um die Restaurierung dieses herausragenden Werkes zu ermöglichen, rief Professor Kurt von Figura, Präsident der Georgia Augusta von 2005 bis 2010, aus Anlass seiner Verabschiedung aus dem Amt zu einer Spendenaktion auf.

FAZIT

In der modernen Konservierung-Restaurierung wird im Sinne des Werterhalts zumindest die bestmögliche Bewahrung der authentischen Substanz im vorgefundenen Zustand angestrebt. D. h., dass vor allem prophylaktische Maßnahmen ergriffen werden müssen, die für den Erhalt und gegen den Verfall der Sammlungen notwendig sind. Diese Maßnahmen beginnen stets bei den baulichen und klimatischen Bedingungen der Aufbewahrungs- und Ausstellungsräume. Insgesamt ist eine bessere Finanzierung für wissenschaftliche Sammlungen dringend erforderlich. Der Wissenschaftsrat betont nachdrücklich, dass universitäre Sammlungen primär über eine angemessene Grundfinanzierung abgesichert sein müssen,

da Erhalt, Pflege und Bereitstellung der Sammlungen infrastrukturelle Dauer-
aufgaben sind. Vor allem Länder und Universitäten sind in der Pflicht, die bestehenden Defizite in der personellen und räumlichen Ausstattung zu beheben.[15]

ANMERKUNGEN

__1 Bettina Erche, Kalbsauge starrt ins Lymphgefäßsystem, in: FAZ (Geisteswissenschaf-
ten) vom 17.9.2003; Anke te Heesen: Was uns unsere Universitätssammlungen lehren, in: FAZ
(Forschung und Lehre) vom 23.12.2009; Heinrich Wefing, Bei Humboldts unterm Teppich –
Die Berliner Universität entdeckt ihre Schätze, in: FAZ (Tiefdruckbeilage) 8.3.1997.

__2 Das Online-Datenbanksystem Universitätsmuseen und -sammlungen in Deutschland
dokumentiert Bestände und Geschichte von existierenden und nicht mehr vorhandenen
Sammlungen der Universitäten in Deutschland. http://www.universitaetssammlungen.de/,
abgerufen am 26.1.2012.

__3 Théodore Edmé Mionnet, Catalogue d'une collection d'empreintes en soufre de mé-
dailles grecques et romaines, Paris 1799/1780.

__4 Zur Geschichte der Moulagen vgl. vor allem Thomas Schnalke, Diseases in Wax, Berlin
1995.

__5 Hundert Blicke auf ein Püggeli. Wachsmoulagen in der universitären Lehre. Sonderaus-
stellung ab 3. September 2010. Zürich Ausstellungskatalog.

__6 Wachs – Bild – Körper: Moulagen in der Medizin. Begleitband zur Ausstellung im Städ-
tischen Museum Göttingen, vom 16.9. bis 16.12.2007, hg. von Susanne Ude-Koeller, Thomas
Fuchs, Ernst Böhme, Göttingen 2007.

__7 Körper in Wachs. Moulagen in Forschung und Restaurierung, hg. von Johanna Lang,
Sandra Mühlenberend, Susanne Roeßiger (Sammlungsschwerpunkte 3), Dresden 2010.

__8 Michael Schwerdtfeger u. a., Sammeln von Pflanzen – Früher und Heute, in: Frank
Klingenstein, Marliese von den Driesch, Marliese, Wolfram Lobin, Pflanzensammlungen in
Deutschland, Österreich und der Schweiz, hg. vom Bundesamt für Naturschutz (BfN), Bonn-
Bad Godesberg 2002, S. 9.

__9 Vgl. Valentin Kockel, Daniel Graepler (Hg.), Daktyliotheken. Götter und Caesaren aus
der Schublade. Antike Gemmen in Abrucksammlungen des 18. und 19. Jahrhunderts, München 2006.

__10 Klaus Wechsler u. a., Über das Weichen trockengefallener Alkohol- und Formalinprä-
parate, Herbarblätter und von Tapagewebe, in: Der Präparator 47.1, 2001, S. 15-31.

__11 Wechsler (Anm. 10).

__12 Eva Netenjakob, Zwei Gemälde auf dem Deckel eines Hackbretts aus der Musikinstru-
mentensammlung der Georg-August-Universität Göttingen – Technologische Untersuchung
und Erstellung eines Behandlungskonzeptes. Bachelor-Thesis an der Hochschule für angewandte Wissenschaft und Kunst (HAWK) Hildesheim/Holzminden/Göttingen, Fakultät Erhaltung von Kulturgut, Bachelor-Studiengang Präventive Konservierung, Studienrichtung
Gefasste Holzobjekte und Gemälde; Betreuer: Prof. Dr. Michael von der Goltz, Dipl.-Rest. (FH)
Ina Birkenbeul, 2011.

__13 Vgl. Anna Juliane Motz, Untersuchung des Zustandes des Pastells »Bildnis J. W.
Zschorn« der Kunstsammlung der Universität Göttingen. Möglichkeiten der Konservierung
und Restaurierung unter schadensspezifischen und ästhetischen Gesichtspunkten. Master-
arbeit an der Hochschule für angewandte Wissenschaft und Kunst (HAWK) Hildesheim/Holz-
minden/Göttingen. Erstprüfer: Prof. Dipl. Rest. Ulrike Hähner, 2011.

__14 Herbert von Einem, Ein unveröffentlichtes Selbstbildnis von Anton Raphael Mengs
und seine Einordnung in die Selbstbildnisse der Künstlers, in: Wallraf-Richartz-Jahrbuch
XXXV, 1973, S. 343-352; Karl Arndt, Anton Raphael Mengs in der Göttinger Universitätskunstsammlung, in: Georgia Augusta November 1996, S. 9-14, sowie die Bildakte im Archiv der Universitätskunstsammlung.

__15 Pressemitteilung 04 vom 31. Januar 2011 »Verborgene Schätze bergen – Wissenschaft-
liche Sammlungen besser für die Forschung nutzen« unter http://www.wissenschaftsrat.de/
index.php?id=347&=, abgerufen am 17.1.2012.

Susanne Ude-Koeller mit Beiträgen von Daniel Graepler, Birgit Großkopf,
Gundolf Krüger, Maike Lorenz

DIE ETHIK DES SAMMELNS

The Ethics of Collecting. The presence of objects of unknown or illegal origin in museums and
special collections possesses a considerable ethical challenge. This not only holds true for artefacts, but also for animals and plants obtained from nature. It is for this reason that the current
ethical debate tends to focus on the possibilities of and conditions for an ethically justifiable use
of these sensitive object groups, as well as on the question of the need for and scope of suitable
regulations for their handling. In this contribution, three collections of the Georg-August-Univer-
sity of Göttingen have been selected to highlight questions in relation of their acquisition policy
and to demonstrate the practical relevance of ethical reflections concerning museums for academic collections. The acquisition policy of the Göttingen Archaeological Institute, for example,
focuses on the expansion of their collection of plaster casts in order to rule out acquisitions from
illicit excavation. Using the Institute for Cultural and Social Anthropology as an example, the re-
turn of human remains and ›NS loot‹ is discussed. The importance and legislation of regulations
and their compliance on an international level, as well as the necessity to sensitize researcher to
ethical questions concerning collections is illustrated with the biological collections of the University of Göttingen.

In der Ethik, einer Subdisziplin der praktischen Philosophie, ist die Museumsethik als sogenannte Bereichsethik erst ansatzweise etabliert. Dabei wird ihre
Notwendigkeit und grundlegende Bedeutung für das professionelle Selbstverständnis der Akteure im Museumsbereich international anerkannt: »Museum
ethics is not about the imposition of external values on museums, but about an
understanding of the foundations of museums practises.«[1] Bereits 2003 sprach
sich der ehemalige Präsident der Deutschen Forschungsgemeinschaft, Wolfgang
Frühwald, für die Implementierung einer noch genauer zu definierenden Museumsethik als Teil der Forschungsethik aus.[2] In Deutschland wird der ICOM Code of
Professional Ethics als verbindlich angesehen, in dem die Pflege von Sammlungen
explizit als Beitrag zur Sicherung des Natur- und Kulturerbes definiert wird:
»Museums have the duty to acquire, preserve and promote their collections as a
contribution to safeguarding the natural, cultural and scientific heritage«.[3]

Zu ethisch besonders relevanten Sammlungsbeständen von Museen und universitären Einrichtungen gehören Artefakte und Objekte aus ungeklärter oder
illegaler Herkunft. Kriegerische Aneignung von Kulturgütern sowie weltweit
verbreitete illegale Erwerbspraktiken tragen zu einer Dezimierung wertvoller
Bestände bei. Allerdings gefährden verbotene Sammelaktivitäten nicht nur das
kulturelle Erbe. Auch Flora und Fauna – bereits in der Vergangenheit durch rück-
sichtslose Aufsammlungen dezimiert – scheinen durch die Missachtung bestehen-
der nationaler Regelungen, völkerrechtlicher Normen und zwischenstaatlicher
Abkommen aktuell gefährdet.

Als ethisch sensible Objekte gelten darüber hinaus auch ›menschliche Überreste‹ und Mumien, sogenannte ›Körper für die Ewigkeit‹. Sie stammen sehr häufig

aus ungeklärter, aus heutiger Sicht oft illegaler Quelle, darüber hinaus berührt ihre Aufbewahrung, Präsentation und Verwendung in Forschung und Lehre Fragen der postmortalen Würde sowie das Recht des Verstorbenen auf Selbstbestimmung.[4]

Die in naturwissenschaftlichen Sammlungen vorhandenen Objekte, Präparate oder Skelette sollen als Referenzobjekte die Variabilität oder auch umweltbedingte, geographische oder evolutive Einflüsse belegen. Aus naturwissenschaftlicher Sicht gehören auch ›menschliche Überreste‹ oder Skelette des Menschen, als einem Vertreter der Familie der Primaten, gleichrangig dazu. An diesem ›Material‹ entzündet sich jedoch zunehmend die Diskussion, ob es ethisch vertretbar sei, ›menschliche Überreste‹ zu sammeln und aufzubewahren. Vor allem in Hinblick auf Ausstellungen stellt sich die Frage, ob es mit der Würde des Menschen vereinbar ist, ›menschliche Überreste‹ oder insbesondere auch Mumien als eine Sonderform der Überlieferung auszustellen.

Auch wenn die Totenruhe, welche unsere Gesellschaft Verstorbenen zugesteht, gegenwärtig gerade noch 25 Jahre beträgt, ist bei Anfragen nach Leihgaben für Ausstellungen immer wieder neu zu diskutieren, ob und in welchem Rahmen Mumien und Skelette öffentlich präsentiert werden. Im Rahmen der Ausbildung von Studenten steht der Aspekt des angemessenen Umgangs stets im Vordergrund.

Aktuelle ethische Debatten konzentrieren sich daher auf die Möglichkeiten und Bedingungen einer ethisch verantwortbaren Nutzung dieser sensiblen Objektgruppen sowie auf die Frage nach der Notwendigkeit und Reichweite entsprechender Regularien zu ihrer Handhabung.[5] Im Folgenden werden an drei Sammlungen der Georg-August-Universität Göttingen Fragen der Erwerbs- und Anschaffungspolitik beleuchtet und dabei die praktische Relevanz sammlungsethischer Reflexionen für akademische Sammlungen unterstrichen.

PROBLEME DER ERWERBUNGSPOLITIK ARCHÄOLOGISCHER UNIVERSITÄTSSAMMLUNGEN (DANIEL GRAEPLER)

Originales Fundmaterial in archäologischen Universitätssammlungen kann grundsätzlich aus zwei Quellen stammen: einerseits aus regulären Ausgrabungen, andererseits aus Ankäufen vom Kunstmarkt. Bei den Ausgrabungen kann es sich um Unternehmungen des Instituts handeln oder auch um Grabungen, deren Funde der Institutssammlung von dritter Seite zugewiesen wurden. So wurden im Königreich Hannover wissenschaftlich besonders interessante archäologische Funde bis zur Gründung des Provinzialmuseums in Hannover 1856 regelmäßig an die Universität Göttingen abgegeben. Zu nennen wäre hier beispielsweise ein bedeutender Fund von spätantiken Goldmünzen aus dem Torfmoor bei Mulsum südlich von Cuxhaven, den die Regierung 1823 für das Göttinger Universitäts-Münzkabinett ankaufte. Auch andere Fundkomplexe gelangten in den Besitz der Göttinger Universität, so 1901 eine repräsentative Auswahl von Funden aus den Grabungen Heinrich Schliemanns (1822-1890) in Troja aus den Königlichen Museen in Berlin oder 1941 mit dem Nachlass des Archäologen Johannes Boehlau (1861-1941) ein großer Teil der Funde aus dessen Grabungen in Larisa am Hermos (Westtürkei) samt der ganzen zugehörigen Grabungsdokumentation.

Solche Erwerbungen sind heute nicht mehr möglich: Für Funde aus der Region und deren Aufbewahrung sind die Landesmuseen bzw. lokalen Museen gesetzlich zuständig. Die Funde aus Grabungen in den Mittelmeerländern hingegen, ob nun durch das Göttinger Institut durchgeführt oder von dritter Seite, verbleiben grundsätzlich in den jeweiligen Ländern. Die früher übliche Praxis der ›Fund-teilung‹, nach der ausländische Grabungsmissionen einen Teil der Funde aus ihren Grabungen übereignet bekamen, ist inzwischen überall abgeschafft.

Archäologischen Universitätssammlungen in Deutschland bleibt daher nur noch die Möglichkeit, neue Objekte über den Kunstmarkt zu erwerben, entweder durch direkten Ankauf oder über private Sammlungen. Woher kommen diese Objekte ursprünglich? Der allergrößte Teil davon stammt aus illegalen Grabungen. Die lebhafte Nachfrage nach originalen antiken Objekten von Seiten öffentlicher Museen und privater Sammler, aber auch von Investoren, hat in verschiedenen Schüben, besonders ausgeprägt seit den 1960er Jahren, zu einer Eskalation des Raubgräberwesens und systematischer Plünderungen antiker Fundstätten geführt, die das archäologische Erbe ganzer Regionen in höchste Gefahr gebracht haben. Besonders drastische Bilder sind in den letzten Jahren aus den Krisengebieten Irak und Afghanistan um die Welt gegangen, deren hochbedeutende archäologische Fundplätze sich in kurzer Zeit in wahre Mondlandschaften verwandelt haben, weil sie mangels staatlicher Überwachung ungehemmt geplündert werden konnten. Diese Aktivitäten werden so lange anhalten, wie es eine unkontrollierte Nachfrage nach archäologischer ›Frischware‹ gibt. Internationale Organisationen, vor allem die UNESCO, versuchen, dem seit langem entgegenzusteuern. Bereits 1970 wurde ein internationales Abkommen gegen den illegalen Handel mit archäologischem Kulturgut abgeschlossen, dem viele Länder aber nur sehr zögerlich beigetreten sind. Deutschland hat diesen Schritt erst 2007 (!) vollzogen, und zwar mit einem Ausführungsgesetz, das von Experten allgemein als völlig ungenügend betrachtet wird. Umso wichtiger sind daher die Selbstbeschränkungen, die sich Museen und Universitätssammlungen auferlegt haben. Manche von ihnen hatten noch während des großen ›Booms‹, den der Handel mit etruskischen und unteritalischen Grabfunden in den 1980er Jahren erlebte, bedenkenlos zugegriffen und die eigenen Bestände sehr stark erweitert. Die Göttinger Sammlung hat an dieser Expansion nicht teilgenommen, allerdings sind damals durch Schenkungen auch Objekte in die Sammlung gelangt, die aus heutiger Sicht nicht den strengen Standards genügen, die man inzwischen für Ankäufe formuliert hat. Diesen Standards folgt die Göttinger Archäologische Sammlung nun schon seit zwei Jahrzehnten. Seitdem wurden keine Objekte angekauft, deren Provenienz sich nicht in die Zeit vor 1970 zurückverfolgen lässt. Gegen die Annahme von Schenkungen (oder ggf. auch den Ankauf) von Objekten, die schon lange vor diesem Stichdatum ausgegraben worden sind, ist aus wissenschaftlicher Sicht nichts einzuwenden, denn die weitere Ausplünderung der Fundstätten, die auf jeden Fall verhindert werden sollte, wird durch solche Erwerbungen nicht angeheizt.

In Expertenkreisen wird seit langem nach Wegen gesucht, wie es wissenschaftlichen Sammlungen außerhalb der Fundländer wieder ermöglicht werden kann, auch Fundmaterial aus neuen regulären Grabungen aufzunehmen. Angestrebt wird ein internationales System des langfristigen Leihgabentauschs. Große Museen wie die Berliner Antikensammlungen nutzen schon seit einigen Jahren mit Erfolg die Möglichkeit, z. B. Grabungsfunde aus Italien für einen längeren Zeitraum auszuleihen, um sie vorübergehend in ihre Bestände zu integrieren. Langfristig wäre es wünschenswert, wenn auch die Göttinger Universitätssammlung an diesem Netzwerk teilnehmen könnte.[6] Dies wäre insbesondere dann sinnvoll, wenn Teile der Originalsammlung im Kontext des für Göttingen geplanten *Haus des Wissens* einer größeren Öffentlichkeit gezeigt werden könnten.

Bis diese Pläne Wirklichkeit werden, wird sich die Erwerbungspolitik des Göttinger Archäologischen Instituts wie schon in den vergangenen Jahren auf die Sammlung der Gipsabgüsse konzentrieren, denn hier ist die Gefahr, Raubgräbern in die Hände zu arbeiten und damit letztlich der eigenen Wissenschaft die Grundlage zu entziehen, von vornherein ausgeschlossen.

Beamter der italienischen Finanzpolizei mit beschlagnahmten griechischen Vasen aus Raubgrabungen. Foto: Daniel Graepler.

DIE ETHNOLOGISCHE SAMMLUNG IN GÖTTINGEN UND DIE FRAGE DER RESTITUTION (GUNDOLF KRÜGER)

Die Diskussion um illegale Erwerbungspolitik wird in ethnologischen Museen und Sammlungen verstärkt von einer Repatriierungs-Debatte begleitet. Lange Zeit hatte man versäumt, sich konkret über die Rückgabe von Objekten Gedanken zu machen, die heutzutage für die Konstruktion ethnischer Zugehörigkeit und kultureller Identität bzw. für die Zertifizierung als kulturelles Erbe von Bedeutung geworden sind und deshalb aus indigener Sicht in bestimmten Fällen an den Ort ihrer ursprünglichen Herkunft gehören.

Historisch relevant für den ethischen Umgang mit solchen problematischen Kulturzeugnissen waren zunächst Grundsatzbestimmungen der UNESCO, die zu Beginn der 1970er Jahre formuliert wurden:

- Anerkennung und Achtung kultureller Identität und deren ethnischer oder nationaler Symbole,
- Partizipation aller Menschen am internationalen kulturellen Austausch,
- Erhaltung und Präsentation des menschlichen Kulturerbes in Gestalt von Museen, historischen Bauwerken und Archiven.

Aus ihnen ließ sich aber nur indirekt die Frage der Restitution ableiten. Detaillierter ging man in der Nairobi-Konferenz der UNESCO im Jahr 1976 auf das Problem der Repatriierung ein und diskutierte sehr ausführlich rechtliche Aspekte der Restitution. Folgende Objektgruppen wurden als besonders identitätswirksam klassifiziert und daher mit der höchsten Prioritätsstufe für die Rückgabe belegt:

- kultisch-religiöse Gegenstände,
- Symbole weltlicher Macht mit nationalem Identifikationswert,
- kulturelle Artefakte mit Bestandteilen seltener Tiere (z. B. Federarbeiten),
- ›menschliche Überreste‹ und kulturelle Grabbeigaben, z. B. persönliche Würdezeichen eines Verstorbenen.

Insbesondere die museale Präsentation ›menschlicher Überreste‹ und Grabbeigaben trifft seitdem in ganz besonderem Maße das ethische Selbstverständnis von ethnologischen Museen und Sammlungen. *Human Remains und Material of Sacred Significance* werden im *Code of Ethics for Museums* vom International Council of Museums (ICOM), im *Native American Graves Protection and Repatriation Act* (NAGPRA) und in der UN-Deklaration über die Rechte indigener Völker (2007) als vorrangig restitutionswürdig erachtet. Das in den USA im Jahr 1990 verabschiedete NAGPRA-Gesetz besitzt dabei einen für ethnische Minoritäten und indigene Gruppen in aller Welt richtungsweisenden Charakter. Es erlaubt Wissenschaftlern interessanterweise eine Karenzzeit bis zum politischen Handeln: In dieser Zeit können die Objekte untersucht werden.

Die heute wegen ihrer ethischen und politischen Brisanz sowie ihrer fragwürdigen exotisierenden Wirkung als ›sensational pieces‹ in den Ausstellungen kaum noch zur Schau gestellten ›menschlichen Überreste‹ bildeten während der letzten zwanzig Jahre auch innerhalb der deutschen Restitutionsdebatte den Dreh- und Angelpunkt der meisten Rückgabeforderungen. Insofern erklärt sich, dass das Institut für Museumsforschung in Berlin im Auftrag der Bundesregierung derzeit damit befasst ist, die in den deutschen Museen teils noch ausgestellten oder in den dortigen Magazinen schlummernden ›human remains‹ zu erschließen, ihre Repräsentation in all ihren Facetten zu diskutieren und Empfehlungen für die Restitution zu formulieren.

Dies betrifft auch zwei mumifizierte Köpfe (*toi moko*) der Maori von Aotearoa (Neuseeland), die sich seit 1834 in der Göttinger Ethnologischen Sammlung befinden. Was mit ihnen geschehen wird, ist noch unklar. Beide Köpfe wurden offiziell vom *Te Papa Tongarewa Museum* in Wellington registriert. Im wissenschaftlichen Diskurs wird zunehmend eine Lösung für den Umgang mit *toi moko* und ähnlichen sakralen Gegenständen favorisiert, die vorsieht, dass solche aus Maori-Sicht als Kulturschatz (*taonga*) klassifizierten Objekte eine eigene räumliche Unterbringung erhalten, die vom Prinzip her einem Sakralraum, einer heiligen Stätte (*wahi tapu*) der Maori ähneln sollte: einen ungestörten Raum, in dem sakrale Artefakte in pietätvoller Ruhe aufbewahrt werden und wo sie beforscht werden können, bis ein allgemeiner Konsens für das weitere Vorgehen mit ihnen gefunden wird.

Ein anderes Problemfeld der Restitution erstreckt sich auf den Umgang mit (kriegsbedingter) ›Beutekunst‹: Unklare Rechtsverhältnisse des Erwerbs kultureller Artefakte während der Kolonialzeit sorgen bis heute international immer wieder für einzelne juristische Streitfälle. Vor allem aber waren und sind es Kriege, die den Ruf nach Rückgabe erbeuteter Trophäen laut werden lassen. Die Haager Landkriegsordnung von 1907 regelte für den Kriegsfall neben militärischen Richtlinien des Umgangs der Kombattanten untereinander erstmals auch auf internationaler Ebene umfassend Fragen zur Verschonung von Gebäuden und Einrichtungen sozialer und kultureller Bedeutung (z. B. Museen und deren ›Schätze‹). Die Haager Konvention von 1954 betraf vor allem die im Zweiten Weltkrieg verursachten Schäden an wertvollen Kulturgütern und die räuberische Aneignung und Ausführung von Kulturgut aus den vom Krieg in Mitleidenschaft gezogenen Ländern. Beide international ratifizierten Resolutionen hatten indes nicht den gewünschten Erfolg. Heute stellt der ICOM das entscheidende Forum für die Diskussion zur Restitution insbesondere von ›NS-Raubgut‹ dar und stimmt Rückgabeforderungen mit den jeweiligen staatlichen Einrichtungen ab.

Eine entsprechende Hinterlassenschaft aus der NS-Zeit belastet auch die Ethnologische Sammlung in Göttingen.[7] Hier befindet sich ein ethnographisches Konvolut, das ursprünglich zum Städtisch-Ethnographischen Museum der polnischen Stadt Łódź gehörte. Dieses Museum wurde nach dem Überfall auf Polen 1940 aufgelöst. Auf Initiative des Prähistorikers und Beauftragten zur Sicherstellung polnischen und jüdischen Kulturgutes, Walter Frenzel (1892-1941), wurden

Seite rechts:
Maske der Dan, Liberia. Provenienz: Erwerb als ›NS-Raubgut‹ aus Łódź, Polen, 1940. Kauf: Museum für Völkerkunde Leipzig, 1942. Material: Holz, Metalleinlagen. H 33 × B 12 × T 13 cm, Ethnologische Sammlung des Instituts für Ethnologie, Göttingen, Inv.-Nr. Af 2362. Masken der Dan wurden im sozialen Kontext von Initiationen und bei der Rechtsprechung verwendet. Foto: Harry Haase, Stephan Eckardt.

die Bestände in das Museum für Völkerkunde nach Leipzig verbracht.

Ein Teil dieses ›NS-Raubguts‹ gelangte im Jahr 1942 nach Göttingen. Schwerpunkte dieser 300 Stücke umfassenden Göttinger *Łódź-Sammlung* sind Federarbeiten aus dem Gebiet der Indianer des Rio Ucayali in Peru und Masken der Dan in Liberia. Die in sich konsistente Sammlung wurde seinerzeit von Göttinger Seite offenbar sehr zielgerichtet erworben und ist sowohl wissenschaftshistorisch als auch kunstethnologisch bis heute überaus wertvoll. Vor ca. 10 Jahren wurde sie zum Gegenstand der Restitutionsdebatte. Von staatlich polnischer Seite als Bestandteil einer zahlreiche Museen betreffenden, rechtswidrigen Kauf-Transaktion bewertet, ist diese Sammlung bei der Koordinierungsstelle Magdeburg (gegründet 1994) registriert und steht dort als ›NS-Raubgut‹ für Verhandlungen über die Rückgabe polnischer Kulturgüter zur Disposition. Als Zeugnis polnischer und deutscher Zeitgeschichte wurde sie unlängst dokumentiert und wird derzeit auf der Grundlage bereits abgeschlossener Arbeiten zur Geschichte des Göttinger Instituts für Ethnologie während der Zeit des Nationalsozialismus publiziert.[8]

Intensiviert hatten sich die Nachforschungen nach Sammlungsgut belasteter Herkunft vor allem durch die Verabschiedung der *Erklärung der Bundesregierung, der Länder und der kommunalen Spitzenverbände zur Auffindung und Rückgabe NS-verfolgungsbedingt entzogenen Kulturgutes, insbesondere aus jüdischem Besitz* im Jahre 1999. Entsprechende Funde wurden der eingerichteten Koordinierungsstelle Magdeburg gemeldet und die Ergebnisse im Internet-Portal *Lost Art*, www.lostart.de, veröffentlicht.[9]

Auch die Niedersächsische Staats- und Universitätsbibliothek Göttingen hat in einem Projekt über 1.000 Bücher identifiziert, bei denen es sich um eindeutige bzw. verdächtige Fälle von ›Raub- und Beutegut‹ handelt. Die Bücher wurden im Göttinger Universitätskatalog als solche gekennzeichnet, mit Erläuterungen versehen und ebenfalls der Datenbank *Lost Art* gemeldet. Darüber hinaus wurde nach möglichen Vorbesitzerinnen und -besitzern bzw. deren Erbinnen und Erben recherchiert, um eine Restitution anbieten zu können. Arbeitsweise und Ergebnisse des Forschungsprojektes wurden im Rahmen der Ausstellung ›*Bücher unter Verdacht* – *NS-Raub- und Beutegut an der SUB Göttingen* 2011 der breiten Öffentlichkeit vorgestellt und in einem Katalog dokumentiert.[10]

PROBLEME DER ERWERBUNGSPOLITIK NATURKUNDLICHER SAMMLUNGEN
(MAIKE LORENZ)

Bereits die ersten Kuriositätenkabinette und Wunderkammern enthielten zahlreiche Tierpräparate wie Muscheln oder Narwal-Zähne, welche damals als Hörner des Einhorns zur Schau gestellt wurden. Pflanzliche Präparate wurden schon früh nicht nur getrocknet oder als Samen, sondern auch in Lebendsammlungen wie botanischen Gärten vermehrt und ausgestellt.

Viele dieser Objekte wurden alleine aufgrund ihrer Kuriosität und Andersartigkeit gesammelt. Häufig wurde mitgenommen, was selten und des Handelns wert schien, was ins Netz ging oder buchstäblich nicht schnell genug ›auf den Bäumen‹ war. Später wurden bestimmte Pflanzen auch im Auftrage zahlungskräftiger Interessenten gezielt gesammelt, Tiere gejagt und getötet.

Viele der ersten akademischen Sammlungen wurden durch die Sammeltätigkeit einzelner Wissenschaftler oder auch durch Ankauf oder Schenkung von Objektsammlungen begründet und beständig erweitert. Während die geographische Herkunft der Objekte meist bekannt war, wurde die Art und Weise des Sammelns oder Erwerbs der Objekte als unwichtig angesehen oder verdrängt. Die natürlichen Ressourcen erschienen unbegrenzt und dem gehörig, der sie zu nutzen wusste; Tierschutz war ohne Belang.

Bereits im 19. Jahrhundert kam vor allem den Naturforschern zu Bewusstsein, dass die von ihnen erkundete und gesammelte Vielfalt durch menschliche Eingriffe in Gefahr geraten kann (Verlust der Lebensräume, Übernutzung, Floren- und Faunenverfälschung durch eingeschleppte Arten). Ins allgemeine Bewusstsein kam der unwiederbringliche Verlust von Arten Anfang 1900. Damals erlangte die Nordamerikanische Wandertaube traurige Berühmtheit, eine Tierart die trotz millionenfachen Vorkommens durch den Menschen ausgerottet wurde. Das letzte Exemplar starb vielbeachtet 1914 im Zoo von Cincinnati. Ein präpariertes Wandertauben-Pärchen ist heute noch im Zoologischen Museum der Universität Göttingen als mahnendes Beispiel für das Artensterben ausgestellt.

Auch wenn heute davon ausgegangen wird, dass durch wissenschaftliches Sammeln allein bislang keine einzige wildlebende Art ausgestorben ist, spielte die Wissenschaft und ihre Sammelpraxis nicht immer eine rühmliche Rolle. So wurden die letzten überlebenden Exemplare des seltenen Riesenalkes, eines großen flugunfähigen Seevogels, Mitte des 19. Jahrhunderts wegen ihres hohen Sammlerwertes gefangen, getötet und an Ornithologen und Vogelbalgsammler verkauft. Die Bälge des letzten Brutpaares sind heute im Kopenhagener Naturkundemuseum ausgestellt, eines der wenigen Riesenalk-Skelette im Göttinger Zoologischen Museum.

Neben dem Washingtoner Artenschutzabkommen (CITES) von 1973 wird die Sammlung, Erforschung und Nutzung biologischer Objekte vor allem durch die 1992 in Kraft getretene Rio-Konvention (UN-Konvention zum Schutze der Biologischen Vielfalt – *United Nations Convention of Biological Diversity*, CBD) reglementiert.[11] Diese hat drei gleichrangige Ziele: den Schutz der biologischen Vielfalt; die nachhaltige Nutzung ihrer Bestandteile und eine Zugangsregelung, die einen gerechten Ausgleich von Vorteilen ermöglicht, welche aus der Nutzung genetischer Ressourcen entstehen (*Access and Benefit Sharing*, ABS). Inzwischen haben viele CBD-Vertragsstaaten individuelle Zugangsregelungen geschaffen. Diese reichen in Abstufungen vom unbeschränkten Zugang über Sammel-, Forschungs-, Export-

und Nutzungsgenehmigungen bis zum ausnahmslosen Verbot der Entnahme und Ausfuhr jedweden biologischen und genetischen Materials.

Der Ursprung vieler Objekte in den naturwissenschaftlichen Göttinger Universitätssammlungen liegt außerhalb Deutschlands oder Europas, so auch der Ursprung des größten Teiles der Herbarbelege im Göttinger Universitätsherbar. Nur 18 % der Lebendkulturen der Göttinger Sammlung von Algenkulturen stammen aus Deutschland, von 11 % ist die Herkunft bislang unbekannt und lässt sich vermutlich nicht mehr rekonstruieren. Der überwiegende Teil dieser Bestände wurde vor Einführung von CITES-Bescheinigungen und CBD gesammelt.

Zu den vorrangigen Aufgaben biologischer Sammlungen gehört heute, die Ziele der CBD und anderer nationaler und internationaler Gesetze und Vereinbarungen mitzugestalten und umzusetzen. Zur Identifizierung und Klassifizierung besonders bedrohter Arten ist dabei die wissenschaftliche Expertise von Spezialisten unabdingbar. Diese sind häufig an universitären Sammlungen oder Naturkundemuseen tätig und wurden im Freiland, aber auch an Sammlungsmaterial ausgebildet. Gerade die akademischen Sammlungen sind gehalten, dem wissenschaftlichen Nachwuchs auch eine moderne Sammlungsethik zu vermitteln. Erfolgreiche internationale Forschungskooperationen, ergänzt durch den geregelten Zugang zu und Austausch von Material, Technologie- und Know-how-Transfer sind heute die erfolgreichste Grundlage zur Erforschung, Erhaltung und nachhaltigen Entwicklung der weltweiten Biodiversität. Über Jahrhunderte war eine aus Menschensicht möglichst optimale Nutzung biologischer Ressourcen Gegenstand vieler wissenschaftlicher Untersuchungen. Die dringend gebotene Nachhaltigkeitsentwicklung ist dagegen heute zu einem der wichtigsten Forschungsgebiete vieler biologischer und verwandter Fachdisziplinen geworden.

Ecuadorianisch-europäische Forschergruppe bei gemeinsamer Exkursion im Podocarpus-Nationalpark, Ecuador. Foto: Fabian Faßhauer.

ANMERKUNGEN

__ 1 Gary Edson, Museum Ethics, London, New York 1997, S. XXI.

__ 2 Wolfgang Frühwald, Forschungsethik und Museumsethik oder Von guter wissenschaftlicher Praxis, in: Jahrbuch Preußischer Kulturbesitz Bd. XXXIX, 2003, S. 175-186, hier S. 181.

__ 3 Zum ICOM Code vgl. http://icom.museum/who-we-are/the-vision/code-of-ethics.html, abgerufen am 15.1.2012. Vgl. auch die Ethik des Sammelns. Jahrestagung 2010 von ICOM Deutschland. Hg. ICOM Deutschland, (Schriftenreihe zur Museologie 3), Berlin 2011. Neben dem internationalen Kodex gibt es zahlreiche nationale Kodices. Berufsethische Kodices, zu denen auch der ICOM Code gehört, beinhalten die allgemein anerkannten moralischen Orientierungen einer Berufsgruppe, d. h. sie stellen eine selbstverpflichtende Erklärung eines moralischen Handelns in einem bestimmten Bereich dar, haben aber nicht den Status eines allgemeinverbindlichen Gesetzes. Zum museumsethischen Diskurs vgl. auch Janet C. Marstine, The Routledge companion to museum ethics. Redefining ethics for the twenty-first-century museum, Abingdon 2011.

__ 4 Dirk Preuss, … et in pulverem reverteris? Vom ethisch verantworteten Umgang mit menschlichen Überresten in Sammlungen sowie in musealen und sakralen Räumen, München 2007; vgl. auch Sarah Fründt, Die Menschen-Sammler. Über den Umgang mit menschlichen Überresten im Übersee-Museum Bremen. Marburg 2011; Margit Berner, Anette Hoffmann, Britta Lange: Sensible Sammlungen. Aus dem anthropologischen Depot, Hamburg 2011. Zu Mumien in Museen vgl. Bigna Ludwig, Mumien in Museen: ethisch korrekter Umgang bei Konservierung/Restaurierung, Lagerung und Ausstellung, Saarbrücken 2008. Zum Umgang mit menschlichen Präparaten in Sammlungen vgl. Arbeitskreis Menschliche Präparate in Sammlungen, Empfehlungen zum Umgang mit Präparaten aus menschlichem Gewebe in Sammlungen, Museen und öffentlichen Räumen http://www.aerzteblatt.de/archiv/38021, abgerufen am 5.1.2012. An den Anatomischen Instituten der Universitäten ist die Einwilligung zu Lebzeiten Voraussetzung für die Ganzkörperspenden für die Sezierkurse, die Pflichtbestandteil des Medizinstudiums sind.

__ 5 Vgl. Werner Hilgers, Einführung in die Museumsethik (Berliner Schriften zur Museumsforschung, 28), Berlin 2010. Vgl. auch Franz von Benda-Beckmann, Keebet von Benda-Beckmann, Melanie G. Wiber, Changing Properties of Property, New York, Oxford 2006.

__ 6 Vgl. Daniel Graepler, Archäologie und illegaler Kunsthandel. Die Rolle der Universitätssammlungen, in: Wolf-Dieter Heilmeyer, J. Cordelia Eule (Hg.), Illegale Archäologie? Internationale Konferenz über zukünftige Probleme bei unerlaubtem Antikentransfer, 23.-25.5.2003 in Berlin, aus Anlass des 15. Jahrestages der Berliner Erklärung, Berlin 2004, S. 116-130.

__ 7 Zur Völkerkunde in der NS-Zeit vgl. Hans Fischer, Völkerkunde im Nationalsozialismus: Aspekte der Anpassung, Affinität und Behauptung einer wissenschaftlichen Disziplin (Hamburger Beiträge zur Wissenschaftsgeschichte, Bd. 7), Berlin, 1990; speziell zu Göttingen vgl. Renate Kulick-Aldag, Die Göttinger Völkerkunde und der Nationalsozialismus (Göttinger Studien zur Ethnologie, Bd. 4), Hamburg 2000; Ulrich Braukämper, Kolonialethnologie in Göttingen und Witzenhausen, in: Ethnologie und Nationalsozialismus (Veröffentlichungen des Instituts für Ethnologie der Universität Leipzig, Reihe: Fachgeschichte, Bd. 1, hg. von Bernhard Streck), Gehren 2000, S. 193-214; Valerie Pütz, Der Völkerkundler Hans Plischke (1890-1972). Eine akademische Karriere im Kontext völkischer und nationalsozialistischer Diskurse. Hausarbeit zur Erlangung des Magistergrades, Göttingen 2009, 105 S. (unveröffentlicht).

__ 8 Der Beitrag von Beate Herrmann, Die Göttinger »Ethnographische Sammlung Łódź« als Zeugin deutscher und polnischer Zeitgeschichte, wird im bisher noch nicht veröffentlichten Band zum IV. Hannoverschen Symposium NS-Raubgut in Bibliotheken, Museen und Archiven, 9.-11.5.2011 erscheinen.

__ 9 Vgl. Uwe Hartmann, Das Internetportal www.lostart.de – Ziele und Möglichkeiten, in: Kulturgutverluste, Provenienzforschung, Restitution. Sammlungsgut mit belasteter Herkunft in Museen, Bibliotheken und Archiven, hg. von der Landesstelle für nichtstaatliche Museen in Bayern beim Bayerischen Landesamt für Denkmalpflege, München, Berlin 2007, S. 67-78. Zur Arbeitsstelle für Provenienzrecherche/-forschung, die am Institut für Museumsforschung der Staatlichen Museen zu Berlin – Stiftung Preußischer Kulturbesitz angegliedert ist, vgl. http://www.arbeitsstelle-provenienzforschung.de, abgerufen am 30.3.2012. Vgl. auch die 2011 von der Koordinierungsstelle Magdeburg in Zusammenarbeit mit dem ICOM herausgebrachte Checklist on Ethics of Cultural Property Ownership (especially concerning museums collections) unter http://icom.museum/fileadmin/user_upload/pdf/Codes/110825_Checklist_print.pdf, abgerufen am 15.1.2012.

___ 10 Vgl. http://www.sub.uni-goettingen.de/wir-ueber-uns/portrait/geschichte/ermittlung-und-restitution-von-ns-raubgut-der-sub-goettingen, abgerufen am 15.1.2012. Für den Ausstellungskatalog vgl. Bücher unter Verdacht. NS-Raub- und Beutegut an der SUB Göttingen. Katalog der Ausstellung vom 13. Mai bis 10. Juli 2011, bearb. von Nicole Bartels u. a. (Göttinger Bibliotheksschriften 38), Göttingen 2011.

___ 11 Zum Washingtoner Artenschutzabkommen vgl. www.cites.org, abgerufen am 30.3.2012; zur Biodiversitätskonvention www.cbd.int, abgerufen am 30.3.2012.

SAMMLUNGS-PANORAMA

CHRONOLOGISCHE ÜBERSICHT

ALTER BOTANISCHER GARTEN

Wissenschaftliche Disziplin
Botanik

Fakultät
Biologische Fakultät der
Georg-August-Universität
Göttingen

Kontakt
Dr. Michael Schwerdtfeger
Alter Botanischer Garten
Untere Karspüle 2
D-37073 Göttingen
mschwer@uni-goettingen.de
+49-(0)551-39-5755
+49-(0)551-9964651

Öffnungszeiten/Führungen/
Veranstaltungen
Freiland: täglich 8-18.30 Uhr,
Gewächshäuser:
täglich 8-15 Uhr.
Umfangreiches Programm
von Themenführungen und
anderen öffentlichen
Veranstaltungen, Garten-
führungen auf Anfrage.

GRÜNDUNGSDATEN UND -KONTEXT

1736 wurde an der Karspüle der Botanische Garten angelegt. Von dem Mediziner Albrecht von Haller (1708-1777) als *Hortus medicus* konzipiert, wies der Gartenbestand bereits 1743 ca. 1.500 Pflanzenarten auf. Im Zuge der Loslösung der Botanik von der Medizin wurde aus der noch fast spätbarocken Anlage von Heilkräuterbeeten ein wissenschaftlicher botanischer Garten, der im Laufe seiner Geschichte, auch dank enger Beziehungen zum Garten von Herrenhausen und dem englischen Königshaus, wiederholt den Titel des artenreichsten Gartens Deutschlands innehatte.

Durch Zukauf mehrerer Grundstücke jenseits des Stadtwalls erweiterte sich die Anlage auf 4,5 ha. Mehrere der heutigen Gewächshäuser stammen noch aus der ersten Hälfte des 19. Jahrhunderts; das historische Farnhaus (1857) ist ein prachtvolles Baudenkmal viktorianischer Gewächshausbaukunst und konnte 1999-2000 mit Hilfe von Spenden restauriert werden.

1967 wurden im Nordbereich der Universität der Neue Botanische Garten und der Forstbotanische Garten angelegt, zunächst mit dem Ziel, sodann den alten Garten in der Stadt aufzulösen. Heute bilden alle drei Universitätsgärten ein Trio mit idealen Ergänzungen und Synergien: Der Forstbotanische Garten unterhält umfangreiche Gehölzsammlungen, der Experimentelle Botanische Garten bietet Infrastruktur z. B. für ökophysiologische Forschungsprojekte. Im Alten Botanischen Garten findet sich nach wie vor die große Vielfalt von heimischen und tropischen Pflanzen aus aller Welt und zu allen botanischen Themen.

Über seine primäre Aufgabe in Forschung und Lehre hinaus fühlt sich der Garten auch den modernen Aufgaben Öffentlichkeitsarbeit, Natur- und Umweltbildung und dem Artenschutz verpflichtet, und mit ca. 100.000 Besuchern im Jahr ist er die populärste Einrichtung der Universität.

SCHWERPUNKT, CHARAKTERISTIK UND UMFANG DER SAMMLUNGEN

Mit ca. 18.000 Arten und Herkünften steht der Alte Botanische Garten der Universität Göttingen unter 90 botanischen Gärten Deutschlands an zweiter Stelle nach Berlin-Dahlem.

Schwerpunkte: Erhaltungskulturen heimischer Wildpflanzen, Farnpflanzen, Ananasgewächse (Bromelien) etc.

HEUTIGE NUTZUNG

Die Bestände des Botanischen Gartens finden vielfältigen Einsatz in Lehre und Forschung. Die öffentlichen Bereiche stehen Studierenden und Besuchern zum Selbststudium offen; Informationsschilder, Gartenführer und Themenhefte unterstützen den Gartenbesuch. Durch seine starke Medienpräsenz trägt der Garten nicht unerheblich zum Image der Universität bei.

Alle drei Gärten werden unterstützt durch den Förderverein *Freunde der Botanischen Gärten in Göttingen e. V.*

Der Medicinische Universitæts Garten zu Göttingen.

Theatrum Anatomicum. Hr: Hofr: und Leib Medici Hallers Wohnung.
Königl. Universitæts Reithaus oder Marstall. Universitæts Kirche.
Johan Kirche, im Gabriel, das Wehnder Thor, der Wall.

Le Jardin medicinale de l'Université dans la Ville de Gottingue.
Theatru Anatomicum, oder D. Halleri Consil: aul: et Archiatri Regy: Prof:
ünat: et Botan: Regius Acad: Hippodromus, Templu Academiæ. Templum
S: Johanis, Pars urbis im Gabriel dicta, Porta Wehndensis, Vallum.

Oben: Der *Hortus medicus* Albrecht
von Hallers um 1743. Seitenverkehr-
tes Guckkastenkupfer nach Georg
Daniel Heumann, 1743, 47 × 35 × 1 cm.
Foto: Martin Liebetruth.

Unten: Azurblauer Baumsteiger
Dendrobates azureus, ein Vertreter
der artenreichen Regenwälder Süd-
amerikas, Terrarium mit Bromelien
und Pfeilfröschen. Foto: Michael
Schwerdtfeger.

Gartenmeister Carl Bonstedt hinterließ Hunderte eindrucksvolle Pflanzenporträts,
hier ein tropischer Farn mit Junge als Größenvergleich, um 1910, Fotoplatte 19 × 14 cm.
Foto: Gabriele G. Weis.

GEOWISSENSCHAFTLICHES MUSEUM

Wissenschaftliche Disziplin
Geologie, Paläontologie,
Mineralogie, Zoologie,
Botanik

Fakultät
Fakultät für Geowissenschaften
und Geographie der Georg-
August-Universität

Kontakt
Dr. Mike Reich
Prof. Dr. Joachim Reitner
Geowissenschaftliches Zentrum
Goldschmidtstr. 1-5
D-37077 Göttingen
mreich@gwdg.de und
geomuseum@gwdg.de
+49-(0)551-39-7998,
39-7963 und 39-7951

**Öffnungszeiten/Führungen/
Veranstaltungen**
Mo-Fr 9-17 Uhr,
So 10-13 Uhr.
Zusätzlich jeden ersten So
im Monat 10-16 Uhr.
Geopark: täglich 6-19 Uhr
(auf eigene Gefahr).
Führungen nach Vereinbarung
möglich. Monatlich (erster
Sonntag im Monat) »Aktions-
sonntage« mit wechselnden
Themen sowie populärwissen-
schaftlichen Vorträgen und
speziellen Führungen. Auch
Kindergeburtstage und jährlich
mehrere »Museumsnächte« für
unterschiedliche Zielgruppen.

TEILSAMMLUNGEN [ANZAHL DER OBJEKTE UND SERIEN]

(1) Historische Geowissenschaften [~ 5.000], (2) Geowissenschaftliche Archivalia [~ 80.000], (3) Systematische Paläontologie der Invertebraten [~ 250.000], (4) Systematische Paläontologie der Vertebraten [~ 100.000], (5) Systematische Paläontologie der Spurenfossilien [~ 12.000], (6) Mikropaläontologie [~ 2.000.000], (7) Paläobotanik [~ 40.000], (8) Paläontologisches, Geologisches und Mineralogisches Typus- und Originalmaterial [~ 100.000], (9) Präkambrische und Phanerozoische Fossillagerstätten [~ 55.000], (10) Bernsteinsammlungen (inkl. der Königsberger Bernsteinsammlung) [~ 30.000], (11) Stratigraphie und Regionale Geologie [~ 1.000.000], (12) Geowissenschaftliche Sammlung des Adolfinums Bückeburg (Max Ballerstedt) [~ 1.500], (13) Geologie, Sedimentologie, Petrographie und Petrologie [~ 100.000], (14) Naturwerksteine [~ 5.000], (15) Lagerstättenkunde [~ 30.000], (16) Systematische Mineralogie [~ 300.000], (17) Technische Mineralogie [~ 5.000], (18) Kristallographie [~ 2.000], (19) Edelsteine/Gemmologie [~ 1.000], (20) Meteoritenkunde [~ 1.500], (21) Lehrsammlungen zur Geologie, Paläontologie und Mineralogie [~ 10.000].

GRÜNDUNGSDATEN UND -KONTEXT

Die Wurzeln der geowissenschaftlichen Sammlungen in Göttingen reichen bis zu einem ersten *Naturalienkabinett* in die Zeit der Universitätsgründung (1737) zurück. Der Grundstock der Sammlungen wurde 1734 durch Samuel Christian Hollmann (1696-1787) gelegt. Weitere Zuwächse mit Gründung (1773) des *Königlichen Academischen Museums*, das Abteilungen mit Petrefacten (= Fossilien) und Gesteinen sowie Mineralien umfasste. Erster ›Unteraufseher‹ (später ›Oberaufseher‹) des Museums wurde 1776 Johann Friedrich Blumenbach (1752-1840). In jener Zeit weitere bedeutende Zugänge (1777 bzw. 1781) mit den Naturalien- bzw. Mineraliensammlungen von Gottfried Wilhelm Leibniz (1646-1716), Christoph Andreas Schlüter (1673-1744) sowie Georg Andreas Stelzner (1725-1802); zahlreiche andere folgten.

Nach mehreren Umzügen 1793, 1862 und 1866 konnten ab 1877 die *Geognostisch-paläontologische* sowie die *Mineralogische Sammlung* zusammen mit den Sammlungen zur Zoologie und Völkerkunde erstmals auf einer größeren Ausstellungsfläche (*Naturhistorisches Museum Göttingen*) gezeigt werden. Nach erneuter Trennung der Sammlungen aus Platzgründen (1929) erfolgte 1971 (Mineralogie) und 1974 (Geologie/Paläontologie) der Umzug in neue Gebäude im Nordbereich der Universität (Goldschmidtstraße).

1999-2001 wurden die Sammlungen und Museen der Mineralogischen Anstalten und der Göttinger Geologischen Institute (Institut und Museum für Geologie und Paläontologie + Institut für Geologie und Dynamik der Lithosphäre) zu einer Einheit zusammengeführt.

SCHWERPUNKTE, CHARAKTERISTIK UND UMFANG DER SAMMLUNGEN

Mehr als 4 Millionen Objekte und Serien sowie Dokumente mit nachfolgenden Schwerpunkten:
– Typus- und Originalmaterial zu mehr als 3.000 Veröffentlichungen seit 1724
– wissenschaftshistorische Bestände des 17. und 18. Jahrhunderts (z. B. Leibniz, Blumenbach)

- Bernsteinsammlungen
- Regionale Geologie, Paläontologie, Mineralogie und Lagerstättenkunde (Niedersachsen, Deutschland, Europa)
- Systematische Paläontologie (Niedersachsen, Deutschland, Europa)
- weltweite Fossillagerstätten
- Meteoritensammlung

Die Universität Göttingen beherbergt damit nach den Naturkundemuseen in Berlin, Frankfurt a. M. und Stuttgart wohl die viertgrößte geowissenschaftliche Sammlung in Deutschland sowie die größte geowissenschaftliche Universitätssammlung.

HEUTIGE NUTZUNG

Die geowissenschaftlichen Sammlungen sind intensiv in Forschung und Lehre eingebunden. Jährlich mehrere Hundert Nutzungsanfragen in- und ausländischer Wissenschaftler sowie Vor-Ort-Besucher hinsichtlich des vorhandenen Typusmaterials sowie weiterer Objekte (insbesondere Bernstein und Meteoriten).

Es gibt vielfältige Ausstellungstätigkeiten, Dauerausstellungen sowie jährlich ein bis zwei wechselnde Sonderausstellungen zu verschiedensten Themenbereichen auf knapp 1.500 m². Außerdem Kooperation und Einbindung in zahlreiche nationale sowie internationale Sonderausstellungstätigkeiten.

GEOPARK

GRÜNDUNGSDATEN UND -KONTEXT

Die Pläne und Entwürfe für den Göttinger Geopark entstanden 1988/1989. Seit 1990 konnten mehr als 20 verschiedene Themengruppen realisiert werden. Die parkähnliche Anlage des Göttinger Geoparks zeigt auf gut 5 ha Fläche im Umfeld des Geowissenschaftlichen Zentrums der Universität Göttingen große geologische Objekte aus der erdgeschichtlichen Vergangenheit und künstlerische Modelle sowie Gehölz-Anpflanzungen (in Zusammenarbeit mit dem Forstbotanischen Garten).

SCHWERPUNKTE, CHARAKTERISTIK UND UMFANG DER SAMMLUNGEN

Mehr als 200 Großobjekte mit nachfolgenden Schwerpunkten: (1) Sedimentgesteine, (2-3) Tiefen- und Ergußgesteine sowie (4) fossile Saurierfährten.

HEUTIGE NUTZUNG

Der Geopark ist in die Lehre sowie in die Öffentlichkeitsarbeit – auch mit umweltbildenden Maßnahmen – intensiv eingebunden. Jährlich hat er Tausende Besucher.

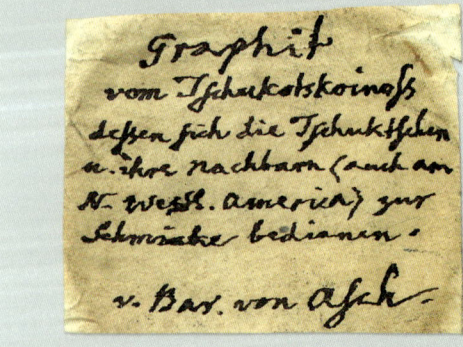

Im Tertiär in Form von Basalt-
säulen entstandene vulkani-
sche Ergusssteine im Geopark
Göttingen, im Hintergrund
das Geowissenschaftliche
Institut.

Tertiärzeitliche teilverkieselte
Mammutbaum-Stubben von
Sequoioxylon gypsaceum, Tage-
bau Espenhain bei Leipzig,
Deutschland. Im subtropi-
schen Klima vor ca. 28 Millionen Jahren wuchsen in der
Nähe ausgedehnter Sumpf-
bereiche Mammutbäume bis
zu 40 Meter hoch. Geopark
Göttingen, Inv.-Nr. GPG.148
bis 151.

Fotos: Stephan Eckardt.

Seite links

Links (von oben nach unten):
Hautstück eines (Eis-)mumifizierten Kadavers (»Adams-Mammut«) des Wollhaarigen Mammuts *Mammuthus primigenius*
(Blumenbach, 1799) nebst angehängtem Originaletikett, wohl von der Hand Wilhelm Gottlieb Tilesius von Tilenaus (1769-1857),
Pleistozän, ca. 34.450 Jahre alt [genaue AMS C14-Datierung], Lena-Delta, Sibirien, gefunden 1799, geborgen 1806, Hautstück
ca. 8 × 6,5 × 1 cm, Inv.-Nr. GZG.V.010302.

Unterseite eines Backenzahns (m1) des Wollhaarigen Mammuts *Mammuthus primigenius* aus der Kollektion von Gottfried
Wilhelm Leibniz, Pleistozän, ca. 34.240 Jahre alt [genaue AMS C14-Datierung], Thiede bei Salzgitter, Deutschland, vor 1691,
12 × 8,5 × 17 cm, Inv.-Nr. GZG.HST.0500.

Graphit aus der Kollektion von Baron Georg Thomas von Asch, Tschukotka (Tschuktschen-Halbinsel), Föderationskreis Fernost,
Russland, 1778-1807, 5,5 × 3 cm, Inv.-Nr. GZG.HST.0459.

Originaletikett des Graphits aus der Kollektion von Aschs, von der Hand Johann Friedrich Blumenbachs (»Graphit vom
Tschukotskoinaß deßen sich die Tschuktschen u. ihre nachbarn (auch am N. Westl. America) zur Schminke bedienen ...«),
4,4 × 3,4 cm, Inv.-Nr. GZG.HST.0459.

Rechts (von oben nach unten):
»Menschliches Idol« aus der Fundsuite der sogenannten »Schwarzorter Funde« – den ältesten bekannten Bernstein-Schnitzereien
aus dem Ostseeraum, End-Neolithikum, ca. 2.500 v. u. Z., Kurisches Haff bei Schwarzort/Ostpreußen (heute Juodkrantė/
Litauen), Baltischer Bernstein, ca. 45 Millionen Jahre alt, ca. 14 × 5,5 × 1,5 cm, Inv.-Nr. GZG.BST.10016.

Der achondritische Steinmeteorit Chassigny (Synonyma: Langres, Shassini) ist der erste Meteorit, der als vom Mars kommend
identifiziert wurde, Fall am 3.10.1807 um 8:00 Uhr, Chassigny, Département Haute-Marne, Frankreich, ∅ 5,5 × 2 cm [Röhrchen],
Inv.-Nr. GZG.ME.00432. Fotos: GZG, Göttingen.

SAMMLUNG HISTORISCHER GEGENSTÄNDE
AM INSTITUT FÜR ASTROPHYSIK

Wissenschaftliche Disziplin
Geschichte der Astronomie und
der Naturwissenschaften

Fakultät
Fakultät für Physik der Georg-
August-Universität Göttingen

Kontakt
Dr. Klaus Reinsch
Institut für Astrophysik
Friedrich-Hund-Platz 1
D-37077 Göttingen
reinsch@astro.physik.
uni-goettingen.de
+49-(0)551-39-4037

**Öffnungszeiten/Führungen/
Veranstaltungen**
Die Ausstellung kann
während der öffentlichen
Führungen am Institut
besichtigt werden (ca. einmal im Monat). Weitere
Öffnungszeiten und Füh-
rungen nach Vereinbarung.

GRÜNDUNGSDATEN UND -KONTEXT

Die Sammlung geht auf eine der ältesten Einrichtungen der Göttinger Universität, die 1748 gegründete Sternwarte, zurück und dokumentiert zweieinhalb Jahrhunderte Wissenschaftsgeschichte
sowie das Wirken herausragender Göttinger Wissenschaftler, wie Tobias Mayer (1723-1762), Carl
Friedrich Gauß (1777-1855) und Karl Schwarzschild (1873-1916). Sie umfasst einen umfangreichen
Bestand von Gegenständen und Instrumenten aus dem 17. bis 20. Jahrhundert, die für astrono-
mische und geodätische Messungen sowie für andere wissenschaftliche Untersuchungen an der
Göttinger Universitäts-Sternwarte verwendet wurden. Etliche Objekte wurden von angesehenen
Instrumentenbauern ihrer Zeit (u. a. in Göttingen) gefertigt. Viele bis heute klangvolle Namen
wie Bird, Fraunhofer, Gauß oder Herschel sind durch überkommene Instrumente vertreten. Zu-
dem bewahrt das Institut eine Anzahl von Erinnerungsstücken an Carl Friedrich Gauß, den ersten
Direktor der 1816 fertiggestellten neuen (heute historischen) Sternwarte, auf. Im Jahr 2005 ist
die Sammlung mit dem Institut für Astrophysik in den gemeinsamen Neubau der Fakultät für
Physik auf dem Nordcampus der Universität umgezogen.

SCHWERPUNKT, CHARAKTERISTIK UND UMFANG DER SAMMLUNGEN

Mehr als 300 historische Objekte, die an der Göttinger Universitäts-Sternwarte entwickelt oder
verwendet wurden bzw. durch Schenkungen an das Institut gelangt sind.

HEUTIGE NUTZUNG

Ein Teil der Sammlung ist im Eingangsbereich sowie in der Bibliothek des Instituts für Astrophysik ausgestellt und dort in begrenztem Rahmen (s. l.) öffentlich zugänglich. Da die überlieferten Instrumente nicht mehr den heutigen Arbeitsmethoden in der Astrophysik entsprechen, wird
die Sammlung derzeit nicht für die Forschung und Lehre genutzt.

Seite links

Oben: Ausziehbares Taschenteleskop mit Gravur, Privatbesitz Carl Friedrich Gauß, Hersteller: Utzschnei-
der, Reichenbach, Fraunhofer, Benediktbeuren, 1815, Holz-/Messingtubus (Länge ausgezogen 69 cm),
mehrlinsiges Objektiv in Messingfassung, Öffnung 3,5 cm, Brennweite 43 cm, Inv.-Nr. G.025.

Mitte links: Original Kupfer-Druckplatte aus Tobias Mayers unvollendetem Mondglobus-Projekt, Georg
Martin Preissler und Nachfolger, Nürnberg, 1750-1760, Kupfer, 33-38 × 13-19 × 0,1 cm, Inv.-Nr. D.050.

Mitte rechts: Abdruck eines Segments aus Tobias Mayers unvollendetem Mondglobus-Projekt, Handschriftenabteilung der SUB, Göttingen, Sig.: Cod. Ms. T. Mayer 15,52. Foto: Martin Liebetruth.

Unten: Holzkasten mit 6 Druckplatten (Segmente Nr. 1, 2, 3, 7, 8, 9) des geplanten 12-teiligen Mond-
globus von Tobias Mayer, Holz, Schlüssel mit Elfenbeinanhänger, 43 × 18 × 21 cm, hergestellt nach Tusch-
vorlagen der Mondoberfläche von Mayer, nach eigenen Messungen und Beobachtungen gezeichnet. Wegen
seines frühen Todes konnte er nur 6 Segmente fertigstellen. Inv.-Nr. D.050.

Fotos: Stephan Eckardt.

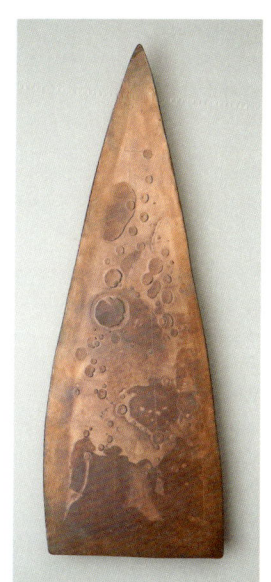

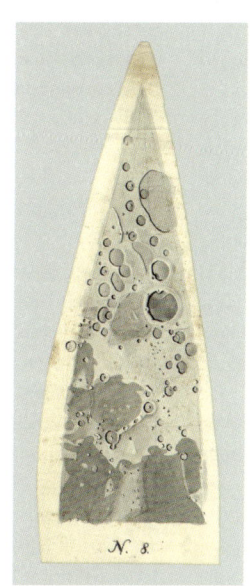

DIPLOMATISCHER APPARAT (APPARATUS DIPLOMATICUS)

Wissenschaftliche Disziplin
Historische Hilfswissenschaften

Fakultät
Philosophische Fakultät der
Georg-August-Universität
Göttingen

Kontakt
Prof. Dr. Hedwig Röckelein
Dr. Jörg Bölling
Kulturwiss. Zentrum
Heinrich-Düker-Weg 14
(Postadresse: Humboldtallee 19)
Diplomatischer Apparat
D-37073 Göttingen
hroecke@gwdg.de
joerg.boelling@phil.uni-
goettingen.de
+49-(0)551-39-24674

**Öffnungszeiten/Führungen/
Veranstaltungen**
Benutzung entsprechend der
Website nach Vereinbarung.

TEILSAMMLUNGEN

Sammlung von Urkunden, Handschriften und Fragmenten; Sammlung von Originalsiegeln und Siegelabgüssen; Sammlung von Ablichtungen und Nachbildungen für die Urkundenlehre (Diplomatik) sowie für die Schrift-, Handschriften-, Siegel- und Wappenkunde (Paläographie, Kodikologie, Sphragistik und Heraldik); Bibliothek mit Monographien und laufenden Zeitschriften für sämtliche Bereiche der Historischen Hilfswissenschaften (neben den genannten Disziplinen u. a. auch Quellenkunde, Aktenkunde, Buchwissenschaft, Epigraphik, Numismatik, Genealogie und Chronologie).

GRÜNDUNGSDATEN UND -KONTEXT

Bereits im 18. Jahrhundert existierte ein didaktisch ausgerichtetes *Diplomatisches Cabinet*, das der Diplomatik (s. o.) diente, aber auch Handschriften, Siegel und Kupferstich-Reproduktionen beherbergte. Noch im heutigen, 1802 begründeten Apparat bilden Papst-, Kaiser-, Königs- sowie geistliche, dynastische, städtische und bürgerliche Privaturkunden den Grundbestand. Im 19. und 20. Jahrhundert wurde die Sammlung von engagierten Wissenschaftlern, die Forschung und Lehre durch anschauliche Realien zu verbinden suchten, um zahlreiche weitere Objekte, darunter nun auch bedeutende Textfragmente verschiedenster alter und neuer, inner- und außereuropäischer Sprachen und Kulturen sowie Reproduktionen, erweitert.

Bekannte Leiter dieser Einrichtung waren u. a. Johann Christoph Gatterer (im Amt 1759-1799), der Begründer der Historischen Hilfswissenschaften in Göttingen und dadurch in Deutschland, Jacob Grimm (1835-1837), Paul Fridolin Kehr (1895-1903), Wilhelm Meyer (1895-1917), Karl Brandi (1902-1946), Alfred Hessel (1924-1935) und Hans Goetting (1964-1976).

SCHWERPUNKT, CHARAKTERISTIK UND UMFANG DER SAMMLUNGEN

875 Originalurkunden, 6 Originalhandschriften, 573 originale Handschriftenfragmente, 67 einzeln überlieferte Originalsiegel, 144 Siegelabgüsse sowie zahlreiche Faksimile-Editionen, Fotografien, Diapositive, digitalisierte Abbildungen und Karten.

HEUTIGE NUTZUNG

Der Diplomatische Apparat dient seit jeher vor allem der Lehre und wird dementsprechend noch heute in den geschichtswissenschaftlichen Studiengängen eingesetzt – in Analogie zu seiner Frühzeit zunehmend auch fächerübergreifend. Die externe wie interne Forschung widmet sich zum einen einzelnen Objekten, zum anderen der institutions- und personenbezogenen Wissenschaftsgeschichte.

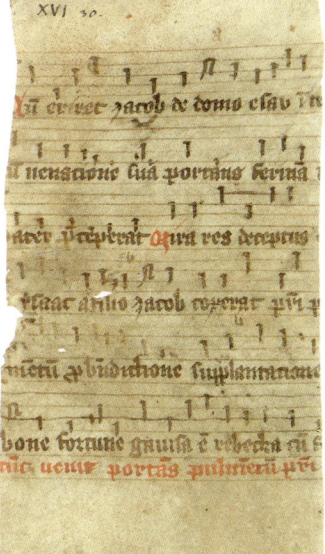

Oben: Meister Eckhart: Predigt 5b, erstes Viertel des 14. Jahrhunderts, Pergament, Blattgröße 142 × 102 mm (Schriftraum 109 × 78 mm), Inv.-Nr. 10 E IX Nr. 18, links: recto, rechts: verso. Dieses Fragment bildet den ältesten, noch zu Lebzeiten Meister Eckharts (um 1260–1328) angefertigten Textzeugen einer seiner Predigten und ist zugleich eine der frühesten Abschriften der gesamten Eckhart-Überlieferung.

Mitte: ›Tochter Sion-Traktat‹ (Prosafassung), um 1400 (?), Pergament, Blattgröße ca. 140 × 100 mm (Schriftraum 108 × 75 mm), Inv.-Nr. 10 E IX Nr. 20, links: recto, rechts: verso. Der hier überlieferte Text stellt offenbar eine bisher nicht vollständig bekannte, eng an der lateinischen Vorlage orientierte Prosa-Fassung dar.

Unten: ›Göttinger Spielfragment von Jakob und Esau‹, vermutl. Ende 14. Jh., Pergament, Blattgröße 145 × [85] mm (Schriftraum 110 × [85] mm), Inv.-Nr. 10 E XVI Nr. 30, links: recto, rechts: verso. In Anlehnung an Genesis 27, 30–36 berichtet ein – von einem eigenen Ensemble vorzutragender – lateinischer Gesang von der Täuschung des blinden Isaak durch seinen Sohn Jakob (Vorderseite, mit Musik in sogenannter Hufnagelnotation auf 5 Linien), worauf ein mittelniederdeutsch-lateinischer Dialog zwischen Isaak und Esau folgt, der die Täuschung aufdeckt (Rückseite, mit roten ›Regieanweisungen‹).

Fotos: Martin Liebetruth.

SAMMLUNG DER GIPSABGÜSSE ANTIKER SKULPTUREN

Wissenschaftliche Disziplin
Klassische Archäologie

Fakultät
Philosophische Fakultät der
Georg-August-Universität
Göttingen

Kontakt
Dr. Daniel Graepler
Archäologisches Institut
Nikolausberger Weg 15
D-37073 Göttingen
dgraepl@gwdg.de
+49-(0)551-39-7497

**Öffnungszeiten/Führungen/
Veranstaltungen**
So 10-13 Uhr.
Führungen an jedem zweiten
Sonntag im Monat
um 11.15 Uhr
und nach Vereinbarung.
Im Sommersemester jeden
Sonntag um 11.15 Uhr
Vortrag zu einem Objekt
bzw. Objektbereich
aus der Sammlung.

TEILSAMMLUNGEN

Sammlung der Gipsabgüsse, Sammlung der Gemmenabdrücke, Formenarchiv.

GRÜNDUNGSDATEN UND -KONTEXT

Der Grundstock der Sammlung wurde von Christian Gottlob Heyne (1729-1812) gelegt. Mit seiner seit 1767 regelmäßig gehaltenen Vorlesung über das »Studium der Antike« begründete er die Archäologie als akademische Disziplin. Dazu erwarb er Gipsabgüsse berühmter antiker Skulpturen, die er in der Universitätsbibliothek aufstellen ließ. Von Karl Otfried Müller (1797-1840) wurde ein eigener Antikensaal für die Sammlung eingerichtet und diese um bedeutende Neuerwerbungen erweitert, darunter zahlreiche Abgüsse der Athener Parthenon-Skulpturen aus dem Britischen Museum in London. Bis zum Ersten Weltkrieg und dann wieder ab den 1970er Jahren wurde die Sammlung systematisch ausgebaut. Heute zählt sie zu den größten ihrer Art weltweit.

Gipsabgüsse großformatiger Skulpturen waren zu Heynes Zeiten noch schwer erhältlich. Dagegen hatte sich bereits seit Mitte des 18. Jahrhunderts ein reger Handel mit Abdrücken antiker und neuzeitlicher geschnittener Steine (Gemmen und Kameen) entwickelt. Heyne erwarb 1763 die wichtigste Abdruckedition, die »Lippert'sche Daktyliothek«, für die Universität. Unter seiner Ägide und durch seine Nachfolger gelangten bis in die Mitte des 19. Jahrhunderts weitere derartige Sammlungen mit Tausenden von Gemmen-Abdrücken aus Gips, rot gefärbtem Schwefel und anderen Materialien nach Göttingen. Wohl nur die Universität Oxford verfügt über ähnlich reiche Bestände dieser wissenschaftsgeschichtlich höchst bedeutsamen Gattung.

SCHWERPUNKT, CHARAKTERISTIK UND UMFANG DER SAMMLUNGEN

Seit den ersten Erwerbungen Heynes 1767 ist die Sammlung der Gipsabgüsse bis heute auf über 2.000 Objekte angewachsen. Sie bietet einen sehr dichten Überblick über die Geschichte der griechischen und römischen Skulptur vom 7. Jahrhundert v. Chr. bis in die Spätantike, enthält aber auch einzelne ägyptische, altorientalische und byzantinische Beispiele. Ein Schwerpunkt liegt auf der antiken Porträtkunst.

Die Sammlung der Gemmenabdrücke umfasst ca. 12.000 Abdrücke antiker und antikisierender geschnittener Steine.

Die Abguss-Sammlung verfügt auch über einen Bestand von ca. 150 Negativformen, aus denen in der institutseigenen Werkstatt Abgüsse zu Forschungszwecken und für den Tausch mit anderen Sammlungen hergestellt werden.

HEUTIGE NUTZUNG

Die Sammlung der Gipsabgüsse spielt eine zentrale Rolle in Forschung und Lehre des Archäologischen Instituts. Als Virtuelles Antikenmuseum VIAMUS (www.viamus.de) ist sie vollständig über das Internet abrufbar und auch für ein breiteres Publikum didaktisch aufbereitet.

Oben links: Rekonstruktion eines Bildnisses des Kaisers Commodus aus Fragmenten in der Villa Hadriana in Tivoli und im Merseyside County Museum Liverpool, E. Funk nach Angaben von K. Fittschen, 1986, Gips, Höhe mit Sockel 36 cm, Inv.-Nr. A 1499 c. Die Fragmente wurden in Göttingen im Abguss wieder zusammengefügt. Ein Jugendbildnis des späteren Kaisers, entstanden um 177 n. Chr., konnte auf diese Weise wiedergewonnen werden.

Oben rechts: Abguss eines Kameos mit der Darstellung eines römischen Herrschers im Typus Alexanders des Großen, ehemals Cammin (Pommern), Domschatz, Höhe 6,4 cm, Gips. Das Original des historisch sehr bedeutsamen Kameos wurde 1945 vernichtet und ist außer durch Fotos nur noch durch diesen Abguss aus dem 19. Jh. in der Göttinger Sammlung dokumentiert.

Mitte: Keilform und Abguss des sogenannten Hippokrates-Porträts, B. Koch, Göttingen, um 1960, Gips, abgebildetes Arrangement etwa 35 × 40 × 30 cm, Inv.-Nr. A 1365 a. Vor der Einführung von Silikon als Abgussmaterial mussten Gipsabgüsse mit Hilfe kleinteiliger Keilformen aus Gips hergestellt werden.

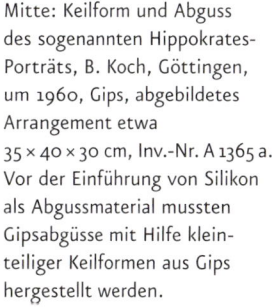

Unten: Galvanoplastische Nachbildung eines römischen Silberbechers mit der Darstellung griechischer Dichter und Philosophen als Skelette, Fa. Haek, Paris, 1904/1905, Metall, Höhe 10,5 cm, Inv.-Nr. A 949. Die galvanoplastische Technik erlaubt die in hohem Maße originalgetreue Nachbildung archäologischer Metallfunde.

Fotos: Stephan Eckardt.

KUNSTSAMMLUNG

Wissenschaftliche Disziplin
Kunstgeschichte

Fakultät
Philosophische Fakultät der
Georg-August-Universität
Göttingen

Kontakt
Dr. des. Anne-Katrin Sors
Kunstsammlung und Kunst-
geschichtliches Seminar
Nikolausberger Weg 15
D-37073 Göttingen
asors@gwdg.de
+49-(0)551-39-5093

**Öffnungszeiten/Führungen/
Veranstaltungen**
So 10-13 Uhr.
Jeden ersten Sonntag im
Monat wird ein »Kunstwerk
des Monats« von Studierenden
oder Lehrenden der Kunst-
geschichte öffentlich
vorgestellt.

TEILSAMMLUNGEN

Graphisches Kabinett (Zeichnungen und Druckgraphik), Gemäldesammlung, Skulpturensammlung, Videosammlung.

GRÜNDUNGSDATEN UND -KONTEXT

Bereits 1736 vermachte der Frankfurter Patrizier Johann Friedrich Armand von Uffenbach (1687-1769) der eben gegründeten Georgia Augusta in juristischer Form einen großen Teil seiner Sammlungen, darunter 10.000 Blatt Druckgraphik sowie 1.000 Zeichnungen. Nach Uffenbachs Tod erreichte die Stiftung 1770 Göttingen. Zu Beginn stand die Sammlung unter der Obhut des Universitätsbibliotheksdirektors Christian Gottlob Heyne (1729-1812), der die Verwaltung 1784 an den Universitätszeichenlehrer Johann Dominicus Fiorillo (1748-1821) abgab, der sich der Kunsttheorie zuwandte und Vorlesungen »mit Benutzung der academischen Gemählde- und Kupferstich-Sammlung« abhielt.

1796 gelangte die Stiftung des Johann Wilhelm Zschorn (1714-1795), Sekretär am Oberappellationsgericht in Celle, an die Georgia Augusta. Sie umfasste 270 Gemälde, vorwiegend niederländischer Meister, die er testamentarisch in den Dienst der akademischen Ausbildung stellte.

Im Laufe des 19. und 20. Jahrhunderts bereicherten zahlreiche weitere Stiftungen die Kunstsammlung, aber auch einige Ankäufe waren möglich. So entstand in den 1920er und 1930er Jahren durch finanzielle Unterstützung v. a. des Unibundes eine kleine, aber feine Sammlung von mittelalterlichen und frühneuzeitlichen Skulpturen. Der Kunstsammlung zugedachte Berufungsmittel ermöglichten Ende der 1990er Jahre den Kauf von ca. 150 Videos international renommierter Künstler.

SCHWERPUNKT, CHARAKTERISTIK UND UMFANG DER SAMMLUNGEN

Das Kupferstichkabinett bildet mit 15.000 Blatt Druckgraphik sowie 2.500 Zeichnungen den weitaus umfangreichsten Bestand der Kunstsammlung.

Die Gemäldesammlung umfasst rund 300 Gemälde, die Skulpturensammlung ca. 30 mittelalterliche und frühneuzeitliche Holzskulpturen sowie zahlreiche Marmor- und Gipsporträts, die zum großen Teil bedeutende Persönlichkeiten aus der Geschichte der Georgia Augusta darstellen.

HEUTIGE NUTZUNG

Auf ca. 500 qm im 2. OG des Auditoriums sind – stets wechselnd – Gemälde, Holzskulpturen sowie zahlreiche Marmor- und Gipsporträts ausgestellt.

Aus dem umfangreichen Bestand des Kupferstichkabinettes werden in Zusammenarbeit mit Studierenden regelmäßig Ausstellungen organisiert, stets von einem wissenschaftlichen Katalog begleitet.

Alle Teilsammlungen werden für die Lehre am kunstgeschichtlichen Seminar herangezogen, derzeit findet jedes Semester ein Seminar mit Restaurierungsstudierenden der HAWK Hildesheim statt.

In die internationale Forschung ist die Sammlung sowohl durch Leihgaben für Sonderausstellungen als auch durch wissenschaftlichen Schriftverkehr eingebunden.

Oben links: Pippilotti Rist, Videotape »I'm not the girl who misses much«, limitierte Edition »Luxus-schachtel«, 1986, Inv.-Nr. F-Ris 792/900/1. Foto: Birgit Arnu.

Oben rechts: Stehende Madonna, Holzskulptur, 14. Jh., 10 × 42 cm. Foto: Stephan Eckardt.

Unten links: »Der Reiche und der Tod«, Simon Floquet, 1630/1635, Öl auf Kupfer, 25 × 28 cm, Inv.-Nr. GG 028. Foto: Birgit Arnu.

Unten rechts: »Rhinozeros«, Albrecht Dürer, um 1515, Holzschnitt, 296 × 212 mm, Inv.-Nr. KS 140. Foto: Birgit Arnu.

ETHNOLOGISCHE SAMMLUNG DES INSTITUTS FÜR ETHNOLOGIE

Wissenschaftliche Disziplin
Ethnologie

Fakultät
Sozialwissenschaftliche Fakultät
der Georg-August-Universität
Göttingen

Kontakt
Dr. Gundolf Krüger
Institut für Ethnologie
Theaterplatz 15
D-37073 Göttingen
gkrueger@gwdg.de
+49-(0)551-39-7894

**Öffnungszeiten/Führungen/
Veranstaltungen**
So 10-13 Uhr.
Werktags nach Vereinbarung.
Regelmäßige Führungen,
Vorträge und museumspäda-
gogische Angebote.
Summer Schools.

TEILSAMMLUNGEN

Cook/Forster-Sammlung und Baron-von-Asch-Sammlung, 18. Jahrhundert.

GRÜNDUNGSDATEN UND -KONTEXT

Während die meisten deutschen Völkerkunde-Museen während der Kolonialzeit gegründet wurden und sich die Ethnologie an den Universitäten als akademische Disziplin erst in der Folgezeit
etablierte, setzte in Göttingen eine Beschäftigung mit ethnologischen Themen bereits in der
zweiten Hälfte des 18. Jahrhundert ein. Kurz nach der Inauguration der Universität im Jahr 1737
führte man hier neben allgemein-kulturhistorischen bereits kulturvergleichende Forschungen durch,
die sich auf die Begegnung mit fremden Völkern bezogen.

Cook/Forster-Sammlung: Dank der Initiative Johann Friedrich Blumenbachs (1752-1840) ist die
Ethnographische Sammlung von den Seereisen des englischen Kapitäns James Cook (1728-1779)
sowie seiner wissenschaftlichen Begleiter Johann Reinhold Forster (1729-1798) und dessen Sohn
Georg (1754-1794) nach Göttingen gelangt. Die Sammlung umfasst ca. 500 Objekte aus dem pa-
zifischen Raum. Die Universität ist damit im Besitz der weltweit größten Sammlung kultureller
Zeugnisse von den drei Südsee-Expeditionen Cooks, welche das vorkoloniale Leben im Pazifik dokumentieren.

Baron von Asch-Sammlung: Diese geht auf den russischen Arzt Baron Georg Thomas von Asch
(1729-1807) zurück, der in Göttingen studiert hatte. Durch Vermittlung von Christian Gottlob
Heyne (1729-1812) kam sie nach Göttingen. Die etwa 180 ethnographischen Objekte zählen zu
den frühesten Kulturzeugnissen vor allem arktischer Völker. Die Sammlung Asch liefert uns heute
ethnologisch wertvolle Einblicke in die kulturellen Traditionen der Völker des Nordens.

SCHWERPUNKTE, CHARAKTERISTIKA UND UMFANG DER SAMMLUNGEN

Wertvolle Altbestände (ca. 2.000 Objekte) aus der Zeit des *Academischen Museums* (1773-1840);
kolonialzeitliche Erwerbungen um die Wende des 19./20. Jahrhunderts (z. B. Skulpturen aus Afrika
und der Südsee); Sammlungen auf der Grundlage von ethnologischen Feldforschungen seit der
Mitte des 20. Jahrhunderts. Insgesamt: 18.000 Objekte.

HEUTIGE NUTZUNG

Die Ethnologische Sammlung gilt als die älteste Lehr- und Forschungssammlung ihrer Art im
deutschsprachigen Raum. Sie spiegelt die kulturellen Leistungen und künstlerischen Schöpfungen
einer Vielzahl außereuropäischer Ethnien wider. Diese Einblicke in fremde Lebenswelten berühren
nicht nur die Vergangenheit, sie lassen auch Bezüge zur Gegenwart zu. Insofern wird die Sammlung als wissenschaftliche wie auch als berufspraktische Einrichtung begriffen. Sie wird für den
Hochschulunterricht und für die Museumsausbildung von Studierenden sowie im Rahmen internationaler Kooperationsprojekte genutzt.

Oben links: Keule *patu meremere (paraoa)*, Maori, 18. Jh., Neuseeland (Aotearoa), Oktober/ November 1774 (Zweite Südsee-Expedition von James Cook, 1772-1775); Nachlass von Johann Reinhold Forster, Walknochen, geflochtene Schnur aus Flachs, 47 × 9,5 cm, Cook/Forster-Sammlung, Inv.-Nr. OZ 277. Handwaffe eines Häuptlings für den Nahkampf, getragen als Würdezeichen am Hüftgürtel.

Oben rechts: Keule *patu pounamu*, Maori, 19. Jh., Neuseeland (Aotearoa), Jade (Nephrit), Band aus Lederstreifen, 30 × 10 cm, Inv.-Nr. OZ 1575. Während solche Handwaffen aus dem Halbedelstein Jade im 18. Jh. noch sehr selten waren und als wertvolle Erbstücke von Generation zu Generation weitergegeben wurden, wuchs ihre Produktion und Verbreitung als Handelsware unter zunehmendem europäischem Einfluss im 19. Jh.

Mitte: Keule *patu kotiate*, Maori, 18. Jh., Neuseeland (Aotearoa), gesammelt während einer der drei Südsee-Expeditionen von James Cook (1768-1771, 1772-1775, 1776-1780), Holz, geflochtene Schnur aus Flachs, 31 × 10,5 × 3 cm, Cook/Forster-Sammlung, Inv.-Nr. OZ 274. Handwaffe eines Kriegers für den Nahkampf.

Unten links: Ritualfigur *nkisi*, Baule, 19. Jh., Gabun, Holz, Glas, 31 × 10 × 10 cm, Inv.-Nr. Af 2056. Solche früher als »Spiegelfetische« bezeichneten Figuren befanden sich im Besitz einer Person, einer Familie oder eines Dorfes. Sie dienten zum Zwecke eines Schadenzaubers bzw. zur Abwehr eines Schadenszaubers, aber auch zur Krankenheilung oder zur Bekräftigung eines Eides. Die magische Kraft saß in dem am Bauch befestigten Kasten und wurde durch den Spiegel verstärkt.

Unten rechts: Figur eines Lama, Kalmücken, 18. Jh., Tibet, Kupfer, vergoldet, 20 × 15 × 11 cm, Baron-von-Asch-Sammlung, Inv.-Nr. As 190. Die große Nase und die über die Stirn reichende Spitze des Haaransatzes charakterisieren einen der berühmten tibetischen Gelehrten auf dem Gebiet der Übersetzung buddhistischer Texte (*lotsawa*). Es wird vermutet, dass es sich dabei um Drogmi Shkya Yeshe (993-1077?), den Vorvater der Sakya-Schule des tibetischen Buddhismus handelt.

Fotos: Stephan Eckardt, Harry Haase.

MÜNZKABINETT DER UNIVERSITÄT GÖTTINGEN

Wissenschaftliche Disziplin
Numismatik

Fakultät
Philosophische Fakultät der
Georg-August-Universität
Göttingen

Kontakt
Dr. Daniel Graepler
Archäologisches Institut
Nikolausberger Weg 15
D-37073 Göttingen
dgraepl@gwdg.de
+49-(0)551-39-7497

**Öffnungszeiten/Führungen/
Veranstaltungen**
Der Tresorraum des Münzkabinetts ist für Wissenschaftler
zugänglich. Darüber hinaus ist
eine wechselnde Auswahl von
Münzen und Medaillen in der
Schausammlung des Archäologischen Instituts ausgestellt;
sie kann nach Voranmeldung
besichtigt werden.

TEILSAMMLUNGEN

Münzsammlung, Medaillensammlung, Sammlung von Bleiabschlägen und Münzabgüssen.

GRÜNDUNGSDATEN UND -KONTEXT

Die Münzsammlung wurde 1773 von Christian Gottlob Heyne (1729-1812) begründet, der sich vor
allem für Münzen der Römischen Republik interessierte. Reichen Zuwachs brachten wiederholte
Schenkungen des russischen Barons Georg von Asch (bis 1807), darunter auch eine große Serie
russischer Medaillen, die den Grundstock der Göttinger Medaillensammlung bildete. Vor der Gründung des Provinzialmuseums in Hannover wurden Münzfunde aus dem Königreich Hannover regelmäßig an die Göttinger Sammlung überwiesen. 1842 erhielt diese einen eigenen Etat, was einen
raschen Ausbau ermöglichte. Im 20. Jahrhundert wurden einige große Privatsammlungen durch
Kauf oder Schenkung erworben, zuletzt 1991 die Sammlung Bachmann mit 5.500 vor allem islamischen Münzen.

SCHWERPUNKT, CHARAKTERISTIK UND UMFANG DER SAMMLUNGEN

Die Münzsammlung umfasst über 38.000 Münzen aller Epochen und aus einem weiten geographischen Spektrum. Die Bestände gliedern sich wie folgt: ca. 5.900 griechische, 9.600 römische,
950 byzantinische, 3.900 orientalische, 2.100 mittelalterliche und 15.600 neuzeitliche Münzen.

Die Medaillensammlung enthält ca. 1.700 Medaillen und Plaketten, Schwerpunkte liegen auf
russischen und auf Universitätsmedaillen.

Einen eigenen Sammlungsbestand bilden ca. 4.000 Bleiabschläge sowie Münzabgüsse. Ein umfangreicher Bestand von Münzabgüssen aus Schwefel und Graphit, den Karl Otfried Müller (1797-
1840) in den 1830er Jahren von dem Pariser Numismatiker Th. E. Mionnet (1770-1842) erwarb,
ist wissenschaftsgeschichtlich von besonderem Interesse. Die Restaurierung dieses im 20. Jahrhundert stark beschädigten Materials ist im Gange.

Die Göttinger Universitätssammlung gehört zusammen mit der Tübinger und der Leipziger zur
Spitzengruppe der akademischen Münzkabinette in Deutschland und besitzt durch viele selten
bezeugte Typen (z. B. im Bereich griechischer Bronzeprägungen) und durch das Vorhandensein
dokumentierter Fundgruppen hohe Forschungsrelevanz.

HEUTIGE NUTZUNG

Die Bestände des Münzkabinetts werden vor allem zu Forschungszwecken genutzt. Numismatiker aus aller Welt kommen nach Göttingen, um mit den Materialien zu arbeiten. Daneben finden
regelmäßig auch Lehrveranstaltungen (insbesondere zur mittelalterlichen und neuzeitlichen Numismatik) statt, die auf Stücke des Münzkabinetts zurückgreifen.

Fünf gehenkelte römische Goldmünzen aus Mulsum bei Cuxhaven, 4./5. Jh. n. Chr., Durchmesser 1,5-1,7 cm. Wie andere wichtige Funde aus dem Königreich Hannover wurde der 1823 entdeckte Goldschatz dem Göttinger Münzkabinett überwiesen.

Stiftungsmedaille der Georg-August-Universität, Ehrenreich Hannibal (1678-1741), 1736, Silber, Durchmesser 4,9 cm, links: Vorderseite mit dem Bildnis Georgs II. August, rechts: Rückseite mit der Darstellung der Stadt Göttingen mit Attributen von Wissenschaft und Wohlstand.

Schwedisches Plattengeld im Wert von 4 Silbertalern, Kupfer, 1732, 17 × 17 cm, 3000 g.

Fotos: Stephan Eckardt.

ZOOLOGISCHES MUSEUM

Wissenschaftliche Disziplin
Zoologie

Fakultät
Biologische Fakultät der
Georg-August-Universität
Göttingen

Kontakt
Prof. Dr. Rainer Willmann
Dr. Gert Tröster
Zoologisches Museum
Berliner Str. 28
D-37073 Göttingen
+49-(0)551-39-5524

**Öffnungszeiten/Führungen/
Veranstaltungen**
So 10-13 Uhr.
Gruppenangebote nach
Absprache.
Ferienprogramm für Kinder.

GRÜNDUNGSDATEN UND -KONTEXT

Die Sammlungen des Zoologischen Museums gehen auf das *Academische Museum* zurück. Durch den Ankauf des Büttner'schen Naturalienkabinetts kamen auch zoologische Objekte in den Besitz des 1773 neu gegründeten Museums. In der Folge wurden die Bestände von Johann Friedrich Blumenbach (1752-1840), Arnold Adolph Berthold (1803-1861), Wilhelm Moritz Keferstein (1833-1870) und Ernst Ehlers (1835-1925) durch Zukäufe, Schenkungen und eigene Sammelreisen erweitert. Die Beschreibung neuer Arten und andere wissenschaftliche Beiträge aus der zoologischen Abteilung des akademischen/naturkundlichen Museums waren die Resultate.

SCHWERPUNKT, CHARAKTERISTIK UND UMFANG DER SAMMLUNGEN

Mehr als 140.000 Objekte liegen als getrocknete oder flüssigkeitskonservierte Präparate in den Sammlungen des Zoologischen Museums. Am umfangreichsten ist die Insektensammlung, die mehr als 100.000 Individuen umfasst. Tropische Schmetterlinge aus Südamerika, Afrika und Asien liegen neben europäischen Insekten, die in den letzten Jahren durch Schenkungen kompletter Sammlungen aus dem Anfang und der Mitte des 20. Jahrhunderts ergänzt werden konnten. Weitere Schwerpunkte der Trockensammlung sind Gehäuse von Schnecken und Muscheln, Skelette von Schwämmen und Korallen sowie Vogelbälge und Vogeldermoplastiken. Letztere stammen größtenteils aus der Sammlung von Major Kirchhof, die vom Zoologischen Museum 1877 aufgekauft wurde.

Die flüssigkeitskonservierten Präparate werden in ca. 3.500 Behältern aufbewahrt. Es handelt sich hauptsächlich um wirbellose Tiere wie Ringelwürmer, Weichtiere und Stachelhäuter, darunter einige Typusexemplare, nach denen die Arten beschrieben wurden. Mehrere hundert Typusexemplare von winzigen Tieren aus der Sandlückenfauna der Meeresstrände u. a. von den Galapagosinseln liegen als Dauerpräparate vor. Sie sind in Einzelteile zerlegt oder in feine Scheibchen zerschnitten, mit speziellen Harzen auf gläserne Objektträger geklebt und mit einer dünnen Glasscheibe abgedeckt.

Etwa 15.000 Organismen kamen in den vergangenen 15 Jahren hinzu, und zwar zum einen aus den oben erwähnten Sammlungen, zum anderen stammen sie von Insektenaufsammlungen auf Madagaskar oder kamen durch Überlassung des Sammlungsmaterials einer Polarmeerexpedition in die Göttinger Sammlung. Die Sammlung der Wirbeltierskelette wurde ergänzt und eine Insektensammlung für morphologisch-systematische Untersuchungen neu angelegt.

HEUTIGE NUTZUNG

Die Sammlung wird für taxonomische, morphologische, systematische und molekulargenetische Untersuchungen genutzt. In der Lehre werden Objekte in Kursen und Vorlesungen als Anschauungsmaterial eingesetzt. Ein geringer Teil der Sammlung ist in den Dauerausstellungen des Zoologischen Museums zu sehen. Diese gliedert sich thematisch in: einheimische Tierwelt, Skelettmorphologie der Wirbeltiere und Biodiversität (mit Systematik und Evolution der Organismen).

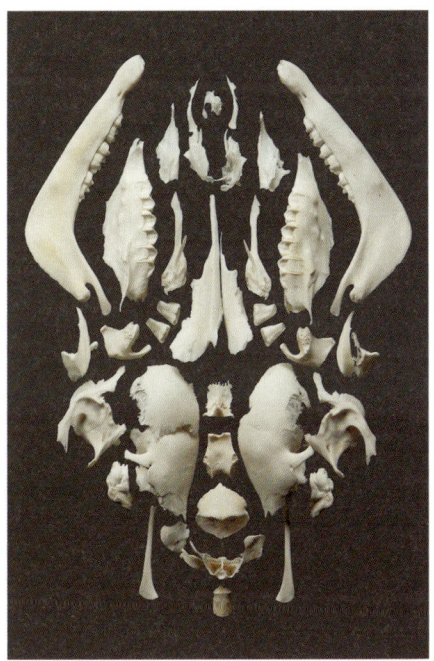

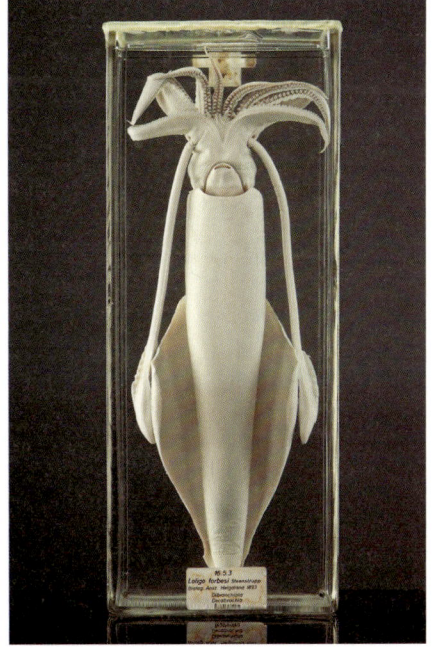

Oben: Typenserie, die der Beschreibung der Muschelkrebsart *Cobanocythere mielkei* Gottwald, 1983, zugrunde liegt, Ostracoda, Galapagos, hergestellt von Jochen Gottwald, Ostracoda, Glas, Glycerin, Harz, Pappe, 24 × 10 × 0,5 cm, Inv.-Nr. ZMUG 8206-8.

Unten links: Schädel eines neugeborenen Exmoorponyfohlens. Die Knochen waren noch nicht verwachsen, deshalb ist der Schädel bei der Mazeration in seine Einzelteile zerfallen. Knochen, ausgebreitet 50 × 50 cm, präpariert von Carsten Wortmann, 2011, Inv.-Nr. ZMUG 23362.

Unten rechts: Tintenfisch *Loligo forbesii* Steenstrup, 1856. Präparat: Biologische Anstalt Helgoland, 1893, Tintenfisch/Alkohol, 20 × 10 × 48 cm, Inv.-Nr. ZMUG 2327.

Fotos: Stephan Eckardt.

BLUMENBACHSCHE SCHÄDELSAMMLUNG

Wissenschaftliche Disziplin
Vergleichende Anatomie /
physische Anthropologie

Fakultät
Medizinische Fakultät der
Georg-August-Universität
Göttingen

Kontakt
Prof. Dr. Dr. Michael Schultz
Abt. Anatomie und Embryo-
logie Universitätsmedizin
Göttingen
Kreuzbergring 36
D-37075 Göttingen
mschultz@gwdg.de
+49-(0)551-39-7000

**Öffnungszeiten/Führungen/
Veranstaltungen**
Führungen und wissenschaftliche Beratung zu spezifischen
wissenschaftlichen Frage-
stellungen nach telefonischer
bzw. schriftlicher Absprache.

GRÜNDUNGSDATEN UND -KONTEXT

Den Grundstock der Sammlung bilden die Schädel, die Johann Friedrich Blumenbach (1752-1840) schon während seiner Anfangszeit als Kustos des *Academischen Museums* ab 1773 gesammelt und für seine Dissertation *De generis humani varietate nativa* (*Über die natürlichen Verschiedenheiten im Menschengeschlecht*, Diss. Med. Fak. Univ. Göttingen, 1775) untersucht hat. Blumenbach hatte sich damit an einer ersten »naturwissenschaftlichen« Beweisführung der im Zeitalter der Aufklärung entstandenen Theorie zur Vielfalt (heute: Biodiversität) der heute lebenden Menschheit versucht und wurde rasch als Begründer der vergleichenden Anatomie und der Anthropologie international anerkannt. In der Sammlung befinden sich viele außergewöhnliche, auch kulturhistorisch und ethnologisch interessante Exemplare, zum Beispiel ein ägyptischer Mumienkopf, der Schädel eines Etruskers und zwei sogenannte Gall'sche Schädel, deren Beschriftung auf die Vorstellungen des Wiener Arztes Franz Josef Gall (1758-1828) zurückgeht, der mit der Phrenologie eine Pseudowissenschaft begründete. Nach Blumenbachs Tod im Jahr 1840 wurde die Schädelsammlung durch die nachfolgenden Anatomen Jacob Henle (1809-1885), Friedrich Merkel (1845-1919) und Hugo Fuchs (1875-1954) ausgebaut. Erich Blechschmidt (1904-1992) bewahrte die Sammlung durch eine vorsorgliche Auslagerung im Herbst 1944 vor der Zerstörung durch einen Bombenangriff im April 1945.

SCHWERPUNKT, CHARAKTERISTIK UND UMFANG DER SAMMLUNG

Der von Blumenbach begründete wissenschaftliche Schwerpunkt ist die unterschiedliche Formgestaltung des menschlichen Schädels, die keine Wertung beinhaltet. Die Sammlung besteht aus Originalschädeln und einer kleineren Zahl von Schädelabgüssen, die nummeriert und einzeln verpackt in einem speziellen Sammlungsraum untergebracht sind und nach Absprache für morphologische Untersuchungen zugänglich sind. Etwa 400 Schädel sind der über 60-jährigen Sammlertätigkeit Blumenbachs zuzuordnen, die restlichen 450 Schädel und Abgüsse sind von nachfolgenden Lehrstuhlinhabern und Kuratoren der Göttinger Anatomie über einen Zeitraum von etwa 100 Jahren hinzugefügt worden.

HEUTIGE NUTZUNG

Die Sammlung ist zum größten Teil magaziniert. Einige für die Sammlung charakteristische Exemplare sind im Studienraum des Zentrums Anatomie ausgestellt. Die Blumenbachsche Schädelsammlung wird heute in der Anatomie, Physischen Anthropologie, Paläopathologie, Forensik, Medizingeschichte, Ethnologie, Archäologie/Ägyptologie und Wissenschaftsgeschichte genutzt.

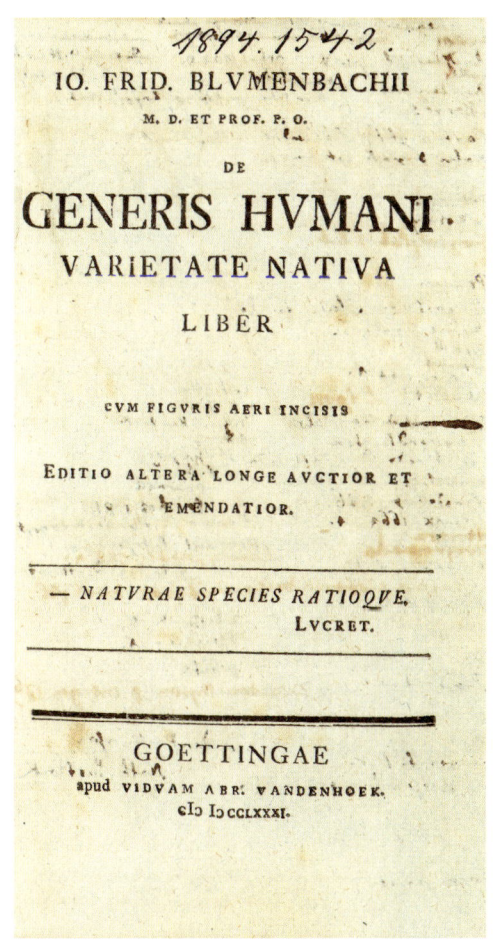

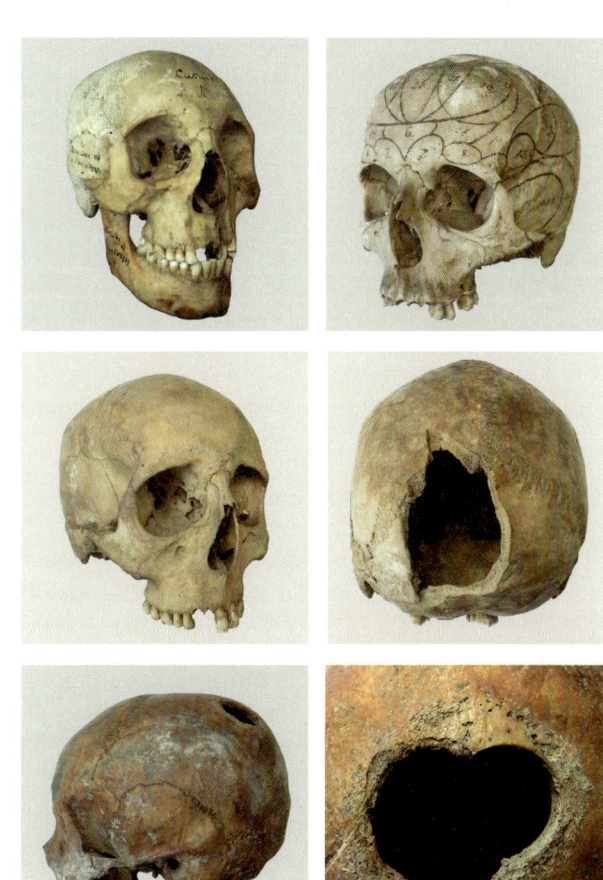

Links: Dissertation Johann Friedrich Blumenbachs, Göttingen 1775/1776. Foto: Martin Liebetruth.

Oben links: Schädel eines etwa (20) 25-29 (35)-jährigen Mannes (Nr. 84/778), eines »caraibischen Heerführers« von St. Vincent. Der Schädel wurde von Sir Joseph Banks im Jahre 1789 an Blumenbach überstellt und ist einer der fünf Schädel, die nach Blumenbach die »Varietäten des Menschengeschlechts« repräsentieren. Ansicht von vorne schräg rechts. Foto: Michael Schultz.

Oben rechts: Schädel eines etwa 25-29 (35)-jährigen Mannes (Nr. 854). Sogenannter Gall'scher Schädel mit Darstellung der Lokalisation von »Hirnorganen«. Ansicht von vorne schräg links. Foto: Michael Schultz.

Mitte: Schädel eines etwa (30) 34-45-jährigen Mannes (Nr. 384/41) aus Drakenberge bei Göttingen mit tödlicher Hiebverletzung im Hinterhaupt. Der Schädel, der im linken Stirnbein die Narbe einer vorangegangenen Verletzung aufweist, soll aus der Zeit des Dreißigjährigen Krieges stammen (»Schwedengräber«) und wurde 1871 von Dr. Murray der Sammlung übergeben. Links: Ansicht von vorne schräg rechts, rechts: Hinteransicht mit tödlicher Hiebverletzung (Höhe 83 mm, Breite ca. 50 mm) verursacht durch eine scharfe Klingenwaffe (Schwert), die von schräg rechts geschlagen wurde (Pfeile = Schnittrand). Fotos: Michael Schultz.

Unten: Schädel eines etwa (18) 20-25-jährigen Mannes (Nr. 778/418), aufgefunden 1813 im Bereich der Göttinger Bahnhofsstraße mit zwei nicht überlebten Operationswunden (Trepanation) im linken Scheitelbein. Der Schädel, der zu der Bestattung eines Soldaten Napoleons gehören soll, weist zwei etwa kreisrunde Lochdefekte auf, die auf Bohrungen mit einem Kronentrepan (Operationsgerät) zurückzuführen sind. Das vordere Loch (∅ 23 mm) wurde operativ zuerst angelegt. Es kam zu einer Entzündung des Operationsbereichs, so dass der ursprünglich glatte Lochrand weggefressen wurde und offenbar schon nach wenigen Tagen eine zweite Bohrung (∅ 18 mm) notwendig schien, die der Patient aber nicht überlebte. Links: linke Seitenansicht (Pfeil = Trepanationswunde), rechts: Trepanationswunde; 1 = vorderer Defekt, 2 = hinterer Defekt. Fotos: Michael Schultz.

SAMMLUNG HISTORISCHER PHYSIKALISCHER APPARATE
»PHYSICALISCHES CABINET«

Wissenschaftliche Disziplin
Experimentalphysik

Fakultät
Fakultät für Physik der
Georg-August-Universität
Göttingen

Kontakt
Prof. Dr. Markus Münzenberg
I. Physikalisches Institut
Friedrich-Hund-Platz 1
D-37077 Göttingen
mmuenze@uni-goettingen.de
+49-(0)551-39-7604

**Öffnungszeiten/Führungen/
Veranstaltungen**
Mo-Fr 16.15-17.15 Uhr.
Weitere Öffnungszeiten und
Führungen nach telefonischer
Absprache.

TEILSAMMLUNGEN

Historische Apparate und Versuche von Georg Christoph Lichtenberg.

GRÜNDUNGSDATEN UND -KONTEXT

Grundstock der Sammlung historischer physikalischer Apparate sind die von Georg Christoph Lichtenberg (1742-1799) aus privaten Mitteln angeschafften Geräte. Lichtenberg war der erste Professor für Experimentalphysik an der Georg-August-Universität, die Geräte dienten ihm im Sinne der Aufklärung zur Demonstration physikalischer Zusammenhänge. Die Experimente decken den gesamten Themenkreis von Mechanik über Optik zu Elektrizitätslehre und Magnetismus ab. Eine Sammlung von Reibungselektrisiermaschinen, Elektrometern und Elektrophoren, die vom Experimentator Lichtenberg genutzt wurden, vermittelt einen lebendigen Eindruck dieser Zeit. Unter den Geräten von berühmten Gerätemachern ist besonders bemerkenswert eine Vakuumpumpe von Nairne & Blunt, London, mit Zubehör wie Magdeburger Halbkugeln und Glockenmechanismus zur Demonstration der Schallausbreitung.

Aus der Wirkungszeit von Wilhelm Eduard Weber (1804-1891) existiert eine Reihe von Geräten aus dem Themenkreis quantitative Elektrizitätslehre, elektrische Maßsysteme und Magnetismus. Weber hat sich zusammen mit Carl Friedrich Gauß (1777-1855) mit dem Phänomen des Erdmagnetismus und einem absoluten magnetischen Einheitensystem (cgs-System) beschäftigt. Die Experimente mit Gauß führten zur Entwicklung des ersten elektromagnetischen Telegraphen, des berühmten Gauß-Weber-Telegraph aus dem Jahr 1833. In der Sammlung findet sich das Original, welches Weber für die Weltausstellung in Wien 1873 anfertigen ließ und selbst präsentierte. Aus dem Bereich Geodäsie gibt es den von Gauß entwickelten Vizeheliotropen, der präzise Winkelmessungen mit Hilfe des Sonnenlichtes über bis zu 100 km Entfernung erlaubte und der auf der Rückseite des 10-Mark-Scheins abgebildet war.

Aus der Zeit Ende des 19./Anfang des 20. Jahrhunderts existiert eine Sammlung von Spektrometern, Kristallgoniometern, Elektronen- und Röntgenröhren, die der Quantenmechanik den Weg bereiteten. Die Röntgenlampe mit regulierbarem Vakuum der Firma Siemens & Halske von 1896 ist die älteste kommerzielle Röntgenröhre überhaupt. Zu den Röntgenröhren gibt es eine beachtliche Sammlung von Funkeninduktoren, Unterbrechern und Influenzmaschinen. Im Magazin befinden sich Experimentierlagen zum Beginn der Festkörper- und Tieftemperaturphysik.

SCHWERPUNKT, CHARAKTERISTIK UND UMFANG DER SAMMLUNGEN

Die Sammlung enthält mehr als 800 Objekte aus der Zeit des 18. bis zum 20. Jahrhundert.

HEUTIGE NUTZUNG

Die Ausstellung ist öffentlich zugänglich. Die Geräte werden weiterhin für die Forschung und Lehre genutzt.

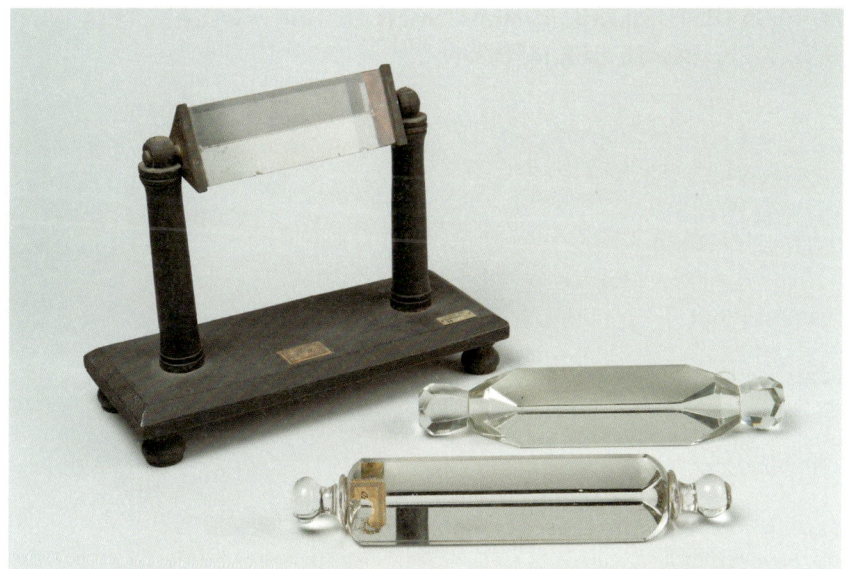

Prismen auf Stativ (zwei geschliffene Prismen, ein Flintglasprisma), John Dollond, etwa 1760.

Kegelspiegel mit Bild eines tanzenden Paares, um 1780. Bilder, die unverzerrt erscheinen, wenn man sie in gekrümmten Spiegeln betrachtet, heißen Anamorphosen. Georg Christoph Lichtenberg experimentierte mit ihnen im Rahmen der Optik.

6-zöllige Sammellinse aus grünem Glas aus Lichtenbergs Sammlung.

Fotos: Stephan Eckardt.

MEDIZINHISTORISCHE SAMMLUNGEN DER ABTEILUNG ETHIK UND GESCHICHTE DER MEDIZIN

Wissenschaftliche Disziplin
Medizingeschichte

Fakultät
Medizinische Fakultät der
Georg-August-Universität
Göttingen

Kontakt
Kornelia Drost-Siemon
Abt. Ethik und Geschichte der
Medizin
Universitätsmedizin Göttingen
Humboldtallee 36
D-37073 Göttingen
kdrost@gwdg.de
+49-(0)551-39-9007

**Öffnungszeiten/Führungen/
Veranstaltungen**
Mo-Fr 8-12 Uhr.
Weitere Öffnungszeiten und
Führungen nach telefonischer
Absprache.

TEILSAMMLUNGEN

Sammlung zur Geschichte der Geburtsmedizin, Moulagensammlung.

GRÜNDUNGSDATEN UND -KONTEXT

Sammlung zur Geschichte der Geburtshilfe:
Die Ende des 18. Jahrhunderts begonnene Sammlung zur Geschichte der Geburtshilfe stellt die materiale Basis des wissenschaftshistorisch bedeutsamen Prozesses der Akademisierung der Geburtshilfe seit der Mitte des 18. Jahrhunderts dar und verweist auf die herausragende Stellung der Universität Göttingen bei der Etablierung der Klinischen Geburtshilfe in der Zeit der Aufklärung. Die 1751 gegründete Göttinger Gebärklinik war die weltweit erste Einrichtung dieser Art an einer Universität. Als Begründer der Göttinger Sammlung gilt der Direktor der Klinik, Johann Heinrich Fischer (1759-1814). Sein Nachfolger, Friedrich Benjamin Osiander (1759-1822), führte die ursprünglich anatomische Sammlung fort und legte als Ausdruck seiner »Entbindungskunst« eine umfangreiche Instrumentensammlung an.

Moulagensammlung:
Moulagen sind Wachsabformungen krankhaft veränderter Körperregionen und Hautpartien. Sie wurden im 19. und 20. Jahrhundert in den klinischen Fächern, vor allem in der Dermatologie und Venerologie, als Lehr- und Studienmittel eingesetzt und hatten eine zentrale Bedeutung für die ab 1900 an etlichen Universitäten eingerichteten Lehrstühle für Dermatologie. Die medizinhistorisch bedeutsame Göttinger Moulagensammlung wurde um 1920 vom damaligen Direktor der Göttinger Hautklinik, Rudolf Erhard Riecke (1869-1939), angelegt. Viele Moulagen stammen von international bekannten Wachsbildnern. Die Göttinger Sammlung zeigt ein breites Spektrum dermatologischer Krankheiten und vermittelt einen Eindruck der Häufigkeit bestimmter Hautkrankheiten in den 20er und 30er Jahren des vergangenen Jahrhunderts.

SCHWERPUNKT, CHARAKTERISTIK UND UMFANG DER SAMMLUNGEN

Ca. 1.200 historische Objekte zur Geschichte der Geburtsmedizin aus allen geburtshilflich relevanten Funktionsgebieten.

Ca. 80 Moulagen z. T. international bekannter Moulagenbildner. Der Sammlungsschwerpunkt liegt auf dem Gebiet der Geschlechtskrankheiten.

HEUTIGE NUTZUNG

Beide Sammlungen wurden als kultur- und medizinhistorische Dauerausstellungen aufbereitet, die den Blick auf die historischen Patienten sowie auf die damalige medizinische und soziale Praxis richten. Beide Ausstellungen sind öffentlich zugänglich. Sie werden weiterhin für die Forschung und Lehre genutzt.

Kasten mit Modell eines weiblichen Beckens
und 16 Muttermundnachbildungen aus Ton,
»Fr. Wilh. Wilke«, Ende 18. Jh., 27 × 15 × 9 cm und
17 × 14 × 4 cm, Sammlung zur Geschichte der
Geburtsmedizin, Inv.-Nr. 928. Muttermundnachbildungen zum Einlegen in das Phantom für den
geburtshilflichen Unterricht für Ärzte und
Hebammen.

Modell eines Geburtsstuhls, unbekannter Hersteller, Anfang 19. Jh., ursprünglich aus der Sammlung von Adam Elias von Siebold (Würzburg, Berlin), Holz, Polster, 14 × 10 × 15 cm, Sammlung zur
Geschichte der Geburtsmedizin, Inv.-Nr. 596.

Moulage *Arthritis urica gravis manuum* [Gicht],
Dr. Henning, 1913, Wachs, 29 × 21,5 × 9 cm,
Moulagensammlung (Sammlung Prof. Rudolf Erhard Riecke,
Göttingen), Inv.-Nr. A14/16.

Fotos: Stephan Eckardt.

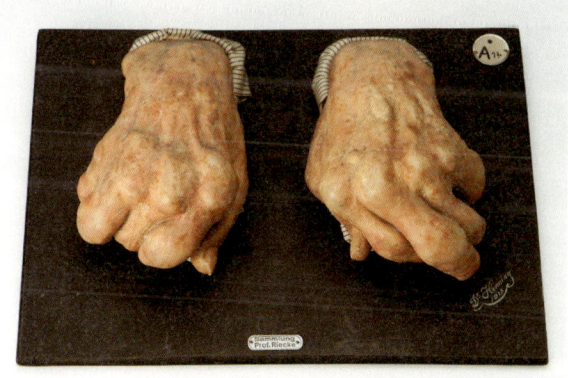

UNIVERSITÄTSHERBARIUM

Wissenschaftliche Disziplin
Botanik

Fakultät
Biologische Fakultät der
Georg-August-Universität
Göttingen

Kontakt
PD Dr. Jochen Heinrichs
Abt. Systematische Botanik
Albrecht-von-Haller-Institut
für Pflanzenwissenschaften
Untere Karspüle 2
D-37073 Göttingen
jheinri@uni-goettingen.de
+49-(0)551-39-22-220

**Öffnungszeiten/Führungen/
Veranstaltungen**
Mo-Fr 8.30-16.30 Uhr.
Weitere Öffnungszeiten und
Führungen nach telefonischer
Absprache.

GRÜNDUNGSDATEN UND -KONTEXT

In den ersten Jahrzehnten der Universität Göttingen befanden sich Herbarien überwiegend im Privatbesitz der Professoren oder wurden zusammen mit anderen naturwissenschaftlichen Sammlungen, Kunstgegenständen und ethnologischen Objekten im *Königlichen Academischen Museum* aufbewahrt. Auf Initiative von Friedrich Gottlieb Bartling wurde 1832 das Herbarium der Universität Göttingen gegründet, so dass neben Botanischem Garten und Bibliothek nun auch eine öffentlich zugängliche Sammlung von getrockneten Pflanzen für die botanische Forschung und Lehre zur Verfügung stand. Nachdem das Herbarium zunächst in einem einzigen Raum untergebracht werden konnte, wuchs es durch stetige Neuzugänge dermaßen an, dass Ende des 19. Jahrhunderts ein eigener Herbar-Gebäudetrakt errichtet wurde, in dem sich die Sammlung heute noch befindet.

SCHWERPUNKT, CHARAKTERISTIK UND UMFANG DER SAMMLUNGEN

Aktuell beherbergt das Universitätsherbarium etwa 800.000 archivierte Pflanzen aus allen Teilen der Welt. Unter diesen befinden sich mehr als 12.000 Typen, anhand derer Erstbeschreibungen von Arten erfolgt sind.

Die ältesten Aufsammlungen stammen aus dem 18. Jahrhundert, darunter Pflanzen, die von Georg Forster während der zweiten Südseereise unter James Cook gesammelt wurden, und Belege des Universalgelehrten Albrecht von Haller aus Deutschland und der Schweiz. Kernstück der Göttinger Sammlungen ist das Herbarium des Pflanzengeografen und Systematikers August Grisebach (1814-1879), das neben eigenen Aufsammlungen aus Europa umfangreiche Belegserien aus Südamerika und von den Westindischen Inseln enthält (gesammelt z. B. von Wright, Lorentz und Hieronymus) sowie Pflanzen aus Asien und Nordafrika (Sammlungen Balansa, Boissier, Bourgeau, Heldreich, Kotschy, Pinard). Weitere bedeutende historische Sammlungen stammen von Friedrich Bartling, Georg Friedrich Wilhelm Meyer, Hermann Graf zu Solms-Laubach (Europa), Johann Maria Hildebrandt (Madagaskar), Albert Peter (Europa und Afrika), Cyrus Pringle (Mexiko) und Georg August Zenker (Kamerun). In den letzten Jahrzehnten sind umfangreiche Aufsammlungen aus Europa, Asien und Südamerika aufgenommen worden, darunter neben Gefäßpflanzen auch 60.000 Moose.

HEUTIGE NUTZUNG

Das Herbarium ist sehr gut in den internationalen Forschungsverbund integriert und erhält jährlich mehrere Hundert Anfragen. Die Belegstücke werden für morphologische Studien (Revisionen, Floren, Verbreitungskarten, Pollenanalyse) und molekulare Untersuchungen genutzt (Stammbaumrekonstruktion, Inhaltsstoffchemie).

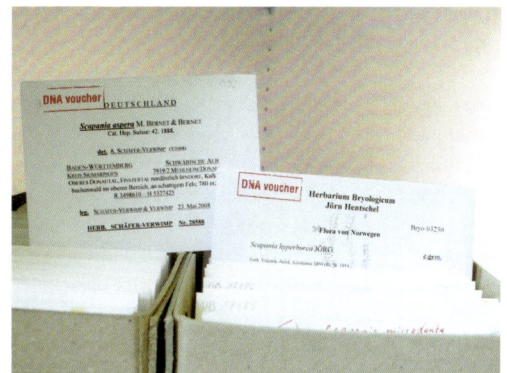

Oben links: Herbarbeleg von *Tillandsia compacta* Grisebach, Bromeliaceae, Venezuela, 1855, 48 × 30 cm (Holotypus GOET 432). Scan: Maria Elena Reiner-Drehwald.

Oben rechts: Herbarbeleg des Süßgrases *Paspalum chrysostachyum* Schrader, Brasilien, 1815-1817, 48 × 30 cm. Isotypus der von Maximilian Prinz von Wied-Neuwied gesammelten Art (GOET 772).
Scan: Maria Elena Reiner-Drehwald.

Unten links: Herbarbeleg des als Aufsitzerpflanze auf Farnblättern wachsenden Lebermooses *Diplasiolejeunea pellucia*, Ecuador, 2004, ca. 11 × 15 cm. Pflanzenmaterial aus diesem Beleg wurde sowohl für morphologische als auch molekulare Untersuchungen genutzt. Scan: Maria Elena Reiner-Drehwald.

Unten rechts: Herbarbelege von verschiedenen Lebermoosen der Gattung Scapania, die zur DNS-Extraktion verwendet wurden. Foto: Jochen Heinrichs.

PHARMAKOGNOSTISCHE SAMMLUNG

Wissenschaftliche Disziplin
Pharmazeutische Biologie

Fakultät
Biologische Fakultät der
Georg-August-Universität
Göttingen

Kontakt
PD Dr. Jochen Heinrichs
Abt. Systematische Botanik
Albrecht-von-Haller-Institut
für Pflanzenwissenschaften
Untere Karspüle 2
D-37073 Göttingen
jheinri@uni-goettingen.de
+49-(0)551-39-22-220

**Öffnungszeiten/Führungen/
Veranstaltungen**
Derzeit nicht öffentlich
zugänglich.

GRÜNDUNGSDATEN UND -KONTEXT

»Die Pharmacognosie umfaßt die Kenntniß der rohen Arzneimittel in naturhistorischer und che-
mischer Beziehung«, so definierte der Göttinger Pharmazeut August Ludwig Wiggers das Fach im
Jahr 1840 in der ersten Auflage seines Lehrbuchs *Grundriß der Pharmacognosie*. Das Fach etablierte
sich im 19. Jahrhundert an den Hochschulen als ein Teilgebiet der Pharmazie und wurde bald in
den Prüfungskatalog für angehende Pharmazeuten integriert. Wiggers begann bereits 1836 mit
dem Aufbau der Pharmakognostischen Sammlung und erweiterte sie bis zu seinem Tod 1880 auf
etwa 5.000 Proben.

SCHWERPUNKT, CHARAKTERISTIK UND UMFANG DER SAMMLUNGEN

Aktuell umfasst die Sammlung 7.543 katalogisierte Sammlungsmuster und gehört damit zu den
größten ihrer Art in Deutschland. Sie umfasst nicht nur ein breites Spektrum an Proben aus allen
Bereichen der *materia medica cruda* des 19. und frühen 20. Jahrhunderts; auch eine stattliche Anzahl an Gummi-Harzen und anderen Bindemitteln ist enthalten. Nahezu alle Drogen sind in einer
Vielzahl von Sorten vertreten. Einen Sonderbestand bilden die sogenannten warenkundlichen
Proben. Die ältesten Proben stammen vom Beginn des 19. Jahrhunderts; in der Sammlung befinden sich einzigartige Stücke von Alexander von Humboldt, Justus von Liebig, den Brüdern Schom-
burgh sowie die Chinarinden-Referenzsammlung von Auguste Delondre. Besonders berühmt sind
Albert Peters Sammlungen afrikanischer Präparate, vor allem die Sammelstücke seiner Forschungs-
reisen aus den Jahren 1902 nach Südafrika und 1904 nach Ostafrika. Ein weiteres bedeutendes
Datum für die Göttinger Sammlung ist das Jahr 1899, als der Gießener Apotheker Carl F. W. Mettenheimer starb und sein Sohn daraufhin die gesamte Referenzsammlung der Universitätsapotheke
»zum Pelikan« der Universität Göttingen vermachte. Die Schenkung aus der Sammlung Mettenheimer umfasste insgesamt 1.900 Proben, also etwa ein Viertel des jetzigen Göttinger Bestandes. Peter garantierte dem großzügigen Spender die Kennzeichnung aller Präparate dieser Sammlung als »E collectione Mettenheimer«, dadurch sind sie heute noch identifizierbar.

HEUTIGE NUTZUNG

Derzeit wird die Pharmakognostische Sammlung nur im Rahmen der Erschließung bearbeitet. Ein
umfangreicher Sammlungskatalog steht unmittelbar vor dem Abschluss: Volker Wissemann,
Kärin Nickelsen, Catalogus ad collectionem Materiae Medicae in Academia Georgia Augusta. In
quo medicamenta, officinalia, simplicia (mineralia, vegetabilia & animalia) eorumque partes in
medicinae officinis usu accurate describuntur. Ein Beitrag zur Geschichte institutioneller und objektbezogener Sammlungsstrukturen an der Georgia Augusta Göttingen.

Historische Tee-Proben mit unterschiedlich fermentierten Teeblättern verschiedener Provenienz.

Historische Kaffee-Proben mit Kaffeefrüchten und Rohkaffee-bohnen verschiedener Prove-nienz.

Historische Kakao-Proben mit Kakaofrüchten und Kakaoboh-nen verschiedener Provenienz

Fotos: Stephan Eckardt.

ORIGINALSAMMLUNG DES ARCHÄOLOGISCHEN INSTITUTS

Wissenschaftliche Disziplin
Archäologie

Fakultät
Philosophische Fakultät der
Georg-August-Universität
Göttingen

Kontakt
Dr. Daniel Graepler
Archäologisches Institut
Nikolausberger Weg 15
D-37073 Göttingen
dgraepl@gwdg.de
+49-(0)551-39-7497

**Öffnungszeiten/Führungen/
Veranstaltungen**
Sammlung antiker Original-
werke: nach Absprache.
Sammlung Wallmoden:
So 10-13 Uhr.

TEILSAMMLUNGEN

Sammlung antiker Originalwerke, Sammlung Wallmoden.

GRÜNDUNGSDATEN UND -KONTEXT

Sammlung antiker Originalwerke:
Nachdem an der Göttinger Universität bereits seit 1767 eine Sammlung von Gipsabgüssen aufgebaut worden war, erwarb Karl Otfried Müller (1797-1840) auf einer ausgedehnten Studienreise
nach Italien und Griechenland 1839/1840 die ersten Beispiele originaler Antiken für die Göttinger
Universität. Nach Müllers frühem Tode baute Friedrich Wieseler (1811-1892) diesen kleinen Kern-
bestand zielstrebig zu einer umfangreichen Lehrsammlung aus, die auf sein Betreiben seit 1844
als »Archäologisch-numismatisches Institut« aus der Universitätsbibliothek herausgelöst wurde.
Wieselers Nachfolger Karl Dilthey (1839-1907) und Gustav Körte (1852-1917) setzten dessen intensive Erwerbungspolitik bis zum Ersten Weltkrieg tatkräftig fort.

Sammlung Wallmoden
Die Sammlung Wallmoden ist eine langfristige Leihgabe des Hauses Hannover an das Archäologische Institut, wo sie seit 1979 ausgestellt ist. Es handelt sich um eine Sammlung römischer Marmor-
werke, die 1765 von General Johann Ludwig von Wallmoden (1736-1811), dem späteren Reichsgra-
fen von Wallmoden-Gimborn, einem natürlichen Sohn Georgs II. August von Großbritannien und
Hannover, in Rom erworben wurden. Nach englischem Vorbild angelegt, ist sie die älteste Antiken-
sammlung dieser Art in Deutschland, noch heute nahezu vollständig erhalten. Sie ist damit ein
herausragendes Zeugnis für die Antikenrezeption im 18. Jahrhundert. Die Sammlung wurde nach
Wallmodens Tod 1812 an das Welfenhaus verkauft, in dessen Eigentum sie sich noch heute befindet.

SCHWERPUNKT, CHARAKTERISTIK UND UMFANG DER SAMMLUNGEN

Die Sammlung antiker Originalwerke enthält archäologische Funde vor allem aus dem griechischen,
etruskischen und römischen, daneben auch aus dem ägyptischen und vorderasiatischen Kultur-
raum. Darunter befinden sich einige von der internationalen Forschung vielbeachtete Stücke. Besonders umfangreich sind die Bestände griechischer und etruskischer Vasen. Die Sammlung enthält
auch wichtige Komplexe von Fundmaterial aus Grabungen, u. a. von Heinrich Schliemann (1822-
1890) in Troia und von Johannes Boehlau (1861-1941) in Larisa am Hermos und in Pyrrha auf Lesbos.
   Die Sammlung Wallmoden umfasst 56 Statuen, Büsten und reliefverzierte Marmorurnen, vorwiegend aus dem 1. bis 3. Jahrhundert n. Chr. Alle Werke wurden im 18. Jahrhundert – dem
ästhetischen Empfinden der Zeit gemäß – von führenden italienischen Bildhauern, insbesondere
Bartolomeo Cavaceppi (ca. 1716-1799), ergänzt und überarbeitet.

HEUTIGE NUTZUNG

Beide Teilsammlungen werden intensiv für die Lehre genutzt und spielen in der archäologischen
Forschung eine bedeutende Rolle. Die Sammlung Wallmoden ist auch regelmäßig für das Publikum
geöffnet.

Links: Gesichtsurne, ca. 2500-2000 v. Chr., Troia, aus den Grabungen Heinrich Schliemanns, Ton, Höhe 14 cm, Inv.-Nr. TRG 13. 1902 wurden dem Göttinger Archäologischen Institut von den Berliner Museen zahlreiche Originalfunde aus den Ausgrabungen Schliemanns als ›Dubletten‹ übereignet.

Unten: Trinkschale, attisch-schwarzfigurig, mit Darstellung von tanzenden Frauen und Männern, sog. Palazzolo-Maler, 560 v. Chr., Ton, Höhe 12,5 cm, Durchmesser mit Henkeln 31 cm, Sammlung antiker Originalwerke, Inv.-Nr. K 339. Die Schale gehört zu den herausragenden Zeugnissen der Vasenmalerei ihrer Zeit und ist eines der prominentesten Gefäße der Originalsammlung des Archäologischen Instituts.

Oben: Statue einer kauernden Nymphe im Typus der sog. Knöchelspielerin, römische Kopie nach hellenistischem Original, 2. Jh. n. Chr., Marmor, Höhe 67,5 cm, Sammlung Wallmoden, Leihgabe S.K.H. Ernst August Prinz von Hannover Herzog zu Braunschweig und Lüneburg. Der Kopf und andere Teile der 1765 in Rom ausgegrabenen Statue wurden von Bartolomeo Cavaceppi in Marmor ergänzt. Inv.-Nr. Kat. 1979:16.

Rechts: Statuette eines etruskischen Priesters, aus der Gegend von Siena, Bronze, Höhe mit Sockel 14,2 cm, Sammlung antiker Originalwerke, Inv.-Nr. M 12. Diese und drei weitere Göttinger Statuetten gehören zu den bekanntesten Darstellungen etruskischer Priester.

Fotos: Stephan Eckardt.

FORSTZOOLOGISCHE UND WILDBIOLOGISCHE SAMMLUNGEN

Wissenschaftliche Disziplin
Forstzoologie

Fakultät
Fakultät für Forstwissen-
schaften und Waldökologie der
Georg-August-Universität
Göttingen

Kontakt
Dr. Bernhard Weißbecker
Büsgen-Institut, Abteilung
Forstzoologie und Waldschutz
Büsgenweg 3
D-37077 Göttingen
bweissb@gwdg.de
+49-(0)551-39-3687

**Öffnungszeiten/Führungen/
Veranstaltungen**
Vogelsammlung:
Mo-Do 9-16 Uhr, Fr 9-12 Uhr.
Wildbiologische Sammlung
und Insektensammlung:
nach Vereinbarung.

TEILSAMMLUNGEN

Historische Vogelsammlung »Gliemann-Sammlung«, Wildbiologische & Jagdkundliche Schausammlung, Wissenschaftliche Insektensammlung.

GRÜNDUNGSDATEN UND -KONTEXT

Die Sammlungen haben ihren Ursprung in der zoologischen Forschungs- und Lehrtätigkeit der
1868 in Hannoversch Münden gegründeten Forstakademie. Für die damaligen Lehrfächer Entomologie, allgemeine Zoologie, Ornithologie und Säugetierkunde wurden alsbald eigene Lehrsammlungen angelegt, die mit beachtlichem Zuwachs die Zeiten als solche überdauert haben.

SCHWERPUNKTE, CHARAKTERISTIKA UND UMFANG DER SAMMLUNGEN

Die Sammlungen zeigen umfassend die im südlichen Niedersachsen heimischen Insekten, Vögel
und jagdbare Wildarten, Letztere anhand von Gehörnpräparaten. Von jagdlichem Brauchtum zeugen Exponate aus dem 1868 aufgelösten Königlich hannoverschen Jägerhof, daneben Seltenheiten wie der asiatische Davidshirsch *Elaphurus davidianus* und der ausgestorbene Schomburgk-Hirsch
Rucervus schomburgki aus Thailand. Hervorzuheben ist eine umfangreiche historische Sammlung der
Greifvögel, Eulen und Hühnervögel Niedersachsens von Wilhelm Georg Gliemann (1802-1876).
Bestens erhalten, macht sie einen Großteil der heutigen Lehrsammlung der Vögel aus. Die Vogelsammlung enthält 700, die Wildbiologische Sammlung mehr als 3.000 Objekte.

Zahlenmäßig weit überlegen sind allerdings die 1904 begonnene sogenannte »Wildmarkenkar-
tei« und die 35.000 Objekte umfassende wissenschaftliche Insektensammlung, die neben Typusmaterial als Besonderheit auch Exemplare aus den Hymenopteren-Sammlungen von Julius Theodor Christian Ratzeburg (1801-1871) und Arnold Förster (1810-1884) enthält. J. T. C. Ratzeburg,
der ein Schüler von Alexander von Humboldt war, gilt als ein früher Ökologe und begründete die
forstliche Insektenkunde, die Forstentomologie.

HEUTIGE NUTZUNG

Die Vogelsammlung und die Wildbiologische Sammlung werden zu Lehrzwecken genutzt, insbesondere im Rahmen der Vorlesung »Wildbiologie und Jagdkunde«, aber auch von der benachbarten
Hochschule für angewandte Wissenschaft und Kunst. Studenten besuchen die Sammlung zur Vorbereitung auf wildbiologische Prüfungen.

Die Insektensammlung dient vorwiegend wissenschaftlichen Zwecken und kann von Gästen
bei Bedarf eingesehen werden. Ein vollständiges Verzeichnis der Insektensammlung ist unter
http://www.uni-goettingen.de/de/insektensammlung/71672.html abrufbar.

Links: Star *Sturnus vulgaris*, weiblicher Vogel im Schlichtkleid, Präparat, 12 × 22 × 12 cm.
Rechts: Wanderfalke *Falco peregrinus*, adultes Männchen, Präparat, 25 × 40 × 25 cm. Beide Vogelpräparate sind Teile einer systematisch geordneten Sammlung mit über 500 Exponaten, die den größten Teil der in Niedersachsen brütenden Spezies umfasst.

Links: Insektendiorama Nonne *Lymantria monacha*, Dr. Schlüter & Dr. Mass, Naturwissenschaftl. Anstalt, Halle a. S., 60-100 Jahre, ca. 30 × 40 × 6 cm. Der für Lehrzwecke konzipierte Schaukasten zeigt die verschiedenen Entwicklungsstadien der Nonne zusammen mit ihren Antagonisten in ihrer natürlichen Umgebung.
Rechts: Geweih eines Rehbocks *Capreolus capreolus*, 16 × 28 × 16 cm. Das Geweih ist Teil einer umfangreichen Sammlung zur Variabilität der Geweihausformung.

Fotos: Stephan Eckardt.

FORSTBOTANISCHER GARTEN UND
PFLANZENGEOGRAPHISCHES ARBORETUM

Wissenschaftliche Disziplin
Forstwissenschaften;
Biologie

Fakultät
Fakultät für Forstwissenschaf-
ten und Waldökologie der
Georg-August-Universität
Göttingen

Kontakt
Prof. Dr. Andrea Polle
Forstbotanischer Garten
und Pflanzengeographisches
Arboretum
Büsgenweg 2
D-37077 Göttingen
apolle@gwdg.de
+49-(0)551-39-3482
(Sekretariat)

**Öffnungszeiten/Führungen/
Veranstaltungen**
Allzeit geöffnet.
Führungen nach tele-
fonischer Absprache
(Herr Meng, Tel.:
+49-(0)551-39-3492).

GRÜNDUNGSDATEN UND -KONTEXT

Die Sammlung geht zurück auf den Forstbotanischen Garten in Hannoversch Münden, der bereits 1870 unter der Leitung von Hermann Zabel (1832-1912) eröffnet wurde. Anfang der 1970er Jahre wurden die forstwissenschaftlichen Einrichtungen von Hannoversch Münden nach Göttingen verlegt. Um den Bedürfnissen von Forschung und Lehre nachzukommen, wurde unter Walter Eschrich (1924-2005), der den Forstbotanischen Garten von 1968-1993 leitete, am Faßberg oberhalb des Nordcampus zusätzlich zum bereits bestehenden Alten Botanischen Garten eine Sammlung mit Schwerpunkt auf Gehölzen angelegt. Dazu mussten umfangreiche landschaftsbauliche Maßnahmen durchgeführt werden, bevor 1973 mit der Bepflanzung begonnen wurde.

SCHWERPUNKT, CHARAKTERISTIK UND UMFANG DER SAMMLUNGEN

Im Forstbotanischen Garten sind etwa 800 Gehölzarten auf einer Fläche von 17 ha systematisch nach Pflanzenfamilien angeordnet. Nachdem anfangs Wildformen im Vordergrund standen, wurden in den 1980er und frühen 1990er Jahren zunehmend auch Kultursorten angepflanzt. Heute liegt der Fokus auf Wildformen mit definierter Herkunft, ergänzt durch wichtige Kultursorten. Eingestreute naturnahe Trockenrasen und die weitestgehend ökologische Bewirtschaftung tragen außerdem zu einer beachtlichen Vielfalt an Wildblumen, Insekten, Vögeln, Reptilien und Kleinsäugern bei.

Im Pflanzengeographischen Arboretum stehen mehr als 1.200 Holzpflanzenarten über den gesamten Nordcampus verteilt. In den Teilarboreten Nordamerika, China, Japan, Korea und Kaukasus/Kleinasien sind die Pflanzen nach regionaler Herkunft angeordnet. Damit umfasst das Arboretum als eine der weltweit sehr wenigen Sammlungen einen Großteil der Gehölzflora der Nordhemisphäre. Die Bereiche Japan, Korea und Kaukasus/Kleinasien sind aufgrund ihrer Bedeutung für den Artenschutz vom Verband der Botanischen Gärten zu Nationalen Schutzsammlungen erklärt worden.

HEUTIGE NUTZUNG

Alle Pflanzen sind der Öffentlichkeit zugänglich und mit Schildern versehen, die Auskunft über Systematik und Herkunft geben. Nach Absprache finden auch öffentliche Führungen statt. Im Bereich der Forstwissenschaften und verwandter Disziplinen stehen die wissenschaftliche Lehre und die Bereitstellung von Forschungsmaterial im Vordergrund. Ein außerordentlicher Beitrag wird zur Erhaltung von biologischer Diversität geleistet, denn die Pflanzen mit bekannten Wildherkünften sind wertvolle, vermehrungsfähige Genreserven für z. T. stark gefährdete Wildpopulationen. Gemeinsam mit anderen botanischen Gärten, z. B. durch den Austausch von Saatgut, wird diese Naturschutzfunktion auf eine breite Grundlage gestellt.

Briefkorrespondenz im Rahmen des internationalen Samentauschs. Foto: Martin Liebetruth.

Links: Fraßschäden der Großen Wühlmaus *Arvicola terrestris* L., Cricetidae. Foto: Stephan Eckardt.

Rechts: Fraßgänge des Asiatischen Laubholz-Bockkäfers *Anoplophora glabripennis* Motschulsky, Cerambycidae. Foto: Stephan Eckardt.

Gereinigte Saatgutproben verschiedener Gehölzsamen in Glasschalen. Foto: Stephan Eckardt.

SAMMLUNG DER MATHEMATISCHEN MODELLE UND INSTRUMENTE

Wissenschaftliche Disziplin
Geschichte der Mathematik

Fakultät
Fakultät für Mathematik und
Informatik der Georg-August-
Universität Göttingen

Kontakt
Prof. Dr. Laurent Bartholdi
Mathematisches Institut
Bunsenstr. 3-5
D-37073 Göttingen
office@uni-math.gwdg.de
+49-(0)551-39-7752

**Öffnungszeiten/Führungen/
Veranstaltungen**
Das Institut ist Mo-Fr
8-19.30 Uhr geöffnet,
die Sammlung ist frei
zugänglich.
Führungen und weitere
Öffnungszeiten nach
telefonischer Absprache.

GRÜNDUNGSDATEN UND -KONTEXT

In der Zeit von etwa 1870 bis zum Ersten Weltkrieg wurden in Göttingen sehr viele mathematische Modelle und Instrumente für Unterrichtszwecke erworben. Besonders aktiv waren Alfred Clebsch (1833-1872) und vor allem Felix Klein (1849-1925), der das Anschauliche in der Mathematik betonte. Erst 1928-1929, beim Bau des Mathematischen Instituts in der Bunsenstraße, wurden durch die Fürsprache von Otto Eduard Neugebauer (1899-1990) die angesammelten Modelle als museale Sammlung wahrgenommen. Von Anfang an wurden sie in Vitrinen im öffentlichen Teil des Mathematischen Instituts ausgestellt.

SCHWERPUNKT, CHARAKTERISTIK UND UMFANG DER SAMMLUNGEN

Die Mehrzahl der ca. 550 Objekte stammt aus der Zeit zwischen 1870 und 1915. Sie gewähren einen reichhaltigen Einblick in die Mathematik dieser Epoche – einer Epoche, in der Göttingen eines der bedeutendsten Zentren der Mathematik weltweit wurde.

HEUTIGE NUTZUNG

Die Sammlung ist für die Geschichte der Mathematik und andere Wissenschaften sehr bedeutend. Sie unterstützt Mathematiker bei der Visualisierung ihrer Forschungsergebnisse und wird gern von Studierenden und Besuchern genutzt.

Seite rechts

Links oben: Apoll von Belvedere mit parabolischen Kurven, Felix Klein, um 1910, Gips, Inv.-Nr. MI 211.

Links Mitte: Projektionen des regulären 4-D 24-Zells (»octaplex«) in den 3-D-Raum, um 1890, verschiedene Materialien, 16 × 16 × 10 cm, Inv.-Nr. MI 352.

Rechts: Kummer'sche Flächen mit 8 bzw. 16 bzw. 4 reellen Knotenpunkten, um 1890, Gips, Metall. Oben: ca. 30 × 21 × 20 cm; Mitte: ca. 21 × 21 × 20 cm; unten: ca. 20 × 21 × 20 cm, Inv.-Nr. MI 123, 124, 125.

Unten: Rechenmaschine Brunsviga, Typ »Trinks«, Metall, Holz, 33 × 22 × 14 cm, Inv.-Nr. MI 507.

Fotos: Stephan Eckardt.

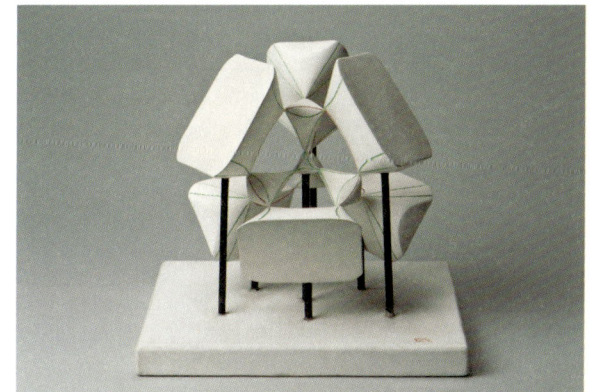

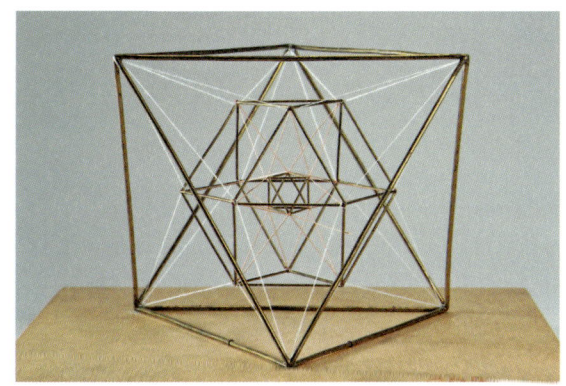

SAMMLUNG HISTORISCHER GEGENSTÄNDE AM INSTITUT FÜR GEOPHYSIK

Wissenschaftliche Disziplin
Geschichte der Geophysik und
der Naturwissenschaften

Fakultät
Fakultät für Physik der
Georg-August-Universität
Göttingen

Kontakt
Prof. Dr. Karsten Bahr
Institut für Geophysik
Friedrich-Hund-Platz 1
D-37077 Göttingen
karsten.bahr@geo.physik.
uni-goettingen.de
+49-(0)551-39-7453

**Öffnungszeiten/Führungen/
Veranstaltungen**
Öffnungszeiten und
Führungen nach
Vereinbarung.

GRÜNDUNGSDATEN UND -KONTEXT

Die Geophysik hat ihren Ursprung in der »magnetischen Abteilung« der Sternwarte der Universität Göttingen, so dass vor allem Geräte und Apparaturen aus dem 19. und frühen 20. Jahrhundert für geodätische und geomagnetische Messungen in der Sammlung enthalten sind. Die ab 1904 von Emil Wiechert (1861-1928) gebauten Seismographen sind jedoch nicht mehr Bestandteil der Sammlung des Instituts für Geophysik, weil sie als ›Immobilien‹ den Umzug aus dem bis 2005 genutzten Gebäude der Geophysik in das neue Institut am Friedrich-Hund-Platz nicht mitmachen konnten.

SCHWERPUNKT, CHARAKTERISTIK UND UMFANG DER SAMMLUNGEN

Ca. 50 historische Objekte, die an der Göttinger Universitäts-Sternwarte und später am Institut für Geophysik verwendet wurden bzw. durch Schenkungen an das Institut gelangt sind.

HEUTIGE NUTZUNG

Ein Teil der Sammlung ist im Eingangsbereich des Instituts für Geophysik ausgestellt und dort in begrenztem Rahmen öffentlich zugänglich. Da die überlieferten Instrumente nicht mehr den heutigen Arbeitsmethoden in der Geophysik entsprechen, wird die Sammlung derzeit nicht für die Forschung und Lehre genutzt.

Seite rechts
Seismogramm des Erdbebens in San Francisco vom 18.4.1906, gerußtes Papier, 45 × 150 cm. Der Wiechert'sche astatische 1200-kg-Seismograph registrierte von 1904 bis 2005 ununterbrochen Daten und ist weiterhin betriebsfähig. Während heute ein weltweites Netz von Erdbebenstationen existiert, wurde das Erdbeben in San Francisco nur von diesem Gerät aufgezeichnet. Die regelmäßigen »Ticks« sind Minutenmarken. Mit »P« und »S« sind die Ersteinsätze der Kompressions- und Scherwellen bezeichnet. Die Oberflächenwellen kommen später am Seismographen an und haben die größte Amplitude und Zerstörungskraft.
Inklinatorium von Meyerstein, 1847, Messing, Kupfer, Höhe ca. 35 cm. Ein Inklinatorium ist ein um 90° verdrehter Kompass, der anstelle der Deklination die Inklination, also den Winkel zwischen der Erdoberfläche und der Richtung des Erdmagnetfeldes, misst. Gauß hatte mit seiner Bestimmung der Horizontalintensität des Magnetfeldes die Magnetfeldstärke an das System physikalischer Einheiten (Länge, Gewicht etc.) angeschlossen. Mit dem Inklinatorium wurde es zusätzlich möglich, die Gesamtintensität des Erdmagnetfeldes zu bestimmen.

Universalinstrument (Theodolit) von Reichenbach und Ertel, 1820, Messing, Glas etc., Höhe 66 cm. Ein Theodolit ist ein geodätisches Instrument, in dem sich ein Ablesefernrohr in beliebiger Richtung horizontal und vertikal verdrehen lässt. Dieses Gerät wurde 1820 von Gauß angeschafft und bei der Hannoverschen Gradmessung verwendet.

Fotos: Stephan Eckardt.

San Francisco, 18. April 1906, 13:12 GMT
37.7N, 122.5W

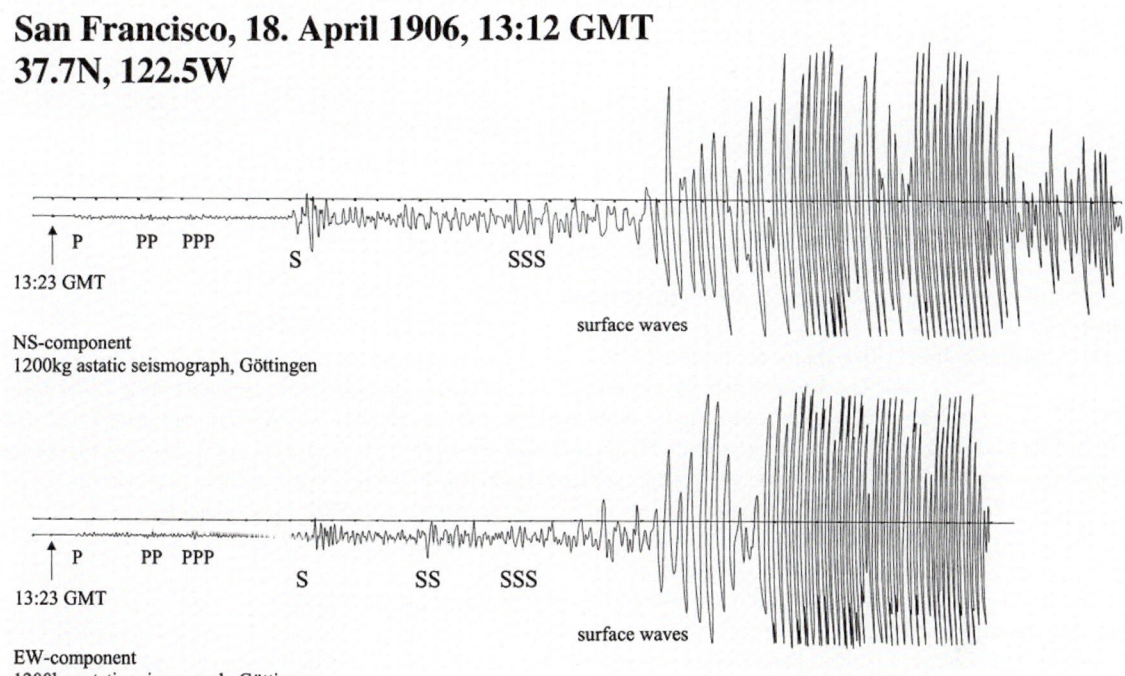

P   PP   PPP   S   SSS

13:23 GMT

surface waves

NS-component
1200kg astatic seismograph, Göttingen

P   PP   PPP   S   SS   SSS

13:23 GMT

surface waves

EW-component
1200kg astatic seismograph, Göttingen

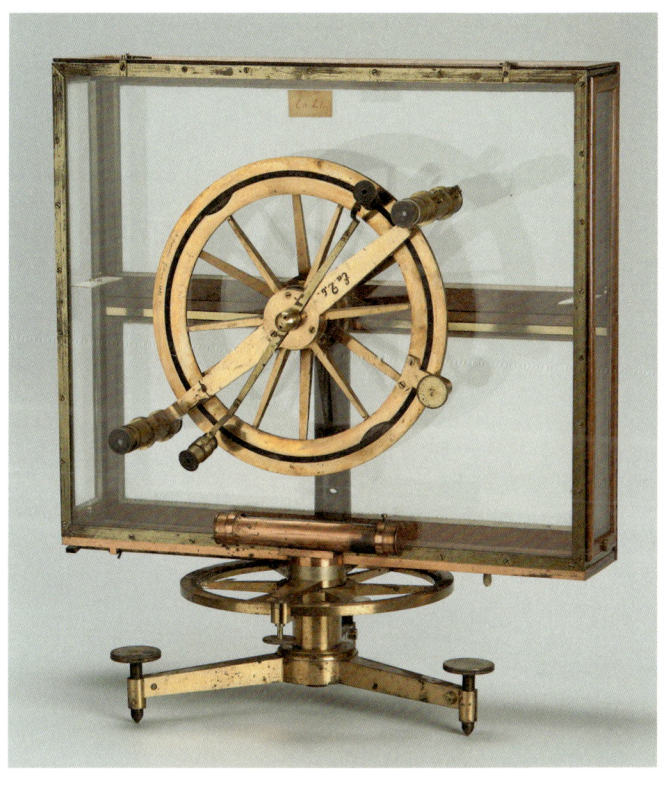

RECHTSMEDIZINISCHE SAMMLUNG

Wissenschaftliche Disziplin
Rechtsmedizin – Forensische
Wissenschaften

Fakultät
Medizinische Fakultät der
Georg-August-Universität
Göttingen

Kontakt
Prof. Dr. Wolfgang Grellner
Abteilung Rechtsmedizin
Universitätsmedizin
Göttingen
Robert-Koch-Str. 40
D-37075 Göttingen
rechtsmedizin@med.uni-
goettingen.de
+49-(0)551-39-4910

**Öffnungszeiten/Führungen/
Veranstaltungen**
Keine, da Sammlung
eingelagert.

GRÜNDUNGSDATEN UND -KONTEXT

Das älteste Ganzkörper-Exponat dieser Sammlung stellt die Mumie eines bei strengem Frost im Harz beigesetzten Kaufmanns aus dem Jahr 1677 dar, welche bei der Beisetzung seines Sohnes 1714 in der Familiengruft in diesem Zustande vorgefunden wurde. Nach Zurschaustellung durch Totengräber wurde die Mumie erst 1791 der Universität Göttingen zur Aufbewahrung überwiesen. Hier fand sie schließlich ihren Platz in der rechtsmedizinischen Sammlung, die von Theodor Lochte (1906-1934, Ordinarius) nach 1906 begründet und ausgestaltet wurde.

SCHWERPUNKT, CHARAKTERISTIK UND UMFANG DER SAMMLUNGEN

In dem Band *Forensische Medizin – Eine 100-jährige Geschichte der Rechtsmedizin an der Georg-August-Universität Göttingen* (Universitätsverlag Göttingen 2004, S. 20) wird dazu wie folgt ausgeführt:

»Es entsprach den wissenschaftlichen Konzepten in der Anatomie, Pathologie und Gerichtsmedizin am Anfang des vorigen Jahrhunderts, dass wissenschaftliche Sammlungen angelegt wurden. Lochte legte den Grundstein zu einer der größten Sammlungen dieser Art in der Göttinger Gerichtsmedizin, die durch seine Nachfolger vervollkommnet, auf ein hohes Niveau gebracht und mit ihren Exponaten auch ausgiebig in Lehre und Fortbildung eingesetzt wurde.

Zur Zeit wird sie als medizinhistorische Sammlung verstanden und unterhalten, in der Lehre jedoch nicht mehr eingesetzt.

In der Öffentlichkeit ist diese Sammlung von großem Interesse geblieben – vielleicht auch, weil sie jetzt geschlossen ist.«

Die Sammlung umfasst insgesamt ca. 440 Exponate aus allen klassischen Bereichen der forensischen Morphologie: natürlicher Tod mit Erscheinungsformen des plötzlichen natürlichen Todes, nicht-natürlicher Tod wie Mord/Totschlag, Suizid, Unfall oder Vergiftung. Alle wesentlichen traumatologischen Aspekte aus den Gebieten der stumpfen und scharfen Gewalt, der Halskompression, der thermischen Einwirkung sowie der von Schuss und Elektrizität etc. werden anschaulich dargestellt. Ferner werden die frühen und späten Leichenveränderungen plausibel vermittelt (Thanatologie, die Lehre vom Tod).

HEUTIGE NUTZUNG

Nach der Schließung des alten Institutsgebäudes am Windausweg im Jahre 2006 konnte die Sammlung zunächst nur noch eingelagert werden. Die Sammlung kann seither nicht genutzt werden. Eine Wiedereröffnung in angemessenen Räumen zum Gebrauch in der Lehre wird gegenwärtig angestrebt.

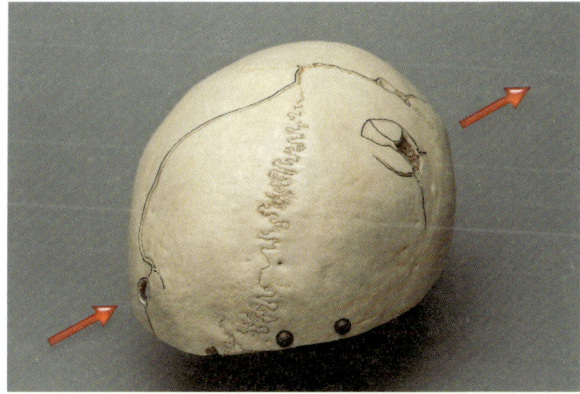

Schädelkalotte, von hinten gesehen. Durchschuss. Berstungssprung von links hinten nach rechts vorn. Biegungsbruchsystem im Bereich des Ausschusses, ca. 16 × 20 × 21 cm.

Schädelkalotte, von vorn gesehen. Aufgesetzter Schrägschuss. Typische Kantenabsprengungen. Ausgeprägte Sprengwirkung mit Trümmerfraktur. Verlorengegangene Fragmente ersetzt, ca. 16 × 20 × 21 cm.

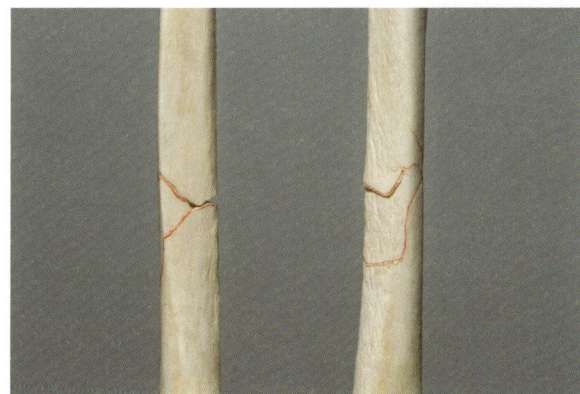

Schienbeine, von vorn gesehen. Beidseitige keilförmige Messererbrüche. Anstoß durch PKW von rechts (vom Betrachter aus gesehen von links), ca. 14 × 19 × 21 cm.

Stoffproben. Beschmauchung bei Schuss aus 3 cm, 5 cm, 10 cm und 15 cm Mündungsabstand. Flobertpistole 6 mm, ca. 11 × 45 × 11 cm.

Fotos: Stephan Eckardt.

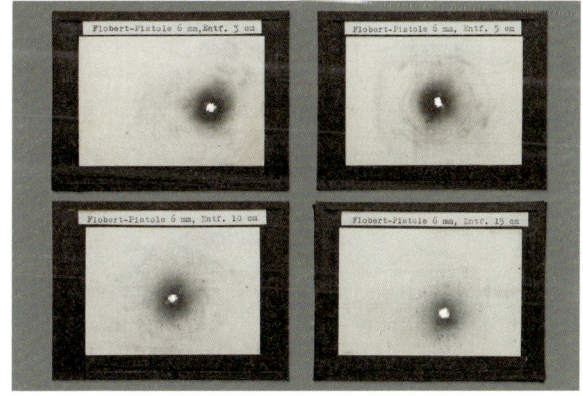

LEHRSAMMLUNG DES SEMINARS FÜR UR- UND FRÜHGESCHICHTE

Wissenschaftliche Disziplin
Ur- und Frühgeschichte,
prähistorische Archäologie

Fakultät
Philosophische Fakultät der
Georg-August-Universität
Göttingen

Kontakt
Dr. Jens Schneeweiß
Seminar für Ur- und
Frühgeschichte
Nikolausberger Weg 15
D-37073 Göttingen
jschnee@gwdg.de
+49-(0)551-39-5086

**Öffnungszeiten/Führungen/
Veranstaltungen**
Aufgrund der räumlich
beengten Situation ist die
Lehrsammlung nicht öffentlich
zugänglich. Einige Vitrinen
in den Fluren des Seminars
gewähren dennoch einen
kleinen Einblick in die
Vielfalt der Lehrsammlung.

GRÜNDUNGSDATEN UND -KONTEXT

Mit der Etablierung des Faches der Ur- und Frühgeschichte an der Universität im Jahre 1929 wurde auch die Lehrsammlung zur prähistorischen Archäologie eingerichtet. Für die universitäre Ausbildung in einer objektbezogenen Wissenschaft, die sich explizit mit materieller Kultur beschäftigt, war eine Lehrsammlung unverzichtbar. Daran hat sich bis heute wenig geändert. Den Grundstein bildeten seinerzeit Dauerleihgaben aus dem Provinzialmuseum Hannover. Dabei handelte es sich vor allem um Stücke nichthannoverscher Provenienz und Dubletten. Erste ur- und frühgeschichtliche Objekte gelangten allerdings schon zu Beginn des 19. Jahrhunderts an die Universität, in der Zeit des *Königlichen Academischen Museums*. Es enthielt sowohl kunst- und kulturgeschichtliche als auch naturwissenschaftliche Objekte in großer Zahl. Das Interesse an der »germanischen Altertumskunde« war seit dem 17. Jh. stetig gewachsen, so dass es nicht verwundert, dass auch zahlreiche archäologische Funde, meist als Schenkungen, in das Museum gelangten. Dafür sind zum großen Teil die intensiven Bemühungen und weitreichenden Verbindungen J. F. Blumenbachs (1752-1840) verantwortlich, der damals das Museum leitete. Als die Bestände in der zweiten Hälfte des 19. Jahrhunderts auf die Institute und Seminare der Universität aufgeteilt wurden, kam jedoch ein größerer Teil nach Hannover, von wo aus dann vor über 80 Jahren die Lehrsammlung begründet wurde. Auch ein Teil der Altbestände des Academischen Museums wurde wieder nach Göttingen überführt. Im Jahre 1967 konnte der Bestand durch Dauerleihgaben des Braunschweigischen Landesmuseums in Wolfenbüttel noch einmal erheblich erweitert werden. Heute gibt es keinen nennenswerten Zuwachs an Objekten mehr, da alle Neufunde – auch aus den Ausgrabungen des Seminars – an die zuständigen Museen abzugeben sind.

SCHWERPUNKT, CHARAKTERISTIK UND UMFANG DER SAMMLUNGEN

Die Lehrsammlung umfasst derzeit etwa 8.400 Inventarnummern. Dahinter verbergen sich sowohl Einzelobjekte als auch Fundkomplexe. Aufgrund ihrer unsystematischen Entstehungsgeschichte sind die Bestände sehr heterogen. Die Sammlung bietet dadurch jedoch eine gewisse Vielfalt und gibt insgesamt einen guten Überblick zur Ur- und Frühgeschichte Mitteleuropas, auch wenn sie nicht als repräsentativ für eine bestimmte Epoche oder Region gelten kann.

HEUTIGE NUTZUNG

Die Nutzung der Sammlung entspricht im Grunde nach wie vor dem ursprünglichen Anliegen bei ihrer Einrichtung. Sie wird hauptsächlich als Anschauungs- und Studienmaterial in der Lehre eingesetzt.

Links: Bronzenes Kurz-schwert, Original, Nordische Bronzezeit Periode II, ca. 1400 v. Chr., Bornholm, 1818 von Bischof Friedrich Münter als »Opfermesser« an das *Academische Museum* geschenkt, erhaltene Länge ca. 34 cm, Inv.-Nr. Gö 4757.

Rechts: Gesichtsurne, Original, ältere vorrömische Eisenzeit, ca. 700 v. Chr., aus Pommern (heute Polen), Fund vermutlich 1930er Jahre, Keramik, Höhe 33 cm, ⌀ ca. 28 cm, Inv.-Nr. Gö 855. Die anthropomorphe Urne ist ein typisches Gefäß der sog. Gesichtsurnenkul-tur. Sie diente als Behältnis für die verbrannten Über reste des Verstorbenen und stellte symbolhaft seinen Körper dar.

Goldener Schwertschei-denbeschlag wie Abb. links, 19 × 13 × 1,5 cm, Inv.-Nr. Gö 4835. Detail der szenischen Darstellung von Wild-schwein, Panther und Fisch sowie Hirsch, Löwe und Fisch, durch eine Mittelrippe getrennt.

Vierpassförmiger Be-schlag wie Abb. links, 17 × 17 × 2 cm, Inv.-Nr. Gö 4832. Detail der Verzie-rung mit Tierfriesen, hier der Kampf von Wolf und Steinbock.

Skythenzeitlicher Hortfund, galvanoplastische Nachbildung des späten 19. Jahrhunderts, angefertigt durch das Antiquarium der Königlichen Museen zu Berlin, 0,5 × 0,5 × 0,5 cm bis 41 × 15 × 4 cm, Inv.-Nr. Gö 4831- 4848. Original: Werkstatt im graeco-skythischen Kulturkreis nördlich des Schwarzen Meeres, um 500 v. Chr., Fundort: Vettersfelde, Gem. Guben (heute Witaszkowo, gmina Gubin, woj. Lubuskie), 1882, 18-karätige Gold-Silber-Legierung, Bronze, Eisen.

Fotos: Stephan Eckardt.

HUMANEMBRYOLOGISCHE DOKUMENTATIONSSAMMLUNG BLECHSCHMIDT

Wissenschaftliche Disziplin
Anatomie, Embryologie

Fakultät
Medizinische Fakultät der
Georg-August-Universität
Göttingen

Kontakt
PD Dr. med. Jörg Männer
Abt. Anatomie und
Embryologie
Universitätsmedizin Göttingen
Kreuzbergring 36
D-37073 Göttingen
jmaenne@gwdg.de
+49-(0)551-39-7032

**Öffnungszeiten/Führungen/
Veranstaltungen**
Ausstellung ›Blechschmidt-
Sammlung‹: Mo-Fr 8-18 Uhr.
Weitere Öffnungszeiten und
Führungen nach Vereinbarung.

TEILSAMMLUNGEN

Teil A. Histologische Schnittserien von menschlichen Embryonen und Feten,
Teil B. Ausstellung stark vergrößerter 3-D-Rekonstruktionen menschlicher Embryonen.

GRÜNDUNGSDATEN UND -KONTEXT

Die Erforschung der frühen menschlichen Gestaltentwicklung ist auf Sammlungen von Zufalls-funden, z. B. Fehlgeburten, angewiesen. Die hiesige Sammlung wurde zwischen 1949 und 1972 vom damaligen Direktor des Anatomischen Instituts, Prof. Dr. Erich Blechschmidt (1904-1992), aufgebaut und als ›Blechschmidt-Sammlung‹ weltbekannt. Die Sammlung dient der Erforschung und Dokumentation der Gestaltentwicklung des menschlichen Embryos (»Anatomie menschlicher Embryonen«), die u. a. aufgrund der geringen Größe der Embryonen mit dem bloßen Auge nicht erfassbar ist. Die Embryonen wurden fixiert und in histologische Schnittserien (›Scheiben‹) zer-legt, was die mikroskopische Analyse ihres inneren Aufbaus ermöglicht. Die stark vergrößerten (50- bis 200-fach) 3-D-Rekonstruktionen wurden von Schnittserien stadien-typischer Embryonen in mehreren Versionen für verschiedene Organsysteme angefertigt und bilden daher die während der Embryogenese zunehmend komplexer werdenden anatomischen Verhältnisse mit hoher Exakt-heit in einem mit dem bloßen Auge erfassbaren Maßstab ab. Die Ausstellung ist weltweit einzig-artig in Vollständigkeit und Detailgenauigkeit der Modelle. Die am Entwicklungsalter orientierte Aufstellung der Modelle ermöglicht es, die sich wandelnde Anatomie menschlicher Embryonen mit bloßem Auge räumlich zu erfahren.

SCHWERPUNKT, CHARAKTERISTIK UND UMFANG DER SAMMLUNGEN

Zu den Sammlungsschwerpunkten gehören die Dokumentation von zellulären und geweblichen Grundlagen der menschlichen Embryonal- und Fetalentwicklung sowie die dreidimensionale Doku-mentation der Anatomie menschlicher Embryonen und Feten. Die Sammlung umfasst 120 histo-logische Schnittserien vollständig erhaltener menschlicher Embryonen sowie 228 Schnittserien von Organen/Körperteilen aus sämtlichen Phasen der Schwangerschaft. Insgesamt sind über 200.000 Schnitte auf über 20.000 Objektträgern magaziniert. Die Ausstellung umfasst 65 3-D-Rekonstruk-tionen (ca. 65-75 cm hoch), die in einem eigenen Raum untergebracht sind.

HEUTIGE NUTZUNG

Die histologischen Schnittserien werden ausnahmslos für Forschungszwecke genutzt. Langfristig sollen die Schnittserien digitalisiert (virtuelle Mikroskopie), mit morphologischen und molekula-ren Forschungsdatenbanken weltweit verknüpft und über das digitale Forschungsportal der Uni-versität einem definierten Kreis von Forschern über das Internet zur Verfügung gestellt werden.

Die Ausstellung der 3-D-Rekonstruktionen wird vorwiegend für die Ausbildung in der Human-, Zahn- und Molekularmedizin genutzt.

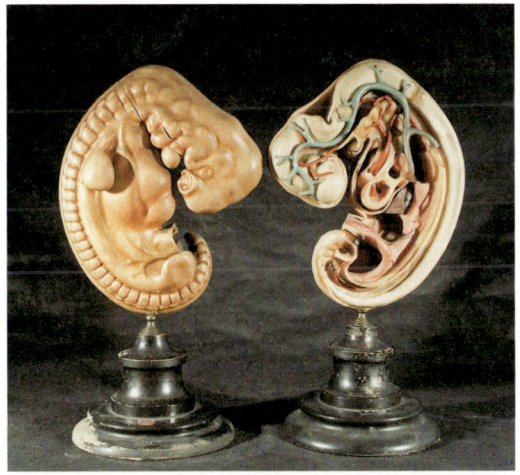

His-Ziegler-Modelle, »Embryo A« aus der Modellserie 3: »Anatomie menschlicher Embryonen«, Wilhelm His, Friedrich Ziegler (Freiburger Atelier für wissenschaftliche Plastik Friedrich Ziegler), zwischen 1880 und 1885, Wachs, Höhe ca. 35 cm mit Podest, Anatomisches Institut, Göttingen. Diese Wachsmodelle gehörten Ende des 19./Anfang des 20. Jhs. weltweit zur Standardausstattung anatomischer Institute. Sie galten als eigenständige Form der wissenschaftlichen Veröffentlichung. Es handelte sich bei diesen Modellen also primär nicht um Lehrmodelle für Studenten, sondern um wissenschaftliche Studienobjekte.

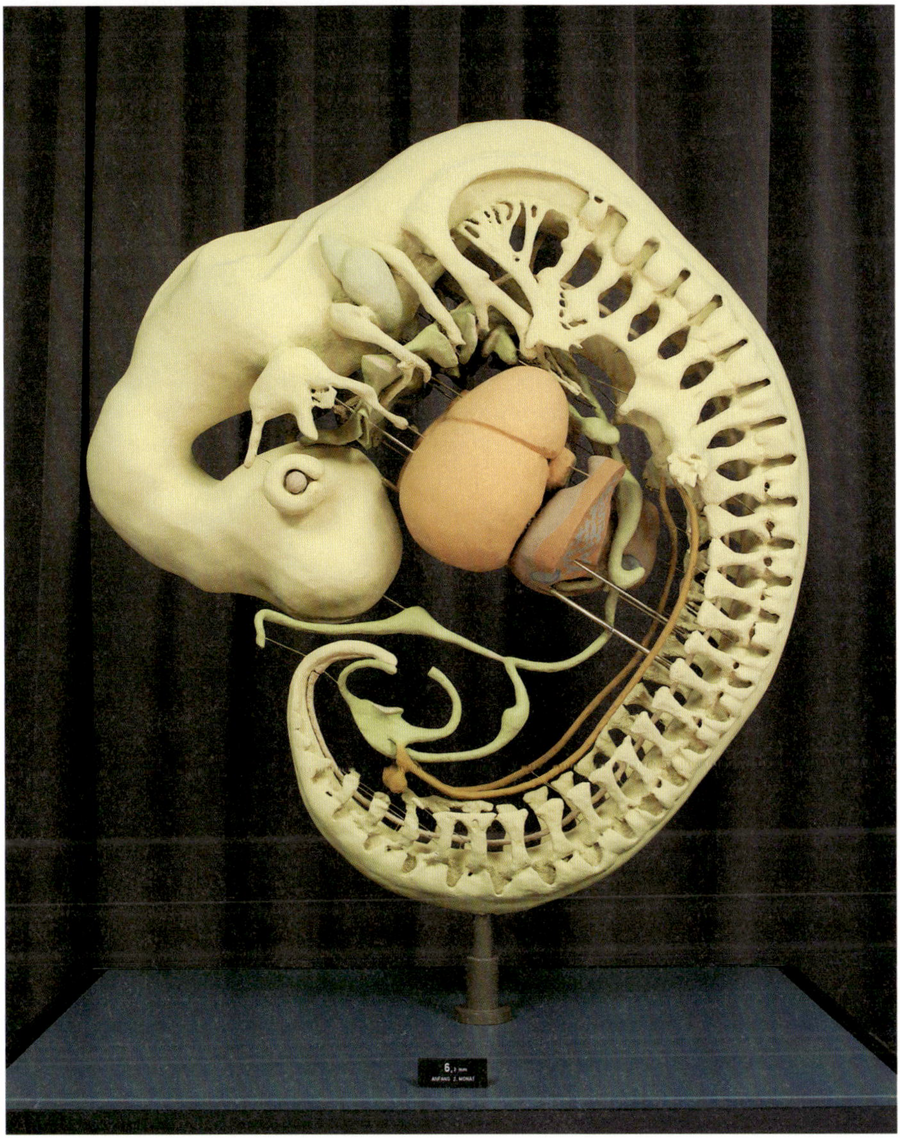

Vergrößerte Replik eines 6,3 mm großen Embryos, hergestellt Mitte bis Ende der 1950er Jahre von W. Kircheiß in der Göttinger Anatomie, Kunststoff, Spachtel, Farbe, Höhe ca. 95 cm, Humanembryologische Dokumentationssammlung Blechschmidt, Göttingen. Das Modell wurde – wie alle Modelle der Sammlung – mittels einer von Blechschmidt entwickelten Modifizierung der Born'schen Plattenmodelliermethode gebaut. Ein Vergleich mit den historischen His-Ziegler-Modellen eines etwa gleich alten Embryos (Abb. oben) demonstriert die hohe Qualität und Detailgenauigkeit der Göttinger Modelle, die den Betrachter die gestaltliche Komplexität menschlicher Embryonen mit den eigenen Augen erfahren lässt.

Fotos: Hans-Georg Sydow.

SAMMLUNG VON ALGENKULTUREN DER UNIVERSITÄT GÖTTINGEN (SAG)

Wissenschaftliche Disziplin
Botanik, Phykologie
(Algenkunde)

Fakultät
Biologische Fakultät der
Georg-August-Universität
Göttingen

Kontakt
Prof. Dr. Thomas Friedl
Dr. Maike Lorenz
Abt. Experimentelle
Phykologie und Sammlung
von Algenkulturen (EPSAG)
Albrecht-von-Haller Institut für
Pflanzenwissenschaften
Nikolausberger Weg 18
D-37073 Göttingen
epsag@uni-goettingen.de
+49-(0)551-39-5740

**Öffnungszeiten/Führungen/
Veranstaltungen**
Führungen nur eingeschränkt
möglich, nach Vereinbarung.

GRÜNDUNGSDATEN UND -KONTEXT

Algen (einschließlich Cyanobakterien) sind außerordentlich divers, kommen in nahezu allen Lebensräumen vor und spielen als Primärproduzenten eine wichtige Rolle in den globalen Stoffkreisläufen. Sie sind auch wegen ihrer hochwertigen Inhaltsstoffe von wachsender Bedeutung. Außerdem stellen sie Modellsysteme der biologischen Forschung und Indikatororganismen in ökologischen Untersuchungen dar. Mikroalgen kommen in der Natur häufig nur in Spuren und vermengt mit anderen Mikroorganismen vor. Für wissenschaftliche Laboruntersuchungen müssen sie isoliert und auf geeigneten Nährmedien *ex situ* herangezüchtet werden.

Die Sammlung von Algenkulturen wurde 1954 von Ernst Georg Pringsheim (1881-1970), einem Pionier der Mikrobiologie und der Kultivierung von Mikroalgen, an der Georg-August-Universität gegründet. Heute hat die SAG die Aufgabe, den umfangreichen Bestand an lebenden Mikroalgen als Ressource und Referenz für die wissenschaftliche Forschung dauerhaft zu erhalten und verfügbar zu machen, an dessen Erforschung mitzuwirken und neue Algenisolate zu gewinnen.

SCHWERPUNKT, CHARAKTERISTIK UND UMFANG DER SAMMLUNGEN

Die SAG ist eine der weltweit größten und ältesten Lebendsammlungen für mikroskopische Algen. Mit derzeit über 2.300 Stämmen (etwa ⅕ davon sind besonders wertvolle Typusreferenzen) sind in der SAG nahezu alle Klassen der eukaryotischen Algen und prokaryotischen Cyanobakterien verfügbar, die überwiegend aus terrestrischen Lebensräumen und dem Süßwasser stammen.

HEUTIGE NUTZUNG

Die SAG ist eine international anerkannte Forschungssammlung, sie fungiert als biologisches Ressourcen- und Kompetenzzentrum sowie Depositorium für mikroskopische Algen und Cyanobakterien. Ihre Bestände sind über die Bestellung eines Inoculum der gewünschten Algenkultur zugänglich. Eine zunehmende Zahl von Algenkulturen (2.400 im Jahr 2011) wird an verschiedenste Institutionen in Forschung, Lehre und Industrie weltweit versendet.

Molekulare Signaturen sind bereits von ⅓ der SAG-Bestände bekannt, die Zahl der Publikationen unter Verwendung von SAG-Kulturen ist immens.

Forschungsschwerpunkte der Abteilung EPSAG zielen auf die Bestimmung der Diversität von Algen und Cyanobakterien in verschiedenen Lebensräumen sowie molekulare Analysen zur Rekonstruktion ihrer Verwandtschaftsbeziehungen. Die besondere Kompetenz im Umgang mit Mikroalgen wird in verschiedene angewandte Forschungsprojekte eingebracht. Außerdem werden Methoden zur genetisch stabilen Konservierung lebender Algenkulturen bei ultratiefen Temperaturen (Kryokonservierung) weiterentwickelt.

Seite rechts

Oben: Reagenzglaskulturen verschiedener Mikroalgen am Nordfenster des 18°-C-Kulturraumes der SAG. Foto: Sascha Bubner.

Mitte: Flüssigkulturen mariner Rotalgen in der SAG. Foto: Sascha Bubner.

Unten: Mit Hilfe des Schüttelinkubators wird das Wachstum der Algenkulturen gefördert. Die beimpften Nährmedien werden ständig durchmischt und bei einer definierten Temperatur gehalten. Foto: Maike Lorenz.

ANTHROPOLOGISCHE SAMMLUNG DER ABTEILUNG HISTORISCHE ANTHROPOLOGIE UND HUMANÖKOLOGIE

Wissenschaftliche Disziplin
Anthropologie

Fakultät
Biologische Fakultät der
Georg-August-Universität
Göttingen

Kontakt
Dr. Birgit Großkopf
Abteilung Historische
Anthropologie und
Humanökologie
Johann-Friedrich-Blumenbach-
Institut für Zoologie und
Anthropologie
Bürgerstr. 50
D-37073 Göttingen
birgit.grosskopf@biologie.uni-
goettingen.de
+49-(0)551-39-3649

**Öffnungszeiten/Führungen/
Veranstaltungen**
Die Sammlung ist derzeit
nicht öffentlich zugänglich,
einzelne Exponate sind jedoch
in Flurvitrinen zu sehen.

GRÜNDUNGSDATEN UND -KONTEXT

Es handelt sich bei der Anthropologischen Sammlung um eine relativ junge Lehr- und Forschungs-sammlung. Im Jahre 1956 wurden durch Prof. Gerhard Heberer ca. 900 menschliche Schädel, da-von ca. 700 Europäer, weitere aus der Südsee, Südamerika und Afrika, vom *Museum für Völkerkunde* Hamburg übernommen. Die Dokumentationslage zu diesen Schädeln ist infolge von Kriegsschäden begrenzt, an einer anthropologischen Aufarbeitung wird aktuell gearbeitet. In den 1970er Jahren wurde durch Prof. Christian Vogel eine Primatenschädelsammlung (Remane-Sammlung) aus Kiel übernommen.

Seitdem ist die Sammlung um zahlreiche Objekte, z. B. historische Skelette und einige Brand-bestattungen, für die keine Wiederbestattung vorgesehen ist, erweitert worden. Teilweise stehen Skelettserien jedoch auch nur temporär für Forschungsarbeiten zur Verfügung.

SCHWERPUNKT, CHARAKTERISTIK UND UMFANG DER SAMMLUNGEN

Die Sammlung umfasst diverse Skelettserien, Schädel von Menschen und Primaten, Mumien, eine Sammlung pathologisch veränderter Skelettelemente und Abgüsse der wesentlichen Hominiden-funde.

Die verschiedenen Skelettserien weisen zwischen 20 und ca. 800 Individuen auf und sind ver-schiedenen Zeitstellungen und Regionen zuzuordnen. Die Sammlung wird auch künftig ergänzt, um eine breitere Datenbasis für ein genetisches, aber auch morphologisches ›Archiv‹ zu generieren.

Bei der Sammlung pathologischer Präparate handelt es sich um eine Dauerleihgabe des Patho-logischen Institutes der Universität Göttingen, bei den südamerikanischen Mumien um eine Dauer-leihgabe des Museums für Völkerkunde in Hamburg.

HEUTIGE NUTZUNG

Die Sammlungsobjekte stellen die wesentliche materielle Grundlage für zahlreiche Abschluss- und Forschungsarbeiten dar. Vor allem für morphologische und molekularbiologische Arbeiten ist die Vielfalt der einzelnen Skelettserien von unschätzbarem Wert. In der praktischen Lehre werden zu großen Teilen Sammlungsobjekte genutzt, die als Demonstrations- oder Untersuchungsobjekte eingesetzt werden.

Seite rechts

Oben: Primatenschädel, links: *Macaca nemestrina*, 15,5 × 9 × 10,5 cm, Inv.-Nr. 206330, rechts: *Colobus verus*, 8,5 × 6 × 7,5 cm, Inv.-Nr. 207098.

Mitte: Unterkieferfragment eines Hominiden (Abguss), Swartkrans, Mandibulafragment, 11 × 9,5 × 5 cm, Inv.-Nr. SK 15.

Unten links: Beckenknochen, linkes Hüftbein, 20,8 × 16,6 × 11 cm, Inv.-Nr. Jever 59.

Unten rechts: Oberschenkelknochen, pathologisch verändert, etwa 45 cm lang.

Fotos: Stephan Eckardt.

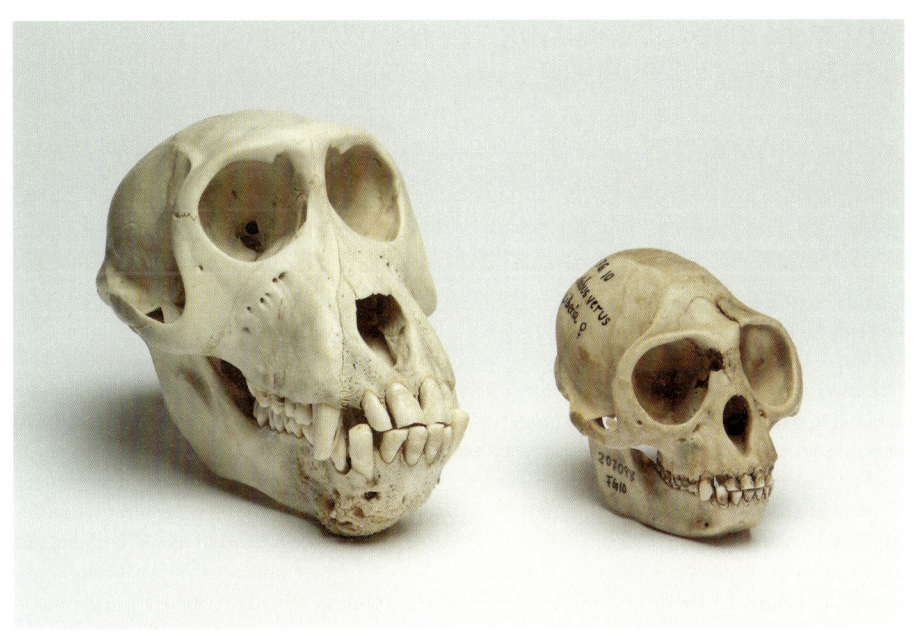

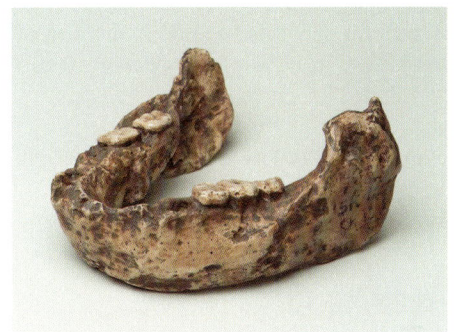

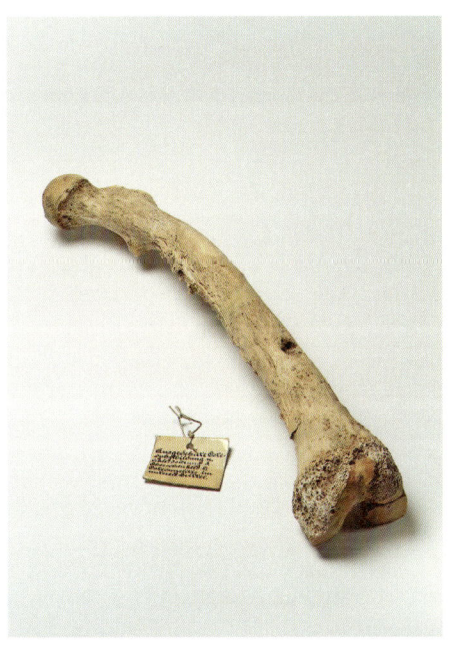

KULTURHISTORISCHE SAMMLUNG HEINZ KIRCHHOFF
»SYMBOLE DES WEIBLICHEN«

Wissenschaftliche Disziplin
Kulturgeschichte

Fakultät
Medizinische Fakultät der
Georg-August-Universität
Göttingen

Kontakt
Dr. Anita Schmidt-Jochheim
Am Steinsgraben 19
D-37085 Göttingen
info@kirchhoff-sammlung.de
+49-(0)551-39-22093

**Öffnungszeiten/Führungen/
Veranstaltungen**
Mo-So ganztägig.
Führungen nach
telefonischer Absprache.

GRÜNDUNGSDATEN UND -KONTEXT

Prof. Dr. Heinz Kirchhoff (1905-1997) leitete von 1954 bis 1973 als Ordinarius die Universitätsfrau-enklinik in Göttingen. Neben seiner engagierten frauenärztlichen Tätigkeit war er ein leidenschaft-licher Sammler. Seine erste Frauenstatuette erhielt er Ende der 1950er Jahre als Geschenk; im Lauf der Jahre kamen immer mehr Figuren aus den verschiedensten Epochen und Kulturen hinzu.

Während am Anfang für Heinz Kirchhoff Ästhetik und Schönheit im Vordergrund standen, sammelte er ab den 1960er Jahren verstärkt Frauenabbildungen, welche die weibliche Symbolik und ihre unterschiedliche Bedeutung veranschaulichen. Kirchhoff selbst hatte den Wunsch, mit seiner Sammlung der Vielfalt historischer und globaler Beispiele von Wertschätzung oder Vereh-rung des Weiblichen einen Beitrag zu leisten, um die auch heute noch trotz aller Wandlungs-ansätze bestehende Unterbewertung der Frau gegenüber dem Mann zu überwinden.

Die Sammlung wurde zunächst im Institut für Ethnologie ausgestellt, seit 1997 ist sie im Uni-versitätsklinikum neben der Bibliothek zu sehen.

SCHWERPUNKT, CHARAKTERISTIK UND UMFANG DER SAMMLUNGEN

Ca. 650 Objekte aus den verschiedensten Epochen und Kulturen.

HEUTIGE NUTZUNG

Die Sammlung wurde als kulturhistorische Dauerausstellung sowie als Wanderausstellung auf-bereitet, die einen Querschnitt durch die Geschichte der Menschheit zeigt – von der Altsteinzeit bis heute – zur künstlerischen Umsetzung der Themen Frau, Muttergottheit, Fruchtbarkeitsidol, Ahnenkult und Mutterschaft. Die Ausstellung ist öffentlich zugänglich. Sie kann für die Forschung und Lehre genutzt werden.

Seite rechts

Oben links: »Black Venus«, Niki de Saint Phalle, 1972, Paris, 10,5 × 10,3 × 12,8 cm, Inv.-Nr. K 253. Die »Black Venus« gehört zu den berühmten farbenfrohen, voluminösen sogenannten Nanas, die von der französischen Künstlerin Niki de Saint Phalle seit den 1960er Jahren über ihre gesamte Schaffenszeit in unterschiedlichen Farben und Formen entworfen wurden.

Oben rechts: »Mère et enfant«, Auguste Rodin; Nachguss vom Werkmodell, undatiert (Original 1875), Bronze, Sockel aus Porto-Marmor, Inv.-Nr. K 468. Die Bronze zeigt Rose Beuret, Rodins Lebensgefährtin, mit dem gemeinsamen Sohn Auguste.

Mitte: Goldstaubgewicht – Geburtsszene, Ethnie Ashanti, Afrika, Ghana, Gelbguss, 11 × 4,5 × 7,6 cm, Inv.-Nr. K 451. Darstellung einer Geburtsszene, figürliche Maßeinheit zum Abwiegen von Goldstaub, dieses Stück ist vermutlich eine künstlerische Nachbildung zu Verkaufszwecken ohne Funktion als Gewichtseinheit.

Unten: Enthauptete Figuren Frau mit Kindern, nicht datiert, Sawankhalok, Nord-Thailand, Erwerb 1975, Terrakotta, glasiert, 5,1 × 5,2 × 11,6 cm, Inv.-Nr. K 543 a, b. Diese Figuren wurden vor einer Geburt ›ent-hauptet‹ und zur Dämonenabwehr ins Wochenbett gelegt, nach gut verlaufener Geburt wurde der Kopf wieder angesetzt.

Fotos: Stephan Eckardt.

SAMMLUNGEN HISTORISCHER KINDER- UND JUGENDBÜCHER

Wissenschaftliche Disziplinen
Insbesondere Literaturwissenschaft und Fachdidaktik,
aber auch Mittlere und Neue
Geschichte, Politikwissenschaften, Soziologie, Musik-
wissenschaften, Kunst-
wissenschaften und
Kulturanthropologie

Fakultät
Philosophische Fakultät der
Georg-August-Universität
Göttingen

Kontakt
Prof. Dr. Christoph Bräuer
Seminar für Deutsche
Philologie
Waldweg 26
D-37073 Göttingen
christoph.braeuer@phil.uni-
goettingen.de
+49-(0)551-39-5980

**Öffnungszeiten/Führungen/
Veranstaltungen**
Die aktuellen Öffnungszeiten
entnehmen Sie bitte unserer
website
http://www.uni-goettingen.
de/de/197957.html.
Weitere Öffnungszeiten und
Führungen nach telefonischer
Absprache.

TEILSAMMLUNGEN

Sammlung Vordemann, Sammlung Seifert.

GRÜNDUNGSDATEN UND -KONTEXT

Sammlung Vordemann: Die Vordemann-Sammlung steht der akademischen Lehre seit Anfang der
1960er Jahre aufgrund einer Stiftung zur Verfügung.
   Sammlung Seifert: Das Seminar für Deutsche Philologie hat die Sammlung des Professors für
Politikwissenschaften Jürgen Seifert im Jahre 2008 erworben.

SCHWERPUNKT, CHARAKTERISTIK UND UMFANG DER SAMMLUNGEN

Sammlung Vordemann:
Die Vordemann-Sammlung, eine Stiftung der Schwestern Vordemann aus Göttingen, geht zurück
auf den Einbecker Superintendenten Karl Vordemann (1850-1931). Sie ist mit etwa tausend Büchern eine vergleichsweise kleine Sammlung, aber in einem erstklassigen Erhaltungszustand. Die
Sammlung erstreckt sich über einen Zeitraum von etwa 200 Jahren und endet mit Büchern aus
der Zeit des Ersten Weltkrieges. Schwerpunkte sind die philanthropische Kinderliteratur, hier besonders auch seltene Realienbücher, und das 19. Jahrhundert. Die Sammlung ist in einer Reihe
von Ausstellungen öffentlich präsentiert worden.

Sammlung Seifert:
Mit ca. 11.500 Titeln gehört die Sammlung Seifert zu den bedeutendsten Kinder- und Jugendbuchsammlungen in Deutschland. Die Bücher und Zeitschriftenhefte spiegeln die Entwicklung
der Kinder- und Jugendliteratur von ihrer Entstehung im Zeichen der Frühaufklärung bis in die
frühen 1990er Jahre. Ein besonderer Schwerpunkt liegt dabei auf politischen Inhalten, insbesondere auf Büchern und Zeitschriften aus der Zeit der Weimarer Republik und des Nationalsozialismus. Ferner verfügt die Sammlung Seifert über zahlreiche und teilweise sehr wertvolle Bilder-
und Pop-Up-Bücher.

HEUTIGE NUTZUNG

Auch wenn die kostbaren Bände der Seifert- und Vordemann-Sammlungen unter Verschluss stehen, sind sie doch Bestandteil des Werkstatt-Konzeptes der Bibliothek für Kinder- und Jugendliteratur. So kann mit ihnen in Forschung und Lehre vielfältig gearbeitet werden.
   Wegen ihrer kulturgeschichtlichen Bedeutung eignet sich die Sammlung besonders für interdisziplinäre Zusammenarbeit und bietet nicht nur der Literaturwissenschaft und der Fachdidaktik, sondern auch den Geschichts-, Kunst- und Politikwissenschaften, der Soziologie und Kulturanthropologie eine reiche Quelle an Forschungsmaterial.

Herbert Rikli, Hurra! Ein Kriegs-Bilderbuch, Stuttgart: Loewe [ca. 1916], 23 S., Einbandtitel S. 1 fehlt, 30 × 1 × 23 cm, Inv.-Nr. S4a 231. Ein Bilderbuch mit Versen, in dem der Krieg als Spiel und Abenteuer dargestellt wird und die Kriegsgegner lächerlich gemacht werden. Links: Einband, rechts: Seite 9.

Links: Béla Illés, Rote Märchen: Sechs Märchen aus dem Ungarischen, nacherzählt von Stefan J. Klein, mit Umschlagzeichnungen von Alfred Frank, Leipzig: Freidenker Verlag, 1925, 80 S., 23 × 2 × 16 cm, Inv.-Nr. S 18c 17. Béla Illés Rote Märchen sind allesamt als Allegorie auf den Sozialismus zu lesen.

Rechts: Proletarischer Kindergarten. Ein Märchen- und Lesebuch für Groß und Klein, hg. von Ernst Friedrich, Umschlagzeichnung von Käthe Kollwitz, Bilder von Karl Holtz, Otto Nagel u. a. 1.-10. Tsd., Berlin: Buchverlag der Arbeiter-Kunst-Ausstellung 1921, 232 S., 23,5 × 2 × 16 cm, Inv.-Nr. S18a 13. Eine Anthologie in mehreren Abschnitten, die von typischen sozialistischen Themen wie Krieg, Staat und Kirche, Aufklärung, Großstadt und Solidarität handeln.

Fotos: Martin Liebetruth.

MUSIKINSTRUMENTENSAMMLUNG DES MUSIKWISSENSCHAFTLICHEN SEMINARS

Wissenschaftliche Disziplin
Musikwissenschaft

Fakultät
Philosophische Fakultät der
Georg-August-Universität
Göttingen

Kontakt
Dr. Klaus-Peter Brenner
Musikwissenschaftliches
Seminar
Kurze Geismarstraße 1
(›Accouchierhaus‹)
D-37073 Göttingen
k.p.brenner@phil.uni-
goettingen.de
+49-(0)551-39-5075

**Öffnungszeiten/Führungen/
Veranstaltungen**
Während der Vorlesungszeit
Mo 16-18 Uhr.
Weitere Öffnungszeiten und
Führungen nach Vereinbarung.

GRÜNDUNGSDATEN UND -KONTEXT

Die Sammlung wurde 1964 auf Initiative Prof. Heinrich Husmanns (1908-1983) als Lehr- und Forschungssammlung am Musikwissenschaftlichen Seminar eingerichtet, zeitgleich mit der Installation eines tonpsychologischen Labors und aus dem Bestreben heraus, das Profil des Göttinger Seminars nach Berliner, Leipziger und Wiener Vorbild auf die Gesamtheit der drei Fachzweige ›Historische‹, ›Systematische‹ und ›Vergleichende Musikwissenschaft‹ (›Musikethnologie‹) auszuweiten. Mustergültig hierfür, galt sein besonderes Interesse der entwicklungsgeschichtlichen Rolle von Musikinstrumenten als kulturspezifischen Tonsystemerzeugern.

Den Grundstock bildete die seit den 1930er Jahren entstandene, 1.050 Objekte umfassende Privatsammlung des Cellenser Instrumentenfabrikanten und Musikverlegers Hermann Johannes Moeck (1896-1982), einschließlich der 1956 inkorporierten Altägypten-Sammlung des Musikwissenschaftlers und Pioniers der Musikarchäologie Prof. Hans Hickmann (1908-1968). Ihr Profil war sowohl durch Moecks enge Beziehung zur Jugendmusikbewegung und seine seit Beginn der 1930er Jahre führende Rolle bei der Wiederbelebung der Blockflöte maßgeblich geprägt als auch durch den Einfluss der um universalgeschichtliche Entwürfe bemühten ›Kulturkreislehre‹. Hiervon zeugt einerseits der besonders ausgeprägte Holzblasinstrumenten-Schwerpunkt, andererseits die breite kulturgeographische und typologische Streuung der Sammlung.

Seit den 1980er Jahren wurde die Sammlung durch die Integration mehrerer musikethnologischer Feldforschungssammlungen (Felix Hoerburger, Kurt und Ursula Reinhard, Rudolf Brandl, Klaus-Peter Brenner) sowie weiterer Privatsammlungen (Martin Staehelin, Hermann Alexander Moeck) erheblich erweitert.

SCHWERPUNKT, CHARAKTERISTIK UND UMFANG DER SAMMLUNG

Die Sammlung zählt mit 1.923 Objekten (davon 819 noch nicht katalogisiert, Stand: 3/2012) heute zu den größten ihrer Art in Deutschland:
- Europa, Kunstmusik (vorwiegend späteres 18. bis frühes 20. Jahrhundert): 627 Objekte
- Europa, Volksmusik: 342 Objekte
- Afrika südlich der Sahara: 280 Objekte
- Altägypten: 129 Objekte
- Nordafrika/Westasien: 147 Objekte
- Zentral-/Ost-/Süd-/Südostasien: 257 Objekte
- Ozeanien: 13 Objekte
- Nord-/Mittel-/Südamerika: 47 Objekte.

HEUTIGE NUTZUNG

Die Sammlung wird bis heute in Forschung und Lehre genutzt. Sie ist zu großen Teilen in einer öffentlich zugänglichen Dauerausstellung zu besichtigen, die den Blick auf die Einbettung der Musikinstrumente in kulturspezifische Kontexte ebenso wie auf entwicklungs- und verbreitungsgeschichtliche Zusammenhänge lenkt.

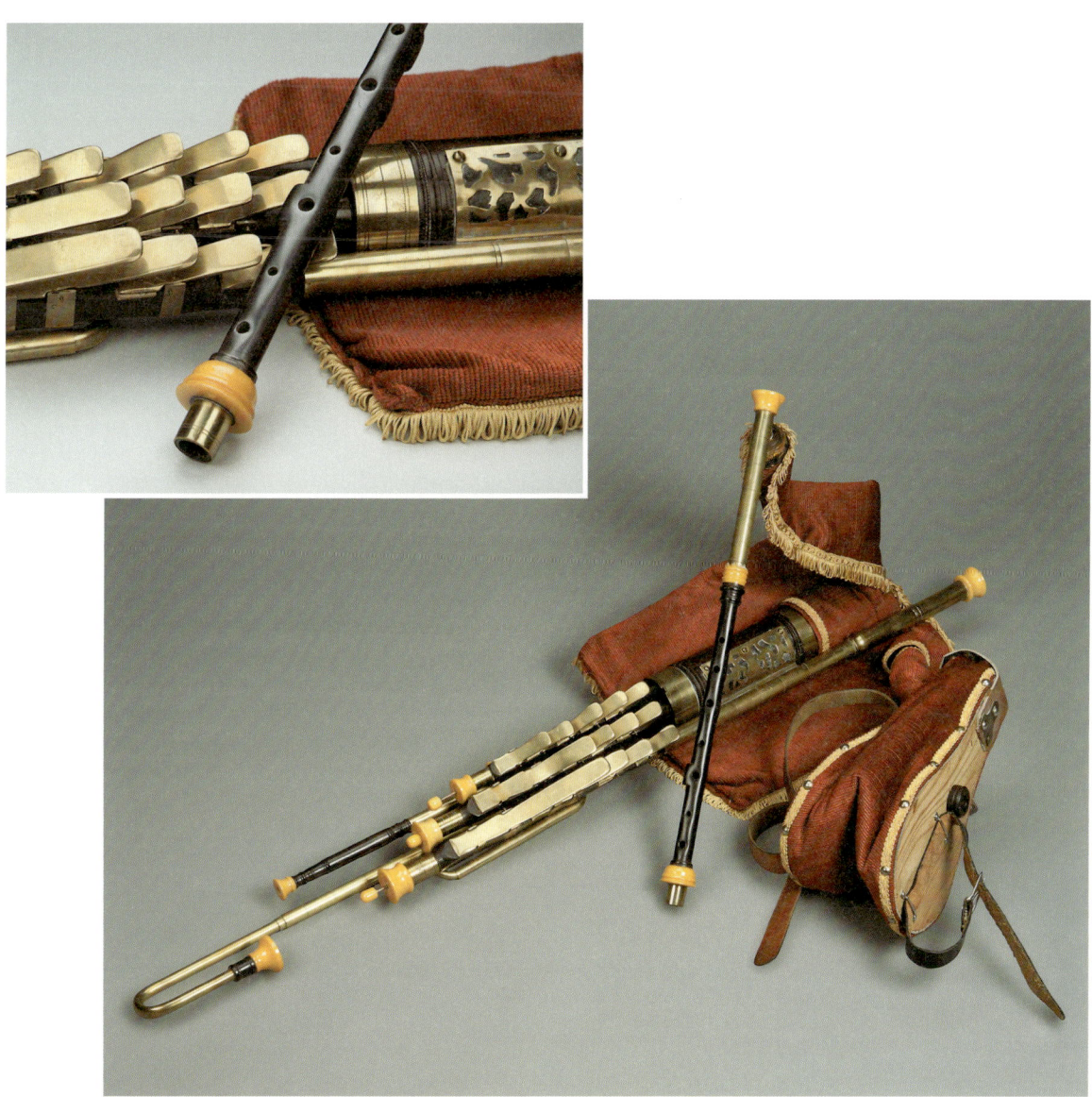

Sackpfeife Uilleann Pipes, Joe McKenna, 1982 (als Half Set) und 1984 (ergänzt zum Full Set), Dublin, Irland; Ebenholz, Messing, Riesenschilf, Elfenbeinimitat, Kunstleder, Samt; ca. 103 × 27 × 35 cm; Inv.-Nr. 1214. Die im 18. Jahrhundert in Irland entwickelten Uilleann Pipes besitzen eine Melodiepfeife, drei Bordun- und drei Akkordpfeifen, den Windsack und einen Schöpfbalg; ihre der Barockoboe nahestehende Melodiepfeife erlaubt den Wechsel zwischen ›offener‹ (legato) und ›geschlossener‹ (staccato) Spielweise und erreicht durch Überblasen einen Tonumfang von zwei Oktaven. Der Erbauer dieses Exemplars war Schüler des berühmten Leo Rowsome (1903-1970).

Fotos: Stephan Eckardt.

EXPERIMENTELLER BOTANISCHER GARTEN DER UNIVERSITÄT

Wissenschaftliche Disziplin
Pflanzenökologie

Fakultät
Biologische Fakultät der
Georg-August-Universität
Göttingen

Kontakt
Dr. Rolf Callauch
Experimenteller Botanischer
Garten
Grisebachstr. 1a
D-37077 Göttingen
rcallau@uni-goettingen.de
+49-(0)551-39-5725

**Öffnungszeiten/Führungen/
Veranstaltungen**
Freiland stets offen, Versuchs-
anlagen nach Absprache,
weitere Öffnungszeiten und
Führungen nach telefonischer
Absprache.

TEILSAMMLUNGEN

Ökologische Demonstrationsbeete und Versuchsanlagen.

GRÜNDUNGSDATEN UND -KONTEXT

Sammlung zur Ökologie der Pflanzen:
Die seit 1968 im Experimentellen Garten gesammelten Pflanzen stellen die Basis der ökologischen Forschung der Abteilung Pflanzenökologie und das Anschauungsmaterial für Studenten und Öffentlichkeit dar. Als Begründer des Gartens ließ der Inhaber des Lehrstuhls für Geobotanik, Prof. Dr. Heinz Ellenberg (1913-1997), ab 1968 das Gelände in der Lutteraue und am Faßberg gestalten und bepflanzen. Zahlreiche Versuchsanlagen im Freiland und unter Glas wurden seitdem hinzugefügt. Heute ist der Garten mit seinen Beeten, den Rolldächern, den Klimakammern, dem Baumkronenpfad und dem Wurzellabor die wichtigste Forschungsstätte der Pflanzenökologie in Göttingen. Unter Ellenbergs Nachfolgern Prof. Dr. Michael Runge und Prof. Dr. Christoph Leuschner wurden die Forschungsabteilungen des Gartens ständig erweitert und weisen heute eine moderne Versuchsumgebung für die ökologische Forschung auf.

SCHWERPUNKT, CHARAKTERISTIK UND UMFANG DER SAMMLUNGEN

Ca. 3.000 Pflanzenarten für Versuche und zur Arterhaltung.
Der Sammlungsschwerpunkt liegt auf dem Gebiet der seltenen, ökologisch besonders angepassten und bedrohten Arten.

HEUTIGE NUTZUNG

Alle Pflanzenbestände werden unter Glas und im Freiland ganzjährig gepflegt und in ihrem Bestand durch aufwändige Nachzuchten erhalten. Eine besondere Bedeutung kommt dabei der erhaltenden Arbeit durch jährliche Samenabnahme und Verbreitung des Saatguts an andere Gärten und Forschungseinrichtungen zu. Alle Freilandbeete und Demonstrationsanlagen sind öffentlich zugänglich. Es finden regelmäßig Führungen statt. Die Versuchsanlagen zur aktuellen Forschung sind nur im Rahmen von Führungen zu besuchen, da sie ständig für die Forschung genutzt werden und zuerst den Studenten und Wissenschaftlern der Biologischen Fakultät zur Verfügung stehen.

Seite rechts
Blicke in verschiedene Bereiche des Experimentellen Gartens, wo über 3.000 Pflanzenarten im Freiland (hier: im Alpinum, in Kurs- und Versuchsbeeten oder unter kontrollierten Bedingungen) oder unter Glas, z. B. im Alpinenhaus oder in speziell klimatisierten Versuchshäusern (hier: in Rhizoboxen) für Forschung, Lehre und Anschauung kultiviert werden. Fotos: Rolf Callauch.

MUSEUM DER GÖTTINGER CHEMIE

Wissenschaftliche Disziplin
Chemiegeschichte

Fakultät
Fakultät für Chemie der
Georg-August-Universität
Göttingen

Kontakt
Dr. Ulrich Schmitt
Institut für Physikalische
Chemie
Tammannstraße 6
D-37077 Göttingen
uschmit@gwdg.de
+49-(0)551-39-3114

**Öffnungszeiten/Führungen/
Veranstaltungen**
Nach Absprache

GRÜNDUNGSDATEN UND -KONTEXT

Das Museum der Göttinger Chemie an der Fakultät für Chemie wurde 1979 gegründet und enthält in der ständigen Ausstellung und im Magazin zahlreiche historische Objekte und Dokumente sehr vielfältiger Art zur Geschichte der Chemie an der Universität Göttingen seit ihrer Gründung 1737. Diese Sammlung wird laufend durch Anschaffungen und Schenkungen erweitert. Das Museum erhält Unterstützung durch einen Förderverein, dem überwiegend die in Göttingen tätigen Chemie-Hochschullehrer und ehemalige Göttinger Chemie-Absolventen angehören.

Die Fakultät für Chemie an der Georg-August-Universität Göttingen hat eine lange Tradition. Bereits kurz nach der Gründung der Universität wurden private chemische Vorlesungen gehalten. 1783 entstand das erste offizielle chemische Laboratorium. Der Aufstieg zu einer der weltweit führenden Chemie-Forschungseinrichtungen wurde u. a. geprägt von Johann Friedrich Gmelin, Friedrich Stromeyer, Friedrich Wöhler, Hans Hübner, Victor Meyer, Gustav Tammann und den Nobelpreisträgern Otto Wallach (1910), Walther Nernst (1920), Richard Zsigmondy (1925) und Adolf Windaus (1928).

SCHWERPUNKT, CHARAKTERISTIK UND UMFANG DER SAMMLUNG

Die Sammlung umfasst viele Hunderte historische Objekte, Fotografien, Bücher und Dokumente zur Geschichte der Chemie, insbesondere in Göttingen.

HEUTIGE NUTZUNG UND ZUGÄNGLICHKEIT

Die chemiegeschichtliche Dauerausstellung ist öffentlich zugänglich und kann nach Terminabsprache besichtigt werden. Zudem richtet das Museum Sonderausstellungen aus und beteiligt sich an übergreifenden Ausstellungen.

Seite rechts

Oben: Medaille Dr. H. T. v. Böttinger zum 70. Geburtstag und zum 20-jährigen Bestehen der Göttinger Vereinigung (Vorder- und Rückseite), Max Lange 1918, Eisen, ∅ 80 mm. Foto: Stephan Eckardt.

Mitte: Präparate aus dem Chemischen Laboratorium von Professor Otto Wallach, Walther Borsche, 1898, 30 × 30 × 2 cm. Foto: Stephan Eckardt.

Unten links: Verlagsvertrag zwischen Professor Friedrich Wöhler und der Dieterich'schen Buchhandlung, 1853, 32,5 × 20 cm. Foto: Martin Liebetruth.

Unten rechts: Refraktometer nach Pulfrich, Carl Zeiss, 1895, Jena, Messing, 37 × 25 × 52 cm. Foto: Stephan Eckardt.

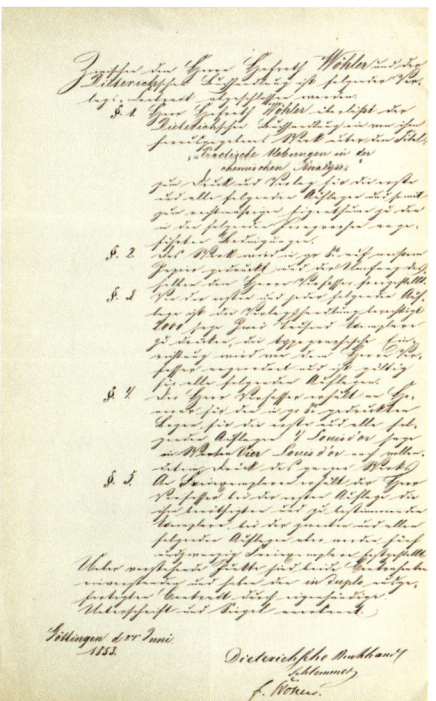

RECHNERMUSEUM DER GWDG

Wissenschaftliche Disziplin
Technikgeschichte

Gesellschaft für wissenschaftliche Datenverarbeitung mbH
Göttingen

Kontakt
Manfred Eyßell
GWDG
Am Faßberg 11
D-37077 Göttingen
meyssel@gwdg.de
+49-(0)551-201-1510

**Öffnungszeiten/Führungen/
Veranstaltungen**
Mo-Fr 7-23 Uhr,
Sa und So 10-18 Uhr.
Führungen nach Absprache,
Ansprechpartner für
Führungen: Dr. Thomas Otto,
+49-(0)551-201-1828.

GRÜNDUNGSDATEN UND -KONTEXT

Aus Anlass des 10-jährigen Bestehens der GWDG im Jahre 1980 wurden, um Wände ansonsten kahler Gänge zu dekorieren und Blickfänge zu bieten, Teile aus alten Rechenanlagen ausgestellt. Da in den 1950er und 1960er Jahren die technischen Bestandteile einer Rechenanlage auch in ihren Grundkomponenten (Röhren, Transistoren, Flip-Flops, UND-Gatter usw.) noch mit Händen zu greifen waren und dem Auge vielfältige Eindrücke boten, eignen sich solche Teile, um auch bei einem EDV-Laien das Interesse für die Beschäftigung mit der Rechnergeschichte zu wecken. Heute ist aber nicht mehr nur der optische Eindruck bemerkenswert, sondern es kann festgestellt werden, dass die nach und nach umfangreicher gewordene Sammlung einen sehr guten und umfassenden Überblick über die Entwicklungsgeschichte der Rechentechnik und Datenverarbeitung gibt. Dem elektrotechnisch Vorgebildeten ist es zum Beispiel möglich, bei Computer-Steckkarten der 1960er Jahre, auf denen die Leiterbahnen mit bloßem Auge verfolgt werden können, genau die Funktion einer Schaltung zu analysieren.

SCHWERPUNKT, CHARAKTERISTIK UND UMFANG DER SAMMLUNGEN

Die Sammlung enthält Hunderte von Teilen von Rechenanlagen wie Prozessoren und Speicher und ebenso viele Zubehörteile wie Speichermedien und Teile aus Ein- und Ausgabe-Peripheriegeräten. Eine repräsentative Anzahl von Rechenhilfsmitteln (Rechenschieber und Blechrechner), Tisch-und Taschenrechner aller Epochen und einige komplette Rechenanlagen und Speichersysteme runden die Sammlung ab.

HEUTIGE NUTZUNG

Die Sammlung ist in der Eingangshalle des Rechenzentrums und in den Verkehrswegen ausgestellt und soll den Benutzern des Rechenzentrums die Datenverarbeitung samt ihrer geschichtlichen Entwicklung anschaulich darstellen. Vielfach werden Schulklassen und Informatikkurse wie auch kleine Besuchergruppen nach vorheriger Anmeldung durch das Museum geführt.

Oben: Blechrechner »Addiator« für Addition und Subtraktion mit Hakenzehnerübertragung und Stiftbedienung im Etui mit Schreibblock, Addiator Rechenmaschinenfabrik, Berlin, um 1935, Rechner: Messingblech, Etui: Leder und Pappe, 25 × 18 × 1 cm. Der Ober der Junkernschänke in Göttingen hatte diesen Blechrechner zum Aufsummieren der Rechnungsposten zur Hand.

Mitte: Vierspezies-Rechenmaschine »Bunzel-Delton No. 5«, Bunzel-Delton-Werk, Wien, 1909, Messing, 42 × 15 × 11 cm. Blick von unten auf die Staffelwalzen. Weiterentwicklung der Leibniz'schen Rechenmaschine in Aufbau und Funktionsweise.

Unten links: Taschenrechner »Curta«. Die »Curta« wurde von Curt Herzstark im KZ Buchenwald (als Häftling) konstruiert und von 1948 bis 1972 in rund 140.000 Exemplaren produziert. 7 × 7 × 12 cm.

Unten rechts: Röhren-Steckbaugruppe mit zwei Doppeltrioden E88CC des deutschen Elektronenrechners Zuse Z22.

Fotos: Stephan Eckardt.

NIEDERSÄCHSISCHE STAATS- UND UNIVERSITÄTSBIBLIOTHEK GÖTTINGEN

Wissenschaftliche Disziplin
übergreifend

Kontakt
Prof. Dr. Norbert Lossau
(Direktor)
Niedersächsische Staats- und
Universitätsbibliothek
Göttingen
D-37070 Göttingen
lossau@sub.uni-goettingen.de
+49-(0)551-39-5212

**Öffnungszeiten/Führungen/
Veranstaltungen**
Zentralbibliothek:
Mo-Fr 7-1 Uhr,
Sa und So 9-22 Uhr.
348 Tage / Jahr.
Andere Standorte
abweichend.

TEILSAMMLUNGEN

17 Sondersammelgebiete, Sammlung Deutscher Drucke 1701-1800, Handschriften, wissenschaftliche Nachlässe und Autographen, Inkunabeln, Rara und weitere historische Sammlungen (Luther- und Reformationsdrucke, Bibliotheca Uffenbachiana, Gauß-Bibliothek, Küssner-Stiftung, Oskar und Ilse Mulert-Stiftung, Schlözer-Stiftung u. a.), Kartensammlung, Porträtsammlung der Universität u. a.

GRÜNDUNGSDATEN UND -KONTEXT

Mit der Gründung der Georg-August-Universität im Jahr 1734 und ihrer Entwicklung zu einer Hochschule von internationaler Bedeutung war von Beginn an ein systematischer Aufbau der Göttinger Universitätsbibliothek als eines unentbehrlichen Instrumentariums der Wissenschaften verbunden. Mit dem hannoverschen Staatsminister und ersten Universitätskurator Gerlach Adolph von Münchhausen (1688-1770) fand die Bibliothek einen großzügigen Förderer. Unter diesen günstigen Voraussetzungen konnten insbesondere die Bibliotheksdirektoren Johann Matthias Gesner (1691-1761) und Christian Gottlob Heyne (1729-1812), der der Bibliothek fast 50 Jahre vorstand, einen Bestand von einzigartiger Dichte aufbauen. Heyne selbst benannte die Erwerbungsprinzipien der Göttinger Universitätsbibliothek 1810 als »ununterbrochene planmäßige Anschaffung desjenigen, was, bey der immer fortschreitenden wissenschaftlichen Cultur, aus dem täglich erscheinenden neuen Anwachse der einheimischen und ausländischen Litteratur nöthig ist für eine Bibliothek, welche für einen wissenschaftlichen Plan, nicht nach Liebhaberey einzelner Fächer, nicht nach Prachtliebe, nicht nach dem Schein des Aeußerlichen, sondern nach Inbegriff und Umfassung der wichtigsten Schriften aller Zeiten und Völker in allen Wissenschaften, in einheimischer und ausländischer Litteratur, eingerichtet ist« (Göttingische Gelehrte Anzeigen, 1810, S. 852). Innerhalb weniger Jahrzehnte schuf Heyne ein dichtes Netz von Beziehungen zu ausländischen Buchhändlern, Diplomaten und Gelehrten, um Literatur aus der ganzen Welt zu erwerben. So konnten Bestände von nationalem wie internationalem Rang aufgebaut werden, die auch im weiteren Verlauf der Geschichte der Bibliothek kontinuierlich gepflegt wurden. Daraus sind ihr vielfältige Aufgaben auf regionaler, nationaler und internationaler Ebene erwachsen.

SCHWERPUNKT, CHARAKTERISTIK UND UMFANG DER SAMMLUNGEN

Insgesamt 6,2 Mio. Medieneinheiten: 4,3 Mio. Bände, 1,5 Mio. Mikroformen, 28.000 lizenzierte elektronische Zeitschriften, 12.000 laufend gehaltene Print-Zeitschriften, 314.000 Karten und Pläne, 14.000 Handschriften, 3.100 Inkunabeln, umfangreiche digitale Bestände (Stand: 12/2011)

HEUTIGE NUTZUNG UND ZUGÄNGLICHKEIT

Öffentliche Nutzung und Zugänglichkeit, acht Standorte, 29.000 qm Benutzungsbereiche, 348 Öffnungstage/Jahr (Zentralbibliothek), 116 Öffnungsstunden/Woche (Zentralbibliothek), 2.400.000 Bibliotheksbesuche/Jahr, 950.000 Entleihungen/Jahr (Stand: 12/2011)

Rechts: Esopi Leben und auserlesene Fabeln mit deutlichen Erklärungen, nutzlichen Tugend-Lehren, und hierzu dienlichen saubern Kupfern. Alles nach dem Begriff der lieben Jugend eingerichtet, Äsop (Autor), Sebastian Jakob Jungendres (Herausgeber), Peter Konrad Monath (Drucker), Nürnberg 1731, Papier und Leder, 13,5 × 21 × 3 cm, Sammlung Deutscher Drucke des 18. Jahrhunderts, Signatur DD92 A 34115. Der vorliegende Band wurde 1992 für die Sammlung Deutscher Drucke des 18. Jahrhunderts erworben.

Links: Fabulae variorum auctorum. Nempè Aesopi fabulae graeco-latinae CCXCVII […]. (dt.: Fabeln verschiedener Autoren. Und zwar 297 griechisch-lateinische Fabeln Äsops, […]), Äsop u. a. (Autoren), Isaac Nicolaus Nevelet (Herausgeber), Christian Gerlach und Simon Beckstein (Drucker), Frankfurt a. M. 1660, Papier und Pergament, 11 × 16,5 × 3,5 cm, Signatur 8° Auct. Gr. I, 3802. Der Holzschnitt in dieser zweisprachigen Fabelsammlung illustriert Äsops Fabel vom Fuchs und dem Ziegenbock.

Unten: Karta sočinennaja, morskich sudov kompanejšika, jakuckago kupca Pavla Sergeeva Lebedeva Lastočkina, peredovšikom evo, irkuckim kupcom, Dmitreem Jakovlevym Šabalinym, v bytnost' svoju, na ostrove Atkise, sentjabrja, 6 dnja 1779 godu, (dt.: Karte, entworfen von dem Vormann des Gesellschafters der Seeschiffe des Jakutsker Kaufmanns Pavel Sergeevič Lebedev-Lastočkin, dem Irkutsker Kaufmann Dmitrij Jakovlevič Šabalin, bei seinem Aufenthalt auf der Insel Atkis am 6. September 1779), erworben von Georg Thomas von Asch (1729-1807) um 1782, Papier, 86 × 51 cm, Sammlung Asch, Signatur gr. 2° Cod. Ms. Asch 283. Die Karte zeigt eine Zusammenkunft japanischer und russischer Kaufleute auf der Insel Hokkaidō im Jahre 1779.

Fotos: Martin Liebetruth.

UNIVERSITÄTSARCHIV DER GEORG-AUGUST-UNIVERSITÄT GÖTTINGEN

Wissenschaftliche Disziplin
übergreifend

Kontakt
Dr. Ulrich Hunger
(Archivleiter)
Universitätsarchiv
Georg-August-Universität
Göttingen
Papendiek 14
D-37073 Göttingen
Postfach 3744
D-37027 Göttingen
archiv@sub.uni-goettingen.de
hunger@sub.uni-goettingen.de
+49-(0)551-39-4323 oder -5309

Öffnungszeiten
Mo-Fr 10-19 Uhr.

GRÜNDUNGSDATUM UND -KONTEXT

Als Altregistratur der Universitätsverwaltung besteht das Archiv seit 1772, als historisches Universitätsarchiv seit 1925. Der erste Universitätsarchivar war Götz von Selle (1893-1956), der als Honorarprofessor das Archiv bis 1956 im Nebenamt leitete. Bis zum Jahr 1980 versah sein Nachfolger, der Rechtshistoriker Professor Wilhelm Ebel (1908-1980), die Aufgaben eines Universitätsarchivars. Erst 1986 wurde die Archivleitung hauptamtlich besetzt.

Das Universitätsarchiv besitzt nach dem Niedersächsischen Archivgesetz die Funktion eines Staatsarchivs für die Hochschule. Es hat die Aufgabe, aus dem Schriftgut aller Einrichtungen der Universität das Archivgut zu übernehmen, zu erschließen und nutzbar zu machen. Das Archivgut ist diejenige Teilmenge des Schriftguts, die von bleibendem Wert für die Erfüllung öffentlicher Aufgaben und die historische Forschung ist.

SCHWERPUNKT, CHARAKTERISTIK UND UMFANG DES ARCHIVS

Die Bestände des Universitätsarchivs Göttingen sind insofern als besonders wertvoll einzustufen, als sie eine vollständige Überlieferung der zentralen Universitätsbehörden seit Gründung der Hochschule 1737 bieten und nicht durch Kriegsverluste oder Zerstörungen dezimiert sind. Der Wert der Archivalien dürfte unschätzbar sein. Erhalten sind u. a. die Bestände Kuratorium (1733-1960), Sekretariat (1733-1930), Rektorat (1930-1995), Theologische Fakultät, Juristische Fakultät, Medizinische Fakultät, Philosophische Fakultät, Mathematisch-Naturwissenschaftliche Fakultät, Universitätsgericht, Kirchendeputation und Hochschule für Sozialwissenschaften Wilhelmshaven-Rüstersiel. Hinzu kommen Abgaben von Institutsakten sowie Copial-, Amts- und Geschäftsbücher der Universität. Der Bestand umfasst ca. 2.500 laufende Meter Archivalien.

HEUTIGE NUTZUNG

Das Universitätsarchiv verzeichnet im Vergleich mit anderen Hochschularchiven eine außerordentlich intensive Benutzung. Seine Bestände dienen als Quellengrundlage der Universitäts-, Wissenschafts- und Disziplinengeschichte, der biographischen Forschung, der Regionalgeschichte sowie der Genealogie. Sie werden hauptsächlich von Studierenden und Dozenten der Universität Göttingen genutzt. Aber auch auswärtige Wissenschaftler, Schriftsteller, Publizisten, Heimat- und Familienforscher sowie interessierte Bürger bilden ein komplexes Benutzerspektrum. Zusätzlich zu seinen Dienstleistungsfunktionen in Forschung und Lehre erbringt das Archiv Serviceleistungen für die akademischen Hochschulverwaltungen.

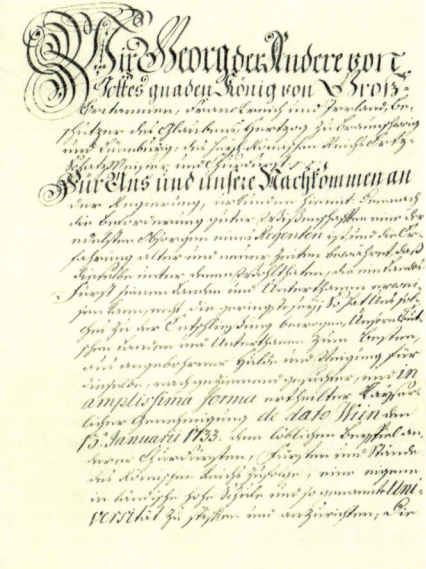
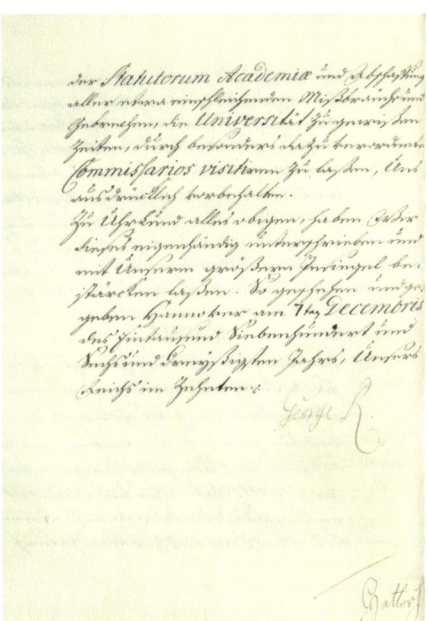

Links: Gründungsprivileg der Universität, 7.12.1736, 50 × 34 cm (aufgeschlagen), UAG ohne Signatur. Das mit Gesetzeskraft versehene königliche Gründungsprivileg dokumentierte die Stiftung der Universität durch den Landesherrn und regelte deren Rechte im Gefüge des Staates. Mit seinen Bestimmungen zur Freiheit von Forschung und Lehre wurde es zum Meilenstein in der modernen Wissenschaftsentwicklung. Rechts: Unterschrift von Georg II., König von Großbritannien und Irland, zugleich Kurfürst Georg August von Hannover.

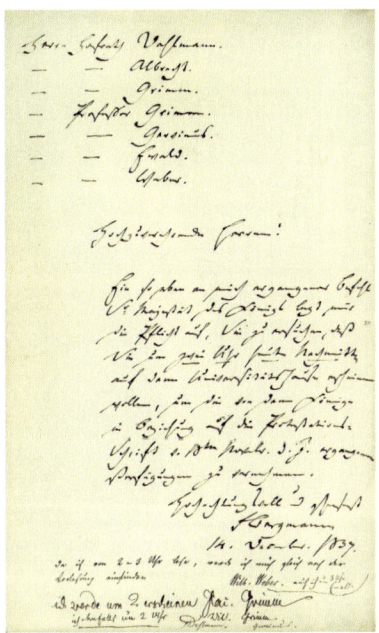

Links: Dorothea Schlözer, Promotionsvorgang der Philosophischen Fakultät, Lebenslauf, 17.8.1787, 46 × 35 cm (aufgeschlagen), Inv.-Nr. UAG, Phil Prom 71. Die Tochter von Professor August Ludwig von Schlözer wurde als zweite Frau im deutschsprachigen Raum im Alter von 17 Jahren promoviert. In ihrem Lebenslauf erläutert sie, dass sie bei ihrem Vater und anderen Gelehrten Privatunterricht erhalten hat.

Rechts: Göttinger Sieben, Entlassung, Rundschreiben des Prorektors Friedrich Christian Bergmann, 14.12.1837, 20 × 32 cm, Inv.-Nr. UAG, Sek 293. Der Prorektor Friedrich Christian Bergmann fordert die Unterzeichner des Protestes auf, sich am 14.12.1837 im Aulagebäude der Universität einzufinden, um die Entscheidung des Königs in ihrer Sache entgegenzunehmen. Das Rundschreiben trägt die Sichtvermerke der sieben Professoren.

Fotos: Martin Liebetruth.

31.3.2
Hippocampus guttulatus Cuv.
(Seepferdchen)
Actinopterygii
Teleostei
Syngnathiformes

ANHANG

Bettina Achsel, Konservatorin-Restauratorin. Nach Praktika in Würzburg, Frankfurt (Städel) und Stuttgart (WLM) Studium in Stuttgart, freiberuflich in Göttingen seit 1998, Forschungsstipendium am MPI Bibliotheca Hertziana in Rom (2011 promoviert), Dozentin an der HAWK Hildesheim.

Marie Luisa Allemeyer, geb. 1971, Historikerin. Promotion in der Geschichte der Frühen Neuzeit (Universität Kiel 2006). Geschäftsführerin der Graduiertenschule für Geisteswissenschaften Göttingen, Projektleitung »Haus des Wissens« im Zukunftskonzept der Universität Göttingen.

Karsten Bahr, geb. 1956, Physiker. Nach Stationen in San Diego, Frankfurt, Montreal und Potsdam seit 1996 Professor für Geophysik an der Universität Göttingen. Schwerpunkte: Elektromagnetische Tiefenforschung und Experimentelle Geodynamik.

Laurent Bartholdi, geb. 1973, Mathematiker. Professuren in Berkeley und Lausanne. Seit 2008 Professor für Mathematik an der Universität Göttingen. Schwerpunkt: Gruppentheorie und dynamische Systeme.

Günther Beer, geb. 1939, Chemiker. Kurator des Museums der Göttinger Chemie. Schwerpunkt: Anorganische Chemie.

Wolfgang Böker, geb. 1962, Historiker. Seit 1993 Mitarbeiter am Institut für Wissenschaftsgeschichte der Universität Göttingen; ab 2010 Mitarbeiter des Projekts „Johann Friedrich Blumenbach – online". Schwerpunkt: Göttinger Universitätsgeschichte.

Jörg Bölling, geb. 1974, Historiker und Theologe. Nach Studien in Münster, Venedig und Rom seit 2007 Assistent von Prof. Dr. Hedwig Röckelein am Diplomatischen Apparat der Universität Göttingen. Schwerpunkt: mittelalterliche Kirchen- und Kulturgeschichte sowie Historische Hilfswissenschaften.

Peter J. Bräunlein, geb. 1956, Ethnologe und Religionswissenschaftler. Lehrtätigkeiten in Marburg, München, Freiburg, Heidelberg, Bremen, apl. Prof. für Religionswissenschaft (Bremen) und Wissenschaftlicher Mitarbeiter am Institut für Ethnologie der Universität Göttingen. Schwerpunkte u. a.: Geister in der Moderne, Religionen in Südostasien, Film, Museen.

S. 340: Seepferdchenpräparat, Medianschnitt zur Demonstration der inneren Organe, Fisch/Glas/Alkohol, 21 × 12 × 6 cm, Zoologisches Museum Göttingen, Inv.-Nr. ZMUG 2878. Foto: Stephan Eckardt.

Klaus-Peter Brenner, geb. 1958, Ethnomusikologe. Kustos der Musikinstrumentensammlung der Universität Göttingen seit 1992. Schwerpunkte: Ethnomusikologie Westasiens und Afrikas, musikalische Kognition und Systembildung, Organologie.

Rolf Callauch, geb. 1952, Biologe. Nach der Ausbildung in Göttingen, Kassel und Chapel Hill/USA seit 1984 Dozent am Albrecht-von-Haller-Institut und Kustos des Experimentellen Botanischen Gartens der Universität Göttingen. Schwerpunkt: Flora und Vegetation der warm-gemäßigten und tropischen Zonen.

Dominik Collet, geb. 1972, Historiker. Promotion zur Geschichte des Museums am Max-Planck-Institut für Geschichte, seit 2007 Wissenschaftlicher Mitarbeiter für die Geschichte der Frühen Neuzeit in Göttingen. Schwerpunkte: Umwelt-, Museums- und Wissensgeschichte.

Kornelia Drost-Siemon, geb. 1961. Verantwortlich für die Sammlung zur Geschichte der Geburtsmedizin und die Moulagensammlung der Abteilung Ethik und Geschichte der Medizin, Universitätsmedizin Göttingen.

Manfred Eyßell, geb. 1946, Diplom-Ingenieur im Fach Elektrotechnik. Bis 2011 Wissenschaftlicher Mitarbeiter bei der Gesellschaft für wissenschaftliche Datenverarbeitung mbH Göttingen (GWDG).

Thomas Fuchs, geb. 1947, Dermatologe. Nach Tätigkeiten u. a. in Göttingen und Stuttgart Professor an der Universitätsmedizin Göttingen. Schwerpunkt: Allergische Krankheiten.

Marian Füssel, geb. 1973, Historiker. Professor für Geschichte der Frühen Neuzeit unter besonderer Berücksichtigung der Wissenschaftsgeschichte an der Georg-August-Universität Göttingen. Schwerpunkte: Universitäts- und Wissenschaftsgeschichte, Militär- und Gewaltgeschichte.

Silke Glitsch, geb. 1967. Seit 2002 Fachreferentin für Slavistik und Osteuropäische Geschichte sowie seit 2004 Leiterin der Stabsstelle Öffentlichkeitsarbeit an der Niedersächsischen Staats- und Universitätsbibliothek Göttingen.

Daniel Graepler, geb. 1959, Archäologe. Seit 1999 Kustos der Sammlung der Gipsabgüsse antiker Skulpturen und der Originalsammlung des Archäologischen Instituts sowie des Münzkabinetts der Universität Göttingen. Schwerpunkte: Archäologie Unteritaliens, Kulturgüterschutz und Wissenschaftsgeschichte.

Wolfgang Grellner, geb. 1964, Rechtsmediziner. 1996 Facharzt für Rechtsmedizin, 2004 Habilitation, seit 2012 Direktor der Abteilung Rechtsmedizin an der Universitätsmedizin Göttingen. Schwerpunkte: Forensische Pathologie, Verkehrsmedizin.

Birgit Großkopf, geb. 1963. Wissenschaftliche Angestellte (befristet) an der Universität Göttingen. Diverse Lehrtätigkeiten und Betreuung der anthropologischen Sammlung. Schwerpunkte: Bearbeitung von Skelettfunden und Brandbestattungen.

Brigitta Hauser-Schäublin, Ethnologin. Von 1992 bis 2009 Professorin für Ethnologie, seit 2010 Niedersachsenprofessorin an der Universität Göttingen, verschiedene Gastprofessuren in den USA und Frankreich, Forschungen in Ozeanien und Südostasien zu Fragen des Raumes und der politischen Raumorganisation, kulturellem Eigentum und materiellen Kulturdokumenten.

Jochen Heinrichs, geb. 1969, Biologe. Seit 2001 Kustos des Göttinger Universitätsherbariums. Schwerpunkt: Phylogenie, Taxonomie und Biogeografie der Lebermoose.

Jochen Hennig, geb. 1972, Wissenschaftshistoriker. Nach historischen Studien zur wissenschaftlichen Praxis und Ausstellungsprojekten am Deutschen Museum in München und an der Humboldt-Universität zu Berlin seit Sommer 2011 Sammlungsbeauftragter des Präsidiums an der Humboldt-Universität zu Berlin.

Elvira Hörandl, geb. 1964, Biologin. Nach Lehr- und Forschungstätigkeit an der Universität Wien seit 2011 Professorin für Systematische Botanik an der Universität Göttingen (inkl. Leitung des Herbariums und des Alten Botanischen Gartens). Schwerpunkt: Evolution von Blütenpflanzen.

Julia Hoffmann, geb. 1983, Komparatistin. Wissenschaftliche Hilfskraft von Prof. Heinrich Detering (Bereich: historische Jugendbuchforschung/Sammlung Seifert), Lehrbeauftragte am Seminar für Deutsche Philologie, Stipendiatin am Graduiertenkolleg Generationengeschichte.

Gerrit Holighaus, geb. 1976, Forstwissenschaftler. Studium in Göttingen. Schwerpunkt: Entomologie, Forstentomologie, Chemoökologie der Pflanzen-Insekt-Pilz-Interaktionen.

Ulrich Hunger, geb. 1952. Nach Studium und Promotion Ausbildung für den höheren Bibliotheksdienst in Göttingen, Berufstätigkeit am Max-Planck-Institut für Geschichte und an der Universität Bielefeld, seit 1986 Leiter des Universitätsarchivs Göttingen. Schwerpunkt: Wissenschaftsgeschichte.

Michaela Kipp, Historikerin. Nach Promotion in Bielefeld und Forschungstätigkeit im Deutschen Museum München seit 2011 in Göttingen, wo sie als Postdoktorandin im Promotionskolleg »Die Personalunion zwischen Großbritannien und Hannover 1714-1837« die Sammlungen der Universität untersucht.

Gundolf Krüger, geb. 1950, Ethnologe. Nach Lehr- und Museumstätigkeit in Berlin und Stuttgart seit 1991 Kustos der Ethnologischen Sammlung der Universität Göttingen. Regionaler Schwerpunkt: Ozeanien/Polynesien.

Maike Lorenz, geb. 1969, Meeresbiologin. Forschungstätigkeiten in Hamburg, Helgoland, Stockholm und Bremerhaven, seit der Promotion 1999 Kuratorin der Sammlung von Algenkulturen (SAG) an der Universität Göttingen. Schwerpunkt: Phykologie.

Hendrik Mäkeler, geb. 1979. Von 2006 bis 2008 Wissenschaftlicher Angestellter an der Universität Kiel, seitdem Leiter des Münzkabinetts der Universität Uppsala. Schwerpunkt: Wirtschafts- und Geldgeschichte.

Jörg Männer, geb. 1961. Studien der Humanmedizin an der Medizinischen Hochschule Hannover, seit 1988 im Zentrum Anatomie der Universitätsmedizin Göttingen tätig, Habilitation für das Fach Anatomie im Jahr 2000. Schwerpunkt: Embryologie des Herz-Kreislaufsystems.

Volker Meng, geb. 1958, Dipl. Gartenbauingenieur und Pflanzenliebhaber. Seit 1993 technischer Leiter des Forstbotanischen Gartens. Schwerpunkt: Sammlungsausbau und Erhaltung.

Markus Münzenberg, geb. 1971, Physiker. Nach Postdoc am Mass. Institute of Technology seit 2002 Professor (apl.) für Experimentelle Physik an der Universität Göttingen, Schwerpunkt: Spintransport und -dynamik.

Andrea Polle, geb. 1956. Nach Forschungsstationen in Osnabrück, Garmisch und Freiburg seit 1996 Professorin für Forstbotanik und Baumphysiologie sowie Direktorin des Forstbotanischen Gartens an der Universität Göttingen. Schwerpunkt: Molekulare Ökophysiologie.

Mike Reich, geb. 1973, Geologe und Paläontologe. Nach musealen Tätigkeiten in Greifswald, Stralsund und Hannover, seit 2004 Kustos der Geowissenschaftlichen Sammlungen. Lehrtätigkeiten in Göttingen, Hannover und Xi'an. Schwerpunkte: Paläontologie, Zoologie, Wissenschaftsgeschichte.

Klaus Reinsch, geb. 1956, Astrophysiker. Nach Studium der Physik in Berlin seit 1992 wissenschaftlicher Mitarbeiter am Institut für Astrophysik der Universität Göttingen. Schwerpunkt: Stellare Astrophysik.

Jorun Ruppel, geb. 1970, Dipl.-Restauratorin. Von 1999 bis 2002 Conservation Centre Liverpool, seit 2002 am Archäologischen Institut der Universität Göttingen.

Jürgen Sammler, geb. 1956, Arzt. Seit 1985 Abteilung Rechtsmedizin der Universität Göttingen, Schwerpunkt: Blutalkohollabor.

Anita Schmidt-Jochheim, geb. 1954, Gynäkologin. Facharztausbildung und Promotion an der Universitätsfrauenklinik Göttingen, niedergelassen in Göttingen seit 1986 als Fachärztin für Frauenheilkunde und Geburtshilfe. Vorsitzende des Fördervereins »Sammlung Heinz Kirchhoff e. V.«

Ulrich Schmitt, geb. 1952, Chemiker. Nach Promotion und Postdoc-Tätigkeit bei IBM (USA) und an der ETH Zürich seit 1998 wissenschaftlicher Mitarbeiter am Institut für Physikalische Chemie der Universität Göttingen.

Jürgen Schlumbohm, geb. 1942, Historiker. Professor Dr. Dr. h. c., Forschungstätigkeit am Max-Planck-Institut für Geschichte und Lehre an verschiedenen Universitäten des In- und Auslands. Schwerpunkt u. a.: Geschichte der Geburt, der Familie und Verwandtschaft.

Jens Schneeweiß, geb. 1969, Archäologe. Studium und Promotion in Berlin, seit 2005 wissenschaftlicher Mitarbeiter am Seminar für Ur- und Frühgeschichte der Universität Göttingen. Schwerpunkte: sibirische Bronze-/Eisenzeit, Siedlungs- und Landschaftsarchäologie (Slawen/Frühmittelalter).

Stefan Schütz, geb. 1964, Chemiker und Biologe. Nach Habilitation in Gießen und Professur für Chemoökologie in Ulm seit 2002 Professor für Forstzoologie und Waldschutz an der Universität Göttingen. Schwerpunkt: Chemische Ökologie des Waldes.

Michael Schultz, geb. 1945, Studium der Medizin (Approbation 1974, Promotion 1977), Biologie (Promotion 1979), Vor- und Frühgeschichte 1973-1982, Habilitation in Göttingen 1988, Professor für Anatomie 1993, Kooption Universität Hildesheim 2005. Schwerpunkte: Paläopathologie, funktionelle Anatomie.

Michael Schwerdtfeger, geb. 1964, Biologe. Studium der Biologie (Botanik) in Göttingen, seit 1996 Gartenkustos des Alten Botanischen Gartens. Lehrtätigkeit, Öffentlichkeitsarbeit, Forschung (Blütenökologie), populäre Artikel und Vorträge.

Anne-Katrin Sors, geb. 1973, Kunsthistorikerin. Studium in Aachen, Freiburg/Basel, Madrid und Berlin, Volontariat am Herzog-Anton-Ulrich-Museum Braunschweig, seit 2009 Kustodin der Universitätskunstsammlung.

Gert Tröster, geb. 1954, Zoologe. Studium in Tübingen, mehrjährige Forschungstätigkeit am Senckenberg Forschungsinstitut und Naturmuseum Frankfurt, seit 1994 Assistent am Johann-Friedrich-Blumenbach-Institut für Zoologie und Anthropologie und Kustos am Zoologischen Museum der Universität Göttingen.

Susanne Ude-Koeller, geb. 1956, Kulturanthropologin. Von 2003 bis 2011 Wissenschaftliche Mitarbeiterin am Institut für Ethik und Geschichte der Medizin, interdisziplinäre Ausstellungsprojekte, Projektleiterin und Kuratorin der Ausstellung *Dinge des Wissens*.

Christoph Viebahn, geb. 1955. Medizinstudium in Erlangen, London und Bern, Promotion und Habilitation in Bonn, Professuren für Anatomie in Halle und Göttingen. Schwerpunkt: embryonale Frühentwicklung.

Wolfgang Wangerin lehrte von 1975 bis 2010 Fachdidaktik Deutsch an der Universität Göttingen, Leiter der Arbeitsgruppe Historische Jugendbuchforschung. Zahlreiche Ausstellungen historischer Kinderliteratur, zuletzt Präsentation der Sammlung Seifert.

Judith Wassiltschenko, geb. 1980, Literatur- und Kulturwissenschaftlerin. Nach kaufmännischer Lehre und Studium der Skandinavistik und Kulturanthropologie in Göttingen und Bergen (N) seit 2011 Koordinatorin der Sammlung Seifert am Seminar für Deutsche Philologie der Universität Göttingen.

Heiko Weber, geb. 1969, Wissenschaftshistoriker. Von 1998 bis 2010 Wissenschaftlicher Mitarbeiter SFB 482 und IGMNT »Ernst-Haeckel-Haus« der FSU Jena. Seit Oktober 2010 Wissenschaftlicher Koordinator des Projektes »Johann Friedrich Blumenbach – online« der Akademie der Wissenschaften zu Göttingen.

Gabriele G. Weis, geb. 1966, Biologin. Nach Promotion und Tätigkeit in Industrie und Schulwesen seit 2004 wissenschaftliche Mitarbeiterin im Alten Botanischen Garten und zuständig für Öffentlichkeitsarbeit sowie Leitung des außerschulischen Lernorts *Grüne Klasse* Göttingen.

Bernhard Weißbecker, geb. 1963, Agrarwissenschaftler. Studium der Physik in Gießen, 1997 Promotion in Agrarwissenschaften, seit 2002 akademischer Rat am Büsgen-Institut, Abteilung Forstzoologie. Schwerpunkte: Spurenanalytik, Chemoökologie. Autor historischer Romane im universitären Göttingen des 18. Jahrhunderts.

Claudia Wiesemann, geb. 1958, Medizinethikerin, Medizinhistorikerin und Ärztin. Professorin für Ethik und Geschichte der Medizin an der Universitätsmedizin Göttingen.

Carsten Wortmann, geb. 1958, Präparator. Nach mehrjähriger Tätigkeit als Zoologischer Präparator im Niedersächsischen Landesmuseum in Hannover seit 2000 am Johann-Friedrich-Blumenbach-Institut für Zoologie und Anthropologie mit dem Schwerpunkt am Zoologischen Museum.

FOTOGRAFIE

Stephan Eckardt, Fotografenmeister. Seit 1983 Fotograf am Archäologischen Institut der Georg-August-Universität Göttingen. Schwerpunkte: wissenschaftliche Fotografie, still-life photography, digitale Bildverarbeitung, Desktop-Publishing.

Martin Liebetruth, im Göttinger Digitalisierungszentrum (GDZ) der Niedersächsischen Staats- und Universitätsbibliothek verantwortlich für die Spezialdigitalisierung und -fotografie. Consultant für Digitalisierung im Rahmen der Abteilung Forschung und Entwicklung der Niedersächsischen Staats- und Universitätsbibliothek Göttingen.

Isi Kunath, freischaffende Künstlerin, geb. in Niedersachsen, lebt und arbeitet in Amsterdam. Kunststudium an der Akademie der bildenden Künste Nürnberg, seit 1999 Ausstellungen und Kunstprojekte im In- und Ausland, zahlreiche Preise und Stipendien. www.isi-kunath.com.

REDAKTION TEXT UND BILD

Karin Gille-Linne, geb. 1967, Historikerin. Studium in Göttingen und Hagen. Nach Promotion, Ausstellungs- und Projekttätigkeit seit 2011 Wissenschaftliche Volontärin an den Akademischen Sammlungen der Georg-August-Universität Göttingen, Projektteam *Dinge des Wissens*.

Susanne Ude-Koeller, geb. 1956, Kulturanthropologin. Von 2003 bis 2011 Wissenschaftliche Mitarbeiterin am Institut für Ethik und Geschichte der Medizin, interdisziplinäre Ausstellungsprojekte. Projektleitung und Kuratorin der Ausstellung *Dinge des Wissens*.

Gabriele G. Weis, geb. 1966, Biologin. Nach Promotion wissenschaftliche Projekt- und Ausstellungstätigkeit, Öffentlichkeitsarbeit, NDR, Dokumentationsfotografie, Redaktion Bild und Text. Wissenschaftliche Mitarbeiterin der Universität Göttingen, seit 2011 im Projektteam *Dinge des Wissens*.

WISSENSCHAFTLICHER BEIRAT

Udo Andraschke, geb. 1975, Wissenschaftshistoriker, Literaturwissenschaftler und Ausstellungsmacher. Nach Forschungs-, Lehr- und Ausstellungstätigkeiten u. a. in Berlin und München seit 2011 Kustos der Sammlungen der FAU Erlangen-Nürnberg.

Ernst Böhme, geb. 1956, nach dem Studium der Geschichte und Klassischen Philologie in Tübingen Ausbildung zum Wissenschaftlichen Archivar. Seit 1997 Leiter des Stadtarchivs Göttingen, seit 2005 Leiter des Städtischen Museums Göttingen. Schwerpunkt: Stadtgeschichte Göttingens.

Marian Füssel, geb. 1973, Historiker. Professor für Geschichte der Frühen Neuzeit unter besonderer Berücksichtigung der Wissenschaftsgeschichte an der Georg-August-Universität Göttingen, Arbeitsgebiete: Universitäts- und Wissenschaftsgeschichte, Militär- und Gewaltgeschichte.

Jochen Hennig, geb. 1972, Wissenschaftshistoriker. Historische Forschungen zur Epistemologie von Experiment, Bild und Sammlung; als Kurator u. a. Leiter der Berliner Jubiläumsausstellung *WeltWissen* 2010; seit Sommer 2011 Sammlungsbeauftragter des Präsidiums an der Humboldt-Universität zu Berlin.

Katja Lembke, geb. 1965, studierte Klassische Archäologie, Ägyptologie und Latein in Tübingen, München, Rom und Heidelberg, Promotion. Von 2005 bis 2011 Leiterin des Roemer- und Pelizaeus-Museums Hildesheim, seit 2011 Direktorin des Niedersächsischen Landesmuseums Hannover. Zahlreiche Publikationen zu Kulturkontakten zwischen Orient und Okzident.

Marion Maria Ruisinger, Ärztin und Medizinhistorikerin, Prof. Dr. med. Seit 2008 Direktorin des Deutschen Medizinhistorischen Museums Ingolstadt. Schwerpunkte: Patientengeschichte, Objektbiographien, Museologie, Griechisches Gesundheitswesen im 19. Jh.

Cornelia Weber, Promotion im Fach Deutsche Sprache und Literatur des Mittelalters, heute Geschäftsführerin des Helmholtz-Zentrums für Kulturtechnik, Humboldt-Universität zu Berlin, von 2004 bis 2010 Präsidentin des ICOM-Komitees UMAC, Arbeitsschwerpunkte: Kultur- und Wissenschaftsgeschichte.

IMPRESSUM
Ausstellung

Dinge des Wissens
Die Sammlungen, Museen und Gärten der Universität Göttingen
Ausstellung anlässlich des 275. Jubiläums der Georg-August-Universität Göttingen 2012
Paulinerkirche (Historisches Gebäude der Niedersächsischen Staats- und Universitätsbibliothek
Göttingen), 2.6.2012-7.10.2012

VERANSTALTER
Georg-August-Universität Göttingen

PROJEKTLEITUNG UND KURATORIN
Dr. Susanne Ude-Koeller im Auftrag des Präsidiums der Georg-August-Universität Göttingen

AUSSTELLUNGSTEAM
Dr. Gabriele G. Weis, Projektassistenz; Dr. Karin Gille-Linne, Wiss. Volontärin; und Dr. Marle
Luisa Allemeyer, Dr. Silke Glitsch, Dr. Daniel Graepler, Dr. Maike Lorenz, Dr. des. Katrin Pietzner,
Dr. Gert Tröster; mit Unterstützung durch Dr. Dominik Collet, Thomas Daniel, Dr. des. Rebecca
Klug, Dr. Mike Reich, Dr. des. Anne-Katrin Sors

WISSENSCHAFTLICHE MITARBEIT
Arbeitskreis der Sammlungen, Museen und Gärten der Universität Göttingen

WISSENSCHAFTLICHER BEIRAT
Udo Andraschke M.A., Erlangen; Dr. Ernst Böhme, Göttingen; Prof. Dr. Marian Füssel, Göttingen;
Dr. Jochen Hennig, Berlin; Dr. Katja Lembke, Hannover; Prof. Dr. Marion Maria Ruisinger, Ingol-
stadt; Dr. Cornelia Weber, Berlin

PRAKTIKANTINNEN
Juliet Ackermann, Kristin Bohner, Emilia Böttcher, Marie Bolle, Berit Gerhards, Natalie Ebert,
Christina Eifler, Julia Kauer, Fenja Felicitas Pretzsch M.A., Charlotte Schiller, Anne Katherine
de Walmont

ÖFFENTLICHKEITSARBEIT
Stabsstelle Presse, Kommunikation und Marketing der Universität Göttingen und Dr. Gabriele
G. Weis

AUSSTELLUNGSGESTALTUNG UND -GRAFIK
SPACE4, Stuttgart
Alexander Minx, Jürgen Hess, Christof Rhein, Fabian Weber, Tim Bonfert, Ilaria Defilippo,
Christian Kattinger

AUDIOVISUELLE MEDIEN
Sascha Bubner, Ralf Köster, Alexander Kraft, Dr. des. Katrin Pietzner

AUSSTELLUNGSAUFBAU UND OBJEKTEINBRINGUNG
Kathrin Overesch; Kustodinnen und Kustoden der akademischen Sammlungen, Museen und
Gärten der Universität Göttingen; Gebäudemanagement der Universität Göttingen; Konserva-
torische Betreuung: Renate van Issem, Jorun Ruppel, Carsten Wortmann

IMPRESSUM
Begleitband

Dinge des Wissens
Die Sammlungen, Museen und Gärten der Universität Göttingen
Herausgegeben von der Georg-August-Universität Göttingen

TEXT- UND BILDREDAKTION
Dr. Karin Gille-Linne, Dr. Susanne Ude-Koeller, Dr. Gabriele G. Weis

KORREKTORAT
Wolfgang Böker M. A., Dr. Juan Garcés, Kirsten Gleinig, Dr. Heiko Weber

FOTOGRAFEN
Stephan Eckardt, Göttingen
Martin Liebetruth, Göttingen
weitere Fotografen: siehe Abbildungen

FOTOPROJEKT »DEPOTRÄUME«
Isi Kunath, Amsterdam

REPRODUKTIONEN
SchwabScantechnik GmbH, Göttingen

UMSCHLAGGESTALTUNG
Susanne Gerhards, Düsseldorf

LAYOUT UND SATZ
Natascha Wellmann-Rizo, Wallstein Verlag, Göttingen

DRUCK UND VERARBEITUNG
Friedrich Pustet, Regensburg

Die Ausstellung und der Begleitband wurden aus Mitteln des Niedersächsischen Ministeriums
für Wissenschaft und Kultur gefördert.
Weitere Förderer: Dr.-Walther-Liebehenz-Stiftung Göttingen, Sparkasse Göttingen,
Universitätsbund Göttingen e. V.

BIBLIOGRAFISCHE INFORMATION DER DEUTSCHEN NATIONALBIBLIOTHEK
Die Deutsche Nationalbibliothek verzeichnet diese Publikation
in der Deutschen Nationalbibliografie; detaillierte
bibliografische Daten sind im Internet über
http://dnb.d-nb.de abrufbar.

© Wallstein Verlag, Göttingen 2012
www.wallstein-verlag.de

ISBN 978-3-8353-1064-3